高等学校应用型本科创新人才培养计划指定教材

高等学校互联网金融专业"十三五"课改规划教材

互联网金融概论

青岛英谷教育科技股份有限公司
吉林农业科技学院　编著

西安电子科技大学出版社

内 容 简 介

互联网金融已深入社会生活的方方面面，且影响面日益扩大，它是我国经济改革的重要组成部分，因此，有必要了解和学习互联网金融的概念及模式。

本书全面介绍了目前我国互联网金融的主要业务模式，结合具体案例对时下主要业态的概念、特点、运营模式、风险分析等进行了系统梳理，并进一步对互联网金融风险管理、监管措施及法律法规进行了详细分析。

本书内容全面，注重理论与实践结合，可以作为高等院校互联网金融课程的教材，也可作为互联网金融从业者及对互联网金融感兴趣者的参考书，还可作为相关领域机关、企事业单位的培训用书。

图书在版编目(CIP)数据

互联网金融概论 / 青岛英谷教育科技股份有限公司，吉林农业科技学院编著. —西安：西安电子科技大学出版社，2018.8(2019.4 重印)

ISBN 978-7-5606-5018-0

Ⅰ. ① 互⋯　Ⅱ. ① 青⋯　② 吉⋯　Ⅲ. ① 互联网络—应用—金融　Ⅳ. ① F830.49

中国版本图书馆 CIP 数据核字(2018)第 163983 号

策划编辑　毛红兵
责任编辑　刘炳桢　雷鸿俊
出版发行　西安电子科技大学出版社(西安市太白南路 2 号)
电　　话　(029)88242885　88201467　　邮　　编　710071
网　　址　www.xduph.com　　　　　　电子邮箱　xdupfxb001@163.com
经　　销　新华书店
印刷单位　咸阳华盛印务有限责任公司
版　　次　2018 年 8 月第 1 版　　2019 年 4 月第 2 次印刷
开　　本　787 毫米×1092 毫米　1/16　印　张　17
字　　数　399 千字
印　　数　1001～3000 册
定　　价　50.00 元

ISBN 978-7-5606-5018-0/F

XDUP 5320001-2

如有印装问题可调换

高等学校互联网金融专业
"十三五"课改规划教材编委会

主　编　李红艳

副主编　王　燕　籍法俊　刘艳芹

编　委　（以姓氏拼音为序）

　　　　李梅霞　宋光景　王　锋

　　　　徐凤生　张立焕　张玉坤

　　　　赵　悦

❖❖❖ 前　　言 ❖❖❖

互联网金融已成为当下最热门的话题之一。以互联网为代表的现代技术，特别是移动支付、云计算、社交网络和搜索引擎等，正在对人类金融模式产生深远影响。

互联网金融是传统金融机构与互联网企业利用互联网技术和信息通信技术实现资金融通、支付、投资和信息中介服务的新型金融业务模式。互联网与金融深度融合是大势所趋，将对金融产品、业务、组织和服务等方面产生深刻的影响。

2015 年 7 月 4 日，《国务院关于积极推进"互联网+"行动的指导意见》正式公开发布，协同制造、现代农业、智慧能源、普惠金融等 11 个方向被纳为"互联网+"行动的重点领域，获得国家层面的推动和支持。对普惠金融，该指导意见提出：全面促进互联网金融健康发展，支持金融机构和互联网企业依法合规开展网络借贷、网络证券、网络保险、互联网基金销售等四大业务，并充分发挥保险业在防范互联网金融风险中的作用。这也意味着互联网金融作为"互联网+"的重要组成部分，正式升级为国家重点战略。

2015 年 7 月 18 日，中国人民银行、工业和信息化部等十部委联合印发了《关于促进互联网金融健康发展的指导意见》(银发〔2015〕221 号，以下简称《指导意见》)。此次发布的《指导意见》是政府部门首次全方位针对互联网支付、网络借贷、股权众筹融资、互联网基金、互联网保险、互联网信托和互联网消费金融等互联网金融主要产品加以综合规定，预示着互联网金融行业进入"有法可依"的时代。

本书全面介绍了目前我国互联网金融的主要业务模式，从主要业态的概念特点、运营模式、风险分析等方面进行了梳理，并进一步对互联网金融风险管理和监管措施及法律法规进行了详细分析。

全书共 9 章。第 1 章为互联网金融导论，对互联网金融的内涵进行了必要分析，总结互联网金融的主要业务模式，指出了互联网金融未来的发展趋势，并结合互联网企业岗位需求，对互联网金融人才培养提出建议。第 2 章分析了互联网金融和传统金融的异同和未来的竞争、合作和进一步融合。第 3 章至第 7 章分别从互联网支付、网络借贷、众筹、信息化金融机构、互联网金融创新等方面进行了详述，分析了各业态的主要特点、运营模式及未来发展趋势，并在第 7 章中加入了互联网消费金融、供应链金融、区块链金融等目前比较热点的模式，结合实际案例进行了分析。第 8 章对互联网金融风险管理和风险控制进行了详细阐述。第 9 章详细分析了国内外互联网金融的监管状况和相关法律法规。

作为前沿课程，本书主要有以下特点：

(1) 在写作思路上，本书注重理论与实践结合，在书中穿插了大量经典案例，以引导读者对理论进行进一步思考。

(2) 在内容安排上，本书注重吸收最新互联网金融研究成果，以体现教材的前沿性，同时还注重结合经济学、管理学等相关学科知识来阐述互联网金融的问题，以突出教材的新颖性。

(3) 在写作风格上，本书力求简洁明了、通俗易懂，以实例和简洁的语言阐明复杂的问题，注意揭示问题的相互联系和逻辑关系。

(4) 在结构安排上，本书每章开篇都设有案例导入，引起读者兴趣；在每章结束后提供了知识点小结，将本章的重要知识和内容进行了简明扼要的总结，同时在练习中设置了简答题、分析题及能力拓展题，帮助读者对互联网金融知识点进行理解。

需要特别指出的是，本书所介绍的相关互联网金融平台和实操案例仅为教学需要，仅用于帮助读者更好地理解相关原理，而不作为投资建议，读者在实际投资活动中应根据自己的判断和相关政策谨慎把握风险。

本书由青岛英谷教育科技股份有限公司和吉林农业科技学院共同编写，参与本书编写工作的有宁孟强、顾芳凝、王莉莉、邓宇、金成学、王燕等。本书在编写期间得到了各合作院校专家及一线教师的大力支持与协作，在此，衷心感谢每一位老师与同事为本书出版所付出的努力。

教材问题反馈

由于本书涉及的是一个崭新又快速发展的领域，加上编者水平有限，书中难免有不足之处，欢迎大家批评指正。读者在阅读过程中如发现问题，可通过邮箱(yinggu@121ugrow.com)联系我们，或扫描右侧二维码进行反馈，以期进一步完善。

本书编委会
2018 年 3 月

❖❖❖ 目　　录 ❖❖❖

第1章 互联网金融导论

📖 本章目标

- 掌握互联网金融的基本概念、特点及主要功能
- 了解互联网金融产生的背景
- 掌握互联网金融主要业态的相关概念
- 理解普惠金融和民主金融的基本概念
- 了解互联网金融的发展历程及趋势

📖 重点难点

重点：

1. 互联网金融的基本概念
2. 互联网金融的主要业态

难点：

普惠金融与民主金融

案例导入

"如果银行不改变，我们就改变银行。"10年前马云说的这句话并没有被传统金融机构放在眼里，他们认为这至多是一句自大的玩笑，一个不知天高地厚的妄想。不曾想变革很快发生，一场连接互联网与金融的跨界革命悄然到来，其形势发展之快超过了所有人的想象。

2013年6月5日，阿里巴巴旗下第三方支付平台支付宝联合天弘基金宣布推出名为"余额宝"的余额增值服务，于6月13日正式上线。据公开数据，自6月13日上线至6月底，余额宝用户就突破250万，规模达到66亿元；同年8月中旬，规模超过200亿元；9月初期规模近500亿元。余额宝迅速成为中国用户数量最多、规模最大的公募基金。之后用户群迅速扩大，很快妇孺皆知，成为"国民理财神器"，并催生了一大批宝宝类产品。2017年，天弘余额宝货币市场基金超越摩根大通美国政府货币市场基金，一举成为全球最大的货币市场基金。据上海证券报报道，至2017年三季度末，余额宝规模已超过1.5万亿元，用户数达3.68亿，其中农村地区用户数超过1亿。

余额宝的"野蛮生长"强烈地震撼了按部就班的传统金融业，让金融业得以一窥互联网和金融真正结合所能爆发的巨大能量。互联网意识从基金业开始重新觉醒，在余额宝成功案例的刺激下，京东、腾讯等互联网平台也迅速成为基金业抢夺的对象。

余额宝的迅速成功让传统银行业始料未及。因为在此之前，银行、基金、证券公司等传统金融机构也以自己的方式尝试"触网"，在原金融业务基础上加入互联网概念，并自认为已有互联网意识，利用自建的电子商务渠道做网上直销，如将货币基金与网上自动偿还信用卡、房贷等业务相捆绑等等。但事实证明，他们对互联网的理解并未真正脱离旧有巢穴。而阿里巴巴依托支付宝平台巨大的用户基数，将互联网创新技术与思维巧妙运用到金融产品的销售中来，迅速引发热潮，一举震惊了业界。

余额宝是目前我国金融变革的一个缩影和代表。近年来，互联网与金融不断相互融合，金融借道互联网之态势不可挡，一股金融创新热浪汹涌袭来，轰动事件层出不穷：如融360完成由红杉资本领投的B轮3000万美元融资；董文标、刘永好、郭广昌、史玉柱等七位大佬联合成立"民生电商"；动画电影《大鱼海棠》在一个半月内通过众筹融资158万元；华夏基金携手腾讯，4亿微信用户迎来微理财，推动理财服务从传统渠道向移动互联网转移；理财APP"挖财"拓展业务，并获得IDG资本1000万美元风险投资等。无疑，随着"互联网+"的纵深推进，金融生态也在悄然发生着改变，一场巨大的变革正在发生，在这场变革的中心，有一个很in的名字叫"互联网金融"。

当前，互联网金融已经深入经济社会的方方面面，成为我国经济体系的重要组成部分。本章将从互联网金融的概念、主要业态、发展状况及面临的挑战、人才需求及培养等方面对互联网金融作全方位介绍。

1.1 互联网金融基本概念

互联网自出现以来，逐渐与原有的产业融合，并对许多产业产生了不同程度的影响。伴随着互联网与金融快速融合实现野蛮生长，一时间守旧的金融业亦硝烟四起，互联网金

融的概念随之出现并成为热门话题。目前，互联网金融已成为我国
经济改革的重要组成部分，且在很大程度上代表了未来金融业的走
向，因此对互联网金融概念的了解和掌握成为必要。

1.1.1　互联网金融的内涵

互联网金融的内涵

互联网金融是一个新兴事物，而新兴事物因为其本身还在不断地发展和成长，处在不
断探索各种可能性的进程中，因此其定义和内涵在一段时间内往往会经历"进化"，即概
念本身也会经历探索，直至最终能明确地界定自身。

2012 年 8 月，时任中国投资有限责任公司副总经理谢平在《互联网金融模式研究》
中指出，互联网金融在经济学上还没有一个严格的定义，它更接近于一个谱系概念。谢平
将其定义为："一种受限于互联网技术、互联网精神的影响，从传统银行、证券、保险、
交易所等金融中介到无中介瓦尔拉斯一般均衡之间的所有金融交易和组织形式。互联网金
融的形式既不同于商业银行的间接融资，也不同于资本市场的直接融资。"这一定义体现
了互联网金融去中介化的特点。

2014 年 4 月，中国人民银行发布的《中国金融稳定报告(2014)》提出："互联网金融
是互联网与金融的结合，是借助互联网和移动通信技术实现资金融通、支付和信息中介功
能的新兴金融模式。广义的互联网金融既包括作为非金融机构的互联网企业从事金融业
务，也包括金融机构通过互联网企业从事的金融业务；狭义的互联网金融仅指互联网企业
开展的、基于互联网技术的金融业务。"

2015 年 7 月 18 日，中国人民银行等十部委发布的《关于促进互联网金融健康发展的
指导意见》指出："互联网金融是传统金融机构与互联网企业利用互联网技术和信息通信
技术实现资金融通、支付、投资和信息中介服务的新型金融业务模式。互联网金融的主要
业态包括互联网支付、网络借贷、股权众筹融资、互联网基金销售、互联网保险、互联网
信托和互联网消费金融等。"

综合以上多方观点，本书所定义的互联网金融是：利用互联网技术和移动通信技术等
一系列现代信息科学技术实现资金融通的一种新型金融服务模式。

照此定义，互联网"开放、平等、协作、分享"的精神渗透到传统金融业态，对原有
的金融模式产生根本影响并衍生出创新金融服务方式，这种具备互联网理念和精神的金融
业态及金融服务模式统称为互联网金融。

互联网金融是依托于移动支付、云计算、社交网络和搜索引擎等高速发展的信息技术
及高度普及的互联网进行的金融活动，不同于传统的以物理形态存在的金融活动，而是存
在于电子空间中，具有形态虚拟化、运行方式网络化等特点。

◆ 知识链接 ◆

2015 年 7 月 18 日，为鼓励金融创新，促进互联网金融健康发展，明确监管责任，规
范市场秩序，经党中央、国务院同意，中国人民银行等十部委联合印发了《关于促进互联
网金融健康发展的指导意见》(银发〔2015〕221 号，以下简称《指导意见》)。

《指导意见》按照"鼓励创新、防范风险、趋利避害、健康发展"的总体要求，提出了一系列鼓励创新、支持互联网金融稳步发展的政策措施，积极鼓励互联网金融平台、产品和服务创新，鼓励从业机构相互合作，拓宽从业机构融资渠道，坚持简政放权和落实、完善财税政策，推动信用基础设施建设和配套服务体系建设。

《指导意见》按照"依法监管、适度监管、分类监管、协同监管、创新监管"的原则，确立了互联网支付、网络借贷、股权众筹融资、互联网基金销售、互联网保险、互联网信托和互联网消费金融等互联网金融主要业态的监管职责分工，落实了监管责任，明确了业务边界。

《指导意见》坚持以市场为导向发展互联网金融，遵循服务好实体经济、服从宏观调控和维护金融稳定的总体目标，切实保障消费者合法权益，维护公平竞争的市场秩序，在互联网行业管理，客户资金第三方存管制度，信息披露、风险提示和合格投资者制度，消费者权益保护，网络与信息安全，反洗钱和防范金融犯罪，加强互联网金融行业自律以及监管协调与数据统计监测等方面提出了具体要求。

资料来源：中国人民银行网站

1.1.2 我国互联网金融兴起的背景分析

自 2012 年以来，互联网金融在我国迅速升温，并受到投资者热捧。在热闹之余，冷静思考这种火爆现象，貌似偶然，其实有其必然。具体而言，正是以下几点促成了我国互联网金融火爆局面的形成。

1. 人的因素：互联网技术普及奠定用户基础

互联网技术的进步，尤其是随着社交网络、搜索引擎、大数据、云计算等技术的普及应用，信息处理成本、市场信息不对称程度大大降低，同时使通过分析和整理制定风险控制模型成为可能。信息技术的迅猛发展，不仅降低了金融交易成本，而且降低了投资者获取信息的难度，这为互联网金融的产生提供了条件。

相关报告显示：截至 2016 年 12 月，我国网民规模达到 7.31 亿，全年新增网民共计4299 万人，互联网普及率为 53.2%，较 2015 年底提升了 2.9 个百分点，如图 1-1 所示。

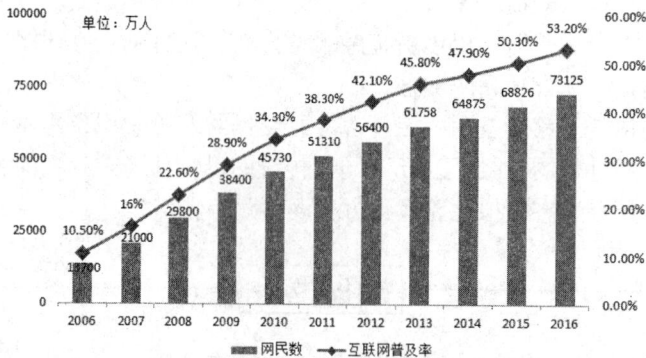

图 1-1　中国网民规模和互联网普及率

数据来源：中国互联网络发展统计报告 2017.1

新网民的不断增长，让互联网与经济社会深度融合的基础更加坚实。调查结果显示，移动互联网的发展依然是带动网民增长的首要因素。据报告，截至 2016 年 12 月，我国手机网民规模达 6.95 亿，较 2015 年底增加 7550 万人。网民中使用手机上网人群的占比由 2015 年的 90.1%提升到 95.1%，提升了 5 个百分点。网民手机上网比例在高基数基础上进一步攀升，如图 1-2 所示。

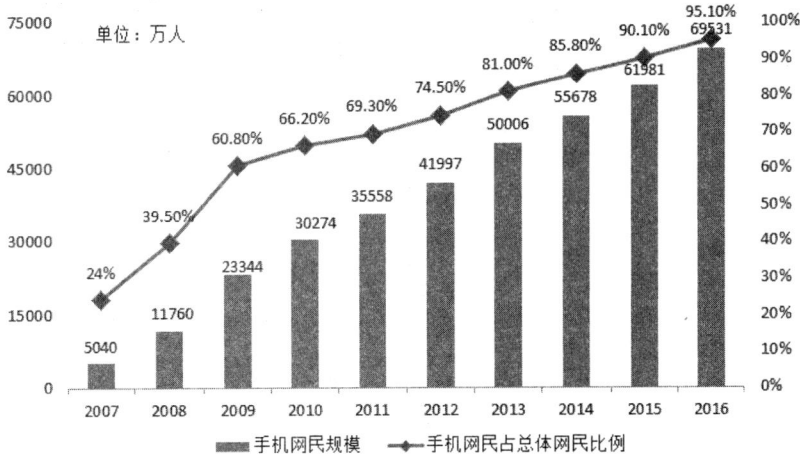

图 1-2　中国手机网民规模及其占网民比例

数据来源：中国互联网络发展统计报告 2017.1

2．环境因素：金融抑制与监管套利提供发展空间

我国金融业市场化程度不高，在政府的管制下，我国经济有明显的金融抑制特征，民间资本规模庞大与企业融资困难现象并存，这为互联网金融的发展创造了空间。

可从以下几个方面进行深入剖析：

(1) 我国传统金融企业未能有效地满足中小企业和"三农"的金融需求，与此同时，民间金融因其内在的局限性导致风险事件频发。

(2) 经济结构调整产生了大量的消费信贷需求，其中有很多需求不能从传统金融企业那里得到满足。

(3) 在存贷款利差受保护的情况下，银行业利润高，各类资本都有进入银行业的积极性。同时，受管制的存款利率经常不能超过通货膨胀率，股票市场多年不景气，再加上近年来对购房的限制，老百姓的投资理财需求得不到有效满足。

(4) 在目前的 IPO 管理体制下，股权融资渠道不畅通，证券、基金、保险等的产品销售受制于银行渠道。

(5) 在现行监管体制下，传统金融业普遍受到严格监管。而互联网金融领域的监管则相对薄弱，这为互联网金融带来了监管套利的机会。

(6) 近年来我国互联网产业竞争日趋激烈，因此互联网巨头们将目光投向了具有较高利润率与较大发展空间的金融业，创造性地利用自身技术优势来满足金融需求。

在以上因素的共同作用下，中国互联网金融应运而生，并势不可挡。

我国互联网金融的诞生环境分析如图 1-3 所示。

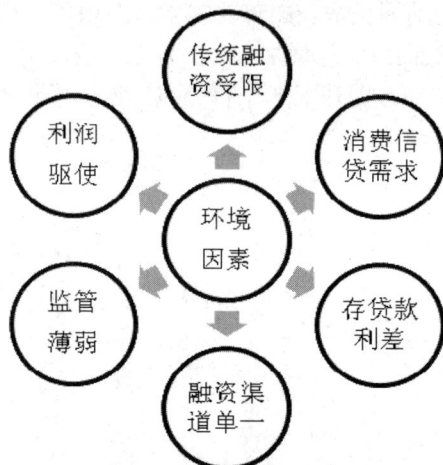

图 1-3　我国互联网金融诞生环境分析

3．本身因素：双边市场性和盈利模式极具优势

互联网金融具有双边市场特征，互联网金融企业可充分发挥平台的集群效应，利用网络技术撮合金融产品供需双方进行交易，促使资源实现更有效的配置。

相对于传统金融，互联网金融的盈利模式更具有优势。传统金融企业的盈利主要来源于存贷利差，但随着利率市场化进程加快，利差逐步缩小，而互联网金融的盈利模式更多来源于佣金而非差价。

在互联网金融模式下，平台服务金融市场的能力更强，通过大数据技术可以深入分析用户个体与群体的消费偏好，实现精准化营销，为客户提供个性化金融服务，最大程度上满足客户的需求。

1.1.3　互联网金融的功能

那么互联网金融有哪些功能？从目前的情况来看，互联网金融的功能主要体现在提供金融活动平台、优化资源配置、提升支付效率、分散风险等方面。

1．提供金融活动平台

互联网金融通过网络为客户提供了便捷、快速的平台，客户可随意选择金融产品，足不出户就能享受支付、理财、贷款等金融服务。互联网金融平台可充分发挥平台的集群效应，利用网络技术撮合金融产品供需双方进行交易，克服时间和空间的限制，加快资金周转速度，最大限度地保证双方的利益。

2．优化资源配置

互联网可以有效识别信用风险，有效降低市场中信息的不对称性，因此有利于金融资源配置的优化。

在移动支付、第三方支付、大数据、云计算、社交网络等现代信息科技的推动下，个体之间直接的金融交易这一人类最早的金融模式焕发出新的活力。在供需信息几乎完全对称、交易成本极低的条件下，互联网金融形成了"充分交易可能性集合"，双方或多方交易可同时进行，信息充分透明，定价完全竞争。

由此，中小企业融资、民间借贷、个人投资渠道等问题就容易得到解决。不认识的人(企业)通过"借贷"而形成社交网络关系，进而成为"熟人"，拓展了其他合作的可能性，如投资入股、买卖产品等。

较之传统配置方式，这种资源配置方式更有效率，社会福利更大，也更趋于公平。

3．提升支付效率

传统的支付渠道主要是商业银行。在互联网金融模式下，可以进一步改善现行的支付体系，方便、快捷地提供支付清算服务，大幅提升支付效率。

互联网金融平台汇总支付清算交易笔数并进行轧差清算，降低了银行的清算成本，而其平台沉淀资金的变相垫资加快了某些支付清算行为的速度，是对当前支付清算体系的完善和补充。但是，也应重视其对支付清算体系的冲击及可能带来的风险。

4．分散风险

金融市场应该控制和共担风险。因为市场中存在信息不对称，如果不能对社会风险进行有效防控，则经济模式无法正常运行。互联网金融的开放平台更方便实现资源共享，大大解决了市场上信息不对称的问题，从而降低了交易成本，分散了风险。

互联网金融能利用其特殊的平台，收集并分析各企业用户的日常交易行为，判断他们的业务经营状况、信用情况、资金需求状况以及行业发展趋势，使其成为判断依据，在一定程度上降低和分散了道德风险和信用风险。

1.2 互联网金融主要业态

互联网金融正处于高速上升期，包罗万象，模式纷繁复杂。央行等十部委出台的《关于促进互联网金融健康发展的指导意见》，按照"依法监管、适度监管、分类监管、协同监管、创新监管"的原则，确立了互联网支付、网络借贷、股权众筹融资、互联网销售、互联网保险、互联网信托和互联网消费金融等互联网金融主要业态的监管职责分工，落实了监管责任，明确了业务边界。

互联网金融主要业态

根据该意见和我国互联网金融的实际格局，本书将互联网金融的业务形态归结为两大类：一类是互联网企业的金融业务，即互联网+金融；另一类是传统金融机构互联网化，即金融+互联网。

互联网金融依托于互联网技术，是互联网行业在金融领域的延伸。互联网金融依靠互联网的低成本、高效率、广覆盖等特点得到了迅速的发展。接下来先简要介绍几种目前主流的互联网金融业态。

互联网金融主要业态如图 1-4 所示。

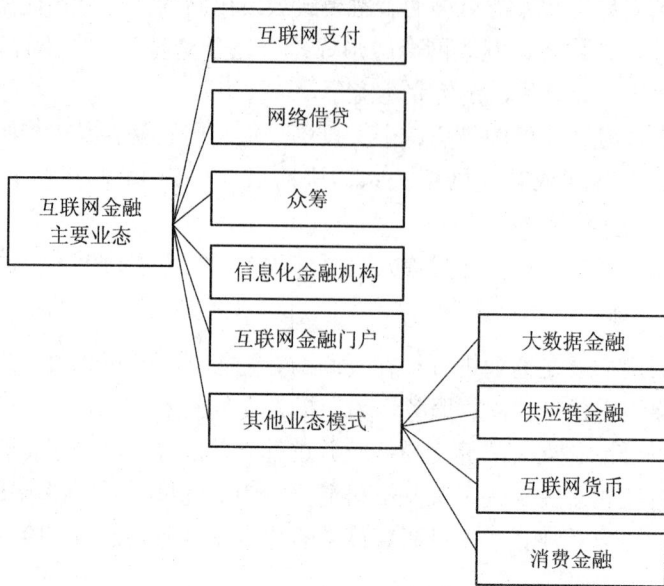

图 1-4　互联网金融主要业态

1.2.1　互联网支付

狭义的互联网支付是指通过第三方支付实现的支付，而广义上的互联网支付则指的是一切依托互联网技术的货币资金的支付和转移行为。根据中国人民银行 2015 年 7 月 31 日发布的《非银行支付机构网络支付业务管理办法》征求意见稿中的规定，互联网支付按照支付渠道可分为 PC 端支付和移动支付，其主要表现形式有网上银行、移动支付、第三方支付三种。

(1) 网上银行又称网络银行、在线银行或电子银行，它是各银行在互联网中设立的虚拟柜台，银行利用网络技术，通过互联网向客户提供开户、销户、查询、对账、行内转账、跨行转账、信贷、网上证券、投资理财等传统服务，使客户足不出户就能够安全、便捷地管理活期和定期存款、支票、信用卡及个人投资等。

(2) 根据 2012 年 12 月中国人民银行发布的《中国金融移动支付系列技术标准》中的术语定义，移动支付是允许用户使用移动终端对消费者的商品或服务进行账务支付的一种服务方式，主要分为近场支付和远程支付两种。具体来说，就是以智能手机等移动通信设备作为用户账户和应用等数据的存储载体和处理工具，利用线下 POS、ATM 等受理终端或线上无线通信网络，实现不同账户之间的资金转移或支付行为。

(3) 第三方支付狭义上是指具备一定实力和信誉保障的非银行机构，借助通信、计算机和信息安全技术，采用与各大银行签约的方式，在用户与银行支付结算系统间建立连接的电子支付模式。从广义上讲，第三方支付是指非金融机构作为收、付款人的支付中介所提供的网络支付、预付卡收单以及中国人民银行确定的其他支付服务。第三方支付已不仅仅局限于最初的互联网支付，而是成为线上、线下全面覆盖，应用场景更为丰富的综合支付工具。

在第三方支付发展起来以前，并未产生第一方支付和第二方支付的概念。比如说第一方支付就是现金支付；第二方支付是依托于银行支付，如银行汇票、银行卡支付等。作为两种传统的支付方式，它们在国内有着悠久的发展历史。不过由于现金支付以及银行卡支付在实际使用过程中会面临地域、距离、网点、时间的限制，在有着更加便捷、快速地选择之后，这两种支付方式的存在逐渐减弱。现金支付逐渐成为第三方支付的辅助支付手段，依托于银行的支付则转向了巨额交易的场景。中国支付发展史如图 1-5 所示。

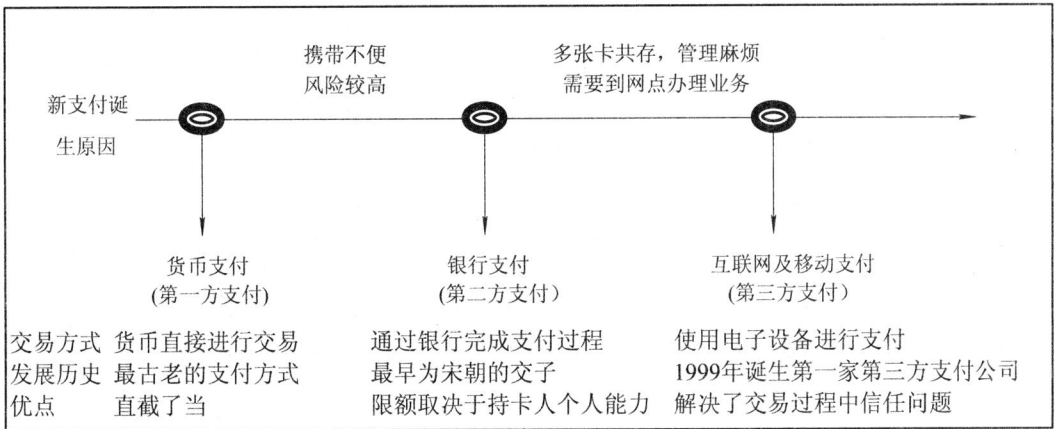

图 1-5　中国支付发展史

1.2.2　网络借贷

网络借贷包括个体网络借贷和网络小额贷款。

1．个体网络借贷

个体网络借贷又称 P2P 网络借贷。根据《关于促进互联网金融健康发展的指导意见》，个体网络借贷是指个体之间通过互联网平台实现的直接借贷。在个体网络借贷平台上发生的直接借贷行为属于民间借贷的范畴，受《合同法》、《民法通则》等法律法规以及最高人民法院相关司法解释规范。P2P 网络借贷平台作为信息中介向借贷双方提供交易平台，收取一定的服务费，而不以自有资金介入到借贷关系中，其借贷主体是个人对个人。

在我国，P2P 网络借贷是从 2007 年开始出现的。在最初几年，这种网络借贷模式并未引起太多关注，然而受我国整体金融环境及制造业发展瓶颈等因素影响，小微企业出现了普遍的融资难问题，而传统的金融机构由于贷款考核和审贷标准等因素，无法为这些小微企业提供足够的信贷支持，这便为 P2P 网络借贷的发展提供了空间。在此需求下，我国P2P 网络借贷行业进入了高速发展期，涌现出大量的 P2P 网络借贷平台，如宜人贷、人人贷、红岭创投等，行业出现井喷现象。据零壹研究院数据中心调查，2015 年全国 P2P 网络借贷平台逾 3000 家，正常运营的有 1924 家，较 2014 年增长 74.1%，参与人数突破1000 万，累计交易规模为 9750 亿元，为 2014 年的 3 倍以上，可见其繁荣程度。但由于进入门槛低、监管滞后等原因，高速发展之后风险频发，出现多家不规范平台资金链断裂甚至跑路现象。2015 年银监会进行机构调整，新成立普惠金融部，把 P2P 网络借贷划归普惠金融部管理，从此 P2P 网络借贷开始了监管和规范化进程，进入全面的整改规范期。有数据显示，截至 2016 年 12 月底，网贷行业正常运营平台数量达到了 2448 家，相比 2015 年底减少了 985 家，全年正常运营平台数量维持逐渐减少的走势。由于 P2P 网络借贷平台整改的脚步尚未停歇，预计未来几年运营平台数仍将进一步下降，而合规平台将上涨，如图 1-6 所示。

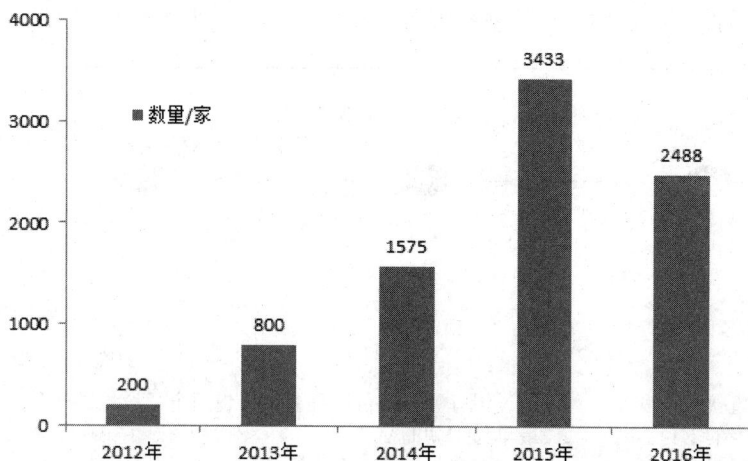

图 1-6　2012—2016 年中国 P2P 网贷平台数量

数据来源：网贷之家

2．网络小额贷款

网络小额贷款是指互联网企业通过其控制的小额贷款公司，利用互联网向客户提供的小额贷款。其借贷主体是企业对企业或个人。

网络小额贷款是一种面向传统商业银行不能覆盖的客户的贷款创新，主要解决一些小额、分散、短期、无抵押、无担保的资金需求，它通过一系列贷款技术创新，不但提供了放松抵押担保制约的还款制度，安排和缓解信息不对称的途径，还降低交易成本，从而降低了低收入阶层平等进入贷款市场的门槛。

小额贷款与互联网的结合极大地促进了小额贷款公司的发展。例如，作为网络小额贷款的代表，阿里巴巴小额贷款公司的平台上聚集了众多商户，通过淘宝、天猫、支付宝等平台的对接，阿里小贷积累了大量的交易数据，通过对交易数据的分析和挖掘以及配合视频验证进行调查，能较为客观科学地得出客户的信用评价。在此基础上，阿里小贷向小微企业或个人提供金融服务，并且这种贷款是无担保、无抵押、纯信用的小额贷款。

1.2.3　众筹

众筹是指通过互联网形式进行公开小额融资的活动。众筹的目的是融资，但与传统融资方式以货币回报为主不同，众筹往往以感谢、实物、作品、消费券、股权等作为回报。众筹被誉为继互联网支付和网络借贷模式之后互联网金融领域里的又一大创新。

众筹平台的运作模式大同小异：需要资金的个人和团队将项目策划方案交给众筹平台，经过审核后，在平台的网站上建立属于自己的页面，用来向公众介绍项目情况。众筹的规则有三个：一是每个项目必须设定筹资目标和筹资天数；二是在设定的天数内，达到目标金额即成功，发起人可获现金，如未达到目标金额即失败，已获资金需全部退还给支持者；三是众筹不同于捐款，对所有支持者一般都有相应回报。众筹平台会从众筹成功的项目中抽取一定比例的服务费。

众筹的项目种类繁多，不单单包括新产品研发、新公司成立等商业项目，还包括科学研究、民生工程、赈灾、艺术设计、政治运动等其他项目。经过几年的发展，我国众筹已形成奖励制众筹、股份制众筹、募捐制众筹和借贷制众筹等多种运营模式。自 2011 年进入中国以来，众筹在我国发展迅猛，有人预测它是互联网金融领域继网络借贷之后的又一大增长热点。据不完全统计，截至 2016 年 12 月底，我国正常运营的众筹平台共 427 家，对比 2015 年底的 283 家，涨幅达 50.88%，是 2014 年全年正常运营平台数量的近 3 倍，如图 1-7 所示。以汽车众筹业务为主的平台快速崛起，其他细分领域百花齐放。

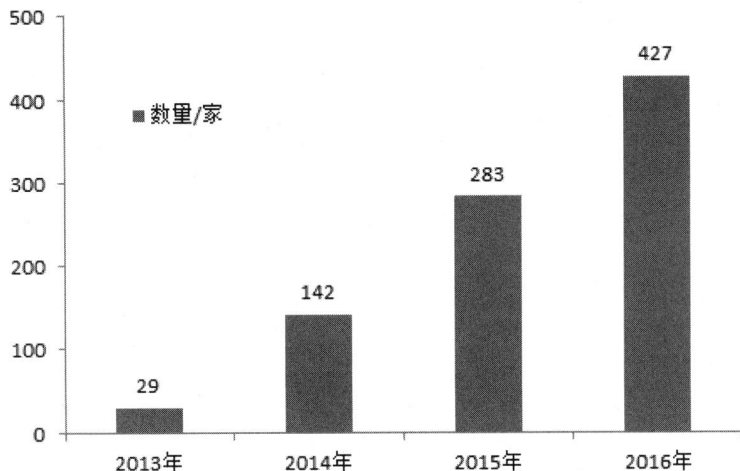

图 1-7　2013—2016 年正常运营众筹平台数量

数据来源：盈灿咨询《2016 年全国众筹行业年报》

1.2.4　信息化金融机构

信息化金融机构是指通过广泛运用信息技术，在互联网金融时代，对传统运营流程、服务、产品进行改造或重构，实现经营管理全面信息化的银行、证券和保险等传统金融机构。

信息化金融机构是传统金融机构的"触网"，其业务并没有发生本质上的变化。《关于促进互联网金融健康发展的指导意见》指出："鼓励银行、证券、保险、基金、信托和消费金融等金融机构开发基于互联网技术的新产品和新服务。支持有条件的金融机构建设创新型互联网平台开展网络银行、网络证券、网络保险、网络基金销售和网络消费金融等业务。"该指导意见把传统金融机构的互联网金融业态分为互联网银行、互联网证券、互联网保险和互联网信托四种。

互联网金融时代，信息化金融机构的运营模式相比以往发生了很大的变化。目前信息化金融机构的主要运营模式可分为以下三类(如表 1-1 所示)：传统金融业务电子化模式、基于互联网的创新金融服务模式和金融电商模式。传统金融业务电子化模式主要包括网上银行、手机银行、移动支付和网络证券等形式；基于互联网的创新金融服务模式包括直销银行、智能银行等形式以及银行、券商、保险等创新型服务产品；金融电商模式就是以建设银行"善融商务"电子商务金融服务平台、泰康人寿保险电商平台为代表的各类传统金融机构的电商平台。

表 1-1 信息化金融机构运营模式

模　式	表现形式及代表
传统金融业务电子化模式	网上银行、手机银行、移动支付和网络证券
基于互联网的创新服务模式	直销银行、智能银行、金融机构创新性产品
金融电商模式	银行类电商平台、保险类电商平台

1.2.5 互联网金融门户

互联网金融门户是指利用互联网提供金融产品、金融信息服务，进行金融产品销售，并为金融产品销售提供第三方服务的平台。

根据服务内容及服务方式不同，互联网金融门户可分为第三方咨询平台、垂直搜索平台及在线金融超市三类。

(1) 第三方咨询平台是为客户提供全面、权威的金融行业数据及行业资讯的门户网站，典型代表有网贷之家、和讯网和网贷天眼等。

(2) 垂直搜索平台是聚焦于相关金融产品的垂直搜索门户，典型代表有融 360、好贷网、安贷客、大家投等。所谓垂直搜索是针对某一特定行业的专业化搜索，在对某些专业信息进行提取、整合以及处理后反馈给客户。客户在该类门户上可以快速地搜索到相关的金融产品信息。互联网金融垂直搜索平台通过提供信息的双向选择，从而有效地降低了信息不对称程度。

(3) 在线金融超市则汇集了大量的金融产品，提供在线导购即购买匹配，在利用互联网进行金融产品销售的基础上，还提供与之相关的专业的第三方中介服务。该类门户在一定程度上充当了金融中介的角色，通过提供导购及中介服务，解决服务不对称的问题，典型代表有大童网、格上理财、91 金融超市以及软交所科技金融服务平台等。

此外，根据汇集的金融产品、金融信息的种类不同，互联网金融门户又可以分为 P2P 网贷类门户、信贷类门户、保险类门户、理财类门户以及综合类门户五个子类。其中，前四类互联网金融门户主要聚焦于单一类别的金融产品信息，而第五类互联网金融门户则致力于金融产品、信息的多样化，汇聚了不同种类的产品或信息。

互联网金融门户分类如表 1-2 所示。

表 1-2　互联网金融门户分类

分类方式	模式	代表
按服务内容及服务方式不同	第三方咨询平台	网贷之家、和讯网、网贷天眼
	垂直搜索平台	融360、好贷网、安贷客、大家投
	在线金融超市	大童网、格上理财、91金融超市
按汇集的金融产品、金融信息种类不同	P2P网贷类门户	网贷之家、P2P网贷导航、网贷天眼
	信贷类门户	好贷网、融360、安贷客、融道网
	保险类门户	大童网、慧择网、Leaky
	理财类门户	格上理财、存折网、我爱卡、LearnVest
	综合类门户	91金融超市、软交所科技金融服务平台

1.2.6　其他互联网金融业态

除了前面介绍的几种之外，常见的互联网金融业态还包括大数据金融、供应链金融、互联网货币和互联网消费金融等。

1. 大数据金融

大数据金融是指依托于海量、非结构化数据，通过互联网、云计算等信息方式对数据进行专业化的挖掘和分析，并与传统金融服务相结合，创新性地开展相关资金融通工作的统称。

大数据金融扩充了金融业的企业种类，并创新金融产品和服务，扩大了客户范围，促进金融营销，降低了企业成本。在某些细分领域，大数据金融甚至颠覆了传统金融。比如阿里巴巴控制的天弘基金，上线不到一年，规模便达到了行业第一名。

2. 供应链金融

供应链金融是指银行向客户(核心企业)提供融资和其他结算、理财服务，同时向这些客户的供应商提供贷款及时收达的便利，或者向其分销商提供预付款待付及存货融资服务。简单地说，就是银行将核心企业和上下游企业联系在一起并向其提供可灵活运用的金融产品和服务的一种融资模式。

供应链金融打破了传统的融资模式，将整个供应链作为一个整体评估风险并提供相应的融资服务。这使得原来不满足融资要求的中小企业能够依托其所在供应链获得所需资金，进而解决目前中小企业融资难、融资时间长的问题。供应链金融不仅涉及金融创新，也涉及产业重构，其业务模式主要有基于应付账款的融资模式、基于动产抵押的融资模式、基于应收账款的融资模式、非纯交易平台电商供应链金融模式及纯交易平台电商供应链金融模式，典型代表有阿里巴巴、京东、顺丰及海尔等。

3. 互联网货币

互联网货币又称为虚拟货币，是指随着信息技术、互联网和电子商务的发展而出现的不通过机构发行，以数字形式存在，通过网络流通转移，并具有购买力的虚拟兑换工具。

互联网货币最典型的代表是比特币。比特币是一种电子货币，由计算机生成的一串串复杂代码组成，新比特币通过预设的程序制造，随着比特币总量的增加，新币制造的速度减慢，直到 2140 年达到 2010 万个总量的上限。和法定货币相比，比特币并没有固定的发行方，而是由网络节点的计算产生，也就是说，任何人都有可能参与制造比特币，而且制造的比特币在全世界流通，可以在任意一台接入互联网的电脑上进行买卖。不管身处何处，任何人都可以挖掘、购买、出售或收取比特币，并且在交易过程中外人无法辨认用户信息。

需要说明的是，互联网货币风险较高，因此各国对持币态度较为谨慎：美国对比特币持观望态度，暂不干预和监管；欧盟对比特币没有法规规定；德国承认比特币的合法定位；而我国则明确比特币不是由货币当局发行，不具有法偿性与强制性等货币属性，并不是真正的货币，是一种特定虚拟商品，不具有与货币等同的法律地位，不能且不应作为货币在商场上流通，并且各金融机构和支付不能开展相关业务。

4. 互联网消费金融

互联网消费金融是将传统的消费金融实现线上化，通过"线上+线下"的方式为个人提供以消费为目的的贷款。这是传统的消费金融在互联网金融背景下的又一实践创新。

目前，互联网消费金融业务的进一步发展主要受制于个人征信数据的缺乏。这种征信数据的缺乏使个人消费贷款的违约率随业务的扩展而加大，使互联网消费金融平台所承担的风险变大。从这个角度看，大数据征信将成为互联网消费金融厂商竞争的重点。

1.3 普惠金融与民主金融

普惠金融(inclusive finance)认为金融服务具有公共产品的属性，享有金融服务是人民的一项基本权利。互联网金融是普惠金融的强大动能，也是实现普惠金融的最佳途径，借助全新渠道和技术优势，可为处于传统金融服务边缘的长尾客户提供优质、便捷的金融服务，不断践行普惠金融，成为现代金融体系的有益补充。

互联网金融的"鲶鱼效应"将不断推动传统金融业竞相发力普惠金融，同时也指出了中国金融民主化的发展方向。

1.3.1 普惠金融

1. 普惠金融的概念

普惠金融

普惠金融这一概念由联合国在 2005 年提出，是指以可负担的成本为由金融服务需求的社会各阶层和群体提供适当、有效的金融服务，小微利企业、农民、城镇低收入人群是其服务对象。

普惠金融的理念主张金融服务具有公共产品的属性，而享有金融服务是人民的一项基本权利。普惠金融致力于给予人民平等的金融机会，帮助中国经济脱贫致富实现全面繁荣，而互联网金融的普惠性与之契合。

提到普惠金融，不得不提金融排斥。金融排斥的现象是在美国被观察到的，在英国被高度重视。20 世纪 90 年代，经过萧条和金融危机的银行业开始注重"价值最大化"目标，从一些偏远、贫穷的地方把金融分支机构撤离，集中金融资源在比较富裕的地区。这

使得低收入区域的弱势群体出现了所谓的地理可及性障碍，成为被排斥在主流金融服务之外的区域和人群。这些弱势群体很难接触到那些金融机构，更没有能力通过一些合理的方法获得所需的金融服务。之后，金融排斥这个概念由地理方面发展到广义的金融歧视。

金融排斥主要体现在以下几个方面(如图 1-8 所示)：

(1) 地理排斥：被排斥的人因为没办法近距离获得金融服务，只能依靠公共交通系统到相距较远的金融中介通融。

(2) 评估排斥：通过评估风险的办法来对经济主体进行入门限制。

(3) 条件排斥：对经济主体得到金融产品的途径加了很多不合理、不合适的因素条件。

(4) 价格排斥：用过高的金融服务价格把一些经济主体排斥在外。

(5) 营销排斥：通过目标营销策略将一些经济主体排除在外。

(6) 自我排斥：经济主体认为自己很难获批金融服务，基本上会被拒绝，自发地把自己排除在外。

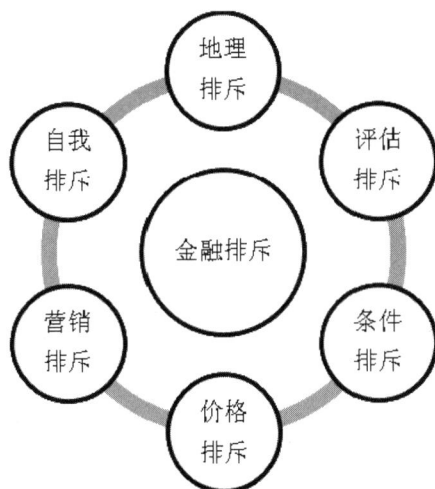

图 1-8 金融排斥

金融排斥和金融歧视不是一个新现象，只不过在最近才被重视。能否获得核心金融服务(如银行账户、信用贷款、保险)是影响社会公平和谐的重要因素，金融排斥现象的存在会导致贫富分化，产生区域金融荒漠化和社会不安定因素等问题。金融排斥的本质在于金融资源分配的不公平和不均衡，是一种市场失灵的现象，需要从理念、政策、监管、组织和技术等多个方面予以修正，普惠金融就是人们提出的一种化解金融排斥、消除金融歧视的理念和方案。

◆ 经典案例 ◆

普惠金融最成功的案例是诺贝尔和平奖获得者尤努斯创办的孟加拉乡村银行。该银行主要面向农村贫困人口，尤其是贫困女性，是无担保、无抵押的贷款制度。孟加拉乡村银行将借款人分成小组，几个小组构成一个乡村中心，借款以乡村中心为单位进行运作。借款人可采用分期不等额的还款，借款利率大大低于高利贷，但略高于传统银行，以防止套贷。

孟加拉乡村银行的累计还款率在 98%以上，帮助了 58%的借款人脱离了贫困线。尤为难得的是，孟加拉乡村银行还鼓励贷款者成为持股者，他们可以购买银行的股份，作为股东投票选举，也有资格成为董事会成员。这使贷款者认为该银行是属于自己的。2006年前后，该银行的贷款者拥有银行 94%的股权，另外 6%归银行所有，是真正意义上的"穷人银行"。

孟加拉乡村银行的成功引起了其他国家的效仿，已有数十个国家开设了类似银行，甚至包括美国、荷兰等发达国家。

2．互联网金融是实现普惠金融的一个重要途径

互联网金融是实现普惠金融的一个重要途径，原因如下：

(1) 互联网金融从技术特性来讲是普惠性的。

现在，只要有一部手机就可以享受金融服务，没有时空限制、低成本地进行充分交互，这是实现普惠金融的有利条件。

(2) 互联网金融能提高支付效率。

检验金融基础设施发达与否的一个重要标准是有没有高效率的支付系统。在互联网金融模式下，证券、现金等资产支付和转移通过移动互联网进行，实现了支付清算电子化，基本不需要现钞流通，这大大提高了社会支付效率，降低了支付成本。

(3) 互联网金融能提高信息使用效率。

信息是金融的核心。与证券市场的间接融资信息相比，互联网金融信息有几大特征：一是社交网络生成和传播信息，尤其是一些没有公开披露的信息；二是搜索引擎可以对信息进行有效组织，从而有针对地满足信息需求；三是互联网的云计算保障海量信息能够高效处理。以上信息处理特征保证了信息使用的高效率，降低了信息使用成本。

(4) 互联网金融能够提高资源配置效率。

在互联网金融模式下，资金供需双方能够直接在互联网上发布、匹配、联系和进行交易，而无需通过银行等中介。在互联网大数据的支撑下，资金供需双方信息比较完善，因此容易形成"充分交易可能性集合"，多方交易能够同时操作，且各方信息透明、定价公平、充分竞争，使资源配置效率达到新高度，交易的成本也大幅度下降。

在我国，互联网金融促进普惠金融实现的方式如下：

(1) 互联网金融为推动普惠金融提供了最佳的路径选择。

(2) 互联网金融是发展普惠金融、弥补传统金融服务不足的重要路径选择。

(3) 互联网金融可激励民间力量，引导民间金融阳光化和规范化，从而实现普惠金融。

(4) 互联网金融可以有效满足消费需求，扩大内需，促进普惠金融发展。

1.3.2 民主金融

1．民主金融的概念

民主金融曾有多种含义，例如人们把 20 世纪 30 年代股东投票决定企业经营方向的行为视为民主金融，也有人把尽量多的消费者购买金融产品称为民主金融或金融民主。

但近年来比较引人关注的民主金融概念来自罗伯特·希勒。根据希勒的著作和讲座，我们归纳民主金融的内涵在于：金融要为每个人而不是部分人服务，人人都能从金融活动中平等获益；金融体系的目的是管理风险，降低不公平，提高所有人的福利；应鼓励人们从事金融业，或参与金融创新，为社会谋福利；法律监管应加深人们对金融运作知识的了解，为公众提供更为可靠的消息；达成上述目标的途径在于金融创新。

金融机构不能依仗其规模优势而歧视客户，无论大小客户都应该被平等对待——这是民主金融的主张和特点。民主金融的另一个主张是客户应提出自己的服务需求并反馈给金融机构，而且还应得到金融机构的积极回应。

2．互联网金融是民主金融的起点

民主金融的本质在于破除少数大型金融机构对金融资源的垄断，促进市场竞争，使金融回归服务本质，提升普通大众的金融权利，促进价值交换、优化资源配置、促进社会繁荣。

这一回归可通过四个层面实现：理念革新、充分竞争、自由选择、消费者参与。

第一，理念是基础，必须革新。"金融服务是人民的一项基本权利"理念和"金融体制促进社会福祉、保障人民共同承担风险和共同享受经济发展成果"理念是一项重要的理念革新。

第二，充分竞争是实现民主金融的前提条件。互联网技术可提高信息交流的效率，增加信息透明度、降低成本，促进市场竞争和金融创新。互联网精神及互联网逻辑会在一定程度上修正市场失灵之处。

第三，自由选择是充分竞争的一个必然结果。互联网技术可全面发挥作用：采用类似电子商务的技术发布、展示金融产品，成本极低；利用互联网搜索技术，允许用户随意筛选自己所需要的产品，可节省用户时间、降低产品的到达成本；利用互动评论、社区推荐等技术可显著降低用户的选择负担。

第四，消费者参与是民主金融的核心。在互联网金融商业模式、基础设施和监管渠道中，民众可以参与一般金融产品的设计、多个用户可提交他们共同的产品定制需求，企业根据定制设计金融产品以更好地满足需求。

综上所述，互联网金融是民主金融的起点和实现方式。

1.4　互联网金融发展概况

互联网金融发展概况

互联网金融产生自互联网背景下的全球性金融创新，并随着互联网技术的深入发展逐渐演化，下面来看一下它在国内外的整体发展情况。

1.4.1　国外互联网金融发展概况

国外互联网金融伴随着互联网技术的出现及蓬勃发展应运而生，20 世纪 90 年代以后，在发达国家和地区发展十分迅速。

1995 年 10 月 18 日，美国三家银行联合成立了全球第一家没有任何分支机构的纯网络银行——美国第一安全网络银行(Security First Network Bank，SFNB)，被视为互联网金融的雏形。美国嘉信理财集团(Charles Schwab Corporation)开始提供网上股票交易等业务以及 Scottrade.com 的上线则标志着互联网金融时代的正式开启。国外互联网金融的发展大致可以分为三个阶段，如表 1-3 所示。

表 1-3　国外互联网金融发展的三个阶段

第一阶段	第二阶段	第三阶段
准备阶段	融合阶段	加速发展阶段
时间：互联网出现以后到 20 世纪 90 年代前期	时间：20 世纪 90 年代中期到 2010 年左右	时间：2011 年以后

第一阶段：准备阶段。互联网出现以后，金融业就开始运用互联网为客户提供金融产品和服务。

第二阶段：融合阶段。20 世纪 90 年代中期到 2010 年前后，这一阶段是互联网与金融的融合期，同时专业的互联网金融业态正式出现。

第三阶段：加速发展阶段。自 2011 年以后，互联网金融就呈现出加速发展的态势，创业者、互联网公司以及非金融机构开始涌入互联网金融领域，互联网金融的类型日益丰富，互联网对金融业的冲击和重塑作用日益显现。

经过多年的发展，发达国家和地区的互联网金融发展非常迅速，出现了从网络银行到网络保险，从网络个人理财到网络企业理财，从网络证券交易到网络金融信息服务的全方位、多元化的互联网金融服务体系，具体表现为：网络银行走向成熟，网络证券和网络保险获得了长足的发展，电子货币和网络支付开始受到青睐，在线贷款和众筹平台兴起。如表 1-4 所示。

表 1-4　国外互联网金融发展典型代表

领域	代表	介　绍
网络银行	FBNB	1995 年成立于美国，全球第一家网络银行。1995 至 1998 年，募集 6000 万美元存款。1998 年被加拿大皇家银行收购。主要从事传统银行提供网络银行服务
	Uno First Group	2007 年 7 月，西班牙 Uno 公司同爱尔兰互联网银行第一集团组建，是全球第一家互联网金融服务企业
网络证券	E.Trade	1992 年创立于美国，成为美国佣金价格的先驱
网络保险	INSWEB	1995 年 2 月成立于美国，交易有两种模式：第一，通过代理，与保险公司开展业务合作；第二，进行网上保险直销
网上支付	PayPal	1998 年 12 月成立于美国，1999 年完成电子支付与基金的创新嫁接，成为全球第一只互联网货币市场基金，2007 年规模接近 10 亿美元，2008 年，放弃基金市场，转向支付市场开拓
网络借贷	ZOPA	2005 年成立于英国，截至 2015 年年初，累计撮合成交 7.5 亿英镑
	Prosper、Lending Club	Prosper 在 2005 年成立于美国，Lending Club 则在 2007 年成立。截至 2017 年，两家公司总共发放 1430 亿元的贷款
众筹	Artist Share	2001 年成立于美国，互联网众筹平台的先锋，开启了互联网众筹时代
	Fundavlog	2006 年成立于美国，首次用众筹解释了 Fundavlog 的核心理念，使众筹进入了公众视野

1.4.2　国内互联网金融发展概况

金融是最早开始互联网化进程的传统行业之一，也是最早使用互联网向消费者交付产品和服务的传统行业之一，如网上银行、各类证券软件、各类理财产品的在线购买及交付等。从整体上来看，我国互联网金融的发展经历了三个阶段，如表 1-5 所示。

表 1-5　我国互联网金融发展的三个阶段

第一阶段	第二阶段	第三阶段
2005 年以前	2005 年至 2011 年	2012 年以后
银行将业务搬到网上	网络借贷、第三方支付机构发展	P2P 网络借贷平台、众筹、网络保险……

第一阶段是 2005 年以前，互联网出现后金融业也开始运用互联网工具为客户提供金融产品及服务，传统金融机构纷纷成立电商部门，建设电商网站来销售金融产品和提供金融服务。在这一阶段，互联网与金融的结合主要体现在"把业务搬到网上"。

1997 年，招商银行率先推出了中国第一家网上银行，通过互联网开展品牌宣传、产品推广、客户服务等。1998 年，国内网上证券交易起步，2000 年，证监会颁布《网上证券委托暂行管理办法》，投资者使用证券公司提供的交易软件，通过互联网就可以方便、快捷、安全地进行证券交易。2002 年，e-PICC(中国人保电子商务平台)正式上线，用户不仅可以通过 e-PICC 投保车险、家财险、货运险等保险产品，还可以享受保单验真、保费试算、理赔状态查询、咨询投诉报案、风险评估、保单批改和保险箱等一系列实时服务。

第二阶段是在 2005—2011 年，网络借贷开始在我国萌芽，第三方支付机构逐渐成长起来，互联网与金融的结合开始从技术领域深入金融业务领域。

P2P 网络借贷方面：我国最早的 P2P 借贷平台成立于 2006 年，在其后的几年间，发展仍较为迟缓。直到 2011 年，网贷平台进入快速发展期，一批网贷平台踊跃上线。2012 年我国网贷平台进入爆发期，网贷平台如雨后春笋般成立，比较活跃的有 400 多家。

网络小额贷款方面：2007 年 6 月，阿里巴巴集团依托阿里巴巴电子商务平台，将网络的交易数据及信用评价作为信用依据，与中国建设银行、工商银行签约，开始尝试联保贷款模式，为中小企业提供无抵押、低门槛、快速便捷的融资服务。2010 年 6 月，阿里巴巴小额贷款公司成立，这标志着我国小额贷款模式的创新与突破。2011 年，中国人民银行开始发放第三方支付牌照，第三方支付机构进入了规范发展的轨道。

第三阶段从 2012 年开始。2013 年被称为"互联网金融元年"，是互联网金融得到迅猛发展的一年。自此，P2P 网络借贷平台快速发展，网络众筹平台开始起步，第一家专业网络保险公司获批，一些银行、券商也以互联网为依托，对业务进行重组改造，加速建设线上创新型平台，互联网金融的发展进入了新阶段。2017 年全年网贷行业成交量达到了28 048.49 亿元，相比 2016 年全年网贷成交量(20 638.72 亿元)增长了 35.9%。2017 年 8月，P2P 网贷行业的活跃投资人数、活跃借款人数分别为 447.12 万人和 450.83 万人，这是十年来行业活跃借款人数首次超过活跃投资人数。

自 2013 年，中国互联网金融呈现"爆炸式"增长，各种模式竞相发展，引起社会各界的高度关注。各行各业的巨头们、创业者、学术界、各级政府以及风险投资界等纷纷参与到这一领域的大发展中来。

下面对这一阶段的发展进行概括分析。

1. 互联网金融异军突起

近年来，以第三方支付、P2P 网络借贷平台和网络众筹为代表的互联网金融异军突起，各种模式竞相发展，成为金融创新的主力军，迅速改变了我们金融业的面貌。

艾瑞咨询的公开数据显示，2012 年我国第三方支付市场交易规模为 12.9 万亿元，其中线上支付占比为 28.3%，规模约为 3.66 万亿元，是过去 7 年互联网金融服务的主要模式之一。相较于第三方支付，P2P 网贷的发展在 2012 年和 2013 年进入了爆发期，在全国各地迅速扩张。2013 年，P2P 网贷平台以每天 1～2 家上线的速度增长，尤其是 2013 年 9 月以来，上线速度更达到每天 3～4 家。据 P2P 网贷行业门户网站"网贷天眼"不完全统计，至 2016 年 12 月，全国正常运转的网贷平台达到 3488 多家。此外，互联网金金融门户的大数据金融等新金融形态也不断涌现出来，并得到快速发展。

2. 各个层面的研究相继展开

2012 年 12 月 14 日，清华大学五道口金融学院率先成立了互联网金融实验室；2013 年 8 月 9 日，由京东商城、当当网、拉卡拉和融 360 等 33 家单位发起成立中关村互联网金融行业协会；2013 年 8 月 13 日，中国互联网协会发起成立了中国互联网协会互联网金融工作委员会。一时间，与互联网金融相关的研究机构、行业组织、自律组织等纷纷成立。关于互联网金融的课题研究和学术专著层出不穷，《互联网金融》杂志也于 2013 年 8 月正式创刊出版。此外，围绕互联网金融的研讨会、交流会和培训会等更是数不胜数。互联网金融的理论研究、行业组织的设立以及研讨交流会议的开展，在一定程度上对它的实践起到了普及、宣传和推广的作用。

3. 各行各业的巨头纷纷涌入

在互联网与金融不断融合的趋势下，互联网金融已经成为各方争夺的"新奶酪"。

在金融机构方面，以中国建设银行、交通银行和中国工商银行等为代表的传统金融巨头加快了信息化金融机构的布局，或以独立的方式，或以与互联网企业进行合作等方式，不同程度地将互联网和传统业务进行结合。

在互联网公司方面，阿里巴巴在 2012 年就确定了"平台、金融、数据"为集团未来的三大发展战略，并在金融领域全面布局，其旗下的支付宝、阿里小贷和余额宝等目前都已取得令人瞩目的成绩。而搜狐、腾讯、京东和百度等互联网巨头也纷纷加快介入互联网金融的步伐，以争夺这一领域的巨大利润。在产业巨头方面，随着民营银行的逐步放开，以腾讯、百业源、立业集团为主要发起人的深圳前海微众银行，以正泰集团、华峰氨纶为主发起人的温州民商银行和天津华北集团、麦购集团为主发起人的天津金城银行等三家民营银行已于 2014 年 7 月获批筹建。此外，美的集团、红豆集团和格力电器等各行业的巨头们对民营银行的牌照也是虎视眈眈。

4. 各级政府积极支持

作为金融改革的重要组成部分，互联网金融也得到了各级政府的积极引导和支持。

2013 年 8 月，国务院办公厅发布了《关于金融支持小微企业发展的实施意见》，要求"充分利用互联网等新技术、新工具，不断创新网络金融服务模式"。这在政策层面对互联网金融起到积极的推动作用。

面对热潮汹涌的互联网金融，各省市级政府也陆续出台了相关政策以支持互联网金融的发展：北京市力促相关行业主体聚集，为推动互联网金融行业的规范提供平台与机会；上海市推行金融创新新政，推出支持互联网金融相关企业落户的具体措施；浙江省则依托发达的民营经济，为互联网金融行业提供快速发展的沃土；深圳市前海的金融创新已经上升为国家战略，在相关政策的支持下，依托深圳前海金融资产交易所，吸引了民生电商等新型金融电商和互联网金融企业入驻。

部分地区金融政策出台时间如表 1-6 所示。

表 1-6　部分地区互联网金融政策出台时间列表

地区	时间	出台政策/意见征求稿
北京市	2013 年 8 月	《石景山支持互联网金融产业发展办法(试行)》
	2013 年 10 月	《海淀区关于促进互联网金融创新发展的意见》
	2013 年 12 月	《关于支持中关村互联网金融产业发展的若干措施》
天津市	2014 年 2 月	《天津开发区推进互联网金融产业发展行动方案(2014-2016)》
深圳市	2014 年 3 月	《深圳市人民政府关于支持互联网金融创新发展的指导意见》
广州市	2014 年 6 月	《广州市支持互联网金融创新发展试行办法》
	2014 年 7 月	《关于促进广州民间金融街互联网金融创新发展的若干意见》
贵阳市	2014 年 6 月	《关于支持贵阳市互联网金融产业发展的若干政策措施(试行)》
武汉市	2014 年 8 月	《武汉市政府关于支持互联网金融产业发展实施意见》
上海市	2014 年 8 月	《关于促进上海市互联网金融产业健康发展的若干意见》
	2014 年 9 月	《长宁区关于促进互联网金融产业发展的实施意见》
青岛市	2014 年 10 月	《鼓励发展新型业态和商业模式若干政策措施》
成都市	2014 年 11 月	《成都高新区推进"三次创业"加快金融业发展的若干政策》
浙江省	2014 年 11 月	《杭州市关于推进互联网金融创新发展的指导意见》
	2015 年 2 月	《浙江省促进互联网金融持续健康发展暂行办法》

5. 互联网金融创业和投资兴起

互联网金融的前景点燃了人们特别是年轻人的创业热情，也吸引了越来越多的投资者进入这一领域。尤其是 2013 年以来，互联网金融领域的创业公司大量涌现出来。

部分互联网金融创业公司如表 1-7 所示。

表 1-7　部分互联网金融创业公司

类型	代表性创业公司	非代表性创业公司
第三方支付	汇付天下、易宝支付、快钱、卡拉卡、网银在线	支付宝、财付通、新浪支付
P2P 网贷平台	有利网、拍拍贷、人人贷、宜信、翼龙贷、红岭创投、点融网	陆金所
众筹平台	点名时间、众筹网、天使汇、淘梦网	
信贷服务	融 360、好贷网、我爱卡、融道网	
基金理财	盈盈理财、好买基金网、数米基金网、天天基金网、铜板街	

来自政策监管的风险、金融机构和互联网巨头的强势出击及各方面的不确定因素等都没能阻挡互联网金融创业的步伐。金融业作为目前规模最大、利润水平最高的产业，互联网金融创业得到了 PE (私募股权投资)和 VC(风险投资)的极大青睐，相关投资者纷纷涌入。《中国互联网金融投融资分析报告》相关数据显示，2016 年度中国互联网金融投融资市场发生的投融资案例共计 459 起，完成融资的企业数为 427 家，融资金额约为 901 亿元人民币，其中 28 家企业完成两轮融资，两家企业甚至在一年之内完成三轮融资。相较于 2015 年度互联网金融投融资金额约为 493 亿元人民币，2016 年度的互联网金融市场投融资规模增长达 182%以上(实际全年投融资金额为 944 亿元人民币，但其中中国邮政储蓄银行于 2015 年 12 月获得战略投资 451 亿，统计时将其作为特殊事件排除)。

1.5 互联网金融的发展趋势及面临的挑战

当前，互联网金融产业链、产业群和产业网正在加速发育，互联网金融已经逐渐深入到各种网络平台运营中，参与创新的主体也越来越多，产业规模持续增长，但同时也面临着来自方方面面的挑战。

1.5.1 互联网金融未来发展趋势

目前，互联网企业和传统金融企业主要围绕三个方面推进互联网金融的发展。

(1) 渠道扩张。双方基于自身的比较优势在各自的领域开展业务，产品类型和重点客户重合度较低。互联网企业在这一阶段的成本优势发挥明显，具体表现为基于成本优势的虚拟渠道扩张。

(2) 数据推动融合。双方的业务开始融合，部分核心业务产生交叉。互联网企业开始利用数据资源进行风险定价，传统金融行业逐渐掌握批处理技术，开始通过产品创新由被动防御转向主动防御。其中对中小型客户的争夺是重点。

(3) 平台胜者为王。从形式到实质的融合，商业模式的优化、创新，新的商业模式开始出现，双方都已经掌握了对方较为核心的技术，平台搭建完毕，开始利用平台的数据资产对现有的商业模式进行改造，平台的用户数量、用户黏度和数据的有效性是获得成功的关键。

不少学者认为互联网金融在未来将呈现以下四种发展趋势。

1. 全面创新网络金融服务和金融产品

在日渐成熟的技术支持下，为了能够保持竞争力，互联网金融行业将不断提高客户服务水平，更全面的网络金融服务和更丰富的网络金融产品必将出现，从而不断推动互联网金融的发展。

2. 进一步打造一体化的金融服务平台

随着互联网技术的逐步成熟，所有相关业务将融为一体，只需一个入口即可以满足互联网金融客户的大部分需求。一体化的互联网金融服务平台必将被打造出来。

3．出现被广泛认同的金融服务品牌

随着越来越多的互联网金融服务提供者出现，客户必会对其进行甄选，从而出现被广泛认同的金融服务品牌。所以，基于信誉、安全、规模和技术的品牌战略将是未来金融机构的重要发展方向之一。

4．实现行业标准化和服务个性化

互联网金融服务需要在网络间进行数据的传输与交换，在此过程中，行业的标准化至关重要。同时，互联网金融服务商需要根据不同客户的需求和特性，为客户提供个性化的金融服务产品，不断满足不同客户的金融需求。

1.5.2　互联网金融面临的挑战

近几年，我国互联网金融有了长足发展，这有助于金融创新、完善金融服务和促进金融体制改革。但是互联网金融的迅猛发展，也带来了一些挑战。

1．数据保障

金融拥有天然的数据化基因，因为金融本身就是信息和数据，做金融的本质就是做信用。大数据技术将在互联网借贷、保险、证券投资等方面发挥越来越重要的作用。大数据技术提供的有据可查的信用数据，为构建互联网金融信用体系提供了保障。然而，数据的真实性如何衡量？如果作为基础的数据本身存在问题，则这样的金融活动将失去效率。

另一方面，大数据本身只是分析工具，是人类设计的产物，不应过分迷信。以 P2P 借贷行业为例，目前借贷业务不仅需要网络审核，更需要线下审核，信贷员的从业经验和责任心是信贷安全的重要保障。另外，除了个别企业，大部分互联网金融企业目前的用户规模和交易额都不是很大，缺乏大数据基础，也无力承担所需的基础设施和处理成本。

2．风险控制

互联网金融的健康发展要遵循金融业的一些基本规律和内在要求，核心还是风险管理。不管是传统的金融还是互联网金融，风控都是第一位的，只有做好风控，才能持续发展，否则任何繁荣都只是昙花一现。

以小微企业为例，由于小微企业自身的不稳定性，其发生坏账和违约的可能性大大增加，互联网金融企业在实际操作中，如何能做到既满足小微企业需求又能降低违约风险，是需要研究的问题之一。

3．监管完善

互联网金融涉及金融业态创新，在一段时间内良莠不齐是意料中的事情，监管应对此持有包容的态度。然而，线上金融应该遵守线下金融规则，监管部门既要尊重互联网金融发展的自身规律，让市场在金融资源配置中发挥作用，也要引导和支持互联网金融从业机构通过行业自律的形式，完善管理，合法经营。

互联网时代的金融监管，一是金融监管体制、理念和监管方式都需要与时俱进，功能监管是势在必行的一个要求；二是在互联网时代，风险形成和传递的速度大大加快了，风险管理更加复杂，因此需要进一步加强金融监管；三是同一个市场同类的业务应当保持监

管的一致性。

4. 法规支持

与我国互联网金融行业的快速发展状况相比，制度建设相对滞后。比如，对 P2P 行业和股权众筹的监管还存在较大空白，长期缺乏较为明确的行业准则；相关企业的信息披露机制并不健全，如何处理信息披露不实的情况也没有统一规定；对如何保护投资者还没有推出有效举措，等等。制度建设上的滞后阻碍了互联网金融的健康发展。当前，应坚持审慎态度，既鼓励金融创新，又要控制系统性风险，通过完善制度促进互联网金融健康发展。

1.6 互联网金融人才需求及培养

金融业是最早融入经济全球化竞争的行业，也是支撑了整个国家经济发展的行业。但近年来随着行业不断变革融合、金融产品不断创新、金融市场层次不断丰富，金融行业出现了人才短缺及培养失衡的现象。

1.6.1 互联网金融人才现状

传统金融行业缺乏专业人才，而新兴的互联网金融更是出现"一人难求"的窘境。新产品研发、网络推广和风控方面的专业人才非常稀缺，很多公司因招不到专业人才而苦恼。

业内人士指出，互联网金融的人才缺口巨大。中关村互联网金融研究院执行院长、国培机构董事长刘勇先生表示："按照 1997～2009 年电子商务从业人员的增长速度来推算，2019 年 P2P 网络借贷从业人员将达 56 万人，2024 年将达 234 万人，而 2014 年 P2P 网络借贷从业人员仅为 10 万人。按银行系统和小贷公司从业人员在金融系统中的占比为53.76%来估算，2019 年互联网金融从业人员将达 104 万人，2024 年将达 435 万人。未来5～10 年内，中国互联网金融行业人才缺口将达 100 万以上。"

互联网金融领域是一个"跨学科"的行业，融合了金融、通讯、IT 等多行业，需要复合型人才，既要懂互联网还要懂金融，更要懂得如何将二者更好地融合。

就目前来看，金融和互联网行业具备这种跨行业复合型的人才较少，从业者多为单一具备金融从业经验者或者具备互联网从业经验者。相应的人才储备和培养没有跟上，长期下来，对行业的发展将产生一定程度的制约。

1.6.2 互联网金融人才特点

相比传统金融业，互联网金融对从业者的能力和素质提高出了新的要求。

从互联网金融发展的特点来看，迫切需要以下几类人才：

(1) 同时掌握金融业务和互联网技术的复合型人才。互联网金融主要利用互联网、信息通信技术实现资金融通、支付、投资等业务，因此同时具备互联网和金融两种属性。这一特点决定了从业人员在掌握金融知识的同时，必须掌握必要的网络安全、大数据、云计算等相关技术。

(2) 既具备创新思维又兼有实践能力的创新型人才。互联网金融主要针对金融的创新而产生。互联网金融通过对金融资本和互联网技术的跨界整合，不断创新业务发展模式，设计出便捷的金融服务和产品，促进经济的发展。为适应瞬息万变的技术与金融创新，从业人员除了具备专业知识和技能外，还必须有创新思维和获取新知识的能力，不仅要积极学习和掌握互联网、金融领域的知识，还要将这些知识与实践相结合，创新业务发展模式，拓展多种金融业务。未来互联网金融的发展将取决于这种创新型人才的数量和质量。

(3) 兼备风险意识和法治思维的管理型人才。互联网金融风险具有隐蔽性、突发性、广泛性等特点。因此互联网金融行业的从业人员，尤其是管理人员必须具备各种风险意识，强化自身对业务操作风险、技术风险、市场风险、流动性风险等互联网金融常见风险的应急防控能力，在风险发生时能够有效地进行对应处理，保护互联网金融消费者的相关权益。此外，各级政府还颁布了一些相关法律法规，互联网金融从业者还必须了解并掌握这些法律法规，规避政策风险。

(4) 高情商的服务型人才。金融业本质上是服务行业，从事互联网金融很多还需要进行业务的推广，如进行产品推介、客户服务、产品营销等，除了具备扎实的专业知识和职业技能外，相关的营销能力、服务意识、人际关系处理能力也是不可或缺的。

综上所述，互联网金融所需的人才特点如图 1-9 所示。

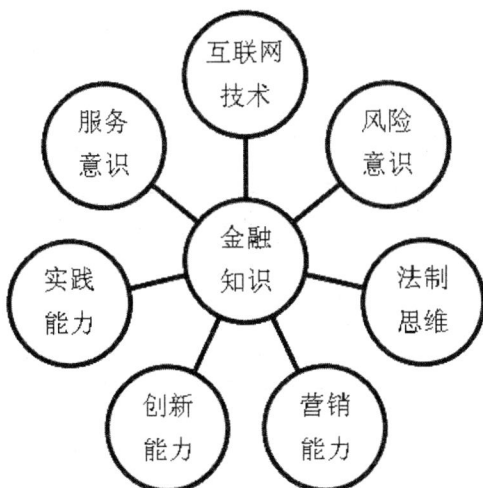

图 1-9 互联网金融所需人才特点

1.6.3 互联网金融人才培养

在人才培养上，互联网金融要注重培养集专业金融知识、互联网技术、市场营销、IT工具运用等多种技能于一体的复合型人才。

互联网金融管理者要更新思维观念，摒弃过去"重业务、轻素质""重使用、轻培养"的陈规旧念，加大培训，培养一支既懂网络原理、网络程序设计又懂金融管理，还能熟练运用各种网络工具开展市场营销，并能引导客户、培育客户、留住客户的人才队伍。

未来的互联网金融行业,需要的是能将互联网营销理念很好地贯穿于金融产品销售中的复合型营销人才,是那些能够设计出适合互联网渠道销售的金融产品的经营人才和熟悉互联网金融行业运作、把握金融创新脉搏、德才兼备的高级管理者、职业经理人。

1.6.4 互联网金融岗位

互联网金融是跨界组合的新兴行业。这样的行业特点也决定了能够在互联网金融领域发光发热的是有跨界意识、交叉背景的复合型人才。现行业内比较常见的互联网金融岗位,如图 1-8 所示(包括但不仅限于这些岗位)。互联网金融公司目前只配备了常规通用型人才,技术、金融、运营三类人才比较缺乏。

表 1-8 比较常见的互联网金融岗位

岗 位	岗位简述
工程师/架构师类(IOS/Android/PC/Java)	技术性质岗位,负责技术框架规划与设计;根据产品需求开发相应的 PC 或移动端产品,相关功能的预测和研究
风险控制类(风控专员/经理/总监)	对贷款全程的信用风险识别及管理,包括信审、稽核、催收等工作
运营类(销售经理/理财顾问/客户经理)	负责债权、信贷产品的销售工作,为客户提供专业咨询服务,反馈市场及客户需求,对客户进行有效地分类管理和维护
营销类(网络/市场/新媒体)	负责互联网金融公司的新媒体营销推广、日常运营、活动策划
金融数据分析类(金融数据分析师)	负责对互联网金融数据进行获取、整合及分析,推动金融产品的设计与创新

总体来说,技术人才主要做 PC/移动端研发、产品研发等;金融人才主要做建模、风险控制、金融产品的设计与核算等;运营人员主要负责销售支持、客户服务、财务核算及市场营销等。

本 章 小 结

通过本章的学习,读者应当了解:

(1) 互联网金融是利用互联网技术和移动通信技术等一系列现代信息科学技术实现资金融通的一种新型金融服务模式。

(2) 按照与电子商务的相关性,互联网支付分为独立第三方支付和非独立第三方支付。

(3) 网络借贷包括个体网络借贷(即 P2P 网络借贷)和网络小额贷款。《关于促进互联网金融健康发展的指导意见》中规定,个体网络借贷是指个体之间通过互联网平台实现的直接借贷;网络小额贷款是指互联网企业通过其控制的小额贷款公司,利用互联网向客户提供的小额贷款。

(4) 众筹主要是指通过互联网形式进行公开小额融资的活动。众筹的目的是融资,但与传统融资方式以货币回报为主不同,众筹往往会以感谢、实物、作品、消费券、股权等作为回报。

(5) 信息化金融机构是指通过广泛运用信息技术，对传统运营流程、服务产品进行改造或重构，实现经营、管理全面信息化的银行、证券和保险等金融机构。

(6) 互联网金融门户是指利用互联网提供金融产品、金融信息服务和进行金融产品销售，并为金融产品销售提供第三方服务的平台。互联网金融门户被分为第三方咨询平台、垂直搜索平台以及在线金融超市三类。

(7) 大数据金融是指依托于海量、非机构化的数据，通过互联网、云计算等信息方式对其数据进行专业化的挖掘和分析，并与传统金融服务相结合，创新性地开展相关资金融通工作的统称。

(8) 供应链金融是指银行向客户(核心企业)提供融资和其他结算、理财服务，同时向这些客户的供应商提供贷款及时收达的便利，或者向其分销商提供预付款待付及存货融资服务。简单地说，就是银行将核心企业和上、下游企业联系在一起并向其提供可灵活运用的金融产品和服务的一种融资模式。

(9) 互联网消费金融是将传统的消费金融实现线上化，通过"线上+线下"的方式为个人提供以消费为目的的贷款，这是传统的消费金融在互联网金融背景下的又一实践创新。

(10) 普惠金融这一概念由联合国在 2005 年提出，是指以可负担的成本为由金融服务需求的社会各阶层和群体提供适当、有效的金融服务，小微利企业、农民、城镇低收入人群是其服务对象。

(11) 民主金融内涵在于：金融要为每个人而不是部分人服务，人人都能从金融活动中平等获益；金融体系的目的是管理风险，降低不公平，提高所有人的福利；应鼓励人们从事金融业，或参与金融创新以为社会谋福利；法律监管应加深人们对金融运作知识的了解，为公众提供更为可靠的消息；达成上述目标的途径在于金融创新。

本 章 练 习

1. 简答题

(1) 互联网金融的含义是什么？
(2) 互联网金融主要包括哪些业态？
(3) 简述第三方支付的定义及主要运营模式。

2. 案例分析

2017 年，互联网金融已经被连续 4 年写入了政府工作报告，两会也成为互联网金融行业发展的风向标之一。

2014 年，互联网金融首次写入政府工作报告。报告在金融改革部分提到："促进互联网金融健康发展，完善金融监管协调机制，密切监测跨境资本流动，守住不发生系统性和区域性金融风险的底线。让金融成为一池活水，更好地浇灌小微企业、'三农'等实体经济之树。"被中央政府首度正式认可与支持后，互联网金融行业获得前所未有的信心，开启了一整年高速发展的大幕，却也由于监管没能及时跟上而种下了"野蛮生长"的种子。

2015 年，互联网金融再度写入政府工作报告，并两度被提及。该年政府工作报告开篇肯定"互联网金融异军突起"，并在"互联网+"行动部分提到："制定'互联网+行动计划',推动移动互联网、云计算、大数据、物联网等与现代制造业结合,促进电子商务、工业互联网和互联网金融的健康发展,引导互联网企业拓展国际市场。"但是在此两会上,已经有相关人士提案,对互联网金融开展监管。事实证明这是极富有预见性的,在2015 年下半年开始大规模出现的 P2P 平台停运等问题,就是野蛮生长但监管滞后带来的负面影响。

2016 年,政府工作报告中指出:"规范发展互联网金融,大力发展普惠金融和绿色金融。加强全口径外债宏观审慎管理。扎紧制度笼子,整顿规范金融秩序,严厉打击金融诈骗、非法集资和证券期货领域的违法犯罪活动,坚决守住不发生系统性区域性风险的底线。"政府工作报告的政策态度,基本决定了一年行业的发展基调。

2017 年,政府工作报告强调:"深化多层次资本市场改革,完善主板市场基础性制度,积极发展创业板、新三板,规范发展区域性股权市场。拓宽保险资金,支持实体经济渠道,大力发展绿色金融。当前系统性风险总体可控,但对不良资产、债券违约、影子银行、互联网金融等累积风险要高度警惕。稳妥推进金融监管体制改革,有序化解处置突出风险点,整顿规范金融秩序,筑牢金融风险'防火墙'。"政府工作报告再次强调了防范互联网金融风险的重要性。

问题:互联网金融给我们的生活带来了哪些改变?结合案例,分析互联网金融受到关注的根本原因是什么。

本章能力拓展

(1) 通过网络搜索,查找我国互联网金融的起源、进程和现状,梳理我国互联网金融发展的总体脉络。以小组为单位整理资料,制作 PPT 汇报我国互联网金融发展的总体情况并分析其特点。

(2) 上网查找相关资料,深入了解我国现存的主要互联网金融模式及典型代表,根据自己的兴趣,选择其中一种(模式及代表),以演示文档的形式在班级内进行交流。

第2章 互联网金融与传统金融

本章目标

- 掌握互联网金融与金融互联网的区别
- 理解互联网金融与传统金融的相同点
- 理解互联网金融与传统金融的合作与融合
- 理解互联网金融对银行业、证券市场的影响
- 了解互联网金融对传统保险与基金的影响

重点难点

重点：

1. 互联网金融与金融互联网的区别

2. 互联网金融与传统金融的合作与融合

难点：

1. 互联网金融与金融互联网的区别

2. 互联网金融重塑金融五要素

案例导入

没有永远的敌人，只有永远的利益。几年前，很难想象银行巨头会和互联网企业联手，如今这正在成为事实。

2017 年 3 月 28 日，阿里巴巴(中国)有限公司(以下简称阿里巴巴)、浙江蚂蚁小微金融服务集团股份有限公司(以下简称"蚂蚁金服")和中国建设银行签署了三方战略协议。建设银行与阿里巴巴、蚂蚁金服宣布战略合作，建设银行董事长王洪章、阿里巴巴董事局主席马云出席，按照协议和业务合作备忘录，双方将共同推进建行信用卡线上开卡业务、线下线上渠道业务合作、电子支付业务合作，打通信用体系。

中国建设银行行长王祖继表示："阿里巴巴及蚂蚁金服的飞速成长，为传统金融提供了互联网式的思维和解决方案，也推动着建设银行的创新发展"。

2017 年 6 月 16 日，京东集团宣布和中国工商银行签署金融业务合作框架协议。京东董事局主席刘强东与工商银行董事长易会满正式签署全面合作协议。双方将在金融科技、零售银行、消费金融、企业信贷、校园生态、资产管理、个人联名卡乃至电商物流等方面展开全面合作，同时还将打通线上线下渠道。很快，我们将会在工行的网点看到京东的身影：京东将与工行一起发行银行卡和金融产品。

中国工商银行董事长易会满也曾表明，选择与京东金融达成全面合作，是看中京东金融在服务实体经济过程中形成的金融科技能力，包括产品创新能力、大数据风控能力以及互联网运营能力等，全面深入的合作有利于双方实现各自业务的快速成长与迭代，为双方的客户创造更好的服务与体验。

2017 年 6 月 20 日，百度和中国农业银行也宣布牵手。百度与农业银行达成战略合作，合作领域主要是金融科技、金融产品和渠道用户。双方还将组建联合实验室，推出农行金融大脑，在智能获客、大数据风控、生物特征识别、智能客服、区块链等方面进行探索。

2017 年 6 月 22 日，腾讯宣布和中国银行合作。中国银行与腾讯合作成立"中国银行——腾讯金融科技联合实验室"，双方将重点基于云计算、大数据、区块链和人工智能等方面开展深度合作，共建普惠金融、云上金融、智能金融和科技金融。

从互联网金融"颠覆"银行的雄心，到银行纷纷建立自己的网络银行回击，几个回合之后，最后大家还是张开双手拥抱。四大行的转变，吹响了中国传统金融转型的号角，预示着中国银行业的大洗牌正式开始，拉开了金融强国的全新时代。

当前，各大互联网创新公司逐步渗透网络和移动支付、个人及小微企业信贷和理财等方方面面，加速了传统金融机构和互联网企业的融合，掀起了互联网金融的时代热潮。而在互联网金融引发的变革浪潮中，传统金融机构只有借势而为，加速变革，创新经营模式、盈利模式、服务模式和生存模式才能避免被互联网金融的大潮吞没。本章首先讲述了互联网金融和金融互联网之间的区别，接着论述了互联网金融与传统金融的关系，最后从银行、证券、保险、基金四个方面阐述了互联网金融对传统金融的影响。

2.1 互联网金融与金融互联网

在深入了解互联网金融和传统金融之前，需要首先对互联网金融和金融互联网这组概念进行清晰认知。

2.1.1　互联网金融和金融互联网的内涵

本书第 1 章介绍了互联网金融的基本概念及内涵，分析了互联网
金融的业态。总的来说，互联网金融是一个总体概念，涵盖了一切形
式的网上金融行为，而在实务中，"互联网金融"和"金融互联网"的具体划分经常引起
争议。

金融互联网内涵

互联网金融的概念前章已经述及，在此不再赘述。而金融互联网指的是传统金融机构
业务的互联网化，即商业银行、证券公司等传统金融机构将产品和业务移到线上进行。换
言之，金融互联网是传统金融机构对互联网技术的引用，是原有金融业务的电子化，并没
有引起商业模式的实质性转变。

金融互联网有三个主要特点：一是金融与互联网的融合首先体现为一种技术创新，而
非产品创新；二是金融互联网提高了传统金融机构的效率，降低了借贷双方的交易成本；
三是金融业务电子化促使相关职能部门重新设立或消失，引起人力、物力、财力等金融机
构内部资源的再配置，但是并没有改变金融机构的媒介职能。

◆知识链接◆

阿里巴巴董事长马云认为："未来的金融有两大机会：一个是金融互联网，金融行业
走向互联网；第二个是互联网金融，纯粹的外行领导，其实很多行业的创新都是外行进来
才引发的。"这种观点把互联网金融和与金融互联网对立起来了，使得人们普遍认为互联
网企业改造传统金融的行为才是互联网金融，传统金融行业借助于互联网实现自我改造则
不能称之为互联网金融。

其实，单纯从互联网或金融谁占主导权来定义，对于厘清概念并无帮助，而要看具体
金融商业模式有无实质性转变。

目前，在判断互联网金融及金融互联网方面还存在一些偏差和误区：

一、有些人认为：互联网公司及一些创业者主导的创新就是互联网金融，现有的金融
机构主导的创新就是金融互联网。这其实是有失偏颇的，因为金融机构所展开的创新可能
完全符合互联网金融的特征，互联网公司及创业者所从事的相关活动也可能更符合金融互
联网的特征。

二、流行的观点认为：没有实体网点的纯互联网公司所从事的金融业务一定是互联网
金融，拥有相当数量实体网点的公司所展开的金融业务更多地归于金融互联网范畴。其
实，这样区分是不科学的，有无实体网点并不是区分互联网金融和金融互联网的充分条
件。以目前一些银行在规划的小区金融为例，尽管这一创新是由商业银行主导的，同时还
拥有数量众多的小型实体网点，但是根据观察，小区金融更接近于互联网金融。

2.1.2　互联网金融和金融互联网的比较

本节将从互联网金融与金融互联网两种不同金融模式的本质区别上展开阐述，以便读

者更好地掌握两者的异同。

是否具备互联网精神，能否以客户需求为导向并注重客户体验等要素，是互联网金融与金融互联网的本质区别。本节将从发展理念及思维方式、管理方式与组织架构、导向与出发点、客户群与客户体验、交易金额与频率、交易价格策略、信息不对称程度、新技术运用、风险管理以及监管体系等十个方面对互联网金融和金融互联网两种模式进行比较分析，如表 2-1 所示。

表 2-1　互联网金融与金融互联网的比较

比较项	互联网金融	金融互联网
发展理念及思维方式	互联网理念，互联网思维方式	传统理念，传统思维方式
管理方式与组织架构	现代管理方式，相对独立、多变	传统管理方式，附属，相对稳定
导向与出发点	客户需求	自我、盈利
客户群与客户体验	开放、年轻的客户；便捷、互动	稳健、保守的客户；繁琐、单向
交易金额与频率	金额小、频率高	金额大、频率低
交易价格策略	免费、低价	相对高价
信息不对称程度	对称、透明、去中介化	不对称、不透明、中介化
新技术运用	快	慢
风险管理	相对弱	相对强
监管体系	相对薄弱、亟待完善	相对成熟、完善

1．两者的发展理念及思维方式不同

互联网金融与金融互联网的差异首先体现在发展理念和思维方式上，与金融互联网化相比，互联网金融的发展理念以及思维方式更为开放、平等、分享和包容，更加强调分工与协作。互联网金融的发展理念是全面的互联网化，而金融互联网往往是将金融产品或服务搬上互联网，是单一的、局部的互联网化。比如说，网上证券投资不仅借助互联网实现了证券交易，而且在证券投资信息提供、客户投资咨询、客户互动等方面实现了全方位的突破；而网上资金转账等只是借助互联网实现了资金转移。因此，前者更加接近互联网金融模式，后者更类似于金融互联网模式。这两者的对比就体现了互联网金融与金融互联网在发展理念以及思维方式上的差异。

2．两者的管理方式不同

传统管理方式主要是将具有创造性的、有主见的人们置于一个标准化、规划化的体系内，而发展互联网金融这样的创新模式，则需要激发人们的创造力。在这方面，创新的管理方式就会比传统管理方式更有效。

相较而言，金融互联网模式更多地遵循了传统的管理方式，而互联网金融则更接近体现互联网思维的创新管理方式。金融互联网模式遵循层级制，强调管理与控制，偏重督促，注重短期利益，以财务指标为绩效考核核心，倾向于标准化和稳定的组织架构，往往附属于另一个公司或者组织，比较稳定；而互联网金融模式则更多地遵循社区制，崇尚自由，偏重引导思想，注重中长期利益，关注客户满意度等非财务性指标，倾向于非标准化及柔性的、多变的组织架构，往往能够更好地适应内外部环境的变化，从而确保组织能在不确定的市场中保持竞争力。

3. 两者的导向与出发点不同

互联网金融与金融互联网在导向与出发点方面存在明显的差异。互联网金融模式主要以客户需求为导向，出发点往往是去挖掘和实现客户的潜在需求、真实需求，以此出发去设计和提供更多、更好的金融产品或服务，以合适的方式将其提供给合适的客户；而金融互联网模式则主要以自身和盈利为导向，出发点往往是将已有的金融产品或服务"强塞"给客户，自己有什么就推销什么，基本上不考虑这些产品或服务是否适合于客户。

4. 两者的客户群与客户体验不同

从客户群来看，互联网金融的客户往往比较年轻、开放，比较熟悉互联网，并且愿意尝试新鲜事物。相比而言，金融互联网客户群的年龄偏年长一些，因而相对稳健、保守，他们往往是由于原先为自己提供服务的金融机构将部分金融产品或服务搬上互联网而不得不跟随这些金融机构的步伐使用互联网。

从客户体验方面来看，金融互联网留给客户的印象往往是"繁琐"、"缓慢"，而互联网金融特别关注客户体验，这是两者最本质的区别之一。以余额宝为例，在与天弘基金合作之后，阿里金融每天要向天弘基金反馈数十条需求，要求天弘基金完善、简化、调整相关流程，其中许多都是围绕改善客户体验的。在人手有限的情况下，阿里金融一度投入40人为余额宝提供客户体验和流动性方面的支持，这充分体现了阿里金融对客户体验的关注与重视。

5. 两者的交易金额与频率不同

相对于金融互联网而言，互联网金融客户单笔的交易金额往往较小，同时交易频率较高。究其原因：一是互联网金融的客户往往比较年轻，收入水平较低，拥有的财富相对较少；二是互联网金融的交易比较方便、快捷，随时随地可以进行，交易体验较好；三是由于客户对于互联网金融的安全性存在一定的担忧，因此不会在相关联的交易账户中存放太多的现金，而是选择定期或不定期地向关联的交易账户存入一定的资金，同时为了防范风险，每笔交易的资金额度相对较小。尽管互联网金融客户的单笔金额较小，但由于交易频率较高，因此累计的交易资金量并不小。

6. 两者的价格策略不同

在价格策略方面，互联网金融模式主要考虑三个方面的因素：一是短期、中长期收益与成本的比较，由于互联网金融具有边际成本趋近于零的特点，随着规模的扩大，平均成本会明显下降，因此具有显著的"规模经济"效应；二是产品或服务是否真正满足客户的需求，以及是否为客户创造了更大、更好的价值；三是依托大数据等技术支持，更好地了解和评估客户，从而实现差别化定价策略。

相比较而言，互联网金融为客户提供免费的金融服务，或提供的金融产品或服务的价格明显低于金融互联网。这主要是金融互联网机构往往已经拥有了相当数量的客户基础，基数已经达到了一定的规模，同时已经形成了一定的利益团体，因此在客户收费方面，互联网新模式与经纪人之间存在巨大的利益冲突。相对而言，互联网金融机构的线下客户较少，甚至没有，基本上不存在已经形成的利益团体，因此希望通过免费或低价策略来吸引金融互联网机构的客户或者培养新的客户群体。明显的低价格策略，尤其是免费价格策略，往往会对市场产生强大的冲击力，创新者可以借此迅速抢占市场份额，颠覆原有的市场格局。

7. 两者的信息不对称程度不同

在现有的金融生态环境中,信息不对称往往是制约金融业发展、阻碍更好服务于客户的最大障碍,尤其是对中小微企业的融资和客户的投资理财具有至关重要的影响。

互联网金融模式和金融互联网模式在信息不对称方面通常存在较大的差异。银行为了吸引或留住客户,经常会推出理财产品,并告知客户理财产品的收益率以及期限等。客户觉得很有吸引力就会申购,但往往由于忘记密码或不清楚理财产品的期限,又或者因为没有时间去办理赎回,到期后被银行自动转为活期,即使有时间和精力去办理赎回,也因不清楚接下来有哪些合适的理财产品可以对接上等原因,无法实现收益最大化。

而互联网金融模式却在一定程度上可以降低信息不对称程度,使信息在融资方和投资方之间的分布变得更为对称。比如 P2P、众筹、阿里小贷等通过大数据技术,就可以更科学、全面地降低信息的不对称程度,缓解中小微企业融资难的困境,并消除客户投资理财的困惑。例如,互联网金融模式的理财公司可以将不同金融机构发行的理财产品、收益率、期限、风险等分享到互联网上,为客户提供透明、全面的信息。

当然,互联网金融模式也不能完全解决信息不对称问题,因为信息是否全面、准确和及时,这里面既有客观因素,也有主观因素,其间甚至可能存在恶意欺诈。因此,互联网金融模式不仅要更广泛地运用大数据技术,加大信息的搜集、整理力度,提高数据处理、分析的能力,从而为差异化定价和风险管理提供技术支持,还要完善监管,运用商业保险等市场化的方式来更好地管理风险。

显然,由于上述的信息差异性,互联网金融与金融互联网两种模式对中介的需求表现出较大的差异,如图 2-1 与图 2-2 所示。

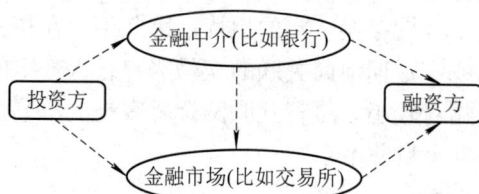

图 2-1 金融互联网模式(传统金融中介和市场)

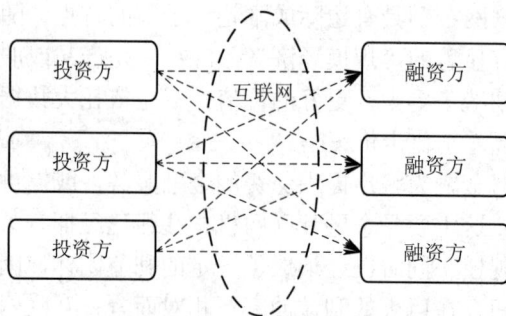

图 2-2 互联网金融模式(无金融中介或市场)

资料来源:谢平、邹传伟、刘海二《互联网金融手册》

与金融互联网相比，互联网金融体现出去中介化的趋势。投资方和融资方借助于互联网金融这一平台实现对接，基本上不需要金融中介的介入及参与。互联网金融的去中介化提高了金融市场的运作效率，有效降低了金融市场的运行成本，促进了社会福利的最大化。当然，需要指出的是，互联网金融并不会完全取代金融中介，或者说完全的去中介化是不太容易实现的。

8．两者的新技术运用方式不同

互联网金融公司更愿意通过积极应用新技术来改善客户体验，进而更好地满足客户需求。因此，互联网金融模式在战略上更加注重大数据、云计算、智能交互、人工智能等新技术的应用，在微观层面上对新技术表现得更加积极、主动和敏锐。

互联网金融模式不仅注重新技术的运用对产品品质的提升，而且将其视为一种核心的影响手段。而金融互联网模式应用新技术则大多是迫于形势，或出于对业务线延伸的需要，而且在运用新技术时会更多考虑企业内部的利益均衡，包括人员、组织、制度以及线上线下定价策略等。同时，金融互联网更关心新技术是否成熟、是否能够承受产生的潜在风险、业务是否符合监管规定等。总之，金融互联网模式对新技术更加谨慎，因此反应迟钝或被动。

另外，金融互联网模式在营销方面更加倾向于依赖客户经理的服务，并不太关注新技术带来的客户体验，因此新技术往往成为服务的"小配角"。

9．两者的风险管理方式不同

就目前来看，金融互联网模式相对互联网金融模式安全性要略胜一筹。事实上，互联网金融和金融互联网都非常关注客户的安全性保障，只是两者的思维方式及寻求安全的方法存在较大的差异。互联网金融寻求安全性的思维方式是开放、创新和市场化的，而金融互联网的思维方式则是封闭、守旧和非市场化的。

在风险控制方面，互联网金融运用新技术、新方法来管理风险，同时通过引进商业保险等方法来保障客户的利益。在风险管理方面，互联网金融在追求安全性的同时还追求良好的客户体验以及高效率的客服服务，而金融互联网模式则追求所谓的"绝对安全"，通过设计各种繁琐的操作流程和环节来实现对客户的安全保障，本质上是牺牲了客户体验和服务效率的。

10．两者的监管体系不同

从目前的生态来看，金融市场上的金融机构和类金融机构主要有三类：第一类是拥有正式牌照的金融机构，如银行、证券、保险；第二类是拥有开展某些金融业务的相关许可的非金融机构，如金融咨询公司、融资租赁公司；第三类则是没有取得任何金融牌照或者正式许可的互联网公司、创业公司等非金融机构，比如金融科技公司、金融门户网站。

前两类(金融互联网模式)的监管基本可以纳入现有的金融监管体系和法律法规的框架内，由现在"一行二会"(中国人民银行、银保监会、证监会)来主导。而第三类(互联网金融模式)的情况相对复杂，其创新性更为突出，许多又是通过与金融机构合作、联盟等方式间接参与金融业务，因此谁来对他们进行监管，如何监管，以及如何在支持创新与规范发展之间取得平衡，这是政府监管机构面临的难题，也是迫切需要解决的问题。

总体来说，在严格学术意义和具体商业形态上，金融互联网和互联网金融其实是两个不同的概念，分别对应"金融+互联网"和"互联网+金融"，希望读者不要混淆这两个概念。但是，在业界的约定俗成中，"互联网金融"通常指"互联网"与"金融"融合所产生的一种新型金融理念，是"金融+互联网"与"互联网+金融"的综合，这也是本书采用的观点。

2.2 互联网金融与传统金融的关系

日新月异的互联网金融产品，在给人们带来实实在在的收益的同时，也对传统金融业务产生了巨大的冲击。互联网金融在争议中不断地成长，挖掘着任何还未被传统金融覆盖的板块。在相互碰撞中，二者"相爱相杀"，在对立、激发和融合中寻求共同生存，一场深刻的行业变革正在发生。

下面来分析互联网金融与传统金融的异同、互补性、合作与融合方式，以更深刻理解两者的关系，以及未来可能的趋势。

2.2.1 互联网金融与传统金融的相同点

互联网金融和传统金融在以下方面是一致的：

(1) 服务对象都有投资方与融资方，以促成和实现融资为目的。只不过在传统金融模式中，银行等传统金融机构是作为金融中介而存在的；而互联网金融则以直接融资为主，资金对接更加直接，金融"脱媒"趋向明显。但两者参与金融活动、实现融资的实质是相同的，只是采取的形式不同而已。

(2) 产品设计都以满足投资者的理财需要为出发点，讲求合理的定价，基本盈利模式都是利差和服务费。

(3) 风险控制方面都以征信为前提，以风控为生命线。互联网金融虽然在很大程度上降低了信息不对称带来的风险，但是监管体系的不完善、数据不安全等，都使互联网金融对风险的重视比传统金融有增无减。传统金融虽然处理消息的能力比互联网金融低，但对风险的评估从未放松。可以说传统金融与互联网金融都在发展各自的优势而不断改进自身的劣势。

综上所述，互联网金融和传统金融本质上都是金融，只是在盈利、运营的外在形式不同。

◆ 知识链接 ◆

"脱媒"一般是指跳过所有中间人而直接在供需双方间进行交易的模式。

"金融脱媒"又称"金融非中介化"，在英语中被称为"Financial Disintermediation"。所谓"金融脱媒"是指在金融管制的情况下，资金供给绕开商业银行体系，直接输送给需求方和融资者，以完成资金的体外循环的一种融资模式。

随着经济金融化、金融市场化进程的加快，商业银行作为主要金融中介的重要地位在逐步降低。首先是储蓄资产在社会金融资产中所占比重持续下降，导致社会融资方式由间接融资为主向直、间接融资并重转换。另外，金融深化(包括金融市场的完善、金融工具和产品的创新，金融市场的自由进入和退出，混业经营和利率、汇率的市场化等)也会导致"金融脱媒"。可以说，"金融脱媒"是市场经济发展的必然趋势。

2.2.2　互联网金融与传统金融的区别

与银行、保险、证券等传统金融机构相比，互联网金融在运营模式、交易媒介、信息处理、产品销售方式、风控方式等方面都存在明显的差异。下面进行逐一分析。

1．运营模式不同

传统金融机构的运营模式主要基于传统的融资中介和支付平台的职能。而互联网金融的运营模式主要以间接融资为主，同时在支付方式上有极大的创新，例如当前发展迅猛的支付宝、财付通等第三方支付平台。在信贷方面，互联网金融更多地注重于发展小额、零星的信贷，而传统金融机构的客户以大中型居多。服务对象的不同也在某种程度上决定了互联网金融与传统金融在运营模式上的不同，除了众筹融资模式、第三方支付模式、小额信贷模式外，互联网金融还有互联网货币模式、互联网银行模式等众多新型运营模式，其模式的多样性让传统金融望尘莫及。

互联网金融新型的运营模式在带来活力的同时，也给监管部门提出了新的挑战。相对于传统金融完善的监管体系，互联网金融的监管相对滞后，为进一步控制互联网金融的风险，新兴的互联网运营模式被设置了很多不能涉足的"雷区"，如 P2P 平台不能自建资金池、不能非法集资或融资等。

2．交易媒介不同

在传统模式下，金融活动一般以传统金融机构作为媒介。例如，借贷活动中的银行媒介，一方面吸收公众的存款，另一方面针对资金的需求发放贷款，存款人与贷款人之间并未形成直接的借贷关系，而是以银行为媒介开展资金活动。又比如，债券或股票以投资银行或证券交易所作为媒介来发行和承销，虽然债券或股票的发行方与投资人构成了直接的债权、债务关系，但这一过程也是通过金融机构发生的。

而在互联网金融时代，更多的企业加入了"媒介"的行列。例如，P2P 网贷平台作为信息中介平台，撮合了资金的出借方与借款方之间的借贷交易，成为借贷交易的"媒介"，从而提供了传统银行渠道之外的其他投、融资渠道。

由于互联网金融的便捷、高效，更多机构以各种方式介入到金融活动中，并逐渐成为新的金融媒介，在传统银行、保险、证券、期货等金融机构以外，呈现了"泛媒介化"的趋势。

3．信息处理方式不同

信息是金融的核心，是资源配置的基础，金融部门向来对信息的获取和处理有着很高的依赖。在传统金融模式下，信息以非标准化、碎片化和静态化的形式存在，信息处理的难度非常大，人工处理又会降低信息处理的速度和精确度。在互联网金融模式下，资金供需双方通过网络揭示和传播信息，通过搜索引擎组织消息，再通过大数据云计算最终形成时间连续、动态变化的信息序列，信息处理更加高效、快捷。

4．产品销售方式不同

金融产品销售方式的不同，是互联网金融与传统银行、证券、保险等金融机构的重要区别。传统的银行、保险、证券等机构的市场部门用大量的业务拓展来获取客户资源，而互联网金融利用网络技术和信息技术，信息点在互联网络中以低成本进行扩张和发散，摆脱了对熟人社会的依赖，并实现了远程交易。

例如，在传统的银行业务中，借款方通常在线下与信贷员进行沟通，并提交相应的贷款申请资料，信贷员与相对固定的企业进行业务沟通，而线上 P2P 网贷机构的主要的产品销售方式则是互联网销售。

5．风控方式不同

金融机构的风控包括信用风险防范、法律风险防范等方面，其中核心是信用风险防范。传统金融机构防范信用风险，主要关注借款人或接受投资方的资产、现金流和负债历史情况，对应的调查方式包括资信调查等。而互联网金融的信用风险防范除了关注上述要素外，还通过大数据分析方法，将借款人或被投资人的行为模式、消费习惯、诚信记录等纳入信用风险防范模型。

2.2.3　互联网金融与传统金融的互补性

互联网金融的健康发展应遵循金融业的一些基本规律和内在要求，互联网金融和传统金融不是对立的两个阵营，二者实际上是互补的关系。

(1) 互联网金融主要的服务对象是海量、小微、低端的 80%客户，与传统金融机构侧重服务的 20%大型客户形成互补，两者配合使得金融服务行业更加完善。

(2) 互联网金融与传统金融相辅相成。互联网有助于金融业创新产品、服务及实现低成本扩张，金融业可以拓展互联网服务功能的广度和深度，进一步提升自身的服务能力与效率，扩大服务领域与受众。互联网业和金融业的协调作用，能优化资源配置，使得金融资源得到良性运转。

(3) 当前出现的互联网金融产品热，本质上也是阶段性的制度红利，正是我国现阶段金融制度的不健全为互联网金融的百家争鸣提供了发展的空间。

在制度逐渐完善的过程中，互联网金融方面的创新推进了传统金融的改革。随着传统金融体系对互联网技术和思维的运用更加娴熟以及金融体系治理结构的改善，其被互联网金融"冲垮"和"颠覆"的可能性将越来越低，二者将会协调发展。

综上所述，互联网是从技术上优化金融服务的一种手段。互联网金融并没有改变金融的本质，而是作为互补性手段提高了金融服务的效率和金融产品的质量，使金融业回归其服务业的本质。

2.2.4　互联网金融与传统金融的合作与融合

互联网的纵深渗透是大势所趋，其势不可阻挡。面对互联网技术带来的日新月异的变革和创新，互联网金融与传统金融必须发挥其各自优势，充分合作共赢才能为未来的可持续发展注入新的动力和活力。

下面就互联网金融与传统金融间的合作与融合进行分析。

1．互联网金融与传统金融的合作

1）客户服务体验上的合作

互联网金融的优势集中体现在用户的服务满意度上。互联网金融基于技术及开放、包容精神，能够针对客户需求开发有针对性的创新型产品，同时借助平台可以有效地征集客户满意度反馈信息。正是由于具有良好的客户服务体验优势，互联网金融创新产品才拥有了广阔的市场。传统金融机构可以在客户服务体验上与互联网金融机构展开合作，加快转变服务意识，以客户服务为中心，深入挖掘不同类型客户的金融需求，提供种类齐全的金融产品，借助互联网技术打造互联网客户服务平台，向客户提供更及时、优质的金融服务。

2）金融服务覆盖范围的合作

实体经济的繁荣稳定需要各种经济体的均衡发展和互相补充。以银行为代表的传统金融企业在贷款对象的选择上有着非常苛刻的审批要求，因此大型企业尤其是垄断型企业凭借其规模优势和高贷款份额成为商业银行的座上宾。而互联网金融则为中小企业尤其是小微企业提供了低门槛、交易灵活的小额贷款，两者具有互补性。无论是互联网金融还是传统金融都是服务于实体经济的，在服务能力和对象选择上，互联网金融具有技术优势和平台优势，而传统金融机构则有着严格而完整的审批和风险防范体系。因此，银行等传统金融机构对新兴的互联网金融的态度绝不应该是打压和封杀，而应该转变思维方式，与互联网金融企业进行合作，发挥各自的竞争优势合作共赢，从而实现金融服务覆盖范围的持续扩大化。

▶ **经典案例** ◀

2017 年 9 月 19 日，江苏银行股份有限公司(简称"江苏银行")与苏宁控股集团有限公司、苏宁金融服务(上海)有限公司签署战略合作协议。根据协议，双方将建立战略合作伙伴关系，在金融科技、普惠金融、门店网点等领域展开全面深入合作，以新金融、新技术、新服务提升服务实体经济效能。

据了解，江苏银行是江苏最大法人银行，具有区位布局优势，金融服务立足长三角、面向三大经济圈、辐射全国，致力于打造"特色化、智慧化、综合化、国际化"的上市好银行，构建了"商行+投行"、"线上+线下"、"境内+境外"的综合服务体系，在互联网金融、大数据应用等领域亮点纷呈，在小微金融、科技金融、绿色金融、跨境金融等方面特色鲜明。苏宁控股集团同样根植江苏、辐射全国，是中国领先的商业零售企业，2016 年位居中国民营企业 500 强第二名。

此次江苏银行与苏宁控股、苏宁金服强强联手、优势互补，将打造"新零售+新金融"跨界创新 O2O 合作新模式，共同开创金融科技转型发展新局面，为江苏省"两聚一高"新实践作出新的更大贡献。

2. 互联网金融与传统金融的融合

在"互联网+"与"大众创业万众创新"的推动下，互联网金融发展迅猛，传统金融机构加速创新整合，已经开始形成互相融合的趋势。

(1) 通过"资源配置"将传统金融与互联网金融功能重新融合。

传统金融机构中商业银行核心竞争能力是实现借贷资金基于期限的风险定价"资源配置"。当前的互联网金融实现了资金供给者向需求者转移的空间配置。传统金融加强资源配置的空间配置功能，互联网金融加强资源配置的时间配置功能是重新整合传统金融与互联网金融功能的切入点。以银行为代表的传统金融开展的互联网立体服务体系是传统金融向互联网金融加速融合的体现；而以挖掘传统金融所忽视的"长尾市场"，逐步渗透到传统金融服务方方面面的互联网金融，则体现了其向传统金融加速渗透的功能整合。

(2) 通过新的"支付结算"将传统金融与互联网金融进行渠道融合。

一直以来，物理网点的多少是衡量传统金融核心竞争力的重要因素。以第三方支付为代表的互联网金融占据大数据互联网技术优势，在缺乏物理网点的前提下，以高效的结算效率、低廉的资金结算费用，向传统金融发起了冲击，使得传统金融开始将线下和线上进行渠道整合，并由此衍生出一系列基于中小客户甚至个人的新金融服务模式。传统金融以商业银行为例，在线下渠道改革方面推出了"预约"金融服务，通过基于互联网的智能网店和柜台业务的分流，提升客户业务办理效率；在线上渠道则通过与优质电商与网络支付机构的合作，进行自身的互联网金融应用功能整合，使支付结算效率大幅度提升。新渠道资源成为互联网金融和传统金融融合的突出表现形式，两者都朝着提升客户体验度的目标前进。

(3) "混业经营"与"跨界对接"实现传统金融与互联网金融的平台横向联通。

"混业经营"主要表现在传统金融机构进行互联网平台的业务拓展、互联网企业向传统金融服务的渗透。"跨界对接"则更多表现为传统金融同业互通和连接，开启电商等商业模式收集集群式客户数据的跨业对接。互联网金融与传统金融同时在努力实现金融与非金融领域的完全融合。在两者横向联通过程中，互联网金融推动传统金融由过去单一产品或客户的营销向互联网式的集群式营销转变。以商业银行为例，利用跨界对接所获得的客户生活圈、朋友圈，将物流、信息流以及资金流整合，通过大数据挖掘和分析技术，获得潜在客户以及客户潜在的金融需求，然后进行针对性的产品研发。互联网客户需求的多元化使得传统金融不再是单纯的金融服务，而是尽可能实现金融与非金融的融合(如各大商业银行开启的电商模式)，并由此实现传统金融机构的"一站式"服务网络窗口。

(4) 借助互联网金融的风险管理以提升传统金融的信息处理能力。

互联网大数据系统是传统金融重塑信息处理能力和风险管理能力的支撑。传统金融风险管理能力作为金融机构的高级功能，决定了金融功能拓展的深度与广度。未来金融机构风险管理将利用互联网大数据信息处理优势，实现风险定价、期限匹配以及风险管理的功能。互联网金融则通过与传统金融的信息互通，提升风险定价、期限匹配功能的拓展。可见，互联网金融与传统金融在经历了最早支付宝时期的银行网关合作后，逐步走入了激烈的竞争关系。随着两者的相互融合，互联网金融与传统金融的竞合关系将愈发凸显，竞争促使融合实现，融合加剧了竞争的激烈程度，但可以预期的是，未来更为健康的金融环境将由此实现。

互联网金融的兴起是基于互联网平台对客户需求和客户体验的信息获取和把握能力，这种优势是传统金融渴望借鉴的。另一方面，传统金融机构良好的企业信誉和健全的行业法规制度也值得互联网金融借鉴。

就目前来看，互联网金融无论以何种方式与传统金融合作，其产品和业务的本质属性仍然属于传统金融的范畴，这意味着互联网金融企业在法律法规的约束和监管上必须向传统金融机构看齐。

2.3　互联网金融对传统金融的影响

在金融理论中，金融由金融对象、金融方式、金融机构、金融市场以及制度和调控机制五个要素构成。互联网金融极大地改变了传统金融的运行模式，重塑了金融机构的五个要素，如表 2-2 所示。

互联网金融对传统金融的
影响

表 2-2　互联网重塑金融五要素

要素	传统金融的要素特征和功能	互联网金融的要素特征和功能
金融对象	货币。由货币制度所规范的货币流通，具有垫支性、周转性和增值性	无实际货币资金的流通
金融方式	以借贷为主的信用方式为代表。金融市场上交易的对象一般是信用关系的书面证明、债权债务的契约文书等，包括直接融资和民间融资，即是否有中介机构的媒介作用来实现的融资	异于商业银行间接融资及资本市场上直接融资。新模式下，支付便捷，市场信息不对称程度非常低，资金供求方在资金期限匹配、风险分担等方面的成本很低，可直接交易，金融中介不起作用，贷款、股票、债券等发行交易及券款支付直接在网上进行
金融机构	通常区分银行和非银行机构	不需要，供求双方直接交易
金融市场	包括资本市场、货币市场、外汇市场、保险市场、衍生性金融工具市场等	市场充分有效，接近无中介状态
制度和调控机制	对金融活动进行监督和调控等	针对现有机构的审慎监管不存在，以行为监督和金融消费者的保护为主

互联网金融以其技术优势把金融服务延伸到传统金融机构所不能覆盖的领域，同时，互联网的去中心化决定了其在互联网金融中的中介性和平台性，这种方式深具启发性。通过互联网实现信息的匹配，增强了金融风险控制能力，同时促进了金融市场和金融机构的创新，使金融模式和金融服务得到了改造和完善。

下面从银行、证券、保险、基金等四个方面分析一下互联网金融对传统金融的影响。

2.3.1 对银行业的影响

银行是依法成立的经营货币信贷业务的金融机构，它有三个核心业务——存、贷、汇，其中"汇"主要是指支付结算等中间业务。在我国，银行原本具有绝对的垄断地位，人们手中的钱只能存银行，并获得很低的银行利息收益。然而互联网金融对银行业务的渗透极大地影响了银行的资金存储，人们更愿意将存款转入类似余额宝这样的各种"宝"中，获得高于银行利息几倍的每日可见收益。正是这种全民参与的资金转移引发了传统银行业的危机感。

下面对互联网金融对银行业的具体影响进行分析。

1. 银行支付中介业务受到冲击

作为传统银行三大核心业务之一的支付结算中间业务，正遭受到互联网金融的全方位挑战，资金通过互联网支付系统开始在传统银行之外循环。

随着互联网第三方支付平台交易的活跃，基于个人通讯设备以有线或无线通信技术传输货币价值结算的互联网在线支付的规模呈爆炸性增长，直接冲击银行支付系统平台，正在颠覆商业银行长期以来的支付中介地位。

互联网支付系统，特别是移动互联网支付结算系统，正快速地蚕食传统银行的垄断地位。据统计，2016 年中国第三方支付交易额达到近 80 万亿元，同比增长 300%，对商业银行支付业务的冲击进一步加剧。而移动支付占第三方支付总交易规模的 74.7%，支付宝、拉卡拉、财付通占据了超过 90% 的市场份额。

2. 银行融资格局受到冲击

随着利率市场化进程的推进，存贷款利差在长期趋于收窄，对于数量众多、管理不规范、信息不透明的小微企业而言，从银行获得信贷资金的难度进一步加大。

一方面，网络融资平台以搜索引擎集中客户，削弱了传统银行的客户开发力。互联网金融借助大数据挖掘、分析和运用技术，整合电商融资平台、P2P 网络借贷平台等，准确细分并锁定目标客户群，冲击传统银行的零散营销模式。

另一方面，网络融资平台以市场价值撮合交易，削减传统银行的资源配置力。网络融资平台依据客户融资金额、利率与期限，遵循撮合成交的市场机制，以线上或线上线下相结合的方式，实现批量化与专业化的一对多、多对一等多种金融借贷组合模式，满足小微企业不同成长阶段的金融服务需求，提高资金匹配效率。互联网金融这种不依赖于实体平台进行的客户集中与撮合交易是一种脱离传统金融银行中介的"侵蚀"活动，冲击以商业银行为主的传统融资格局。

3. 银行盈利方式受到冲击

在传统的单一盈利模式下，传统银行的收入结构由核心业务结构决定，收入来源由利差决定。其绝大多数都是依靠大企业、高端客户的存贷款业务寻求综合收益，盈利能力的提升基本延循粗放式增长模式，极易受到市场波动和经济浪潮的影响。虽然目前部分银行转向提供大众化和普及化的金融服务，但此类调整对盈利水平与盈利能力的贡献度明显不足。

在互联网金融模式下，大数据分析技术可以根据目标客户的消费模式及消费习惯实现初步甄选，专注于快捷、高效、低成本的通用服务，从而提高了金融需求和服务渠道共性的集中度，改变了商业银行传统的物理网点分层服务与盈利的模式。简言之，互联网金融热浪正冲击着银行的盈利方式，削弱其盈利能力，蚕食其利润来源。

4．银行营销渠道受到冲击

运用大数据展开金融产品营销是互联网金融企业抢占市场份额的惯用策略。不同于传统银行的单一销售模式，互联网金融打破物理渠道并借用平台优势，通过打包销售向处于各个交易环节的客户提供组合型产品。

基于互联网大数据的分销渠道与营销理念冲击着商业银行的零售营销模式，物理渠道被延伸至虚拟渠道，在以下方面占据着优势。

(1) 客户锁定方面，互联网金融企业雄厚的数据积累与系统化处理技术为批量化分销提供了基础。互联网使用者的访问数据经过客户行为分析、目标客户筛选、数据挖掘等处理，用于寻找客户金融需求，由此得出的目标客户定位更精准、市场管理更精细。

(2) 产品营销方面，互联网金融企业有多样化的金融产品与展示形式平台，通过与金融消费者的互动为金融消费创造体验价值，以多层分销渠道加快对传统银行物理营销渠道的客户分流。

经典案例

随着互联网金融的蓬勃发展以及对传统金融的冲击，四大行也加快了布局步伐。

中国银行明确把以服务电子商务为核心的网络银行作为核心业务，联手中国联通推出"沃金融"——无抵押、循环贷款、先采购、后付款。同时结盟百度，基于"线上+线下"、"数据+风控"、"获客+资金"合作模式，提供包括联盟贷在内的"草根创业贷"，围绕百度糯米、去哪儿等数十个百度服务平台打造创新产品。智能银行主打高效便捷的办卡、转账、汇款等业务。中银易商提供"支付+理财+生活"的一体化金融服务，包括各类转账汇款及支付(声波支付，扫码支付，摇一摇等)、信用卡还款、出国金融、便民缴费、养老宝等系列产品。

中国农业银行疯狂加码农业互联网金融，全力推进农村普惠金融。以"金穗惠农通"服务点为基础，依靠电商平台与县镇级批发商、农资企业形成双边合作关系，向下融入农户日常生产与生活，构建 B-B-C 的农村金融生态圈，农家超市、村委会都可存取现。运用移动互联和智能手机的普及，发展农村移动支付，开发应用场景广的 APP 应用程序安装于农民的智能手机里，采取村委会推荐、乡镇政府优选、实体考察等方式，选择信誉良好、合法经营、有固定场所的农家小超市、农资店、村委会等作为助农取款服务点，使农村地区客户足不出村即可享受小额存取现、转账结算、缴费等金融服务。同时大力布局农村金融自助设备，24 小时在农村县城运行的农行自助设备，除提供自助存取款、转账、购买理财和基金等基础业务外，还可以代缴电费、电话费等各项代理业务，极大地满足了县域客户的金融需求。农行还在各地县城开展"互联网金融服务"宣传活动。发力纯线上自助信贷，推出电商平台"E 农管家"，试图整合该行庞大的"三农"资源，连接农民、农户、农家店、县域商家。农行开始试点的互联网融资产的"数据网贷"提供纯线上的自助信贷服务 2014 年已通过大数据决策自动挖掘出 1629 家小微企业，发放贷款 4631.61 万元。

中国工商银行是国内第一家发布互联网金融品牌 "e-ICBC" 的商业银行，其互联网金融业务包括支付、融资和投资理财三大产品线上的 "工银 e 支付" "逸贷" "网贷通" "工银 e 投资" "工银 e 缴费" 等以及 "支付+融资" "线上+线下" 和 "渠道+实时" 等多场景应用。工商银行推出了面向个人、基于消费的 "逸贷"，面向商户的 "公司逸贷"，以及面向小微企业的 "网贷通" 等产品。工商银行还推出了银行业首家信用消费金融中心，目的是全面发展无抵押、无担保、纯信用、全线上的个人消费信贷业务。

中国建设银行制定了 "互联网+" 相关战略，以客户为中心，用互联网的思维和方法来改造整个建设银行，明确锁定手机银行、网上银行和微信银行三大网络渠道，通过微信可以办理水电费、电话费、宽带等生活缴费。"快贷" 一秒贷款 5 万元，为存量房贷客户、金融资产客户以及私人银行客户等提供了个人客户网上快速融资服务。利用大数据为借款人生成授信额度(全称网络自助服务)，实时推出的融 e 贷，贷款金额 5 万元到 500 万元，一秒审批，线下签约，网上使用。

2.3.2 对证券业的影响

互联网金融可使证券交易成本大幅减少，提高资源配置效率。总的来说，互联网金融对证券业的影响主要有以下几点。

1. 改变了证券业的价值实现方式

传统的证券公司价值主要通过经纪业务、投资银行业务、资产管理业务和自营业务等线下四个板块组成，其经纪业务收入占据券商全部收入的半壁江山。而互联网金融的虚拟性为证券行业传统四大板块带来了前所未有的价值创造速度，必然导致价值的扩张。同时，互联网金融也引发交易结构、交易主体上的变化和潜在的金融民主化，从而使券商传统的价值创造和价值实现方式发生根本性转变。

一方面，互联网技术能最大限度地减少信息不对称程度和中间成本，把所有的信息由原来的不对称、金字塔形转化为扁平化，使个体可在信息的相对对称中平等、自由地获取金融服务，从而使证券行业的服务边界得以扩大，带来新的增长点。近期券商积极布局搭建网上平台，非现场开户以及移动终端产品等正是券商在互联网时代背景的有益尝试。

另一方面，电子商务、第三方支付、社交网络、搜索引擎等互联网技术形成的大量数据，云计算、神经网络、行为分析理论、遗传算法等更使数据挖掘和分析成为可能性。券商的价值更多通过充分挖掘互联网客户数据资源，开发、设计满足客户个性化需求的证券产品或服务来实现和创造。

2. 引发证券经纪和财富管理的渠道革命

互联网与证券的加速融合，一方面有助于券商拓展营销渠道，优化经纪业务和财务管理业务传统的运营管理模式，另一方面有助于进一步扩大服务边界，使佣金率进一步下降，资管业务和新产品的地位逐步提升。

这种加速融合将迫使券商经纪业务由传统通道向信用中介和理财业务终端转型。在不久的将来，网络将成为券商发展财富管理业务、经纪业务的主要平台。随之而来的将是目标客户类型的改变，市场参与者将更为普及化和大众化，追求多样化、差异化和个性化服务将成为客户的基本诉求。这种客户的消费模式和习惯的改变，会要求券商经纪和财富管理业务从过去的通道中介定位向客户需求定位转型，能够根据不同的客户类型，通过一个对外服务窗口，为客户提供包括投资、融资、理财咨询等服务。这意味着证券公司不仅需要对原有的组织模式进行重构，还要加强各条业务线的协作，提升现有业务的附加价值，从而实现客户与证券公司的共同成长。

3．证券业的金融中介功能被弱化

金融机构之所以存在主要有两个原因：第一，金融中介有规模经济和专门技术，能降低资金融通的交易成本；第二，金融中介有专业的信息处理能力，能缓解投资者和融资者之间的信息不对称及由此引发的逆向选择和道德风险问题。

换言之，媒介资本、媒介信息正是证券业作为金融中介最为基础的两个功能。媒介资本、媒介信息、挖掘信息等功能的发挥，在根本上都依赖于信息搜集和处理能力，而这正是互联网金融的强项。互联网金融与证券业结合，会使得交易双方的消息不对称程度降低，让金额和期限错配以及风险上的分担成本降低，这会使证券机构发挥的资本中介作用日益弱化。未来股票、债券等的发行、交易和全款支付以及投资理财等都可直接在网上进行。例如，Google 上市时就没有通过投资银行，而是应用了互联网金融，其股票采用荷兰式拍卖模式在自身平台上发行。在互联网金融模式下，资金供需双方直接交易，市场有效性大大提高，接近一般均衡定理描述的无金融中介状态，这将极大地影响证券业金融中介功能的发挥。

4．重构资本市场投融资格局

互联网金融平台为资金供需双方提供了一个发现市场的机会，同时因为现代信息技术大大降低了信息的不对称性和交易成本，导致投、融资格局中证券机构不再是必需，取而代之的可能是不同于商业银行的间接融资，也不同于资本市场直接融资的第三种投融资模式，可称为"互联网直接融资市场"或"互联网金融模式"，P2P、众筹正是这种互联网金融新模式的代表。

不同于传统融资模式，在 P2P 和众筹的借贷环节中，由网络平台充当中介角色，借贷双方在网络平台上自主发布信息、自主选择项目，基本不需要借贷双方线下见面，也无须抵押担保。平台公司则为借贷两方提供咨询、评估、协议管理、回款管理等服务，并收取相应服务费。网络信贷的兴起，打破了传统金融的融资模式，在解决中小企业融资难题的同时，引发了资本市场投、融资领域的革命性创新，实现了社交网站、种子基金、股权投资的融合，是投融资业务"脱媒"的开端。

5．加剧行业竞争

互联网金融以其先天的渠道和成本优势迅速改变着资本市场的竞争格局，随着监管的完善，这种竞争将进一步加剧。下面对这种竞争态势进行分析。

(1) 互联网技术会降低券商业务成本，加剧同业竞争。如各大券商积极布局证券电子商务，而这只是网络经纪业务的第一步。非现场开户全面放行后，证券业能以更低成本展业，这将不可避免地引发新一轮的佣金价格战，通道型经纪收入将更加难以为继。

（2）互联网金融会改变券商的商业模式，催生经济等新业态，这将带来新的竞争机会，使未来竞争更加复杂化。

（3）以阿里巴巴为代表的互联网企业携带客户资源、信息积累与数据挖掘优势向证券行业渗透，加剧了行业竞争。近年来高速发展的互联网平台为互联网金融积累了广泛的客户资源基础，在运作模式上也更强调互联网技术与证券核心业务的深度整合。

2.3.3　对传统保险的影响

1．冲击保险行业销售入口

保险销售是对具有同样风险特征的个体进行聚合的过程。根据对个体的不同定义方式，派生出了营销、直销、代理等不同销售渠道。而互联网天生就是"连接"和"聚合"的途径，可以很容易克服空间上的限制，将人群风险特征进行无限细分，充分利用小众人群的"长尾效应"，组合成个体化的"团单"进行承保。在此背景下，决定业务量的将是互联网平台的流量和数据积累情况。传统保险那种依靠网点数量和人力规模进行一对一营销的形式，由于成本较高、效率较差，必将受到削弱和冲击。

2．扩展保险市场边界

在互联网金融的冲击下，传统保险将从三个方面扩展边界：一是互联网带来的新的经济、生活方式，其中蕴含的新风险派生出新的保障需求；二是大数据技术提升行业风险定价与管理能力，从而将以前难以有效管理的风险纳入承保范围；三是借助互联网强大的客户聚集能力，发挥"长尾效应"，通过保险期间和保费碎片化，将以往不具有高额投保能力的客户纳入被保人群。

━━━━━━━━━━━━━━━━━ ◆ 知识链接 ◆ ━━━━━━━━━━━━━━━━━

"长尾效应"(Long Tail Effect)这一概念由《连线》杂志主编克里斯·安德森在 2004 年十月的《长尾》一文中最早提出，用来描述诸如亚马逊和 Netflix 之类网站的商业和经济模式。

"头"(head)和"尾"(tail)是两个统计学名词。正态分布曲线中间的突起部分叫"头"；两边相对平缓的部分叫"尾"。从人们需求的角度来看，大多数的需求会集中在头部，而这部分我们可以称之为流行。而分布在尾部的需求是个性化的、零散的、小量的，这部分差异化的、少量的需求会在需求曲线上形成一条长长的"尾巴"，而所谓的"长尾效应"就在于它的数量上，将所有非流行的市场累加起来就会形成一个比流行市场还大的市场。

"长尾效应"的根本就是强调"个性化"、"客户力量"和"小利润大市场"，也就是当一个市场细分得很细很小的时候，即使赚很少的钱，这些细小市场的累计都会相当于或超过流行市场。

3．提高保险服务水平

在互联网时代，消费者借助全新的信息环境，依据用户评价、亲友推荐、专家评论等信息，可以更为准确地预测目标产品或服务的实际体验品质。在此背景下，能否开发出更加个性化和按需定制的产品、能否建立超过消费者预期的极致体验，将成为制胜的根本。这必将促使保险行业更加注重服务品质，更为关注消费者的个性化需求。

一方面，传统保险行业会借鉴互联网金融，运用互联网技术及时处理顾客反馈信息，改善产品设计，提高交互；另一方面，竞争态势会促使其改革升级服务内容，通过微信、微博等平台提供快捷的消息查询、缴费提醒等全方位便民服务。

2.3.4　对传统基金的影响

1．重塑基金产品的分销渠道

金融电商化的加强改变了现有的金融产品分销渠道格局，解决了时空限制，减弱了用户对于物理网点和销售人员的依赖，降低了分销成本，重新构建起互联网和移动互联网两个新型分销渠道，同时对银行网点代销的模式也带来了很大影响。

以基金为例，传统基金产品的分销以基金公司直销和银行代销两个渠道为主，但互联网金融的发展使得基金公司开始自建电商平台，与第三方基金代销平台、互联网电商平台以及第三方支付等机构合作，通过互联网渠道分销基金。可以说金融电商正在重塑金融产品分销渠道。

2．迫使基金官网平台转型

电商平台快速崛起，对基金公司官网平台形成冲击。基金公司官网受监管政策限制，只能销售自家公司的产品，这导致客户要购买一家公司的基金就需要单独设立一个账户。相比之下，电商销售平台要方便得多，一个统一的账户就可以购买多家的基金和其他理财产品。而且电商平台依托科技和系统优势，有着更好的客户体验，这就对基金公司原来的官网平台形成冲击，降低了官网的关注度和流量，倒逼基金官网平台转型创新。

3．推动基金产品创新

由于原有的货币基金已经不能很好地满足网络销售的要求，一些基金公司针对互联网渠道纷纷推出创新型货币基金，这些基金往往具有以下特点：一是投资收益由传统的按月结转的方式变为按日结转，同时每天都可查看收益，这种创新最早由余额宝推出，目前已经成为网络货币基金的标配；二是提升了资金的流动性，实现了快速变现，目前市场上的网络货币基金基本上都可以实现 T+0 的快速赎回；三是申赎的门槛降低，由之前业界普遍的 100 元申购门槛降至 1 元或者 1 分，几乎无起始限额，以吸引普通的个人投资者；四是系统实现升级换代，随着货币基金规模的不断扩大，不断更新现有系统来满足大量网络申赎的需求。可以预见，未来基于互联网的基金产品还将持续深入下去。

◆ 经典案例 ◆

网络理财的热度或许会让金融机构为之一振。2015 年 11 月 8 日，弘康人寿、国华人寿、合众人寿三家保险公司在聚划算平台推出 5 款网络专供保险理财产品，结果短短 3 天内，投资者们一共掷下 7600 多万元，抢购了上万笔理财产品。与以往不同的是，此次团购理财产品门槛很低，起步购买价格仅为 1000 元，因此吸引了众多"经济型"网友们的关注。数据显示，此次团购平均每笔交易额约为 6600 元，70%以上的消费者购买金额都在 1 万元以下。业内人士分析："网络理财相对于线下理财，呈现出年轻化、平民化的趋势。"

此次聚划算团购的保险理财产品分别为弘康灵动一号、国华理财宝、国华一号、好太太稳赢一号、弘康零极限 B 款。据了解，这几款保险理财产品都是万能险产品，其理财时间都较短，其中最短的 15 天，最长的 1 年。进入聚划算团购描述页面发现，这 5 款产品的年化收益率在 3%～5%之间，其中最高的是合众人寿推出的"好太太稳赢一号"，其预期年化收益为 5%，最低的是弘康人寿的"灵动一号"，其年化收益率为 3.01%。这几款预期年化收益率较高、操作又便捷的网络理财产品自上线以来就受到投资者热捧。淘宝数据显示：短短 4 小时就售出 2000 多笔，交易金额达 2000 多万元；3 天内成交超过 1 万笔，总交易额突破 7600 万元。其中，好太太稳赢一号成为最畅销产品，总共有 3000 多人购买，成交额突破 2000 万元。

有客户表示："平日储蓄不多，没有达到传统理财产品的准入标准，但是存在银行利率太低不划算，所以就购买了门槛低、持有期限比较短的网络理财产品。"据介绍，这 5 款网络理财产品到期之后，只要不兑现，还能继续享受红利，不需要重新购买。而从购买记录来看，浙江省最具理财意识，该省总共有 1300 多人购买了理财产品，其次是广东和江苏。

本 章 小 结

通过本章的学习，读者应当了解：

(1) 金融互联网指的是传统金融机构业务的互联网化，即商业银行、证券公司等传统金融机构将产品和业务移到线上进行。金融互联网是金融机构对互联网技术的引用，是金融业务的电子化，并没有引起商业模式的实质性转变。

(2) 金融互联网有三个主要特点：一是金融与互联网的融合首先体现为一种技术创新，而非产品创新；二是金融互联网提高了传统金融机构的效率，降低了成本，节约了金融机构和借贷双方的交易成本；三是金融业务电子化促使相关职能部门重新设立或消失，引起人力、物力、财力等金融机构内部资源的再配置，但是并没有改变金融机构的媒介职能。

(3) 是否具备互联网精神，能否以客户需求为导向并注重客户体验等要素，是互联网金融与金融互联网的本质区别，其主要体现在发展理念及思维方式、管理方式与组织架构、导向与出发点、客户群与客户体验、交易金额与频率、交易价格策略、信息不对称程度、新技术运用、风险管理与监管体系等方面。

(4) 互联网金融与金融互联网的差异首先体现在其发展理念和思维方式上。与金融互联网化相比，互联网金融的发展理念以及思维方式更为开放、平等、分享和包容，更加强调分工与协作。

(5) 不管是传统金融还是互联网金融，参与金融活动、实现融资的实质是大同小异的，只是形式不同而已。互联网金融和传统金融本质上都是金融，只是在运营和盈利等实现形式上不同。在风险控制方面，互联网金融和传统金融都以征信为前提、以风控为生命线。

(6) 互联网金融与传统的银行、保险、证券相比，在运营模式、交易媒介、信息处理、销售方式、风控方式等方面都存在明显的差异。

(7) 互联网金融的健康发展应遵循金融业的一些基本规律和内在要求，互联网金融和传统金融不是两个对立的阵营，二者实际上是互补的关系。

(8) 在金融理论中，金融由金融对象、金融方式、金融机构、金融场所及制度和调控机制五个要素构成。互联网金融极大地改变了传统金融的运行模式，重塑了金融机构的五个要素。

(9) 互联网金融对银行业的影响主要体现在：冲击银行支付中介业务；冲击银行融资格局；冲击银行盈利方式；冲击银行营销渠道。

(10) 互联网金融对证券业的影响主要体现在：改变了证券业的价值实现方式；引发证券经纪和财富管理的"渠道革命"；弱化证券行的金融中介功能；重构资本市场投融资格局；加剧行业竞争。

(11) 互联网金融对传统保险的影响主要体现在：对保险行业销售入口的冲击；对保险市场边界的扩展；提高保险服务水平。

(12) 互联网金融对传统基金的影响主要体现在：重塑基金产品的分销渠道；迫使基金官网平台转型；推动基金产品创新。

本 章 练 习

1. 简答题

(1) 简述互联网金融与互联网金融的内涵及区别。

(2) 简述互联网金融与传统金融之间的相同点。

(3) 简述互联网金融如何重塑金融的五个要素。

(4) 简述互联网金融对银行业的影响。

2. 案例分析

无论是豪气干云的"如果银行不改变，我们改变银行"，还是谦虚顺和的"银行没办好的事，我们替银行办好"，在银行眼里，马云和阿里都是不折不扣的"野蛮人"。第三方支付刚开始时，阿里恭顺听从，为的是与银行合作，结果是年年"双十一"(11 月 11 日光棍节)网购疯长，令银行叹为观止；小微贷款起来时，阿里说我们只管千万小微企业，与银行的"高富帅"客户不冲突；到现在，阿里金融信用支付(网络虚拟信用卡)和网络银行虽然犹抱琵琶半遮面，但银行蓦然发现，自家的存贷汇三大业务门口，"野蛮人"已经大兵压境。

基金证券业最近也不安静。余额宝横空出世，把一个籍籍无名的天弘基金硬是从"行业倒数"变成了"行业翘楚"，对接余额宝的该基金或已成为规模最大的公募基金。基金公司愤愤不平说要找"敌人的敌人"财付通，有人立马呛声：人家 T+0 赎回(钱实时到账)、7 天 24 小时交易，你行吗？大数据"唯快不破"、意随念动的洞察力，你追得上吗？靠 IT 出头的基金搅浑了一池春水，旧秩序被搅得七零八落。

目前无论是大公司还是小公司、无论嘴上还是心里，基本上都认可互联网金融这条道了。互联网的工具性，让金融业的大小公司们以为抓起这个工具就行了。银行开了"微信银行"，又做起电商；基金开了淘宝旗舰店；证券有了手机应用；人保还跟手游公司搞"玩不了我敢赔"。殊不知，这些只是互联网的皮。小公司要做新秩序的搅局者，大公司要面对门口的"野蛮人"，光有皮不够，还需要互联网的骨和大数据的魂。

互联网的骨是其功能强大的 IT 基础设施。金融业在技术上的保守是出了名的。例如，某银行刚刚把最后一台 IMS 数据库(IBM50 年前的产品)换成新的大型关系型数据库平台，某银行因为 DB2 的升级导致业务响应缓慢。在基础设施国产化的大背景下，如何升级 IT 的服务能力？云计算大行其道，如何平衡弹性需求和数据安全？这些都是应认真考虑的问题。

大数据的魂更为重要。面对互联网和大数据企业截留数据的现状，金融业亟须建立数据资产、"提纯"手段，提高以客户为中心的服务能力。数据可以自己采，自觉、全面、客观地收集运营数据和网站/手机应用的客户行为数据；可以网络"爬虫"去采，尤其是社交媒体数据；还可以通过同业结盟、跨业交换(包括与"野蛮人")和从第三方数据提供商购买。"提纯"手段要两手抓：一手抓自身的数据分析能力，一手与专业的数据分析服务公司建立战略合作。关键是提升以客户为中心的服务能力，形成每一个消费者的精确刻画，并将其融入从产品设计、差异化渠道、个性化服务到风险防控的每一个环节。

继续做领导者还是追随者、搅局者，是可以主动做的选择。但难以回避的是，"野蛮人"已刀光如雪、呼啸而来，金融秩序似将重新书写。

案例来源：吴甘沙.当传统金融遇上互联网金融【N】.人民日报.2013-09-23

问题：根据案例，谈一下互联网金融对传统金融行业的冲击以及传统金融行业怎么转变才能跟上时代的步伐，未来的发展趋势又是如何。

本章能力拓展

百度 CEO 李彦宏在"百度联盟峰会"上的主题演讲中分享了他对产业趋势的洞察和思考。

他说：中国互联网的渗透率已经超过了一半，从这个意义上讲，中国互联网的发展也代表中国的发展，当我们判断中国互联网发展的方向和最终结局的时候，其实也是在判断中国要向哪里去、中国的最终结局是什么。过去我们讲互联网正在加速淘汰传统产业，最近讲"互联网+"。所谓"互联网+"，就是任何一个垂直行业与互联网进行结合的话，其效率都会有很大的提升。尤其是对于中国而言，我们的市场经济只有几十年的历史，传统产业和主流产业的运营效率跟美国等发达国家相比还是有差距的，在这样的情况下用互联网的方法再重新做一遍，我们有可能超越其他国家，使得各种产业变得更有效率。这是现在大家都明白的道理，但是最后谁来做这件事情？是新成立的互联网公司重新做一遍，产生一个新的平台？还是我们的主流产业、传统产业，真正地拥抱互联网，把自己的效率提升上去？这些行业必须以他们的行业特点为主，以他们对这个行业的了解和深厚的行业积累为基础，再加上互联网的理念和技术，才能真正地重新"焕发青春"，提升效率，让整个行业向前走一步。

《货币战争》一书最火的那几年，有一个故事曾在多个场合被反复提及：英法战争时，罗斯柴尔德家族是依靠骑着快马往返前线的信使提前获知战争爆发以及战场胜负的相关资讯，并凭借这种信息优势，在金融市场中狠赚了一大笔。在金融业这个有着悠久传统，并以资金定价和收益市场化为立身之本的行业中，信息交互广度与速度一直是其发展的关键组成要素。因此，从英法大战时的快马到 19 世纪兴起的电话电报，再到 20 世纪末的局域网信息技术，金融业一直是以一种本能去拥抱它们的，可以说金融业从来就不是一个科技的孤岛。等到了现在的互联网时代，信息传递的速度不但变得更快，且所传递的信息也已经从原来单一方式的资讯发展到了综合视频、语音等多元素的表现方式，能够记录下蕴含结构化和非结构化数据等的多维度内容，金融业也再度面临新科技的冲击与随之而来的改变。

自 2013 年开始，国内互联网金融更是突然爆发并成为一股潮流。从各大商业银行的网上银行、微信银行陆续涌现，再到非银行系统中互联网证券、互联网保险的兴起，我们现在已经能够明显看到传统金融机构与互联网金融融合趋势的形成。在这个大融合的过程中，传统金融机构正在向互联网金融企业学习一些关于大数据应用、用户体验、场景营销等方面的知识，而新兴的互联网金融企业，也在向传统金融机构借鉴更多风险控制、资产管理等方面的经验。相信以这种趋势发展，通过金融业的群策群力，现有或者更新的科技将如同以前的快马、电报、电话一样，成为驱动金融发展的内生的组成部分，金融本身也将包括互联网、大数据、云计算等要素，造就金融领域的持续创新。

2015 年 7 月央行等十部委发布《关于促进互联网金融健康发展的指导意见》，鼓励从业机构相互合作，实现优势互补。面对互联网金融的迅猛发展，传统商业银行或与新业态机构携手共创未来。同年 8 月 27 日，中信银行信用卡中心与京东金融跨界融合，推出中信京东白条联名信用卡(简称"小白卡")，商业银行与互联网企业合作再度升级。对于没有收入证明，也没有信用记录的大学生来说，通常很难拥有一张信用卡，要到工作一段时间以后才有申请的资格，小白卡针对的正是这个群体，持卡人可以享受"京东白条+信用卡"的双重账期。小白卡将京东金融和中信银行的产品体系、风控体系、用户体系打通。原本无法申请信用卡的年轻人，可以通过在网上消费，使用京东白条累积信用，借助这些消费数据通过京东的审批模型，申请到小白卡。

在数字化金融快速发展的趋势下，互联网金融战略布局至关重要，有特色才能屹立潮头，抢占互联网金融市场的制高点。中信银行信用卡在最近两年频频牵手互联网公司巨头，成为国内唯一一家与 BAT(百度、阿里、腾讯)达成全面深度合作的金融企业。早在 2014 年 11 月，中信信用卡就与百度贴吧联合推出了"3D 金融服务大厅"，以及面向贴吧社群打造的中信百度贴吧认同信用卡，为数亿贴吧用户提供线上金融及支付类服务。2015 年 4 月，中信信用卡又与顺丰集团跨界合作，联合推出共有品牌的"中信顺手付"支付账户、APP 和中信顺丰联名信用卡等多项创新服务，为国内传统银行业与物流业首度跨界深入合作拉开序幕。同年 6 月，还与小米公司达成战略合作，双方整合优质资源联合推出

"中信小米贵宾通道"专项服务,进一步在消费金融、粉丝经济运营等领域探索跨界合作。同时,当月又与百度公司签订全平合战略合作协议,宣布双方合作全面升级。

通过上述资料及查询互联网资料就以下问题展开讨论:

(1) "存、贷、付"的传统零售金融核心是否被互联网彻底颠覆?

(2) 互联网金融怎么解决信息不对称的问题?

(3) 在网上搜集更多资料制作 PPT,介绍一下中信银行是怎么去"拥抱"互联网金融的。

第3章 互联网支付

本章目标

- 了解互联网支付的分类及特征
- 理解第三方支付产生的原因、原理及流程
- 掌握第三方支付主要模式
- 了解第三方支付的发展趋势
- 理解第三方支付风险分析
- 掌握移动支付的内涵
- 理解移动支付的主要模式

重点难点

重点：

1. 互联网支付的分类
2. 第三方支付的原理及流程
3. 第三方支付的主要模式

难点：

1. 第三方支付风险分析
2. 第三方支付的原理及流程
3. 移动支付的内涵

案例导入

2014 年 4 月 1 日愚人节，一条"支付宝将推出'空付'"的"大新闻"悄然在微信朋友圈里蔓延。很多人都对这条新闻不屑一顾。如今，这个愚人节玩笑看来真的实现了。

2017 年 6 月 20 日，上海虹桥停车场和支付宝推出升级版的无现金停车场，用户出停车场的时候，不需要停车，不需要掏现金，甚至也不需要掏手机，车子开过去的时候摄像头识别车牌，会自动从车主的支付宝里扣取停车费，这整个过程，用户实现"无感支付"，而且车辆通过时间会比原来节省 80%。

这种"无感支付"的体验，背后的原理其实就是"空付"。支付宝出行业务负责人彦修表示："当时我们说，'空付'就是你可以扫描任何一个东西，比如一只宠物，然后绑定支付宝，设置金额上限，然后就可以不拿出手机，借助那只宠物完成支付。在停车场，用户其实就是把自己的车牌和支付宝做了绑定，然后通过智能设备的图像识别技术，来辨认车牌，从而完成扣款。"

除了车牌，支付宝还在争取让更多物品可以和支付宝绑定来实现"无感支付"，比如说脸。目前，刷脸支付已经完成从实验室到商用的最后一步。

"空付"当年所描绘的用自己的宠物、文身都可以完成支付的场景，曾经让很多人觉得"脑洞大"，但才 3 年多的时间，这个"脑洞"已经无限接近现实。蚂蚁金服生物识别技术负责人陈继东分析说："图像识别和生物识别技术这两年突飞猛进，其实只要识别某一个东西的准确率超过一定的阈值，我们就可以尝试让那个物品绑定支付宝。"

连手机都不用掏就可以完成支付让很多人大呼过瘾。但也有网友担心，花钱都没感觉了，会不会不安全啊？支付宝方面表示，"无感支付"的安全性是有保证的。经过技术测算，因车牌识别导致扣错钱的概率远低于十万分之一。如果扣错，用户将得到全额赔付。此外，一个车牌只能绑定一个支付宝。如果用户想取消绑定，只需在支付宝首页搜索"停车"，进入停车在线缴费页面，花几秒钟解绑即可。

支付宝的"空付"并不仅仅是为了酷炫。经测算，率先尝试停车场"无感支付"的上海虹桥机场，T1 和 T2 两个航站楼日常流量接近 30000 次，如果是"无感支付"，每辆车离开时的通行时间从 10 秒降至不足 2 秒，停车场的整体效率将提升数倍。目前，已开通支付宝停车场的城市有：北京、上海、广州、深圳、杭州、成都、重庆、武汉等，接下来将在这些城市的近万个支付宝停车场全面升级推广这一新的支付技术。

当支付遇到互联网，一场革命自然不可避免。传统的现金支付已经"退居二线"，各种互联网支付成为人们日常消费的主要支付方式。银行推出的网银以及互联网企业推出的各种各样的第三方支付平台大大方便了人们的生活。互联网支付终端也从桌面电脑扩展到移动终端等多种形式上，互联网支付变得无处不在。本章站在互联网金融的角度，首先阐述了互联网支付的基本概念，然后对第三方支付和移动支付进行了详细的讲解。

3.1 互联网支付概况

网络购物是通过互联网进行的买卖。中国的网络购物保持着高速发展的势头，网络购物交易规模在社会消费品零售总额中的占比持续提升，屡创新高的交易额和持续攀升的网购渗透率显示出我国网络购物市场巨大的发展潜力。在行业高速发展的过程中，移动购物、跨境电商、开放平台及 O2O 转型等逐渐成为新的热点。

网络购物过程中必然会有资金的流动，一般可以选用的支付方式有：现金货到付款、邮局或银行汇款、互联网支付等。其中，互联网支付是目前网络购物最主要的支付方式。

3.1.1　互联网支付的分类

互联网支付是指用户通过桌面电脑、移动终端等设备，依托互联网发起支付指令，实现货币资金转移的行为，它主要包括电子银行支付、第三方支付及移动支付等形式。

电子银行支付通常包含网上银行、手机银行(WAP 或 APP 形式)、电话银行、短信银行、微信银行、自助终端等多种接入或使用方式。

第三方支付是通过在买家、卖家之间引入第三方，为买卖双方提供支付信用担保的模式，已经在互联网支付中占到主导地位，比如支付宝、财付通、银联在线等。

移动支付主要是指通过移动通信设备、利用无线通信技术来转移货币价值以清偿债权债务的一种支付方式，比如 NFC 近场支付、语音支付、二维码扫描支付、第三方移动支付及刷脸支付等。

互联网支付的组织类型有金融机构类支付组织和非金融机构类支付组织两类。金融机构类支付组织主要是指银行，其代表性支付工具是各家银行的网银。而非金融机构类支付组织是众多第三方支付公司，其代表是支付宝、财付通、快钱、银联在线等。

下面对网上银行、第三方支付及移动支付进行进一步介绍。

1．网上银行

网上银行又称网络银行、在线银行或电子银行，它是各银行在互联网上设立的虚拟柜台，通过互联网向客户提供开户、销户、查询、对账、行内转账、跨行转账、信贷、网上证券、投资理财等传统金融服务，使客户足不出户就能够安全、便捷地管理活期和定期存款、支票、信用卡及个人投资等。网上银行打破了传统银行业务的地域、时间限制，具有 3A 特点——在任何时候(Anytime)任何地方(Anywhere)以任何方式(Anyhow)为客户提供金融服务，这既有利于吸引和保留优质客户，又能主动扩大客户群，开辟新的利润来源。

按照服务对象的不同，网上银行可分为个人网上银行和企业网上银行两种。个人网上银行主要适用于个人和家庭的日常消费支付与转账。客户可以通过个人网上银行实现实时查询、转账、网上支付和汇款功能。个人网上银行服务的出现标志着银行的业务触角直接伸展到个人客户的家庭电脑桌面，真正体现了"家庭银行"的风采。企业网上银行则主要针对企业与政府部门等企事业客户。企事业组织可以通过企业网上银行实时了解企业财务运作情况，及时在组织内部调配资金，轻松处理大批量的网上支付和工资发放等业务，并可处理信用证相关业务。

网上银行的发展模式有以下两种。

一种是完全依赖于互联网的无形的电子银行，也叫"虚拟银行"。所谓"虚拟银行"就是没有实际的物理柜台作为支持的网上银行。这种网上银行一般只有一个办公地址，没有实体分支机构，也没有线下营业网点，采用互联网等科技服务手段与客户建立密切的联系，以提供全方位的金融服务。以美国第一安全网络银行(SFNB)为例(如图 3-1 所示)，它成立于 1995 年 10 月，是全球第一家无营业网点的虚拟银行，它的营业厅就是网页画面，当时其员工只有 19 人，主要的工作就是对网络的维护和管理。

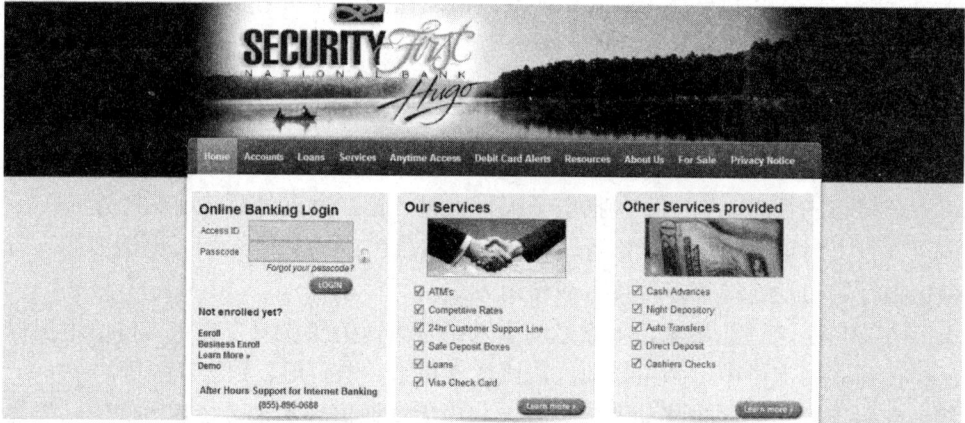

图 3-1 美国第 安全网络银行官方网站截图

另一种是传统银行利用互联网作为新的服务手段为客户提供在线服务，实际是传统银行服务在互联网上的延伸。这是目前网上银行的主要存在形式，也是绝大多数商业银行采取的网上银行发展模式。

目前，我国还没出现真正意义上的"虚拟银行"，国内现在的网上银行基本都属于第二种。

2．第三方支付

随着互联网应用的进一步深化，全民进入电子商务时代。电商时代的 B2C、C2C 发展非常迅速，在网络交易日渐盛行的时期，买家与卖家一般无法见面直接交易，在无法见到对方的情况下如何进行安全的付款成为一个亟待解决的难题。网络上的交易存在一个支付信任问题，显然通常意义下的网银转账，即单纯提供从买家到卖家直接的资金支付模式无法破解这个困局。

在电子商务发展的强劲需求下，除了对传统支付形式进行互联网化(网银)之外，还需要有相应的全新支付模式，这种需求催生了第三方支付公司并让其迅速发展，给整个行业带来了巨大的变革。

第三方支付狭义上是指具备一定实力和信誉保障的非银行机构借助通信、计算机和信息安全技术，采用与各大银行签约的方式，在用户与银行支付结算系统间建立连接的电子支付模式，典型的第三方支付如图 3-2 所示。

之所以称"第三方"，是因为这些平台并不涉及资金的所有权，而只是起到中转作用。它原本是用来解决不同银行卡的网上银行对接以及异常交易带来的信用缺失问题，通过提供线上和线下的支付渠道，完成从消费者到商户以及金融机构间的货币支付、资金清算、查询统计等系列过程。

图 3-2　典型的第三方支付

2010 年 6 月，中国人民银行出台《非金融机构支付服务管理办法》，首次对非金融机构从事网络支付、预付卡发行与管理、银行卡收单等支付服务的市场准入、行政许可、监督管理等做出明确规定。同年，中国人民银行又公布了《非金融机构支付服务管理办法细则》。根据这两个文件给出的非金融机构支付服务的定义，从广义上讲的第三方支付是指非金融机构作为收、付款人的支付中介所提供的网络支付、预付卡收单以及中国人民银行确定的其他支付服务。可见，第三方支付已不仅仅局限于最初的互联网支付，而是成为线上与线下全面覆盖、应用场景更为丰富的综合支付工具。

3. 移动支付

根据 2012 年 12 月中国人民银行发布的《中国金融移动支付系列技术标准》中的术语定义：移动支付是允许用户使用移动终端对消费者的商品或服务进行账务支付的一种服务方式。具体来说，就是以智能手机等移动通信设备作为用户账户和应用等数据的存储载体和处理工具，利用线下 POS、ATM 等受理终端或线上无线通信网络，实现不同账户之间的资金转移或支付。

从支付渠道看，移动支付主要分为近场支付和远程支付两种。

近场支付又被称为现场支付，是指移动终端通过实体受理终端在交易现场以联机和脱机的方式完成交易处理的支付方式。在此种方式下，用户在购买商品或服务时，通过移动通信终端即时向商家进行支付，支付的处理在现场进行。近场支付的计入手段主要使用 POS(或 RFID 射频识别)，利用移动终端与 POS 机之间的射频信号完成信息交互。近场支付可使用的支付账户主要是电子钱包、非金融支付机构交易账户等，如图 3-3 所示。

图 3-3　近场支付

远程支付是指移动终端通过无线通信网络接入，直接与后台服务器进行交互完成交易的支付方式，如微信支付(如图 3-4 所示)、支付宝钱包、银联的 APP 支付应用。用户进行支付时，通过移动通信终端远程将支付指令经过通信网络传送到支付平台处理。远程支付接入方式包括 WEB、WAP、短信(SMS)、语音(IVR)、手机客户端。远程支付使用的支付账户可以是银行卡、非金融支付机构的交易账户等。

图 3-4　微信支付—生活缴费

知识链接

《非金融机构支付管理服务方法》中所称的非金融机构支付服务是指非金融机构在收/付款人之间作为中介机构提供下列部分或全部货币资金转移服务，主要包括网络支付、预付卡的发行和受理、银行卡收单、中国人民银行确定的其他支付服务等。

网络支付：客户为购买特定商品和服务，通过电子设备、依托公共网络或专用网络发出支付指令，实现货币资金转移的行为，包括货币汇兑、互联网支付、移动电话支付、固定电话支付、数字电视支付等。

预付卡：以营利为目的发行的、在发行机构之外购买商品或服务的预付价值，包括采取磁条、芯片等技术以卡片、密码等形式发行的预付卡。例如城市交通卡、商场积分卡、储值卡等，其主要特征是先付费再消费。

银行卡收单：通过银行卡受理终端为银行卡特约用户代收货币资金的行为。从事银行卡收单的机构主要有境内各商业银行、中国银联以及其他第三方支付机构。

互联网支付：按照支付渠道的不同互联网支付分为 PC 端支付和移动支付两种。

网上银行支付：网上银行又称网络银行、在线银行，是金融机构利用计算机和互联网技术在 Internet 上开设的银行，是一种不受时间、空间限制的全新的银行客户服务系统。用户首先向自己所拥有的借记卡、信用卡的发卡银行申请开通网上支付功能，在网上购物或消费时，通过网站提供的接口，将消费金额直接转入商家对应银行的账户，然后将确认信息通过电子邮件或者电话等方式与商家取得联系，商家在确定信息正确后，将用户购买的商品发送给用户。

第三方支付：具备一定实力和信誉保障的独立机构，采用与各大银行签约的方式，提供与银行支付结算系统接口的交易支持平台的网络支付模式。第三方支付是电子支付产业链中的重要纽带，一方面连接银行，处理资金结算、客户服务、差错处理等一系列工作，另一方面连接商户和消费者，使客户的支付交易能顺利接入。

移动支付：通过移动设备利用无线通信技术转移货币价值以清偿债权债务关系的一种支付方式。移动支付所使用的移动终端可以是手机、PDA、移动 PC 等，其手段包括手机短信、互动式语音应答、WAP 等多种方式。

3.1.2　互联网支付的特征

在互联网和电子商务还没有足够成熟之时，现实经济生活中传统的支付方式主要有三种形式：现金、票据(汇票、本票、支票)、银行卡(借记卡和贷记卡)。在这些传统的支付方式下，支付的运作速度和处理效率比较低，运作成本较高，且难以提供全天候服务。与传统支付方式相比，互联网支付具有以下特征。

1．全面的数字化

互联网支付采用先进的技术通过数字流转来完成信息传输，各支付方式均采用数字化的方式进行款项支付。互联网支付使用的是最先进的通信手段，如 Internet、Extranet，同时对软、硬件设施的要求很高，一般要求有联网的微机、相关的软件及其配套设施。

2．经济优势明显

互联网支付具有方便、快捷、高效、经济的优势。用户足不出户便可在很短的时间内完成整个支付的过程，突破了时空的限制，大大提高了效率，节省了时间和成本。

3．孕育新商业模式

互联网支付可根据商户的业务发展和市场竞争情况孕育新的商业模式，制定个性化的支付结算服务，如对航空公司提供的分账服务、对广大民众提供的便民服务。

───────────◆ 经典案例 ◆───────────

财付通是腾讯公司旗下国内领先的第三方支付平台，成立于 2005 年。目前，财付通的个人用户已经超过 2 亿人，为其创造了 200 多种服务和应用模式及增值服务，企业客户超过 40 万家，为其提供了一系列专业的资金结算方案。财付通目前覆盖包括游戏、航旅、电商、保险、电信、物流、钢铁、基金等多个行业，并且根据行业不同的特征提供了多种支付模式，如快捷支付、财付通余额支付、分期支付、委托支付等。

3.1.3 互联网支付的发展趋势

从目前的情况来看，互联网支付的发展呈现出以下趋势。

1. 传统支付方式向数字化支付方式转变

传统支付方式有现金的流转、票据的转让、银行的汇兑，通过物理实体的流转完成款项的支付交易。随着信息技术的发展，数字化支付方式(将货币虚拟化，通过互联网来实现支付交易)能够极大地提高支付交易的效率和安全性，是未来发展的必然趋势。

2. 逐渐形成按需支付的综合性支付模式

用户对于支付便捷性和小额支付的需求加速了移动支付的出现。同时，智能终端的普及、4G 和 5G 用户规模的提升和三网(电信网、广播电视网、互联网)融合的推进，为手机支付创造了良好的发展环境。手机支付将与包括移动电子商务在内的更多应用场景相结合，其远程和近场支付将更加贴合用户的实际需求，从而实现新的跨越式发展。从传统的互联网 PC 端支付到如今如火如荼的移动支付等，多种支付方式共同发展、相互补充，将逐渐形成按需支付的综合性支付模式。

3. 支付方式日趋多样化

其他支付方式如应用内支付、手机条码支付、超声波支付、融合线上与线下支付等，与主流支付形式优势互补，共同发展。其中，应用内支付是将账户支付融入手机浏览器中，实现用户用手机上网购物，可直接在浏览器内实现支付功能；手机条码支付已成功进入线下支付市场，为微型商户提供低成本的收银服务；超声波支付是基于短距离的声波或超声波通信技术，允许电子设备之间进行非接触式点兑点数据传输(在 10 cm 内)交换加密数据，该技术定位为手机近场支付和线下业务服务的解决方案；融合线上与线下支付是指支付工具不仅可以购买特定商品和服务进行线下支付，也可以进行账户充值等线上支付。

互联网支付是近几年发展起来的技术和服务，相关行业与组织根据阐释的角度不同给予互联网支付的涵盖范围及解释也各不相同。本章围绕互联网金融领域进行展开，下面主要针对第三方支付和移动支付这两种支付业务模式进行介绍和探索(网上银行模式详见第 6 章)。

3.2 第三方支付

随着电子商务的蓬勃发展，网上购物、在线交易已经从一个新鲜事物变成了人们日常生活的一部分。而隐藏在网络购物背后的第三方支付方式也潜移默化地改变了社会大众的生活习惯，甚至连我们自身都没有察觉，就已经不知不觉地成为了支付公司的资深客户。下面对第三方支付进行展开介绍。

3.2.1 第三方支付概况

1. 第三方支付产生的原因

在社会经济活动中，结算归属于贸易范畴。贸易的核心是交换，交换是交付标的与支付货币两大对立流程的统一。在自由平等的正常主体之间，交换遵循的原则是等价和同步。同步交换就是交货与付款互为条件，是等价交换的保证。

在实际操作中，当现货标的面对面交易时，同步交换容易实现。但在许多情况下，由于交易标的的流转验收(如商品货物的流动、服务劳务的转化)需要过程，货物流和资金流的异步和分离的情况不可避免，因此同步交换往往难以实现。而在异步交换情形下，先收受对价的一方容易违背道德和协议，破坏等价交换原则，故先支付对价的一方往往会受制于人，自陷被动、弱势的境地，更多地承担风险。因此异步交换必须附加信用保障或法律支持才能顺利完成。

同步交换可以规避不等价交换的风险，为确保等价交换要遵循同步交换的原则，这就要求支付方式应与交货方式相适配：对当面现货交易，适配即时性一步支付方式；对隔面或期货交易，适配过程化分步支付方式。过程化分步支付方式应和了交易标的流转验收的过程性特点，款项从启动支付到所有权转移至对方不是一步完成，而是在中间增加了中介托管环节，由原来的直接付转改进到间接汇转，业务由一步完成变为分步操作，从而形成一个可同步监控的过程，按步骤、有条件地进行支付。这样，资金流与货物流进程达到同步相应的效果，使支付结算方式更科学化、合理化地应合市场需求。

比较而言，传统的支付方式往往是简单的即时性直接付转，即一步支付。其中钞票结算和票据结算适配当面现货交易，可实现同步交换；汇转结算中的电汇及网上直转也是一步支付，适配隔面现货交易，但若无信用保障或法律支持，会导致异步交换容易引发非等价交换风险，现实中买方先付款后不能按时、按质、按量收获标的，卖方先交货后不能按时如数收到价款，被拖延、折扣或拒付等引发经济纠纷的事件时有发生。

在现实的有形市场中，异步交换还可以附加信用保障或法律支持来进行，而在虚拟的无形市场中，交易双方互不认识，不知根底，因此支付问题曾经成为限制电子商务发展的瓶颈之一。卖家不愿先发货，怕货发出后不能收回货款；买家不愿先支付，担心支付后拿不到商品或商品质量得不到保证，双方都不愿意先冒险，交易量大打折扣。

为解决这种需求，第三方支付应运而生。第三方是买卖双方在缺乏信用保障的情况下的资金支付"中间平台"。买方将货款付给买卖双方之外的第三方，第三方提供安全交易服务，其运作实质是在收、付款人之间设立中间过渡账户，使汇转款项实现可控性停顿，只有双方意见达成一致时才决定资金去向。第三方担当中介保管及监督的职能，并不承担什么风险，所以确切地说，这是一种支付托管行为，通过支付托管实现支付保证。同步交换与异步交换对比如表 3-1 所示。

表 3-1 同步交换与异步交换对比表

交换	支付步骤	适用场景	支付方式	优缺点
同步交换	一步支付	现货交易	钞票、票据	货款同步，容易实现，后期质量不易保障
		隔面现货交易	电汇、网上转款	
异步交换	分步支付	隔面期货交易(线下市场)	电汇、网上转款	同步监控货物，资金流和货物流达到同步，须有信用保障和法律支持
	分步或一次支付	电子商务交易	第三方支付	资金支付"中间平台"，担当中介保管和监督职能，提供安全交易服务

2．我国第三方支付的发展

国外第三方支付产业的起源略早于我国，由于制度及市场条件不同，不同国家与地区第三方支付产业的发展呈现不同状况。1996 年美国诞生全球首家第三方支付公司，随后 Yahoo! PayDirect、A!nazonPayments 和 PayPal 纷纷成立，其中以 PayPal 的发展历程最为典型。

本节主要阐述中国第三方支付的发展情况。

总体来说，我国第三方支付的发展主要经历了四个阶段，如表 3-2 所示。

表 3-2　我国第三方支付的四个发展阶段

第一阶段	第二阶段	第三阶段	第四阶段
1998 年至 2002 年 网关支付阶段	2003 年至 2007 年 信用中介阶段	2008 年至 2009 年 行业支付阶段	2010 年至今 规范和监管阶段

发展的第一阶段是 1998 年至 2002 年，其代表性事件是 1998 年电子商务工程启动，首都电子商城成为网上交易与支付中介的示范平台，以及 1999 年首信作为第一家支付机构出现并在网关整合上作出突破。这一阶段被定性为网关支付阶段。

发展的第二阶段为 2003 年至 2007 年，其代表性事件是 2003 年阿里巴巴推出的支付宝崛起，打造了能够集信用中介功能为一体的虚拟账户，创建了崭新的信用中介平台规模，这一阶段是第三方支付服务形成的阶段，被定性为信用中介阶段。

发展的第三阶段是 2008 年至 2009 年，其代表性事件是第三方支付机构开拓发展领域，发展至航空业、保险业，并逐步渗透到各行业领域。这一阶段的第三方支付不仅带有支付清算服务的特性，而且包含信用中介服务功能，同时还兼备部分融资特性，因而释放了全新的资金理念。在这一阶段，针对第三方支付的管理思路正在形成，国家正考虑将第三方支付的监管收纳到支付体系当中。这一阶段被定性为行业支付阶段。

发展的第四阶段为 2010 年至今，其代表性事件是 2015 年央行出台的管理办法及配套细则，第三方支付被纳入央行支付监管领域内。这一阶段被定性为规范与监管阶段。

◆ 经典案例 ◆

PayPal 成立于 1998 年，总部位于美国加利福尼亚圣荷西市，是世界上最大的基于互联网的第三方支付公司。1998 年 12 月，Peter Thiel、Max Levchin 和 Elon Musk 联合创立了 PayPal，1999 年 10 月网站开始正式运营。2011 年，PayPal 的用户数激增，突破了 100 万人。2002 年 7 月 8 日，PayPal 被著名的电子商务网站 eBay 以 15 亿美元价格收购，成为 eBay 的全资子公司。2015 年 4 月 10 日，PayPal 从 eBay 分拆。2015 年 7 月 11 日，PayPal 推出了面向中国用户的 PayPal(贝宝)，正式宣布进军中国市场。贝宝为了吸引中国用户打开中国市场，与许多国内企业进行合作，其中最引人注目的是贝宝与银联的合作。

目前，PayPal 业务已经扩展到全球 190 个国家和地区，服务覆盖 1.1 亿个活跃账户，接受 25 种货币进行支付，交易金额达到 1180 亿美元，占全球电子商务价值的 15%，其中 25%是跨境交易。

3．第三方支付的原理及流程

在第三方支付产生以前，支付清算体系是客户与商业银行建立联系、商业银行与中央银行建立联系，中央银行是所有商业银行支付清算的对手方，能够通过轧差进行清算。在这种支付清算模式下，由于客户不能与中央银行直接建立联系，而必须分别与每一家商业银行建立联系，支付清算的效率较低。

第三方支付诞生以后，客户与第三方支付公司建立联系，第三方支付公司代替客户与商业银行建立联系。这时，第三方支付公司成为客户与商业银行支付清算的对手方，第三方支付公司通过在不同银行开立的中间账户对大量交易资金实现轧差，少量的跨行支付则通过中央银行的支付清算系统来完成。第三方支付通过采用二次结算的方式，实现了大量小额交易在第三方支付公司的轧差后清算，在一定程度上承担了类似中央银行的支付清算功能，同时还能起到信用担保的作用。

在移动支付产生以前，客户与第三方支付公司建立连接主要通过计算机终端实现，移动支付诞生以后，客户与第三方支付公司的联系逐渐向手机移动端转移。传统支付模式和第三方支付模式的对比如图 3-5 所示。

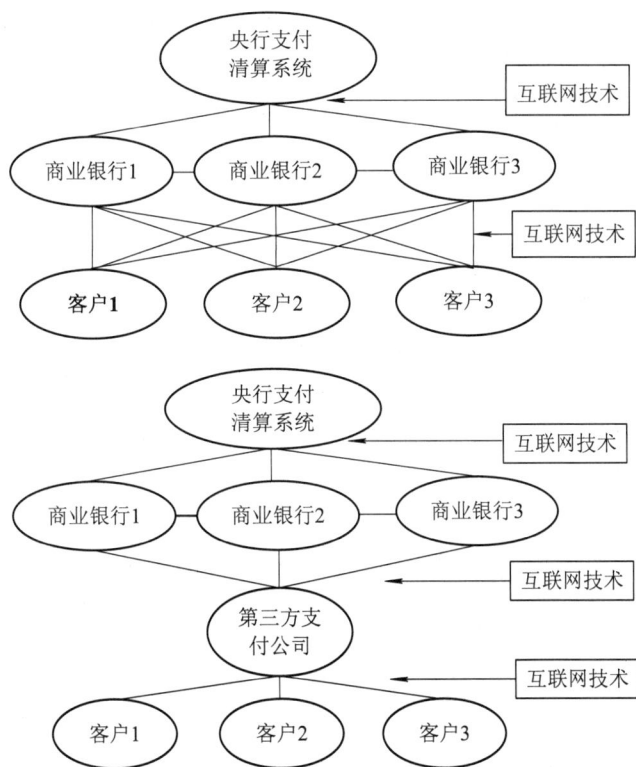

图 3-5　传统支付模式和第三方支付模式结构对比图

在第三方支付的过程中，用户的资金通常先划到第三方支付在各个银行开设的收款账户，然后由第三方平台和商户进行结算。最后由第三方与银行进行二次清算结算。

假设第三方支付平台在银行 A 和银行 B 均开设中间账户，并且存入一定的结算备付金。当商户向商家付款时，平台通知 A 行将用户账户上的相应的货款扣除并在平台的中间账户上增加相同的金额；然后通知 B 行将平台中间账户扣除相同金额并在商家账户上增加相同金额。这样，平台通过与付款方和收款方的两次结算实现了一笔跨行支付。要顺利完成支付，第三方支付平台要在各家参与银行都开设中间账户，并且存入备付金。

现在以银行卡支付为例进行详细说明，具体支付操作流程如图 3-6 所示。

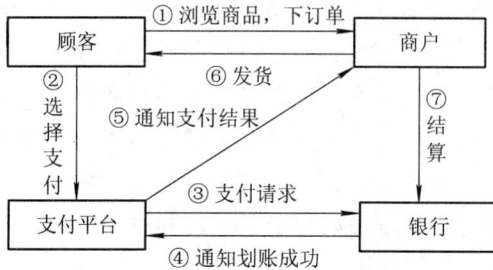

图 3-6　第三方支付流程

下面对每一步骤进行说明：

① 网上消费者浏览商户检索网页并选择相应商品，下单交易。

② 在随后弹出的支付页面上，网上消费者选择具体的某一个第三方支付平台连接到其安全支付服务器上，在页面上选择合适的支付方式，点击进入银行支付页面进行支付。

③ 第三方支付平台将网上消费者的支付消息，按照各银行支付网关技术要求递交给银行。

④ 由相关银行(银联)检查网上消费者的支付能力，实行冻结、扣账或者划账，并将结果信息回传给第三方支付平台和网上消费者。

⑤ 第三方支付平台将支付结果通知商户。

⑥ 接到支付结果通知后，商户向网上消费者发货或者提供服务。

⑦ 各个银行通过第三方支付平台与商户实施清算。

支付和账户紧密相连，与金融相关的账户可分为以下几类：一是个人在传统金融机构的账户，这类账户目前在支付中仍处于主导地位；二是在第三方支付、金融服务公司的账户，如支付宝账户；三是各种社交网络平台账户，可以使用虚拟货币购买各种虚拟商品，如 QQ 账户等。

第二类和第三类通常称为虚拟账户，所谓虚拟账户通常是指在第三方支付平台系统中所设立的账户。网络支付平台为交易双方开立账户，同时与商业银行建立支付网关，第三方支付平台通过自己的后台系统处理网上支付，并且与银行进行最终的资金处理。

由以上分析可知，第三方支付的参与主体主要有消费者、金融机构、第三方支付机构。

1) 消费者

第三方支付的消费者包括用户和商户。用户是指为满足生产、生活消费需要而购买和使用商品或服务的个人客户群体和企业客户群体，是支付工具的被动接受者和使用者，只能选择所选商户提供的支付方式。商户是指为用户提供生产、生活、销售所需的商品或服务的经营主体。

2) 金融机构

金融机构指以银行为主体、其他非银行金融机构为补充的金融服务体。在网络支付领域，银行具有无法替代的优势，第三方支付机构目前还离不开银行，必须以银行为基础，而银行与第三方支付机构合作也能提升用户使用网上银行的频率。

3) 第三方支付机构

第三方支付机构与银行合作，以银行的支付结算功能为基础，向政府、企业和个人提供个性化的清算和增值服务。第三方支付机构的存在，将为用户、商户及金融机构的联系起到不可替代的作用。

4．第三方支付牌照

第三方支付牌照指支付业务许可证。2010 年中国人民银行颁布《非金融机构支付管理办法》，明确了通过申请核发支付牌照的方式，把第三方支付企业正式纳入国家的监管体系下。2011 年 9 月开始，非金融机构如果没有取得第三方支付牌照，被禁止继续从事支付业务。第三方支付机构获得中国人民银行颁布的支付牌照后，可从事网络支付、预付卡发行与受理以及银行卡收单等相关业务。

第三方支付牌照发放情况如下：

(1) 2011 年 5 月 18 日，中国人民银行正式发放首批第三方支付牌照，支付宝、银联商务、财付通、卡拉卡、易宝、钱袋、快钱、盛付通、快付通等共计 27 家企业获得支付牌照。

(2) 2011 年 8 月 29 日，中国人民银行正式发放第二批第三方支付牌照，共计 13 家企业获得支付牌照，其中 7 家为预付卡企业(预付卡发行与受理)，6 家为支付企业(互联网支付及移动支付)。

(3) 2011 年 12 月 22 日，中国人民银行正式发放第三批第三方支付牌照，包括中国电信、中国移动和中国联通在内共计 61 家企业获得支付牌照。中国电信和中国联通的支付牌照业务类型主要有移动电话支付、固定电话支付、银行卡收单，中国移动的支付牌照业务类型主要为移动电话支付、银行卡收单。

(4) 2012 年 6 月至 7 月，中国人民银行正式发放第四批第三方支付牌照，此次获批的企业多为区域性、行业性的第三方支付企业，数量高达 96 家。值得注意的是，数字电视支付首获支付牌照，银视通信息科技有限公司是第一家做电视支付的企业。

(5) 2013 年 1 月 6 日，中国人民银行正式发放第五批第三方支付牌照，共计 26 家企业获得支付牌照。其中，有 20 家企业的业务类型主要为预付卡发行与受理。该批获牌企业的业务覆盖范围以所在区域为主。

(6) 2013 年 7 月 12 日，中国人民银行正式发放第六批第三方支付牌照，共计 27 家企业获得支付牌照。两家纯外资的支付企业——上海索迪斯万通服务有限公司和艾登瑞德(中国)有限公司——首批获得支付业务许可，且均从事预付卡业务。

(7) 2014 年 7 月，中国人民银行正式发放第七批第三方支付牌照，此次获批企业共计 19 家：广东 8 家，北京 3 家，山东 3 家，重庆、湖北、广西、陕西、新疆各 1 家。此次中国人民银行发放了 3 张省级预付卡牌照，还为帮帮宝、商物通、武汉合众易宝、北海石基等 4 家公司发放了全国性预付卡发行和受理牌照。此外，拉卡拉、平安付等多家公司也在原有牌照基础上获得了全国性预付卡发行与受理业务的资质。

(8) 2015 年 3 月 26 日，中国人民银行正式发放第八批第三方支付牌照，仅广东广物电子商务公司一家获得牌照，其主营业务为预付卡发行和受理。

中国人民银行于 2011 年至 2015 年共发放了八批第三方支付牌照，共计 270 张。2015 年 8 月 24 日，中国人民银行注销浙江易士企业管理服务有限公司(简称易士公司)的支付业务许可证，系 270 张第三方支付牌照中被注销的第一张。其原因是，易士公司通过直接挪用、向客户赊销预付卡、虚构后台交易等方式，大量违规挪用客户备付金，造成资金链断裂，预付卡无法使用，持卡人权益严重受损。

3.2.2　第三方支付模式分析

前面讲过，第三方支付平台运用先进的信息技术，分别与银行和用户对接，将原来复杂的资金转移过程简单化、安全化，提高了企业的资金使用效率。如今，第三方支付已不仅仅局限于最初的互联网支付，而是成为线上、线下全面覆盖、应用场景更为丰富的综合性支付工具。

目前市场上的第三方支付公司根据运营模式可以分为两大类：一类是以快钱为典型代表的独立第三方支付模式；另一类是以支付宝、财付通为首的依托于自有 B2C、C2C 电子商务网站，提供担保功能的第三方支付模式。此外，从第三方支付的功能特点来看，第三方支付又可以分为账户支付模式和网关支付模式。下面对这些不同模式进行进一步深入分析。

1．从运营模式分类

1) 独立第三方支付模式

独立第三方支付模式是指第三方支付平台完全独立于电子商务网站，不提供担保功能，仅仅为用户提供支付服务和支付系统解决方案。此类平台前端连接着各种支付方法供网上商户和消费者选择，同时，平台后端连着众多银行，平台负责与各银行之间的账务清算。独立的第三方支付平台实质上充当了支付网关的角色，但不同于早期的纯网关型公司，它们开设了类似于支付宝的虚拟账户，从而可以收集其所服务的商家的信息，用来作为为客户提供支付结算功能之外的增值服务的依据。

独立第三方支付平台主要面向 B2B、B2C 市场，为有结算需求的商户和政企单位提供支付解决方案。它们的直接客户是企业，通过企业间接吸引消费者。独立第三方支付平台的服务与依托电商网站的支付宝相比更为灵活，能够积极地响应不同企业、不同行业的个性化要求，面向客户推出个性化的定制支付方案，从而方便行业上下游的资金周转，也使其客户的消费者能够便捷付款。独立第三方支付平台的线上业务规模远比不上支付宝和财付通，但其线下业务规模不容小觑。独立第三方支付平台的收益来自和银行的手续费分成和为客户提供定制产品的收入。

2) 有交易平台担保的支付模式

有交易平台担保的支付模式是指第三方支付平台捆绑着大型电子商务网站，并同各大银行建立合作关系，凭借其公司的实力和信誉充当交易双方的支付和信用中介，在商家与客户间搭建安全、便捷、低成本的资金划拨通道。

在此类支付模式中，买方在电商网站选购商品后，使用第三方支付平台提供的账户进行货款支付，此时货款暂由平台托管并由平台通知卖家货款达到、进行发货；待买方检验物品进行确认后，通知平台付款给卖家，此时第三方支付平台将款项转至卖方账户。这种模式的实质是第三方支付平台作为买卖双方的信用中介，在买家收到商品前，代替买卖双方暂时保管货款，以防止欺诈和拒付行为出现。

2．从功能特点分类

1) 账户支付模式

账户支付是指用户在支付平台用 E-mail 或手机号开设虚拟账户，用户可以对虚拟账户进行充值和提现，并用虚拟账户中的资金进行支付。它按照是否具有担保功能分为不具有担保的直付支付模式(账户支付模式)和间付支付模式(具有担保的账户支付模式)。

(1) 直付支付模式。

直付支付模式的支付流程与传统转账、汇款流程类似，只是屏蔽了银行账户，交易双方用虚拟账户资金进行支付。这种模式的典型应用有易宝支付、快钱支付等，具体支付流程如图 3-7 所示。

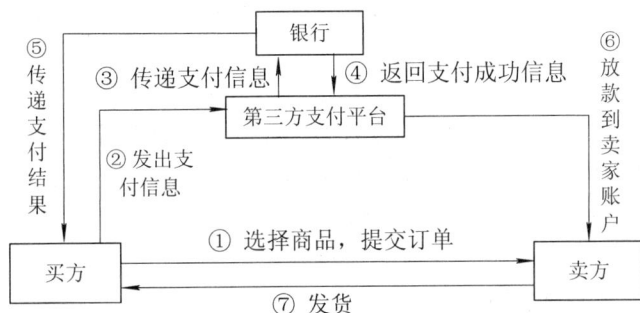

图 3-7　直付支付模式流程图

直付支付模式的资金流向如图 3-8 所示。

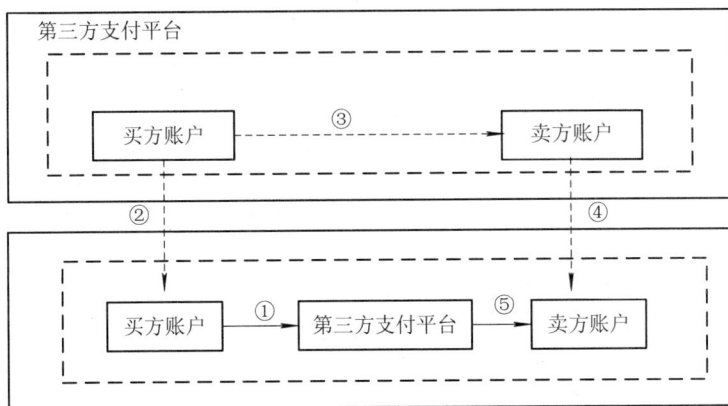

图 3-8　直付支付模式资金流向图

对图 3-8 中的各步骤说明如下：

① 买方向支付平台账户充值时实体资金流向——此时实体资金是从买方银行账户转移到第三方支付平台用户清算银行账户。

② 买方向支付平台账户充值时平台虚拟资金流向——买方充值成功后，第三方支付

67

平台增加买方虚拟账户资金。

③ 进行交易时买方向卖方支付货款资金流向——在买方向卖方支付货款时，实体资金不会发生变化，只是平台虚拟资金发生转移，平台减少买方虚拟账户资金，增加卖方虚拟账户资金。

④ 卖方取现时平台虚拟资金流向——卖方取现成功后，第三方支付平台减少卖方虚拟账户资金。

⑤ 卖方取现时实体资金流向——卖方发出取现指令时，实体资金从第三方支付平台用户清算银行账户转移到卖方银行账户。

◆ 经典案例 ◆

易宝支付(YeePay)是中国领先的独立第三方支付平台，2003 年 8 月由北京通融通信息技术有限公司创建。易宝支付自运营以来，一直致力于为广大商家和消费者提供"安全、简单、快乐"的专业电子支付解决方案和服务。2011 年 5 月，易宝支付获得了中国人民银行颁发的首批支付牌照。易宝支付签约的大中型商家超过 30 万家，其中包括百度、搜狐、易趣、九城、盛大、完美时空、迅雷、国航、南方航空、海南航空、深圳航空、四川航空、中国航信、中国联通、中国电信等知名企业，年交易额超过 1000 亿元。

易宝支付具有三大特点：易扩展、易保障、易接入。由于用户的重要数据只存储在用户开户银行的后台系统中，任何第三方无法窃取，因此为用户提供了充分保障。易宝支付为用户提供各种增值服务、互动营销推广以及丰富多彩的线下活动，有利于拓展商务合作关系，发展商业合作伙伴，能达到多赢的目的。

易宝支付的交易流程如图 3-9 所示。

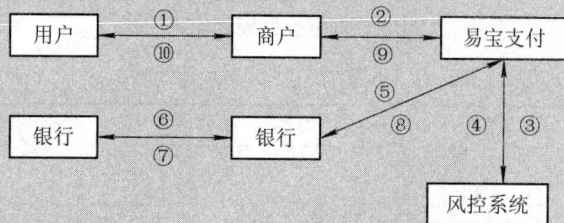

图 3-9　易宝支付交易流程图

具体步骤说明如下：

① 持卡人在商户网站下单。

② 商户网站向易宝支付平台发送支付请求。

③ 风控系统检测交易信息。

④ 反馈风控检测结果。

⑤ 向收单行发送支付请求。

⑥ 收单行向发卡行发送扣款请求。

⑦ 发卡行通知收单行扣款成功。

⑧ 收单行通知易宝支付扣款成功。

⑨ 易宝支付通知商户支付成功。

⑩ 商户提供产品或服务。

(2) 间付支付模式。

间付支付模式是指电子商务平台独立或者合作开发，同各大银行建立合作关系，凭借其实力和信誉承担买卖双方的中间担保来开展第三方支付业务，其特点是利用自身的电子商务平台和中介担保支付平台吸引商家开展经营业务。该模式的典型应用有支付宝账户模式。

间付支付模式的支付流程如图 3-10 所示。

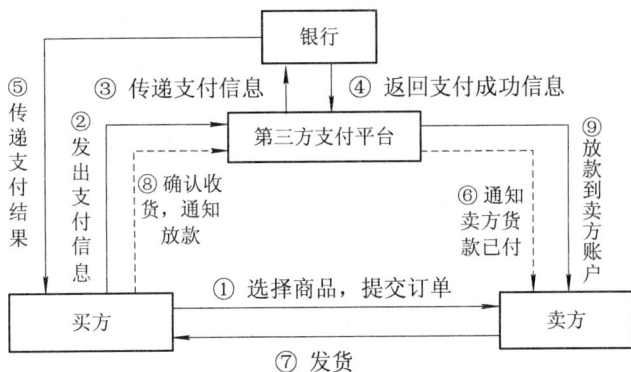

图 3-10　间付支付模式流程图

间付支付模式的资金流向如图 3-11 所示。

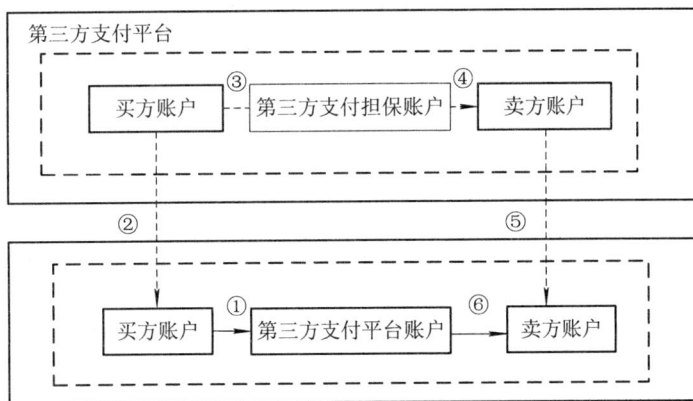

图 3-11　间付支付模式资金流向图

对图 3-11 中的各步骤说明如下：

① 买方向支付平台账户充值时实体资金流向——此时实体资金从买方银行账户转移到第三方支付平台用户清算银行账户。

② 买方向支付平台账户充值时平台虚拟资金流向——买方充值成功后，第三方支付平台增加买方虚拟账户资金。

③ 进行交易时买方向卖方支付货款资金流向——在买方向卖方支付货款时，实体资金不发生变化，而是支付平台虚拟资金发生转移，平台减少买方虚拟账户资金，增加第三方支付平台担保账户虚拟账户资金。

④ 当买方收到货物，通知第三方支付平台放款时，实体资金不会发生变化，只是虚拟资金从第三方支付担保账户转移至卖方虚拟账户。

⑤ 卖方取现时平台虚拟资金流向——卖方取现成功后，第三方支付平台减少卖方虚

拟账户资金。

⑥ 卖方取现时实体资金流向——卖方发出取现指令时，实体资金从第三方支付平台用户清算银行账户转移到卖方银行账户。

◆ 经典案例 ◆

支付宝(中国)网络技术有限公司是国内领先的第三方支付平台，致力于提供"简单、安全、快速"的支付解决方案。支付宝公司从 2004 年建立开始，始终以"信任"作为产品和服务的核心。旗下有"支付宝"与"支付宝钱包"两个独立品牌。自 2014 年第二季度开始成为当前全球最大的移动支付公司。支付宝的支付流程图如图 3-12 所示。

图 3-12 支付宝交易流程图

现对支付宝支付流程中的各步骤说明如下：

① 卖方在网上选中所需商品后与卖方取得联系并达成成交协议。

② 买方把货款汇到支付宝账户上。

③ 作为中介，支付宝立刻通知卖方钱已收到可以发货。

④ 买方收到商品并确认后，支付宝把货款汇到卖方账户上，整个交易就完成了。

这整个过程支付宝作为代收、代付的中介，其主要作用是维护网络交易的安全性。

2) 网关支付模式

网关支付模式是指完全独立于电子商务网站，由第三方投资机构为网上签约商户提供围绕订单和支付等多种增值服务的共享平台。这类平台仅仅提供支付产品和支付系统解决方案，平台前端提供各种支付方法供网上商户和消费者进行选择，平台后端连接众多银行，由平台负责与银行之间的账户清算，同时面向商户提供订单管理及账户查询功能。这种模式以首信易支付、百付通为典型代表。

网关支付模式的流程图如图 3-13 所示。

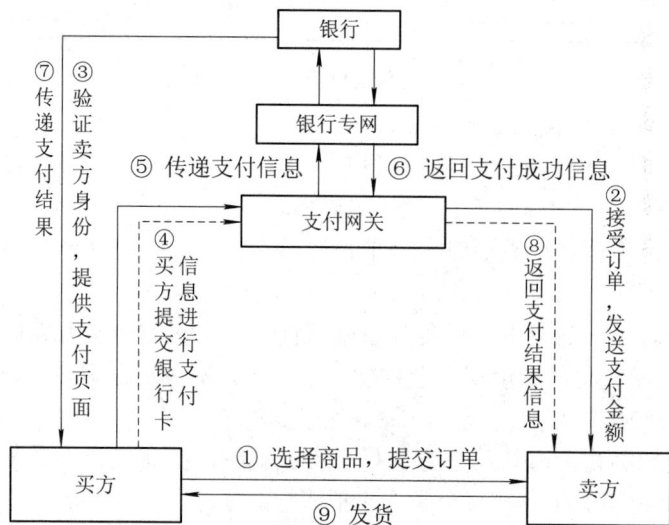

图 3-13 网关支付模式支付流程图

网关支付模式的资金流向如图 3-14 所示。

图 3-14　网关支付模式资金流向图

◆ 经典案例 ◆

首信易支付自 1999 年 3 月开始运行，是中国首家提供跨银行、跨地域多种银行卡在线交易的网上支付服务平台，现支持全国范围内 23 家银行及全球范围内 4 种国际信用卡在线支付，拥有由上千家大中型企事业单位、政府机关、社会团体组成的庞大客户群。其业务领域涉及图书音像、鲜花礼品、门户搜索、教育考试等。

首信易支付凭借其独具特色的二次结算模式，作为支付过程中的中立第三方，保留了商户和消费者所有的有效交易信息，最大限度地避免了拒付和欺诈行为的发生。

目前，首信易支付已逐步渗透至政府服务、社区管理、教育考试等公共事务领域，是少数持续盈利的第三方支付平台之一。

首信易支付的网上交易流程如图 3-15 所示。

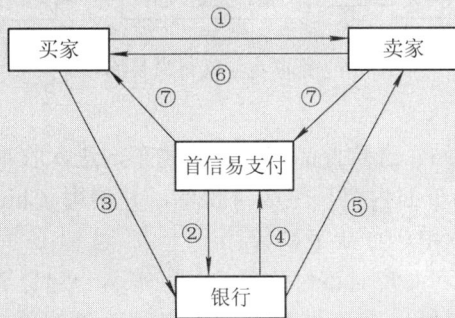

图 3-15　首信易支付交易流程图

具体步骤说明如下：

① 网上消费者(买家)浏览检索商户网页，在商户网站下订单。

② 网上消费者选择支付方式——首信易支付，直接链接到首信易支付的安全支付服务器上，在支付页面上选择适合自己的支付方式，点击后进入银行(银联)支付页面进行支付操作。

③ 首信易支付将网上消费者的支付信息，按照各银行(银联)支付网关的技术要求，传递到各相关银行(银联)。

④ 由相关银行(银联)检查网上消费者的支付能力，实行冻结、扣账或划账，并将结果信息传至首信易支付和网上消费者本身。

⑤ 首信易支付将支付结果通知卖家(商户)。

⑥ 支付成功，商户向网上消费者发货或提供服务，并通知商城。

⑦ 各个银行(银联)通过首信易支付向不同的交易成功的商户实施清算。

3. 特殊的第三方支付——银联电子支付

银联电子支付是中国银联旗下的上海银联电子支付服务有限公司提供的第三方支付平台。作为非金融机构的第三方支付平台，它依托于中国银联，在中国人民银行及中国银联的业务指导和政策支持下迅速发展，因此可以说它是特殊的第三方支付平台。

银联电子支付拥有面向全国的统一支付平台，主要从事以互联网等新兴渠道为基础的网上支付、企业 B2B 账户支付、电话支付、网上跨行转账、网上基金交易、企业公对私资金代付、自主终端支付等银行卡网上支付及增值服务。银联电子支付可一次性连接多家商业银行和金融机构，支持境内主要商业银行发行的各类银行卡，可以实现跨银行、跨地区的实时支付。通过多元化的支付服务体系，中国银联为广大持卡人和各类商户提供安全、快捷的银行卡支付及资金结算服务。

银联电子支付的支付流程如图 3-16 所示。

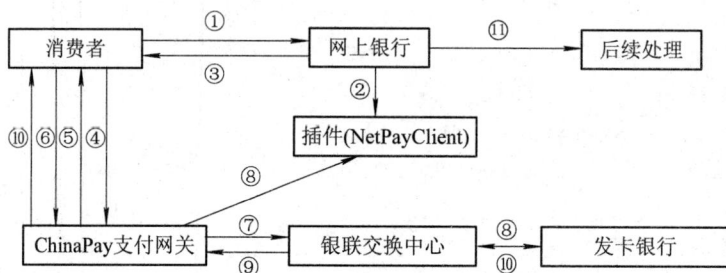

图 3-16　银联电子支付交易流程图

具体步骤说明如下：

① 消费者浏览商户网站，选购商品，放入购物车，进入收银台。

② 网上商户根据购物车的内容，生成付款单，并调用 ChinaPay(银联电子支付)支付网关商户端接口插件对付款单进行数字签名。

③ 网上商户将付款单和商户对该付款单的数字签名一起交消费者确认。

④ 一旦消费者确认支付，则该付款单和商户对该付款单的数字签名将自动转发至 ChinaPay 支付网关。

⑤ ChinaPay 支付网关验证该付款单的商户身份及数据一致性，生成支付页面显示给消费者，同时在消费者浏览器的浏览页面与支付网站之间建立 SSL 连接。

⑥ 消费者填写银行卡卡号、密码以及有效期(信用卡)，通过支付页面将支付消息加密后提交银联网络中心。

⑦ 支付网关验证交易数据后，按照银行卡交换中心的要求组装消费交易，并通过硬件加密机加密后提交银联交换中心。

⑧ 银联交换中心根据支付银行卡信息将交易请求路由发送到消费者发卡银行，银行系统进行交易处理后将交易结果返回银联交换中心。

⑨ 银联交换中心将支付结果回传到 ChinaPay 支付网关。

⑩ ChinaPay 支付网关验证交易应答并进行数字签名后，发送给商户，同时向消费者显示支付结果。

⑪ 网上商户接受交易应答报文，并根据交易状态码进行后续处理。

4. 三类支付平台和支付模式比较分析

三个典型支付平台的对比分析如表 3-3 所示。

表 3-3　支付平台对比分析

支付工具	优　势	劣　势
易宝支付	1. 独立的第三方支付提供商，与商家不会发生冲突； 2. 具有多元化的支付方式，如互联网支付、移动支付、银行卡支付等； 3. 提供量身定制的行业解决方案； 4. 首倡绿色支付理念，低成本、高效、快捷、安全	1. 在单个领域缺乏用户优势； 2. 知名度不高
支付宝	1. 贷款托管； 2. 具有良好的信用度和网站品牌支撑； 3. 全额先前赔偿损失； 4. 在线支付手续费全免； 5. 先付款后发货，安全高效	1. 流程有漏洞，会出现欺诈行为； 2. 偏向卖家，发生纠纷时听卖家解释
首易信	1. 提供统一接口和自动对账功能； 2. 可查看实时订单明细，结算账款； 3. 业务广，支持多种支付手段； 4. 接入简单，适用范围广	1. 先付款后交货； 2. 信用度低； 3. 营销欠佳，知名度低

三类常见支付模式的对比分析表如表 3-4 所示。

表 3-4　支付模式对比分析

账户类型	特　点	优　势	劣　势
账户支付	1. 通过与绑定的虚拟账号进行交易； 2. 交易资金是银行卡中的电子货币形式(以法定货币为基础)	1. 第三方支付平台保障了交易中资金的安全性； 2. 支付成本较低，方便省时； 3. 支付担保业务可以在很大程度上保障付款人的利益	1.消费者账户中的"电子货币"是虚拟的，无法得到保障； 2. 若第三方支付平台的信用度及保密手段存在问题则会给付款人带来极大的风险； 3. 大量资金寄存在虚拟账户平台上，存在资金寄存风险
网关支付	1. 没有账户属性，仅为银行和商户提供服务业； 2. 扮演"通道"角色，不涉及银行的支付与结算； 3. 独立的支付网关，验证交易双方身份信息	1. 各方职责分明，各司其职； 2. 交易双方的身份验证大大提高了其真实性； 3. 数据的加密/解密技术大大提高了交易信息的真实性、安全性、可靠性	1. 第三方支付机构没有完善的信用评价体系，抵御信用风险能力较弱； 2. 交易流程复杂，支付时间较长； 3. 增值服务开发空间小
银联电子支付	1. 非金融机构的第三方支付平台，有中国人民银行的业务指导和政策支持； 2. 整合各方资源，优势互补	1. 多元化的支付服务体系； 2. 提供安全有效的网络连接、多种支付操作平台和支付工具； 3. 个性化订单、自动分账系统，用户体验度增加	1. 交易集中时对系统安全稳定性要求更高； 2. 交易集中时引起网络拥挤和堵塞，可能造成订单的重复支付

由此可见，三类支付模式各有其优劣势。在实际生活中，网络用户会根据自身支付需求及对资金安全等的考虑，选择不同的支付模式，从而带动不同支付模式共同发展进步，同时也对支付模式的创新提出了新的要求。

3.2.3 第三方支付风险分析

目前第三方支付市场存在的主要风险类型包括：宏观环境风险和金融风险。宏观经济风险是指一国或者一个地区在一定时期内的整体经济状况所面临的风险。而金融风险包括市场风险、信用风险、操作风险和其他风险。本节主要详细介绍第三方支付面临的金融风险。

1. 市场风险

市场风险是指由于市场价格水平波动引起的风险。目前，第三方支付的市场风险主要包括：银行拒绝合作的风险、客户流失风险、潜在进入者风险、行业内现有企业的竞争风险及流动性风险。

1) 银行拒绝合作的风险

第三方支付连接平台与各大银行，为客户提供方便、快捷、低成本的支付平台和工具。在第三方支付的发展过程中，银行的支持与合作起着至关重要的作用。如果银行不合作，拒绝提供网络接口等一系列配套措施，则第三方支付产业将遭受致命的打击。

2) 客户流失风险

第三方支付的客户就是第三方支付平台的用户。第三方支付企业为了扩大市场份额，经历了价格竞争，甚至实行免费策略。目前，第三方支付企业和客户的议价能力是有限的，客户的忠诚度不高，随时面临客户资源流失的风险。

3) 潜在进入者风险

目前，银行和部分有实力的电商企业已在开发自己的支付平台。由于银行和电商企业的声誉和知名度通常比第三方支付平台高，因此将给第三方支付市场带来激烈的竞争。第三方支付企业必须以自身的创新和体系的不断完善来应对这些进入者带来的威胁。

2010 年年底，新一代银行支付结算系统(即超级网银系统)在中国人民银行牵头下正式启动。该系统具有第三方支付类似服务，可以为企业和个人提供 24 小时实时资金转汇款业务、扣除业务和账户查询等业务。

4) 行业内现有企业的竞争风险

第三方支付行业现有服务商超过 400 家，且出现严重同质化现象，同质化的产品和服务导致第三方支付行业"价格战"不断。激烈的竞争给第三方支付企业带来很大的危机，在挤压有限盈利空间的同时引发了恶性竞争，对客户服务质量造成了一定的影响。

5) 流动性风险

第三方支付的流动性风险是指负债递减或资产递增时第三方支付机构因无法获得融资而导致资金损失或面临公司破产风险。

具体而言，第三方支付的流动性风险主要分为以下三个方面：

(1) 沉淀资金风险。

第三方支付的网上支付模型将产生沉淀资金风险。在对会计监管模式的支付方式中，第三方支付机构通过暂时保管交易资金起到约束和监督作用。根据目前的规定，这部分交易资金可以在第三方支付机构停留 3～7 天。随着客户数量的增加，这部分资金和临时存储在第三方支付平台客户端的资金构成一大笔资金沉淀。

一方面，出于对利益的要求，部分第三方支付机构可能将这部分资金用于风险投资。然而，一旦这部分资金因各种原因不能及时偿还将给第三方支付带来巨大的流动性风险。另一方面，巨额沉淀资金存放在第三方支付平台会产生一笔可观的利息。以支付宝为例，每月在支付宝账户至少有几百亿的流动资金，这部分资金每月会产生金额高达约几十亿的银行存款利息。这部分利益的分配在很大程度上会导致支付风险和道德风险。

(2) 虚拟货币发行的风险。

一些第三方支付机构发行虚拟货币，如腾讯的 Q 币等。这些虚拟货币可以用来购买网上商品，继而由第三方支付平台和其他渠道进行虚拟货币与实体货币之间的双向兑换，已经具备实体货币的职能。然而，当第三方支付机构用发行虚拟货币的资金来投资有风险的项目，且无法迅速变现的时候，将会遭受流动性风险。

(3) 盈利能力不足的风险。

目前第三方支付行业竞争较激烈，巨大的压力挤压了利润空间，导致第三方支付机构的盈利能力和资金周转能力不强，这也构成了第三方支付的流动性风险。

2．信用风险

信用风险通常被称为违约风险，是指因交易对手不愿或不能履行合同而造成的风险。第三方支付机构起到了信用中介的作用，虽然在一定程度上填补了信贷市场的制度缺陷，但同时也增加了信用风险。第三方支付的信用风险又可分为第三方支付机构本身的信用风险和交易对手风险两种。

1) 第三方支付机构本身的信用风险

从前面对沉淀资金风险的描述可知，目前第三方支付平台会形成数额巨大的沉淀资金。若在交易过程中，第三方支付机构由于擅自将这部分资金用于风险投资而无法履行约定，将会引发第三方支付机构本身的信用风险。

2) 交易对手风险

第三方支付的交易对手风险主要是指由于线上支付过程中买卖双方、第三方支付机构及银行各方之间没有完成义务而导致的风险。买方没有履行义务会增加第三方支付机构的运营和征信成本；卖方没有履行义务会导致买方资金、时间成本的损失，也会增加第三方支付机构的运营成本和征信成本，使得机构本身的信用度受损；银行违约会给第三方支付带来流动性风险。

3．操作风险

操作风险是指由于不完善或失效的内部流程、人力和系统以及外部事件所引发的风险。这里所指的第三方支付操作风险主要是指由于第三方支付机构内部流程不完善、系统失灵、人为错误、操作人员操作不规范、违规、控制失效等给第三方支付机构带来损失的风险。

第三方支付的操作风险主要包括以下几种：

1) 洗钱风险

目前，客户的身份和交易背景是银行甄别判断客户资金交易是否正常的最基本依据。而对于第三方支付机构来说，任何人通过电子商务平台进行注册都可以成为其用户，并没有严格的审查。一些想要隐瞒自己真实身份的用户，可以租借甚至盗用他人身份信息进行注册，第三方支付机构无法核实注册用户的真实性。在没有有效的实名认证及明确的交易背景下，用户可以隐藏真实的资金转移状况。因为在这个过程中的支付和结算是通过第三方支付机构分别连接的两个交易过程，且这两个交易过程与银行系统不发生相互连接，所以银行没有办法掌握这两个交易之间的因果关系，从而为资金提供了非法转让的隐蔽通道。

2) 套现风险

2014 年 1 月，在全国范围内有近 600 笔超额套现交易发生，涉及十几个第三方支付企业，包括汇付天下和易票联支付等。出现这一现象一方面是由于第三方支付机构急于抓住商户，他们的销售人员对相关企业资质的认定缺乏充分识别，没有建立长期的跟踪和监管机制，个别第三方机构还出现了将低费率的 MCC(商户类别码)发售给高费率行业的客户使用，从而抢占市场的现象。另一方面是由于第三方支付机构在保障交易安全性之外无法保障交易的真实性，这给很多不法分子提供了套现的渠道——不法分子通过第三方支付平台在线上购买虚拟商品并选择自有信用卡进行支付，根据线上支付流程，第三方支付机构将货款划转至卖家银行储蓄账户，卖家再通过储蓄卡取现完成整个信用卡套现过程。

3) 技术风险

第三方支付的技术风险主要集中在网上交易，包括电子信息系统在在线交易过程中出现的技术故障，因故障阻碍正常支付业务高效、有序运作所带来的损失。具体而言，第三方支付的技术风险有硬件和软件两个方面，包括第三方支付平台、网上银行系统和商业业务处理系统的稳定性、安全性和可靠性。

4) 法律风险

目前，我国与第三方支付业务有关的法律主要有银行法、证券法、知识产权法、消费者权益保护法和隐私保护法，此外还涉及货币银行制度和财务制度披露等相关规定。针对以上各相关法律法规，第三方支付的法律风险主要体现在两个方面：企业性质不清晰和法律责任模糊。第三方支付机构提供的服务类似于一些商业银行，但这部分业务并没有像银行那样取得相应的资金。

另外，由于我国对第三方支付服务没有明确的法律法规，所以一旦发生相关纠纷，很难得到法律保护。虽然政府已经意识到第三方支付监管的重要性，但由于第三方支付还是一个新事物，相关法律法规还需要逐步制订和完善。

4. 其他风险

第三方支付的其他类型风险主要包括声誉风险和战略风险。

1) 声誉风险

第三方支付的声誉风险是指负面舆论导致第三方支付机构的资金或客户流失的风险。声誉风险会严重影响第三方支付机构客户关系的建立和客户服务能力，也有可能令其面临诉讼，遭受严重经济损失。

第三方支付业务的声誉风险主要有以下情形：一是当客户通过第三方支付机构购买网上商品时出现困难，而第三方支付平台无法及时解决相应问题；二是系统存在重大的安全漏洞，导致黑客或病毒入侵而无法进行控制，最终导致数据遭到破坏或客户信息泄露等。上述情况的发生会影响客户对第三方支付机构的信心，从而造成信誉风险，可能使大批客户逃离该第三方支付平台。

2) 战略风险

第三方支付的战略风险是指因战略决策或战略实施不当而给第三方支付机构收益或资本造成不确定性的风险。战略风险受诸多因素影响，如战略目标的一致性、战略目标的实施质量、实现战略目标所必须的有形资源和无形资源等。如果与互联网技术相关的产品、服务等未能得到第三方支付机构相关管理部门的有效管理，便会给第三方支付机构带来战略风险。另外，如果战略管理部门不能深刻地理解并利用好互联网技术，也会给第三方支付机构带来战略风险。

3.3　移动支付

移动支付在业务应用范围上和第三方支付相互交叉(如第三方移动支付，第三方是指除银行等金融机构外的第三方支付企业)，而近年来我国移动支付发展迅速，移动支付的形式更加多样化，出现了短信支付、NFC 近场支付、语音支付、二维码扫描支付、手机银行支付、刷脸支付等移动支付形式。虽然目前移动电话支付应用广泛，但移动支付并不等于移动电话支付，其内涵更为丰富。随着互联网技术的深入发展，移动支付因其方便快捷性正在成为未来重要的支付趋势。

3.3.1　移动支付概况

移动支付主要指通过移动通信设备、利用无线通信技术来转移货币价值以清偿债权债务关系。以中国人民银行对网络支付的业务定义为参照，移动支付包括了网络支付中"移动电话支付"和基于移动通信终端的"互联网支付"以及"近场支付"。根据支付渠道，移动支付可分为近场支付和远程支付，其中远程支付中的互联网支付部分可以认为是移动在线支付，即通过手机上互联网利用第三方支付平台或网上银行完成购物。移动支付的含义范围如图 3-17 所示。

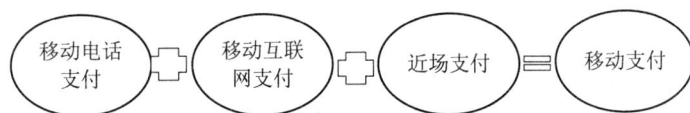

图 3-17　移动支付的含义

1. 移动支付的特点

移动支付的存在基础是移动终端(例如手机)的普及和移动互联网的发展，可移动性是其最大的特色。随着移动终端普及率的提高，在未来，移动支付完全可能替代现金和银行卡，在商品劳务和债权债务清偿中被人们普遍接受，成为电子货币形态的一种主要表现形式。

移动支付的特点主要有：第一，以手机这种移动通信设备为主要载体；第二，运用无线通信技术；第三，电子货币是移动支付存在的基础；第四，是货币形态的表现形式而非货币的本质改变；第五，移动支付的发展依赖于第三方支付。

2. 移动支付的趋势与规模

凭借手机，移动支付在线上线下都可以进行支付。终端一直是支付领域创新的永恒话题，谁拥有了终端谁就占领了发展的主动权。在未来，将出现"无终端不支付，强终端强支付"的格局。从长远来看，未来的支付终端体系将是以手机为主、电脑为辅的二元时代，电视、电话仅起到补充作用，ATM 和 POS 机等传统终端被边缘化，并逐步被淘汰。简言之，手机这种人们生活中最常用、最便利的个人移动终端将会改变整个终端体系的结构，成为未来最主要的支付工具。

移动支付近几年的发展趋势如图 3-18 所示。

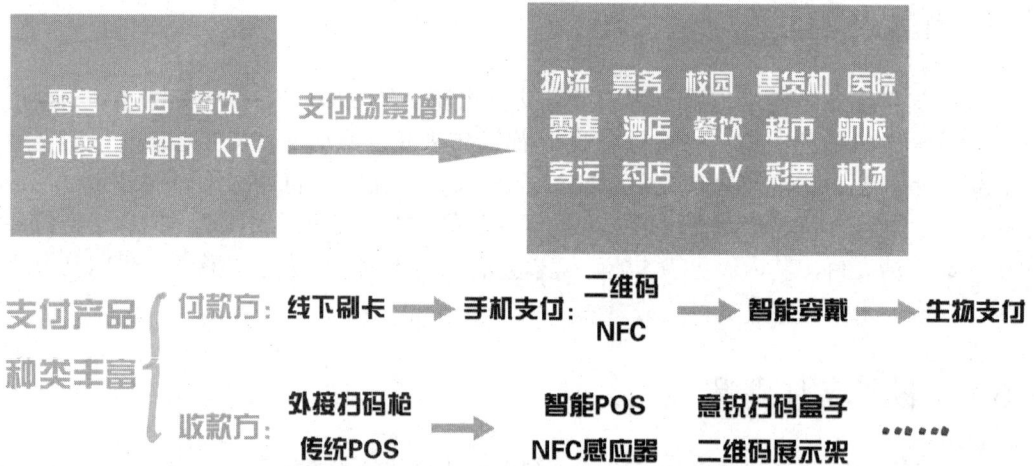

图 3-18　移动支付发展趋势

当然，由于涉及的产业链环节众多，如银行、支付企业、软件厂商、运营商等，移动支付还没有形成可持续的、各方共赢的行业发展格局，业务模式与定位尚不清晰，导致缺乏明确的权责分担机制，也使现有的业务拓展和竞争往往停留在较低水平阶段，这是目前移动支付发展中面临的核心挑战。

智研咨询发布的《2017—2023 年中国第三方支付市场深度评估及未来发展趋势报告》显示，截止到 2016 年 12 月，我国使用网上支付的用户规模达到 4.75 亿，较 2015 年 12 月增加了 5831 万人，年增长率为 14%。中国网民中使用网上支付的比例从 60.5%提升至 64.9%。其中，手机支付用户规模增长迅速，达到 4.69 亿，年增长率为 31.2%，网民中手机网上支付的使用比例由 57.7%提升至 67.5%。报告显示，2016 年我国第三方移动支付行业交易规模达 58.8 万亿元，移动支付正逐步成为网民购物的常态支付手段。2011 年—2016 年我国第三方移动支付行业交易规模如图 3-19 所示。

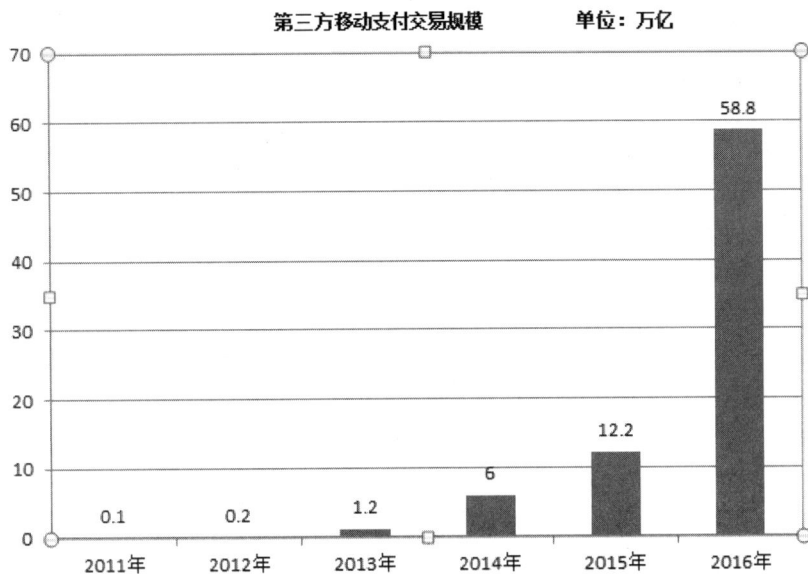

图 3-19　2011—2016 年我国第三方移动支付交易规模

随着终端电子产品的持续普及，预计未来几年，我国移动支付行业仍处于快速发展期。移动支付用户不断增长，行业规模将呈现稳步增长态势。预计到 2023 年，中国第三方移动支付行业交易规模将达约 206 万亿元。2017—2023 年中国第三方移动支付行业交易规模预测如图 3-20 所示。

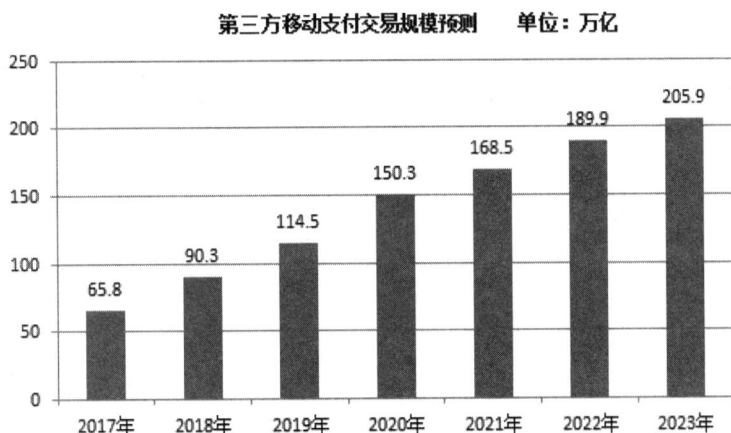

图 3-20　2011—2023 年我国第三方移动支付交易规模预测

3.3.2　移动支付模式分析

金融机构、移动运营商和第三方支付平台是移动支付产业的三大关键实体。三者在争夺移动支付过程中相互角力，形成了四种主要的商业模式，即金融机构为主导的商业模式、移动运营商为主导的商业模式、第三方支付服务提供商为主导的商业模式及金融机构和运营商合作模式。由于移动支付业务涉及的利益相关者较多，三大关键实体的任何一方独立进行移动支付操作都比较困难，因而形成的商业模式主要由一方或几方主导。

下面将对四种主要商业模式——进行介绍。

1. 金融机构为主导的商业模式

金融机构为主导的商业模式指的是金融机构与移动运营商之间进行系统接入，用户可以直接通过银行卡账户支付款项，也可以将银行账号与手机账号绑定在一起进行支付。在这种商业模式中，移动运营商基本不参与，仅仅是为用户和金融机构提供通信通道，金融机构在其中起主要作用，需要为用户提供付款途径和相应的平台。例如，中国银联推出的银联手机支付就是以手机中的金融智能卡为支付账户载体，以手机为支付信息处理终端的创新支付方式，它不仅将手机与银行卡合为一体，还把银行柜台"装进"持卡人口袋，让用户可以随时随地登录中国银联手机支付客户端。目前银联手机支付可以实现缴纳水、电、气费和话费充值，电影票的购买及机票预订等在内的多项移动支付业务。

在这种模式下，金融机构的主要收入来源是从商家获得的每笔交易服务佣金；移动运营收入来自消费者的通信费和金融机构支付的专网使用或租借费。该商业模式的缺陷是：资源浪费严重，每一个银行均需要购买设备并开放支付系统，成本比较高；银行间互联、互通较差、不利于该支付形式的长远发展。

2. 移动运营商为主导的商业模式

移动运营商为主体的商业模式由移动运营商在手机账户中设置专门的账户作为移动支付账户，直接从用户的话费中扣除移动支付所需的交易费用。这种商业模式的特点是运营商直接与用户和商家建立连接，无须银行等金融机构的参与，技术成本低。比如，用户下载手机铃声、游戏、小说等服务时，通过 SMS 或者 WAP 计费，将费用从用户的手机话费中直接扣除。这也是移动互联网行业中各公司(如新浪网和搜狐网等)进行业务收费时主要采取的模式。

在这种商业模式下，收入主要来源于从商家获得的服务佣金和从消费者处获得的通信费，如果涉及金融机构的话，还需与金融机构按一定比例分成。该商业模式的优点是技术实现方便、操作简单。主要缺陷是不适用于对较大金额进行支付。

3. 第三方支付服务提供商为主导的商业模式

第三方支付服务提供商为主导的商业模式是指独立于银行和移动运营商的第三方运营商利用移动运营商的通信网络资源和金融组织的各种支付卡，与银行或移动运营商开展合作，利用手机客户端软件来实现无线支付，从而提供综合性结算服务。

第三方支付服务提供商是独立于移动运营商和金融机构之外的经济实体，有着独立的经营权。它一方面起着桥梁的作用，负责连接移动运营商、金融机构和用户；另一方面负责划分和结算用户银行账户和服务提供商账户。例如，目前国内最大的第三方支付平台支付宝推出手机客户端，将手机和银行卡与其绑定，便可享受该平台提供的多种支付模式。目前，在中国以支付宝、财付通为主的第三方支付平台正在依靠庞大的用户群不断发展成为控制终端消费人群的支付工具。在这种商业模式下，第三方支付服务上的收益来源主要是用户的业务使用费和银行、移动运营商和商户的设备与技术使用许可费，其中收取的用户业务使用费还需与银行及移动运营商进行分成。相较于前两种商业模式，第三方支付服务提供商为主导的商业模式最大的优点是能利用其支付平台，将移动运营商、服务提供商、金融机构和平台运营商进行明确分工，优化参与者之间错综复杂的关系从而提高整体运作效率；与各金融机构和运营商开展合作，能为消费者提供跨银行和运营商的移动支付服务。缺点是需要协调各方资源和利益关系，无形中增加了自身的运营成本和工作量，且在市场、资金、技术和能力等方面均对第三方有较高的要求。

4．金融机构与运营商合作模式

金融机构与运营商合作模式是指运营商借助自身拥有的用户优势保障通信技术的安全，银行则负责提供安全的移动支付和信用管理。这种模式下的一般流程是：用户先将自己的手机号和银行卡等用户支付账号进行绑定，然后在交易过程中通过 WAP、语音、短信等多种方式，利用银行卡等账户进行支付。典型案例是由中国移动和银联联合推出的"手机钱包"业务，它将客户的手机号码与拥有银联标志的借记卡进行绑定，通过手机短信等操作方式便可以随时随地为拥有银联标志的借记卡的中国移动手机用户提供个性化金融服务和快捷的支付渠道。同时，它也具备手机支付账户的基础功能，即利用绑定的银行卡可以为手机支付账户充值以实现移动支付。

该商业模式下的收益来源与移动运营商为主导的商业模式下的收入来源相似，均是从商家获得的服务佣金和从消费者处获得的通信费，两者按一定比例分成。该模式的优势是合作双方均有核心产品，两者建立战略合作关系能增强对移动支付产业链的控制力度，有利于移动支付业务的长远发展。

移动支付在国内发展迅猛，仅支付工具就发展出了数十种，其主流的移动支付主要有微信支付、支付宝、银联"闪付卡"、各种手机钱包等。

下面以微信支付为例进行阐述。

3.3.3　移动支付典型产品分析——以微信支付为例

微信支付是由腾讯公司与腾讯旗下第三方支付平台财付通(Tenpay)联合推出的互联网创新支付产品，是集成在微信客户端的支付功能，用户通过手机可完成快速的支付流程。微信支付以绑定银行卡的快捷支付为基础，向用户提供安全、快捷、高效的支付服务。从本质上来讲，微信是个前端渠道，后端业务走的是财付通。换言之，微信端完成的是业务场景，支付转移系统等后台处理则为财付通。

下面从工作原理、支付方式、风险管理、微信红包等方面对微信支付进行分析。

1．工作原理

实际上微信支付有两层含义：一是通过第三方支付平台财付通来完成的快捷支付，本质上是一种移动创新产品；二是通过微信公众号引导完成支付。

微信支付不仅整合了网络平台与第三方支付公司，同时也整合了银行，能够最大限度地满足客户的支付需求。

微信支付的运作流程如下：微信用户首先要在个人资料里添加银行卡，完成与银行卡的绑定。绑定银行卡时需要填写银行卡卡号、身份证号、姓名、手机号，并通过手机号验证身份，如果以上信息准确无误，即可完成绑定。一般情况下，用户需要设定一个微信支付密码，并且这个密码必须与银行支付密码不同。完成银行卡的绑定之后就可以进行支付了。

微信支付融合了社交网络平台、第三方支付和银行，充分利用了社交网络平台的客户优势、第三方支付的开放性及银行功能的多样性。

2. 支付方式

微信支付自推出之后主要有公众账号支付、扫二维码支付、APP 支付、刷卡支付、微信买单等多种方式。

1) 公众账号支付

用户在微信中关注商家的公众账号，从中选择自己喜爱的商品，提交订单，在商家的公众账号内完成支付。该方式适用于在公众号、朋友圈、聊天窗口等微信内完成支付。比如在当当网微信公众号上选购书籍，然后用微信支付，公众号页面及微信支付页面如图 3-21 所示。

图 3-21　当当网微信公众号及支付页面

以"微信公众号+微信支付"为基础，帮助传统行业将原有商业模式移植到微信平台，为传统行业提供闭环式移动互联网商业解决方案——"微信智慧生活"，以移动电商为入口，通过用户识别、数据分析、支付结算、客户关系维护、售后服务和维权、社交推广等形成一个完备的标准解决方案，具体形式已经渗透到打车、购物、医疗、酒店、零售等数十个行业。部分应用场景如表 3-5 所示。

通过这一模式，腾讯利用移动平台和移动支付实现了线上到线下的优势聚集：

第一，人口引流优势：人群覆盖广，月活跃账户数达到 4.38 亿人，朋友圈分享实现二次引流。

第二，公众号构建 CRM 系统：推送信息与服务，信息下发能力强，商家与消费者双向消息沟通体验好，一对一服务构建 CRM 系统。

第三，微信支付已经实现便捷支付功能，完成初步普及，打造交易闭环。

第四，卡包功能提高优惠管理和使用便捷度，引流并提高用户黏度。微信 6.0 推出卡包功能，可帮助用户将优惠券、会员卡、机票、电影票放到微信卡包里，并能相互分享和收送卡等优惠信息。

表 3-5 "微信公众号+微信支付"场景实例

行业分类	应用场景
智慧酒店	公众号订房、自助选房、微信开门、微信电子房卡、微信客服、微信酒店房间体验式购物和微信汇付全自助流程
智慧餐厅	自助点餐、微信呼叫服务员、自助结账
智慧百货	随时随地专柜收银、虚拟货架+虚拟会员卡,24 小时服务,微信客服、微信互动营销、微信会员智能化管理
智慧医院	微信挂号取号、全程支付免排队;查询排队序号,到号微信提醒;药单、检查单电子化,随时查看
智慧快递	公众号预约下单上门取件,线下微信快捷支付,微信实时查询物流动态
智慧票务	微信订票、微信选座、微信支付购票、微信下发电子票、微信电子票扫一扫入场、微信演出互动,通过聚橙网、艾迪网购买演出门票
智慧校园	以校园为切入点,通过公众平台实现学籍管理、生活消费、身份认证、生活消费、网上缴费
智慧景点	随时随地微信订票、微信 Wi-fi 覆盖、景区信息实时发布、定制客服

2) 扫二维码支付

扫二维码支付分为线上扫码支付和线下扫码支付两种。线上扫码支付是指用户在线上选中某种商品后,会生成一个支付的二维码,用户只需要扫描这个二维码,即可在手机终端确认支付,从而完成整个支付过程。线下扫码支付是指接入微信支付的商家在支付时会在终端生成一个二维码,用户只需要扫描或识别二维码,就回跳转到微信支付页面,完成交易流程。该种方式适用于 PC 网站支付、实体店单品等场景。

3) APP 支付

APP 支付即第三方应用商城的支付。第三方应用商城平台只需要接入微信支付,用户便可在其平台进行网络交易时通过调用微信支付功能来完成交易。其整个流程是:用户在第三方应用商城平台选择商品和服务,通过选用微信支付完成支付。该支付方式适用于在移动端 APP 中集成微信支付功能的场景。比如在滴滴打车客户端选择微信支付,如图 3-22 所示。

图 3-22 滴滴打车应用软件中的微信支付

4) 刷卡支付

刷卡支付是微信 5.4 版本后又推出的一项新的支付功能。用户在支持刷卡的商家购物时，商家只需使用带有扫码功能的 POS 机扫描微信用户的(刷卡页面)二维码/条形码，便可以完成支付的功能。为了资金安全，微信刷卡条形码页面会每分钟自行变换一次，这大大提高了安全支付的保障。微信刷卡可自行选择使用"微信零钱包或银行卡"支付。此支付方式适用于线下面对面收银的场景，如超市、便利店等，如图 3-23 所示。

图 3-23　刷卡支付及微信二维码支付选择

5) 微信买单

微信买单是一款商户可自主开通、无需开发的微信支付收款产品，支持顾客使用信用卡支付，其具有如下特点：商户可自助开通，无需开发；分钟上线微信支付；顾客扫"收款码"付钱，支持信用卡；店员扫"收款码"可查询收款信息；店员可查看收款通知。该支付方式适用于无开发能力的商户，商户后台如图 3-24 所示。

图 3-24　微信买单商户后台

3．风险管理

微信支付面临的主要风险是信息技术风险，是指运用微信支付时，由于硬件瘫痪、软件故障、网络病毒、人员操作失误、数据传输和处理偏差以及网络欺诈带来的风险，主要表现为客户账号和资金风险。

对此，不能仅仅用单一的技术手段来管理，而是需要建立一套风险监控策略(技术与非技术手段并用)。可用的技术手段有单独设立微信支付密码，与短信以及语音认证相结合，运用大数据分析来验证身份等。此外，当信息技术风险发生时，可及时报警并对可疑行为作出合理处理，为用户账户提供实时保护。非技术手段有保险公司承保及对用户风险教育等，目前微信支付已经由中国人保财险全额承保。

4．微信红包

微信红包是微信于 2014 年 1 月 27 日推出的一款应用，是传统红包、移动通信、社交网络与支付相结合的产物，是互联网金融在社交中的创新。

微信红包分为拼手气群发红包和普通红包两种，基本操作流程如下：填写红包信息(金额、祝福语)——微信支付——发送好友(群)，群红包基本步骤如图 3-25 所示。收发红包的背后是财付通充值功能、银行卡的取现功能和银行的支付结算功能的整合。来自腾讯方面的数据显示：2014 年除夕，微信红包收发总量为 0.16 亿个，2015 年除夕突破 10 亿个，2016 年除夕为 80.8 亿个，2017 年除夕，微信红包收发数量更是达到 142 亿个。

图 3-25　微信群红包基本流程图

微信红包之所以受到用户的追捧，主要原因如下：

(1) 微信红包具有社交网络属性，贴近真实世界的人际关系，这是微信红包走红的主要原因。

(2) 拼手气群发红包的实质是抢红包，"抢"字意味着竞争，竞争机制的引入增加了人气，同时也增加了"年味"。

(3) 微信发红包符合中国传统的发红包习俗，而讨红包则不符合中国人爱面子的心理，这也是支付宝的"新年讨喜"不及微信红包受欢迎的原因之一。

(4) 微信红包摆脱了物理位置的限制，虽然相隔千里，也能感受到"天涯若比邻"的欢乐。

(5) 微信红包体现了互联网精神，即共享、平等、普惠、民主等，这里没有高低贵贱之分，也不是名利场，有的只是亲情和友谊。各行各业的精英、企业家们，在抢红包的过程中也表现出孩子气的一面。

通过微信红包，腾讯公司的潜在收益如下：

(1) 微信红包使微信支付功能得到了大范围的推广，大部分参与"抢红包"的用户都将微信与银行卡进行了绑定。

(2) 部分用户领到微信红包后不提现，使其成为腾讯的沉淀资金，腾讯可以通过运作沉淀资金来获益。

(3) 这些不提现资金使得微信支付账户变成了一个类似"支付宝余额"的账户，倒逼腾讯植入更多的增值服务，如话费充值、销售金融产品等。

本 章 小 结

通过本章的学习，读者应当了解：

(1) 互联网支付是指用户通过桌面电脑、移动终端等设备，依托互联网发起支付指令，实现货币资金转移的行为。它主要包括电子银行支付、第三方支付及移动支付等形式。

(2) 第三方支付狭义上是指具备一定实力和信誉保障的非银行机构，借助通信、计算机和信息安全技术，采用与各大银行签约的方式，在用户与银行支付结算系统间建立连接的电子支付模式。从广义上讲第三方支付是指非金融机构作为收/付款人的支付中介所提供的网络支付、预付卡收单以及中国人民银行确定的其他支付服务。

(3) 移动支付是允许用户使用移动终端对消费者的商品或服务进行账务支付的一种服务方式，主要分为近场支付和远程支付两种。

(4) 第三方支付从运营模式可以归为两大类：一类是以快线为典型代表的独立第三方支付模式；另一类就是以支付宝、财付通为首的依托于自有 B2C、C2C 电子商务网站提供担保功能的第三方支付模式。此外，从第三方支付的功能特点来看，第三方支付可以分为网关支付模式和账户支付模式。

(5) 账户支付模式是指用户在支付平台用 E-mail 或手机号开设虚拟账户，用户可以对虚拟账户进行充值和提现，并用虚拟账户中的资金进行支付。它按照是否具有担保功能分为间接支付模式(具有担保的账户支付模式)和直接支付模式(不具有担保的账户支付模式)。

(6) 网关支付模式是指完全独立于电子商务网站，由第三方投资机构为网上签约商户提供围绕订单和支付等多种增值服务的共享平台。

（7）第三方支付市场存在的主要风险类型包括：金融风险和宏观环境风险。其中，金融风险包括市场风险、信用风险、操作风险和其他风险。

（8）移动支付包括了网络支付中"移动电话支付"和基于移动通信终端的"互联网支付"以及"近场支付"。移动支付根据支付渠道可分为近场支付和远程支付，其中远程支付中的互联网支付部分可以认为是移动在线支付，即通过手机登录互联网利用第三方支付平台或网上银行完成购物。

本 章 练 习

1. 简答题

（1）第三方支付主要有哪些模式？

（2）简述第三方支付三类支付模式的优缺点。

（3）简述第三方支付的信用风险。

2. 案例分析

张小明的妈妈生病了，张小明因为期末考试暂时不能回家，只能通过手机和家人联系。一次通话时因为手机没电导致通话中断，再次开机拨打却被告知已欠费，无法对外呼叫。张小明很着急，他想继续和妈妈通电话，可是此时学校里的手机缴费点早已下班。那么该怎么为手机充值呢？在室友的提醒下，张小明用宿舍内的计算机上网注册了一个财付通账号，并利用财付通顺利为手机缴费充值。张小明发现，除了手机缴费外，这个第三方支付平台还有信用卡还款、水电煤气缴费、游戏充值、网购支付等多种功能。

问题：

（1）第三方支付平台是如何让张小明足不出户就完成手机缴费的？

（2）你是否有过使用第三方平台进行支付的经历？都用过哪些平台？

（3）第三方平台在提供快捷、方便的服务的同时，如何防范和控制支付风险？

本章能力拓展

阿里巴巴近年来在互联网金融领域动作频繁，主要表现为以下五大布局：

第一，推出余额宝。2013 年 6 月 13 日，阿里巴巴集团旗下支付宝推出全新的互联网理财产品"余额宝"。用户将银行账号与支付宝绑定，并将银行活期存款转移到余额宝中。通过余额宝，用户能够得到高于银行活期存款的收益，同时能随时消费支付和转出。余额宝实质上是货币基金，是马云"搅局金融"的一个有效武器。其推出不久，阿里巴巴趁热打铁，将其在移动端上线，用来绑定用户的消费和理财行为。

第二，与民生银行展开深度合作。2013 年 9 月 16 日，阿里巴巴与民生银行合作，携手打造全新的金融开放平台，为小微利企业和草根消费者提供融资服务。这也是阿里未来大零售战略布局的关键一环。民生银行与阿里巴巴达成了以直销银行业务、理财业务、资金清算与结算、信用卡业务、信用凭证业务、信用支付业务、互联网终端金融、IT 科技为内容的八项合作协议。随着合作的深入，针对阿里巴巴的客户以及淘宝用户的消费特点而设计的专属的理财等金融产品也在民生银行的计划之中。此外，民生银行所推出的直销银行业务主要依托淘宝平台，银行电子账户系统与支付账户互联互通。

第三，联合发起成立众安保险。2013年11月6日，由马云、马化腾、马明哲发起的中国首家互联网保险公司——众安保险正式挂牌。众安保险以"服务互联网"为宗旨，力图为广大互联网经济参与者提供保障和服务。众安保险首批保险产品"众乐宝——保证金计划"于2013年11月25日上线，开启国内首款网络保证金保险先河，为淘宝上加入消保协议的卖家提供新保障，是全球首款运用互联网数据作为精算依据的保险产品。

第四，发起设立浙江网商银行。2014年9月29日，阿里巴巴与上海复星工业技术发展有限公司、万向三农集团有限公司、宁波市金润资产经营有限公司共同发起设立浙江网商银行正式获批，采用网络经营模式。网商银行采取"小存小贷"的业务模式，客户群体为电商上的小微利企业和个人消费者，用互联网的技术、理念，尤其是互联网的信用，去提供适合小微企业和草根消费者的金融服务。

第五，成立蚂蚁金融服务集团。2014年10月16日，阿里巴巴旗下蚂蚁金融服务集团正式宣告成立。作为互联网金融巨头阿里巴巴旗下的金融服务集团，蚂蚁金服自然将阿里巴巴旗下的支付宝、支付宝钱包、余额宝、招财宝、蚂蚁小贷以及浙江网商银行等品牌和业务收入囊中。蚂蚁金服的业务体系主要有支付、理财、融资、保险四大板块，主要服务对象为小微利企业和个人消费者，将自身打造成互联网金融服务平台。蚂蚁金服集成了阿里巴巴在金融领域的强大影响力，普遍被视为金融行业的最大搅局者。而随着接入的机构、商户的增多，蚂蚁金服将为互联网金融的拓展带来巨大的推动力，被誉为目前互联网金融最大的平台之一。

我们将以上信息梳理一下，阿里巴巴金融布局如表3-6所示。

表3-6　阿里巴巴的互联网金融布局

阿里互联网金融产品与业务	特　　点
支付宝	主要提供支付及理财服务，包括网购担保交易、网络支付、转账、信用卡还款、手机充值、水电气缴费、个人理财等多个领域。在进入移动支付领域后，为零售百货、电影院线、连锁超市和出租车等多个行业提供服务
余额宝	年化收益率约4%～5%的余额增值服务是将货币基金通过互联网手段进行发售，属行业首创。截至2017年6月底，余额宝规模已达到了1.43万亿元，超过了招商银行2016年年底的个人活期和定期存款总额，并直追中国银行个人活期存款平均余额
基金业务	控股天弘基金。依靠余额宝，天弘基金一举成为国内最大的基金管理公司
担保业务	阿里巴巴、淘宝、浙江融信网络技术有限公司三方联合设立重庆商诚融资担保有限公司，为重庆中小企业贷款和融资提供担保

阿里互联网金融产品与业务	特 点
保险业务	众安在线财产保险公司是国内首家互联网保险公司。以"服务互联网"为宗旨，力图为所有互联网经济参与者提供保障服务
阿里小贷	浙江阿里小贷、重庆阿里小贷是阿里金融为阿里巴巴会员提供的一款纯信用贷款产品。债务人无须提供抵押品或第三方担保，仅凭自己的信誉就能取得贷款，并以借款人信用程度作为还款保证
淘宝理财	与保险公司、银行等合作的理财产品销售平台。众多保险公司和基金公司入驻淘宝理财频道，销售各种理财产品
民营银行	阿里巴巴旗下浙江蚂蚁小微金融服务集团与上海复星工业技术发展有限公司、万向三农集团有限公司、宁波市金润资产经营有限公司共同发起设立浙江网商银行。网商银行采取"小存小贷"的业务模式，客户群体为电商上的小微企业和个人消费者

曾号称"银行不改变，我们改变银行"的马云，通过广泛而深入的布局，提出了"金融、平台和数据"的战略构想。目前阿里巴巴的互联网金融版图如图 3-26 所示。

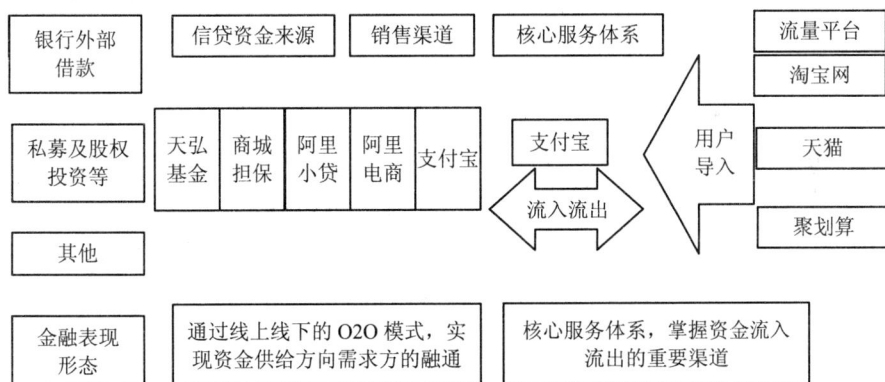

图 3-26 阿里巴巴的互联网金融版图

阿里巴巴依托淘宝、天猫等电商，所积累的数据是其核心资产，具有其他电商无法比拟的优势，具体如下：

第一，"电商+支付"寡头。用户流量、资金流、企业客户资源和渠道、金融领域积累、安全背书、品牌形象、临时中转资金，阿里全掌握。

第二，信用数据优势。根据企业的交易数据进行小微贷款业务的信用评估；对企业数据进行实时监控，随时处理，降低风险；运用个人用户信用记录开展信用支付。信用体系是阿里巴巴各项业务正常运行的基石，也自然延展到阿里金融。相对传统信用评估，网络信用评估高效且成本低。

第三，掌握消费数据。对用户个人消费数据和群体消费行为数据进行挖掘，可为余额宝资金调度提供参考。模仿腾讯推出了淘宝基金指数，将用户与理财产品精准对接。这一切还可以与其投资的新浪微博结合起来运作，例如，大 V 认证资料、微博资料、社会化推广、社会化数据挖掘等。

认真研读以上阿里巴巴的金融布局及优势，通过查询相关资料，整理分析百度或腾讯的金融布局及优势(选其中一家即可)，并和阿里巴巴的金融布局作比较，形成书面文档。

第4章 网络借贷

本章目标

- 了解 P2P 网络借贷发展概况
- 掌握 P2P 网络借贷的不同运营模式
- 掌握 P2P 网络借贷问题平台的违法行为与相关监管政策
- 掌握网络小额贷款主要业务与运营模式
- 了解网络小额贷款的发展趋势

重点难点

重点：

1. P2P 网络借贷运营模式

2. P2P 网络借贷平台违法行为

3. 网络小额贷款业务及运营模式

难点：

1. P2P 网络借贷模式

2. P2P 网络借贷平台的法律法规

3. 网络小额贷款供应链金融模式

案例导入

2015 年 6 月 30 日，拍拍贷在成立 8 周年之际，正式发布了《2007—2014 年中国 P2P 个人无抵押小额信贷市场发展报告》。报告显示，2011 年至 2014 年"互联网+"金融高速发展的 4 年间，P2P 个人无抵押小额信贷市场借款需求出现了近 20 倍的增长，投资需求累计增长超过 15 倍。

该报告还显示，拍拍贷拥有超过 600 万的用户群体，华东、华南等沿海经济发达区域需求量占比较高，但西部、东北等经济欠发达地区的借贷、投资需求上升速度较经济发达区域更快，这表明个人无抵押小额信贷业务正加速向西部、东北城市渗透。

报告同时指出，在互联网时代，90 后人群因超前消费意识及对新兴互联网金融的快速接纳，成为需求增速最快的群体。以 2014 年为例，90 后群体的借款需求出现同比 768%的高速增长，为中国 P2P 个人无抵押信贷业务发展提供了持续的发展动力。

前面说过，根据《关于促进互联网金融健康发展的指导意见》的定义，网络借贷包括个体网络借贷和网络小额贷款。个体网络借贷是指个体和个体之间通过互联网平台实现的直接借贷，即 P2P 网络借贷；网络小额贷款是指互联网企业通过其控制的小额贷款公司，利用互联网向客户提供的小额贷款。

这两种网络借贷形式中，P2P 网络借贷的发展时间较长，覆盖面较广，出现问题的平台较多，影响范围更大，发展也相对成熟。因此本章将重点介绍 P2P 网络借贷，网络小额贷款的内容仅进行简单的分析。

4.1 P2P 网络借贷

P2P 网络贷款即点对点信贷，指的是个体和个体之间通过网络实现的直接借贷。

由于具备网络优势，P2P 网贷交易快捷，主要面向借款额度低、大银行因成本问题不能惠及的小微人群。因为 P2P 网络借贷解决了小微用户融资难的问题，获得了广泛小微用户的支持。

4.1.1 P2P 网络借贷概况

P2P 网络借贷(简称 P2P 网贷)这一商业模式最早出现在英国。2005 年 3 月，世界上首家 P2P 网络借贷平台网站 Zopa 在伦敦正式上线运营。目前在美国市场上占据前两位的 P2P 网络借贷平台——Prosper 和 Lending Club——分别于 2006 和 2007 年上线。

P2P 网络借贷模式由于比银行贷款更加方便灵活，很快在全球范围内得到复制，比如德国的 Auxmoney、日本的 Aqush、韩国的 Popfunding、西班牙的 Comunitae、冰岛的 UP2Pspretta、巴西的 Fairplace 等。

P2P 网络借贷在国内外的发展时间对比如图 4-1 所示。

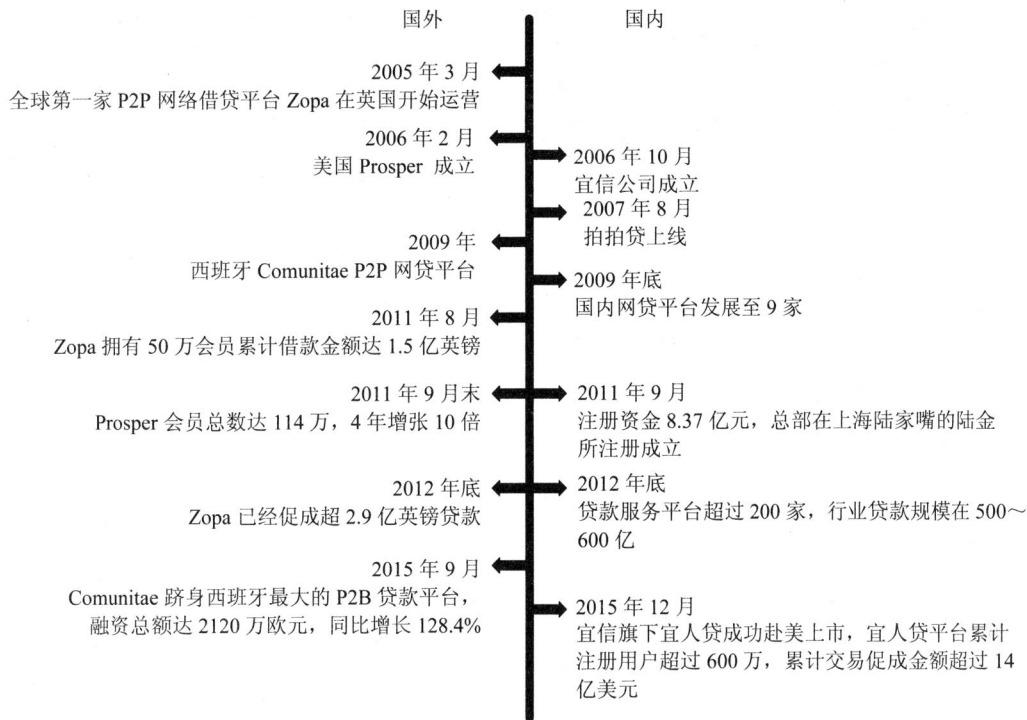

国外　　　　　　　　　　　国内

2005 年 3 月
全球第一家 P2P 网络借贷平台 Zopa 在英国开始运营

2006 年 2 月
美国 Prosper 成立

2006 年 10 月
宜信公司成立

2007 年 8 月
拍拍贷上线

2009 年
西班牙 Comunitae P2P 网贷平台

2009 年底
国内网贷平台发展至 9 家

2011 年 8 月
Zopa 拥有 50 万会员累计借款金额达 1.5 亿英镑

2011 年 9 月末
Prosper 会员总数达 114 万，4 年增张 10 倍

2011 年 9 月
注册资金 8.37 亿元，总部在上海陆家嘴的陆金所注册成立

2012 年底
Zopa 已经促成超 2.9 亿英镑贷款

2012 年底
贷款服务平台超过 200 家，行业贷款规模在 500～600 亿

2015 年 9 月
Comunitae 跻身西班牙最大的 P2B 贷款平台，融资总额达 2120 万欧元，同比增长 128.4%

2015 年 12 月
宜信旗下宜人贷成功赴美上市，宜人贷平台累计注册用户超过 600 万，累计交易促成金额超过 14 亿美元

图 4-1　P2P 网贷行业发展历程

1．P2P 网络借贷在我国的发展历程

经过十年的高速发展，我国 P2P 网络借贷行业取得了长足进步。

2006 年，P2P 网络借贷正式进入中国，开启它的本土化发展征程。

2013 年，互联网金融概念逐渐普及，形成了 P2P 网贷平台理财方式的大众化发展趋势。

2014 年，互联网金融快速发展，首次被写入政府工作报告。

2015 年 7 月，为进一步促进 P2P 网络借贷行业规范化发展，中国人民银行联合十部委出台了《关于促进互联网金融健康发展的指导意见》，将网络借贷划分为 P2P 网络借贷与网络小额贷款；同年 11 月，互联网金融首次被纳入国家五年规划纲要；同年 12 月，《网络借贷信息中介机构业务活动管理暂行办法(征求意见稿)》发布，标志着 2015 年成为互联网金融监管元年，P2P 网络借贷行业正式告别了"三无"状态，被纳入了国家经济新常态轨道。

2016 年，李克强总理在政府工作报告中提出规范发展互联网金融。互联网金融合规发展成为 2016 年工作重点，P2P 行业加强整顿。

2017 年 2 月，中国银监会下发了《网络借贷资金存管业务指引》，要求网络借贷企业的客户资金必须在银行进行存管，并限期整改。

2．我国的 P2P 网络借贷平台迅速发展的原因

我国比较著名的 P2P 网贷平台有：陆金所、宜人贷、开鑫贷、人人贷、有利网、红岭创投、团贷网等。据统计，截止至 2017 年 6 月底，我国 P2P 网贷行业累计平台数量达到

5909 家(含停业及问题平台)，正常运营平台数量达到 2114 家，P2P 网贷行业历史累计成交量达到了 48245.23 亿元。

我国的 P2P 网贷平台能够如此迅速地发展，主要原因如下：

(1) 在原有模式下，只有少部分国有企业和大型公司能通过银行贷款这种传统的融资方式获取资金，而对于大多数中小企业和个人来说，这种融资方式成本高、融资难，这为新型融资渠道提供了用户需求。

(2) 我国征信体系尚不健全，资本市场并不发达，小微企业融资难的问题一直存在，且地域发展不平衡。通过 P2P 网络借贷，来自富裕地区的资金向较为落后的地区流动，解决了部分小微企业营运资金的问题，增加了对落后地区的资金支持。另外，P2P 网贷利率的公开透明有力驱逐了民间高利贷行为。

(3) 我国资本市场资源配置效率低下，上市公司素质参差不齐、股市供求不协调、金融衍生品市场发展失衡等问题严重，P2P 作为新型的金融融资模式具有很强的竞争力。

3. P2P 网络借贷的特点

相对于传统的借贷，P2P 网络借贷有许多的特点，总结起来大致分为如下几点。

1) 融资成本低

P2P 网络借贷通过互联网搭建借贷平台，将有借款需求的借款人与有闲置资金的出借人聚集到一起，并网罗借款人的相关个人信息，减少了信息收集的成本。同时，P2P 网贷平台与工商税务、金融监管机构的各种信息交流都通过互联网完成，信息的传播便捷，大大降低了信息传递的成本。除此之外，P2P 网络借贷将间接融资转化为直接融资，省去了传统借贷中的中间步骤，提高了资金的利用效率，使交易成本大大减少。

2) 投资门槛低

P2P 网络借贷去中心化的交易结构突破了用户的数量限制，降低了融资门槛金额，大部分的网贷平台投资门槛低至 100 甚至几十元。相比信托和银行理财产品的高门槛，P2P 网贷投资是低门槛的大众理财方式，适合所有阶层的投资者。

3) 风险分散

P2P 网络借贷平台中的出借人(即投资人)可将资金分散给多个借款对象，且提供给借款人的是小额度的贷款，使风险得到了最大程度的分散。

4) 借贷流程直观透明

在 P2P 网络借贷模式中，出借人可以对借款人的资信进行评估和选择，信用级别高的借款人将得到优先满足，其得到的贷款利率也可能更优惠。例如，Lending Club 公司会利用 FICO 得分和其他相关特征确定最终信用等级，不同的信用级别对应不同的风险等级。信用等级越高，风险等级越低，对应的借款利率就越低。在借款流程中，出借人与借款人直接签署个人对个人的借贷合同，一对一地互相了解对方的身份信息与信用信息，借款、还款的过程更加直观、透明。

4.1.2 P2P 网络借贷运营模式分析

我国 P2P 网络借贷的一般交易流程如下：

(1) 借贷双方在 P2P 平台进行注册并建立账号。目前，我国约有 2000 家在正常运营的 P2P 网贷平台，可以通过搜索软件或到第三方门户获取平台信息。

(2) 借款人填写初审资料、提交借款申请并提供身份凭证，根据提示填写资金用途、借款金额、接受利息率幅度、还款方式和借款时间等信息。

(3) P2P 网贷平台的风控团队进行实地调查和复核，把控风险。

(4) 通过 P2P 平台工作人员审核后，借款人信息即可在平台上公布，投资者可以根据平台发布的借款人项目列表，自行选择借款人项目与出借金额，实现出借和借款。

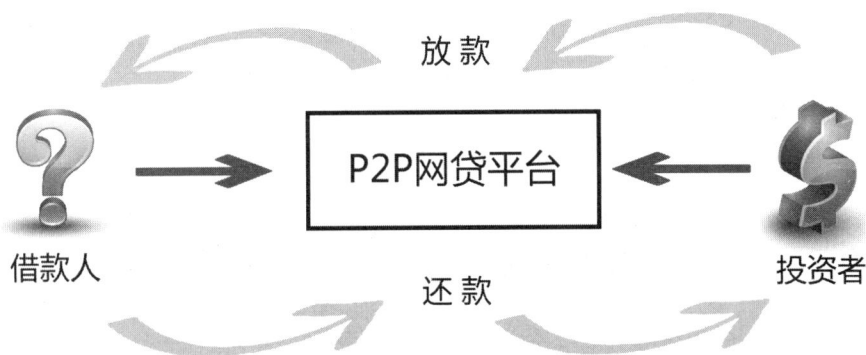

图 4-2　P2P 网贷流程示意图

P2P 网贷平台一般采用竞标的方式实现借款交易，即一个借款人所需的金额资金由多个出借人出资，待所借金额完全募集完成后，该项目会从平台上自动撤下，该过程大约需要 5 个工作日。若借款项目未能在规定期限内筹到所需资金，则该项目就会流标。国外知名的 P2P 网贷平台，如 Zopa、Lending Club、Prosper 等，这些 P2P 网贷平台仅仅起到信息撮合的作用，风险由投资者自己承担，平台通常不会提供本息担保。而在中国，因法律体系不健全、政策监管缺失，加之国人"重风险、轻收益"的主流理财理念，以及我国征信体系尚不完善等原因，形成了具有中国特色的 P2P 网贷运营模式。

下面介绍一下 P2P 网络借贷的几种典型运营模式。

1．纯线上+无担保模式

纯线上+无担保模式比较接近原生态的 P2P 网络借贷，也叫做纯线上模式，即平台本身不涉及具体的金融服务，只是为借贷双方提供一个信息交互的平台，这是金融脱媒的一种表现形式，其基本的法律关系是"民间借贷+中介"。此模式中，P2P 网贷平台不承诺保障借款的本金或利息，不提供资金垫付、担保、债权转让、风险准备金等服务，当违约发生时，平台承担的风险较小，投资人风险自负。这种模式的典型平台有拍拍贷和 Lending Club。

◆**经典案例**◆

拍拍贷成立于 2007 年 6 月，公司全称为"上海拍拍贷金融信息服务有限公司"，总部位于上海，是中国第一家纯信用无担保的网络信用借贷平台，同时也是第一家由工商局批准并获得"金融信息服务"资质的互联网金融平台。截至 2017 年第二季度，拍拍贷的成交量已达到 270.48 亿，比上年有较大增长。

拍拍贷作为纯中介平台，既不吸收存款，也不发放贷款，主要提供信息匹配、工具支持等服务，通过与第三方支付平台(如支付宝、财付通等)的合作，管理和处理所有与用户资金相关的操作。拍拍贷平台的运营模式如图 4-3 所示。

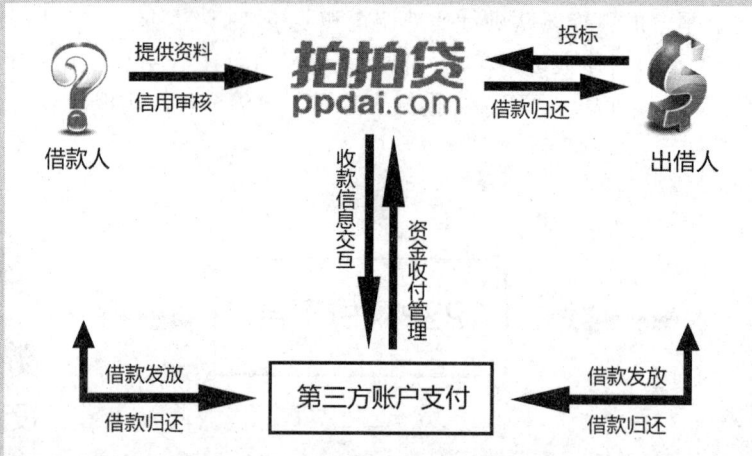

图 4-3 拍拍贷线上无担保运营模式图

在拍拍贷平台上，借款人发布借款信息，多个出借人根据借款人提供的各项认证资料和其信用状况决定是否借出，网站仅充当交易平台。

拍拍贷的平台收益主要以成交服务费为主，服务费为成交金额的 2%～4%，其他收益有充值手续费和提现手续费。

其审核方式基本以线上审核为主，对用户提交的书面资料扫描件或电子影像文件进行线上审查。对用户提交的书面资料的内容与其申报的信息的一致性进行审查。

对于不良贷款，根据逾期的天数，网站采取不同的措施。比如逾期 90 天后，拍拍贷会将用户的欠款信息曝光，以此使逾期的借款人产生信用污点。根据不同地区、不同用户的情况，出借人可以进行法律诉讼程序或者找催收公司进行催收。拍拍贷将给出借人提供法律咨询支持。

总体来看，拍拍贷模式是最直接的 P2P 模式，不参与借款交易，只提供网络交易平台。拍拍贷设定最高的法定借款利率，出借人可根据自己的风险承受能力选择合适的投资标的。拍拍贷的运营模式借鉴的是美国网络借贷平台的先锋——Lending Club。

━━━━━━━━━━━━ 经典案例 ━━━━━━━━━━━━

Lending Club 建立于 2006 年，是美国 P2P 网络借贷行业的先锋。Lending Club 为借款人提供网贷平台并让其获得贷款，投资者购买由贷款偿付支持的债券。Lending Club 在美国证监会注册登记，提供二级市场贷款交易。

作为借款者和投资者的中介，Lending Club 首先对借款人进行信用等级评定，再根据信用情况和借款期限确定贷款利率，最后将审核后的贷款需求投放到网站上供投资者浏览和选择，内容包括贷款总额、利率和客户评级。

投资者在网站注册后，根据自己的偏好选择投资对象，并自行决定分配给每个借款方的金额(每笔金额不低于 25 美元)。而投资者跟借款人之间没有直接的资金往来，而是购买平台发行的与借款者的贷款相对应的受益权凭证，因此，双方没有直接债权债务关系，相当于是一个信贷资产证券化的过程。

在投资者确定了投资目标之后，通过指定的银行(WebBank)对借款人发放贷款，银行马上将贷款以凭证形式销售给 P2P 平台，获得投资者为获得受益权凭证而支付给平台的资金。

还款时，借款人直接还给 Lending Club 平台，Lending Club 在扣除了管理费和其他费用之后支付给投资者。投资者的受益权凭证可以在一家投资经纪公司 Folio Investing 进行转让和交易，若转让成功，Folio Investing 向卖方收取面值的 1%作为手续费。

Lending Club 的信用评级从高到低分为 A 到 G，共 7 个等级，每个等级又从高到低细分为 1 到 5 个档次。这分两步得到：第一步，Lending Club 根据借款人的 FICO 信用评分以及其他信用特征，得到一个模型次序，每个模型次序均对应着一个基准信用评级；第二步，根据贷款金额和期限，对基准信用评级进行调整，得到最终的信用评级。表 4-1 展示的是 Lending Club 基准信用评级与模型次序的关系。

表 4-1　Lending Club 基准信用评级与模型次序的关系

模型次序		档次				
		1	2	3	4	5
信用评级	A	1	2	3	4	5
	B	6	7	8	9	10
	C	11	12	13	14	15
	D	16	17	18	19	20
	E	21	22	23	24	25
	F	26	27	28	29	30
	G	31	32	30	34	35

资料来源：Lending Club 官方网站

虽然纯线上的模式具有规范透明、交易成本低等优势，但是这种模式也有很多不足：由于借款无抵押、无担保，出借人面临着较大的信用风险，一旦出现逾期或者不良贷款，只有依靠自身追款或承担损失；且线上资质审核的可信度易受到质疑，因为纯线上模式只是根据借款人提供的各项信息进行线上审查，存在较大风险。由于真实数据获取困难、不提供资金担保等原因，所以此种模式极易出现逾期、提款困难的问题，因此，目前国内这种模式的平台越来越少。

2. 线下+债权转让模式

线下+债权转让模式即借款人和投资人之间存在一个专业的放款人(担保公司、资产管理公司或者其他第三方企业)，专业放款人先以自有资金放贷，再把获得的债权进行拆分组合，打包成类固定收益的产品，通过销售渠道将其销售给投资理财的客户的一种模式。

债权转让模式的运营模式如图 4-4 所示，此模式通常在线下进行，但也有小部分放款人通过网络寻找投资人。典型的债权转让模式在国内有宜信的宜人贷，国外的平台有 Prosper。

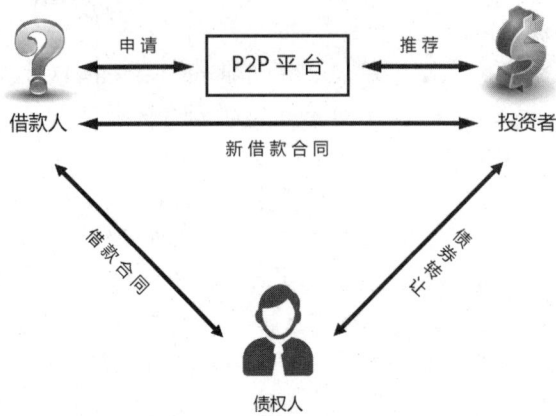

图 4-4　债权转让运营模式图

经典案例

　　宜信公司(www.creditease.cn)2006 年成立于北京，注册资本 500 万，在上海、广州、深圳等全国 30 多个城市建立了全国性的服务网络。

　　宜信在创立之初就走上了 P2P 平台中国化的道路，将 P2P 贷款业务从线上发展到线下，独创了"线下+债权转让"模式。这种模式简单来说就是创始人唐宁或其他宜信高管提前放款给需要借款的用户，唐宁再把获得的债权进行拆分组合，打包成类似固定收益的产品，然后通过销售队伍将其销售给投资理财客户(如图 4-5 所示)。

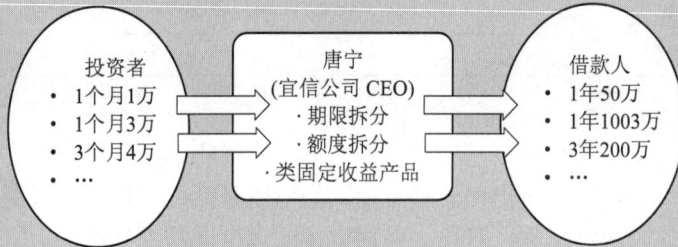

图 4-5　宜信模式图解

　　在宜信模式中，网贷平台只提供交易信息，具体的交易手续、交易程序都由平台信贷机构和客户面对面完成。宜信在全国 30 个地区有办事处，在收到贷款申请材料后，宜信会采取实地调查审核(面审)。而在传统的线上模式中，是线上审核，借款人和出借人直接签订合同。

　　宜信网贷平台的主要收益来源是服务费，其中包括债权转让费(1%～2%)、风险金(2%)以及借款人的借款利率和出借人收益率差额。

　　对于不良贷款，宜信提供了两种解决方案供出借人选择：一是与宜信共同追讨，出借人享有追讨回的本息和所有的罚息及滞纳金；二是通过还款风险金代偿部分本金及利息。

　　总体来说，宜信模式属于债权转让模式，借款人和出借人并没有直接的信息交流，属于完全隔离的两方。宜信模式的优点有：① 采用的是线下模式，实地调查和审查借款人，对借款人提供的材料进行面对面评估，使得现场风控措施得以落实，提高了安全性；② 借款人和出借人之间形成了多对多的形式，对于出借人来说，起到了风险分散的作用；③ 采取了还款风险金的保证措施，一定程度上对出借人的本息起到了保护作用，降低了投资风险。但是这种模式也存在缺点，线下业务模式时间和人力成本都较大，加之信息透明度低，因此常常遭受质疑。

● 经典案例 ●

2006 年 2 月，Prosper.com 在美国加州旧金山市成立并运营，公司全称为"繁荣市场公司"(Prosper Marketplace Inc.)，是美国金融史上第一个 P2P 网贷平台。据 Prosper 网站统计，截至 2017 年，该平台累计贷款超过 10 亿美元。2011 年至 2016 年，Prosper 平台收益率十分可观，如图 4-6 所示。如果 2011 年在该平台投资 10 000 美元，2016 年的收益大约为 17 000 美元，与标普 500 的走势相近，收益远远超过无风险投资的美国国债。

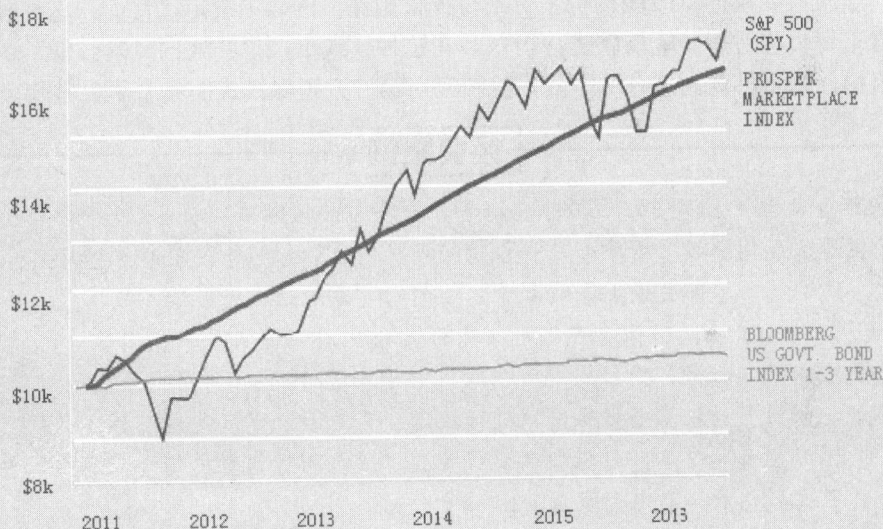

图 4-6　2011—2016 年 Prosper 网贷平台收益表现走势

资料来源：Prosper 官方网站

Prosper 采取的是竞标模式，即在 14 天的竞标期限内，贷款人提出各自愿意贷出的金额及能接受的最小利率与借款列表进行匹配，平台上借款双方可自行配对，网站平台仅负责对借款人信用等级进行分类。当借款列表的金额全部筹满，即为"满标"，在 14 天内即使已经满标，其他贷款人还是可以继续提出更低的利率进行竞标，一旦到达 14 天期限，该投标过程结束，如贷款意愿超过借款需求，其中提供最低利率的几位贷款人将中标，所有的贷款人按照中标者中的最高利率获取回报。一旦借贷完成，借款人每个月定期向贷款人账户还款。

Prosper 根据不同的贷款人的风险偏好制定不同风险类型的投资方式，共分为 AA 级(低风险、低收益)到 HR 级(高风险、高收益)7 个级别，如图 4-7 所示。随着风险的由低到高，收益率从 4.13%到 11.68%递增。

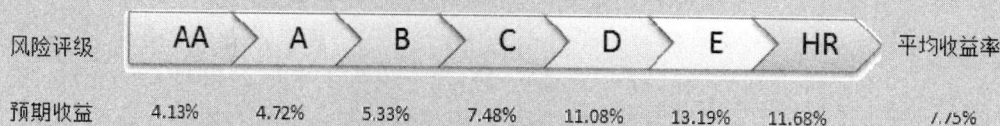

风险评级	AA	A	B	C	D	E	HR	平均收益率
预期收益	4.13%	4.72%	5.33%	7.48%	11.08%	13.19%	11.68%	7.15%

图 4-7 Prosper 网贷平台不同风险评级的预期收益率对比

资料来源：Prosper 官方网站

与其他 P2P 网络借贷平台不同的是，Prosper 的贷款人不是直接与借款人形成借贷关系，而是通过购买 Prosper 发行的票据(每张票据的面值是 25 美元)，Prosper 再将获得的资金贷给不同的借款人的方式进行，因此这些票据的收益与借款人支付的现金流密切相关。

3. 第三方担保模式

第三方担保模式是指 P2P 网贷平台与第三方担保机构合作，其本金保障服务全部由外在的担保公司完成，P2P 网贷平台不再参与风险性服务，其中，第三方担保机构通常为有担保资质的小额贷款公司或担保公司。

据国家政策要求的"P2P 网贷平台不得提供担保"的有关规定，目前，这种模式通常由第三方担保机构对每一笔借款进行担保。在这种模式下，投资人的风险较低，由于引入了担保机构，使得借款利息有所下降。我国应用第三方担保模式的典型平台是陆金所。

───────────── ◆经典案例◆ ─────────────

陆金所全称为"上海陆家嘴国际金融资产交易市场股份有限公司"，平安集团旗下成员，是中国最大的网络投融资平台之一。陆金所于 2011 年 9 月在上海注册成立，2012 年 3 月正式上线运营，总部设于上海陆家嘴。陆金所官方网站数据显示，截至 2017 年 6 月 30 日，陆金所平台交易总额为 715 亿元，交易总笔数 81 万笔。

陆金所提供中介服务，借款人申请借款，出借人进行投标，借款的发放和收回由陆金所代为办理，同时引入担保公司对借款进行担保，其运营流程模式如图 4-8 所示。陆金所凭借平安集团的优势和信息，对借款人进行审查。陆金所目前对出借资金的最低要求比较高，至少 1 万元，这点与国内大多数 P2P 网贷公司不同。

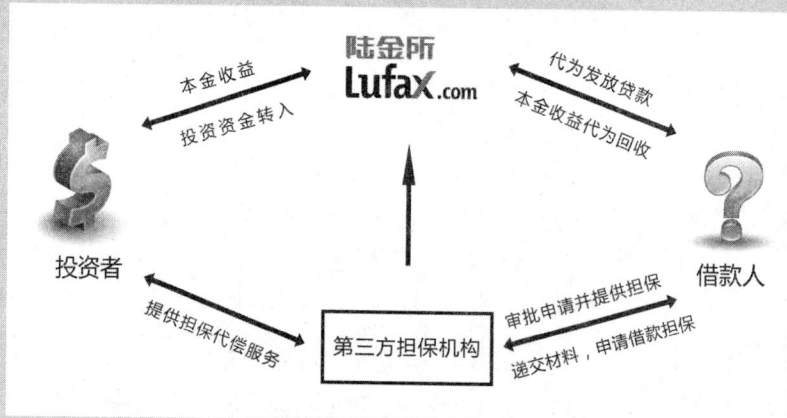

图 4-8 陆金所第三方担保运营模式图

目前，陆金所只收取债权转让手续费，各个服务项目的转让价格不一，但都在

0.1%~0.3%范围内，其他服务暂时免费。

陆金所对不良贷款的处理方式为：每期还款日为 24 点前，借款人如未足额偿还应付款项，则视为逾期，借款人应向出借人支付罚息；逾期本金部分从逾期之日起在约定的执行利率基础上上浮 50%计收逾期罚息。逾期罚息按日、单利计息。若借款人任何一期应付款项逾期满 80 日，担保公司便启动对出借人的代偿，代偿金额包括剩余本金、应付未付利息、逾期罚息。

陆金所这种交易模式的优势显而易见：

(1) 在交易过程中引入平安集团旗下的担保公司进行担保，对于借款出现逾期时，提供全额代偿，对于出借(债权)人来说，资金安全程度较高。

(2) 在对借款(债务)人审查上，陆金所依靠平安集团各模块公司的实力，对于借款人的审查较为严格。

(3) 除了担保公司的担保外，平安集团强大的实力在出借人看来也是一种隐性担保。

(4) 陆金所作为一家背靠强大金融机构的 P2P，在风险管理等方面也较为成熟。

但这种模式下，陆金所在整个借款中扮演的角色较为模糊，借款人和出借人之间并没有信息的交流。观察陆金所网站产品，也并没有提供借款人的任何信息，并且资金均由陆金所代为转移。

总体来说，第三方担保模式最主要的优点是：担保机构为了保证自身的资金安全对借款(债务)人的审核会更加严格，这既有利于投资人的本金安全，也降低了违约的风险。但担保是合法的杠杆行业，1 元钱可以为 10 元钱的借贷提供担保，如果坏账率过高，担保公司自身经营就会出现问题。

4．风险准备金担保模式

风险准备金担保模式指的是 P2P 网贷平台建立了一个资金账户，当借贷出现逾期或者违约时，P2P 网贷平台就会用资金账户里的资金来归还投资人的资金，以此来保护投资人的利益。行业掀起"去担保化"浪潮后，设立风险准备金便是多数平台的替代选择。但是这种模式也存在一定的问题，如一些 P2P 网贷平台的资金与风险准备金没有实现分离，在这种情况下，风险准备金极有可能被挪用，且风险准备金的提取比例通常较小，如违约率上升，并不足以弥补 P2P 网贷投资人的亏损风险。

2010 年 10 月上线的英国 P2P 平台 RateSetter 首创风险准备金(Provision Fund)以保障投资者的权益，资金来源于根据借款人信用级别不同而对每一笔贷款收取的一定比例的费用。一旦发生贷款拖欠，则平台将动用风险准备金偿付投资者；若准备金不足，则先偿还投资人部分金额，其余的等从新的贷款项目收取费用后再慢慢偿还。

这种模式在国内的代表平台有人人贷。

◆ 经典案例 ◆

人人贷商务顾问(北京)有限公司(下称"人人贷")成立于 2010 年，是人人友信旗下专业的网络借贷信息中介服务平台。

人人贷为所有通过身份验证的投资人提供"风险准备金"，即本金或本息保障。平台设立用户利益保障机制，并由合作机构支付保证金，交由人民银行存管，一旦触发保证金偿付机制，将使用保证金对逾期债权进行偿付(如图 4-9 所示)。投资人交给人人贷 2%～3%的服务费，在借款人出现逾期后，将由平台追回本息及罚息。如果 30 天后还未还款，那么平台就会启用风险准备金，以本金的价格收购债权人手中的债权，当债务收回后再放回风险准备金，以这种垫付方式减少投资人的损失。

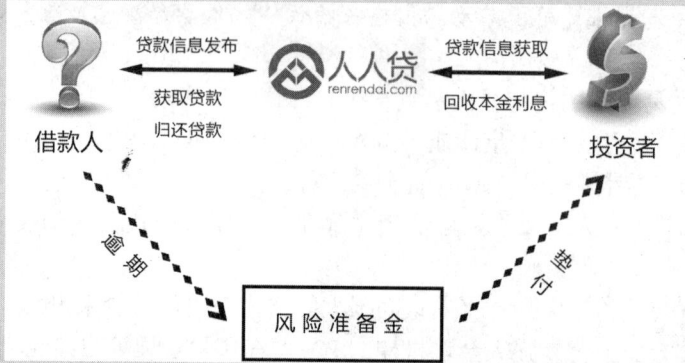

图 4-9　人人贷风险准备金担保运营模式图

借款标的方面：人人贷通过小额分散降低风险。2016 年，该平台人均借款金额为8.41 万，借款人分散在 372 个城市。

风控流程方面：人人贷采用线上与线下相结合的审核模式，既有线上考核，线下还有专门的工作人员进行走访。人人贷及合作机构通过三重审核——合作渠道体系审核、个人信用风险分析系统审核、标准化的专业审核，层层把关，筛选优质借款人。合作机构贷中追踪预警，贷后及时催收，严格的风控流程降低了逾期率。

截至目前，人人贷的借款逾期率较低，积累的风险准备金可以覆盖逾期借款，出借人资金相对安全，风险较小。线上与线下相结合的审核方式较为严格，客户来源广，审核的可信度高。

但 P2P 行业的风险准备金模式，投资者很可能不买账，也因提取比率有限，在逾期率爆发或坏账金额巨大情况下甚而可能存在平台倒闭的风险。例如，在 2014 年的红岭创投"1 亿元坏账"事件中，平台的风险准备金只有 7000 多万元，并不足以覆盖其坏账，而为维护声誉，红岭创投只能利用自有资金弥补差额。

5. O2O 模式

O2O(Online to Offline)是一种线上线下相结合的模式，是指 P2P 网贷公司在线下寻找借款人，P2P 网贷平台自身或联合合作机构(如小贷公司)审核借款人的资信、还款能力，通过审核的借款人的借款需求被发布到线上，同时 P2P 网贷平台在线上公开借款人的信息以及相关的法律流程，用于吸引投资人。这种模式的典型代表平台是有利网。

◆ 经典案例 ◆

有利网(www.yooli.com)平台运营主体为"北京弘合柏基金融信息服务有限责任公司"(以下简称有利网)，成立于 2012 年 5 月 31 日。

有利网平台的运作模式是线上理财和线下借款的结合，有利网在线上提供资金渠道，小额贷款公司在线下提供借款资源，有利网只负责发布募集资金的需求，不提供借款申请。图 4-10 展现的是有利网的运营模式。

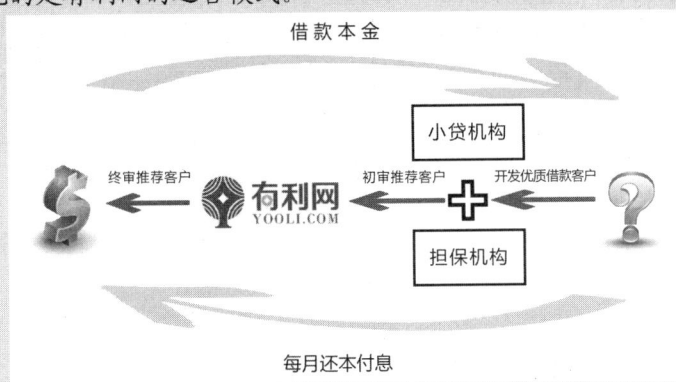

图 4-10　有利网 O2O 运营模式图

有利网平台审核方式：一是合作的小额贷款公司的尽职调查，二是有利网的评估。

对不良贷款的处理方式：合作的小额贷款公司及担保公司提供连带担保，借款人若发生违约直接进行代偿；有利网还向合作的小贷公司收取一定比例的保证金，保证金收取的比例根据其对小贷公司进行尽职调查的结果而定；有利网也独立设立了保证金账户。一旦小贷公司层面发生违约，有利网将启用自己的保证金来对投资人进行偿付。

其实，有利网平台更多地是向投资人推荐项目，而不是开发项目，项目由小额贷款公司提供，因此，有利网的本质是一个"项目销售平台"。

以上介绍的是 P2P 网络借贷中比较常见的几种运营模式，这里做一下总结(如表 4-2 所示)。

表 4-2　P2P 网络借贷运营模式对比

商业模式	参与机构	平台性质	业务模式	典型代表
纯线上+无担保模式	P2P 平台	中介机构	线上	Lending Club
				拍拍贷
线下+债权转让模式	P2P 平台+专业放贷人	中介机构+放贷人	线下为主	Prosper
				宜信
第三方担保模式	P2P 平台，担保机构	中介机构+担保机构	线上线下相结合	陆金所
风险准备金担保模式	P2P 平台，小额信贷公司，担保机构	中介机构+担保机构+放贷人	线上线下相结合	人人贷
O2O 模式	P2P 平台，小额信贷公司	中介机构	线上线下相结合	有利网

6．其他运营模式

除了前述几种模式之外，随着社会经济的快速发展与法律法规的不断完善，P2P 网贷平台衍生出各种新型业务模式，主要有：保险公司担保模式、抵押担保模式、混合模式。

1) 保险公司担保模式

随着相关部门严禁 P2P 行业自行提供产品担保，越来越多的 P2P 机构除了引入第三方担保外，还开始探索引入保险公司"入伙"的新模式。在引入保险公司的模式中，保险公司提供的不仅仅是保障风险的作用，同时也发挥了担保作用。但是这种模式目前尚未得到普及，P2P 平台规模和用户量太多还不能达到保险公司对于降低风险评估的要求，限制了保险公司在 P2P 网贷过程中的巨大作用。但可预见的未来，保险公司担保的形式将成为 P2P 担保的主要形式之一。

2）抵押担保模式

抵押担保模式是指借款人以房产、汽车等固定资产作为抵押来借款，一旦面临还款逾期或违约而转变为坏账时，P2P 网贷平台和投资者有权处理抵押物来收回资金。从坏账数据来看，抵押担保模式在 P2P 网贷行业的坏账率是最低的。

3）混合模式

很多 P2P 网贷平台的模式划分不是很明显，其通常分别在客户端、产品端和投资端选择多种模式进行有效组合。例如，有的平台在客户端会按照借款金额来要求不同的担保方式；有的平台既从线上开发借款人，也从线下寻找借款人，典型代表为人人贷。

4.1.3 P2P 网贷问题平台违法行为与相关监管政策

P2P 网贷问题平台

从 2013 年起，国内的 P2P 网贷平台如雨后春笋般出现，之后又大规模倒闭。2013 年约有 80 家平台跑路，引发诸多在社会上影响恶劣的刑事和民事案件，随后几年的问题平台数不断增加。2015 年 7 月颁布《关于促进互联网金融健康发展的指导意见》后，P2P 网贷行业的问题平台数虽然依然呈增长趋势，但是增长速度明显放缓。2017 年 P2P 网贷行业整改进程已进入收尾阶段，退出行业的平台数量相比 2016 年大幅度减少，全年停业及问题平台数量为 645 家，而在 2016 年为 1713 家。问题平台数量占比持续降低，2017 年问题平台数量仅占比 33.49%，66.51%的平台选择良性退出，以上数据均表明我国 P2P 网贷行业监管卓有成效，未来行业发展环境将愈加健康。各年停业及问题平台数量走势如图 4-11 所示。

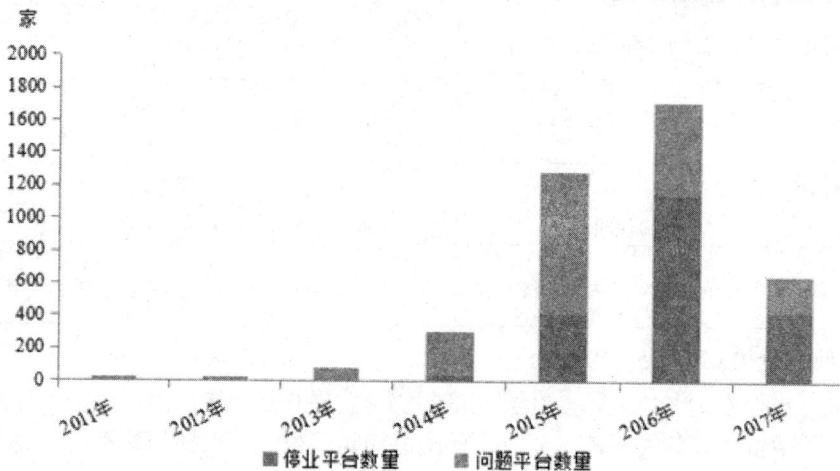

图 4-11　停业及问题平台数量走势

资料来源：网贷之家

下面分析一下 P2P 网贷问题平台的违法行为和相关的监管政策。

1. P2P 网贷问题平台的违法行为

P2P 网络借贷的参与个体包括自然人、法人及其他组织，参与方各自承担着责任。借款人与出借人遵循"借贷自愿、诚实守信、责任自负、风险自担"的原则承担借贷风险；网络借贷信息中介机构不承担借贷违约风险，但要按照依法、诚信、资源、公平的原则为借款人和出借人提供信息服务，维护出借人与借款人的合法权益，客观、真实、全面、及时地进行信息披露，不得提供增值服务、不得设立资金池、不得非法集资、不得损害国家利益和社会公共利益。

然而，并非所有的 P2P 网贷平台都严格遵循法律法规以及相关的行业规则进行业务活动，因此最终成为问题平台。以下是 P2P 网贷问题平台的几种典型违法行为。

1) 诈骗平台

所谓诈骗平台是指在开设时纯粹以诈骗为目的，无真实业务甚至无实际固定营业场所，存续时间非常短的一类平台。最常见的诈骗方式有高息诱惑、"名人"效应等。P2P 网贷诈骗平台通常会使用一些手段，例如：对公司背景进行包装、虚构资金存管假象、对风控能力和风控流程进行包装、对项目进行包装或者对担保进行包装等，借此骗取投资者的信任。

◆• 经典案例 •◆

2015 年 6 月，广西贺州警方逮捕了两名涉嫌利用"有钱贷"P2P 网贷平台进行非法集资的犯罪嫌疑人，涉案金额近 5000 万元，受害人数达 373 人，遍及全国 26 个省份。由于受害者分布较广，取证困难，广西警方发出了一个全国性协查通报。在全国多地公安机关的协作下，贺州市警方在收集了大量的证据和受害人笔录之后，终于揭开了"有钱贷"的真实面目。

2013 年，嫌疑人董某注册了广西信亿银贷投资管理有限公司，只花几十元钱就建立了这个名为"有钱贷"的 P2P 网贷平台。"有钱贷"在运营过程中存在许多造假的地方，如他们起初在淘宝上花了 60 元钱买了一个代码，自己再组织相关技术人员进行开发，然后做出了这个网站，实际上这个网站的成本几乎可以忽略不计，而且技术含量也不高。通过网站运营，"有钱贷"不负责任地在网上宣传高收益误导广大投资者，投资人多是从"有钱贷"在网络发布的诱导广告而注册和投资的。

通过上述案例，可以归纳出 P2P 网贷诈骗平台的一些典型特征：

(1) 诈骗平台的收益率较高，远远高于行业平均水平。

(2) 诈骗平台的网页设计相对粗糙，用户体验较差。很多诈骗平台都是直接套用从外面购买的模板，再嵌入少量内容上线，几乎没有美工设计，更没有可视化的数据分享。

(3) 诈骗平台的活动丰富，常有源源不断的标的发出，但标的信息模糊，且没有第三方资金托管。

(4) 诈骗平台的办公地址偏远，团队成员及介绍作假，平台负责人往往有过不良记录。

2) 涉嫌非法集资、非法吸收公众存款、集资诈骗

P2P 网贷平台常面临非法集资的问题，情节严重的会涉及《刑法》中规定的非法吸收

公众存款罪和集资诈骗罪。根据《国务院办公厅关于依法惩处非法集资有关问题的通知》以及《最高人民法院关于审理非法集资刑事案件具体应用法律若干问题的解释》的相关规定，非法集资是指未经有关部门依法批准，以合法形式掩盖其违规向社会不特定对象筹集资金，并承诺在一定期限给予出资人投资回报的行为。e租宝就是其中一例。

◆ 经典案例 ◆

2017 年 9 月 12 日，e租宝案一审在北京宣判，26 人因集资诈骗罪等获刑，相关公司及个人被判处罚金 21.7 亿元，其中主犯丁宁被判无期徒刑，处罚金 1 亿元。

人民法院经审理查明：被告单位安徽钰诚控股集团、钰诚国际控股集团有限公司于 2014 年 6 月至 2015 年 12 月间，在不具有银行业金融机构资质的情况下，通过"e租宝"、"芝麻金融"两家互联网金融平台发布虚假的融资租赁债权项目及个人债权项目，包装成若干理财产品进行销售，并以承诺还本付息为诱饵对社会进行公开宣传，向社会公众非法吸纳巨额资金。其中，大部分集资款被用于返还集资本息、收购线下销售公司等平台运营支出，或用于违法犯罪活动，造成大部分集资款损失。此外，法院还查明丁宁等人犯走私贵重金属罪、非法持有枪支罪、偷越国境罪的事实。

该判例对 P2P 网贷行业的风险具有示范意义。

基于对网络借贷的基本运作模式和非法吸收公众存款罪、集资诈骗罪的法定成立条件考虑，正常经营模式下的网络借贷行为并不会构成非法吸收公众存款罪，也不可能构成集资诈骗罪。一般来说，平台本身不直接介入借贷双方的借贷合同，但是从合同达成到投资人收到贷款，出借人的资金会在平台的中间账户上停留一段时间，在这段时间差中，如果平台利用出借人资金从事其他投资，甚至将新投入的资金去偿付旧账或是携款潜逃，则将构成非法吸收公众存款罪或者集资诈骗罪。

◆ 经典案例 ◆

2016 年 8 月 4 日，妙资金融网站显示，由于电信运营商在进行技术维护，客服电话暂时无法拨通。身在各地的投资者对此情况并未在意，因为该平台近三年年化利息平均为 10%左右，且还没有发生过逾期事件。截至 8 月 8 日上午平台网站服务器被关闭前，妙资金融官网显示，平台累计投资金额达到 90 亿元，交易项目总数为 8731 个，投资人总数为 26.65 万人，安全运营 1225 天。该平台待还款金额达 9.1 亿元。

2016 年 8 月 8 日，位于杭州市西湖区文三路的妙资金融由于非法吸收公众存款被查封。

3) 涉嫌洗钱

根据我国《刑法》第一百九十一条对洗钱罪的规定，洗钱是指将毒品犯罪、黑社会性质的组织犯罪、恐怖活动犯罪、走私犯罪或者其他犯罪的违法所得及其产生的收益，通过各种手段掩饰、隐瞒其来源和性质，使其在形式上合法化的行为。由于 P2P 网贷平台具有虚拟性、隐蔽性、匿名性、即时性等特性，使得对资金来源和流向的审核十分困难。且平台的准入门槛低，加之其对借款的审核和追踪力度尚不够，监管相对缺失，在这些情况下，网贷公司极易成为新的洗钱通道。相关部门应加强 P2P 网贷平台的反洗钱监管，进一步加强网贷平台的立法进程，在法律层面将 P2P 网贷平台的交易登记、身份识别、可疑交易报告等法定反洗钱义务固定下来。

4) 涉嫌非法公开发行证券

P2P 网贷平台并不具有向社会公众募集资金的资质和功能。在个别平台运营的债权转让模式中，由于投资人可以通过平台发布类资产证券化的借款标的，这种标的的转让对象不是特定的社会公众，且这种行为并未经过我国有关主管部门的批准，所以面临着被认定为非法公开发行证券的风险。

● 经典案例 ●

据平台公告，2016 年 1 月初，"钱宝网"电子商务交易平台(简称钱宝网)曾启动"钱宝应用市场和游戏发行业务新三板股权申购确权项目"，以 2.14 万元/份的均价，在当月发行了 7741 个"钱宝份额"，共向 2071 位自然人投资者募集资金 1.65 亿元。按照钱宝网上的介绍，"钱宝份额"将于 2016 年 4 月折换为泡宝网股票，而作为钱宝网运营商——南京钱宝信息传媒有限公司实际控制人的张小雷，另一个身份正是泡宝网控股股东。

2016 年 9 月 5 日，泡宝网收到来自山东省证监局出具的《监管关注函》，其中指出该公司关联企业发行的融资项目，存在承诺融资可用于购买挂牌企业股份的行为，这违反了《非上市公众公司监督管理办法》规定，并涉嫌非法发行证券罪。

2．P2P 网贷平台的相关监管政策

P2P 网络借贷作为一个新兴的投融资方式，目前没有专门针对该行业的法律法规等规范性法律文件，实践中一般参照我国的《民法通则》、《公司法》、《合同法》、《刑法》等法律法规及最高人民法院有关司法解释中关于民间借贷、金融监管的有关法律法规执行。

《关于促进互联网金融健康发展的指导意见》在形式上仅为政策性文件，并非行政法规和规章等具备强制力的规范性法律文件，其内容也缺乏对 P2P 网贷的具体监管措施。2016 年，中央加强了对 P2P 网贷行业的监管力度，有关部门出台了一些相关的规范性文件(如表 4-3 所示)，为该行业的有序发展提供了监管依据。

表 4-3　关于 P2P 网贷行业的规范性文件

发布时间	文件	发布机构	具体内容
2016.5	《2016 网络市场监督专项行动方案》	工商局	治理互联网虚假违法广告中要求充分发挥已经建立的整治虚假违法广告联席会议工作制度的作用，加强部门间的协作沟通、信息共享和执法协作，开展互联网金融广告专项整治
2016.8	《网络借贷资金存管业务指引(征求意见稿)》	银监会	共五章二十六条，给出网贷平台作为委托人及银行金融机构作为存管人的各项要求，以及资金存管的业务规范
2016.8	《网络借贷信息中介机构业务活动管理暂行办法》	银监会 工信部 公安部 网信办	共八章四十七条，其中给出十三条红线，如要求平台不得为自身或者变相为自身融资；不得直接或间接接受、归集出借人的资金；不得直接或者变相向借款人提供担保或者承诺保本保息等

发布时间	文件	发布机构	具 体 内 容
2016.10	《关于互联网金融风险专项整治工作实施方案的通知》	国务院办公厅	专项整治重点覆盖：P2P 网络借贷和股权众筹业务、通过互联网开展资产管理及跨界从事金融业务、第三方支付以及互联网金融领域广告
2016.10	《P2P 网络借贷风险专项整治工作实施方案》	银监会	专项整治工作重点是整治和取缔互联网企业在线上线下违规或超范围开展网贷业务，以网贷名义开展非法集资等违法违规活动。将网贷机构划分为三类(合规类、整改类及取缔类)并实施分类处置
2016.10	《互联金融信息披露个体网络借贷》	中国互联网协会	定义并规范了 96 项披露指标。其中强制披露指标逾 65 个；鼓励性披露指标逾 31 项
2016.11	《网络借贷信息中介机构备案登记管理指引》	银监会 工信部 工商局	主要分为新设机构备案登记申请、已存续机构备案登记管理和备案登记后管理三部分。网络借贷平台备案工作正式全面启动

4.1.4 P2P 网络借贷的发展趋势

我国的 P2P 网贷行业已经渡过了准备期与孕育期，近年正在逐渐进入成长期。未来，我国 P2P 网贷行业的发展将呈以下几大趋势。

1．"合规"为发展主调，监管更加规范

"合规"是 P2P 网贷平台 2017 年的首要任务，合规发展既是主基调又将成为先发优势，行业将全面进入规范化发展阶段。

2015 年出台的《关于促进互联网金融健康发展的指导意见》对网络借贷的监管给予了明确的规范要求；2016 年颁布的《网络借贷信息中介机构业务活动管理暂行办法》更是确立了 P2P 网贷的合法地位。

从 2016 年 4 月份开始的互联网金融专项整治工作对于 P2P 网贷行业的影响巨大。各地方金融监管部门加大了对 P2P 网贷平台的查处力度，通过摸底排查、清理整顿等阶段工作进行专项整治，将会对未来平台备案产生重要影响。

目前，P2P 网贷平台与银行存管合作进展较慢，据网贷之家研究中心不完全统计，截至 2017 年 8 月 24 日，已有广东华兴银行、江西银行、徽商银行和浙商银行等 49 家银行布局 P2P 网贷平台资金直接存管业务，共有 705 家正常运营平台宣布与银行签订直接存管协议(含已完成资金存管系统对接并上线的平台)，约占同期 P2P 网贷行业正常运营平台总数的 33.73%，其中有 450 家正常运营平台与银行完成直接存管系统对接并上线(含上线存管系统但未发存管标的平台)，占 P2P 网贷行业正常运营平台总数量的 21.53%。

从 P2P 网贷平台合作的存管银行属性来看，城市商业银行占比近八成，明显高于全国性股份制商业银行，可以看到一些城商行对于 P2P 网贷平台存管业务兴趣较大。预计未来，各地的城商行都有机会成为 P2P 网贷平台存管的合作方。具体数据如图 4-12 所示。

对于 P2P 网贷行业的监管，未来会越来越严格。P2P 网贷平台完成备案、办理增值电信业务许可证及银行资金存管等合规操作的时间越早，越容易获得投资人信任，因为具有先发优势。

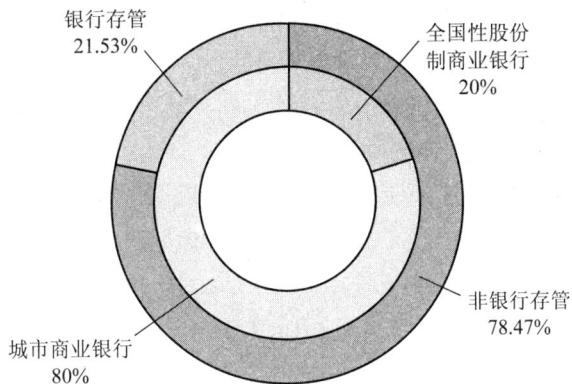

图 4-12　P2P 网贷行业银行直接存管情况

数据来源：网贷之家

2．行业集中度上升，马太效应加剧

所谓马太效应即强者更强、弱者更弱。在 P2P 网贷行业中，优质平台可以凭借其优势以及品牌知名度继续扩大市场份额，一些综合实力较弱、经营不善、不符合监管要求的平台，将不得不选择退出行业。

据网贷之家、盈灿咨询等数据统计，截至 2016 年 11 月末，P2P 网贷行业成交量前 100 的平台成交量占到全行业成交量的 75%；前 200 的平台成交量占比为 85%；前 300 的平台成交量占比高达 90%。截至 2017 年 7 月，P2P 网贷行业的成交量为 2536.76 亿元。截至 2017 年 7 月底，P2P 网贷行业历史累计成交量达到了 50781.99 亿元，突破 5 万亿大关，去年同期历史累计成交量为 23904.79 亿元，上升幅度达到了 112.43%。虽然行业整体体量仍在增大，但自 2016 年 4 月开展专项整治以来，P2P 网贷行业正常运营的平台数量连续下降，如图 4-13 所示。

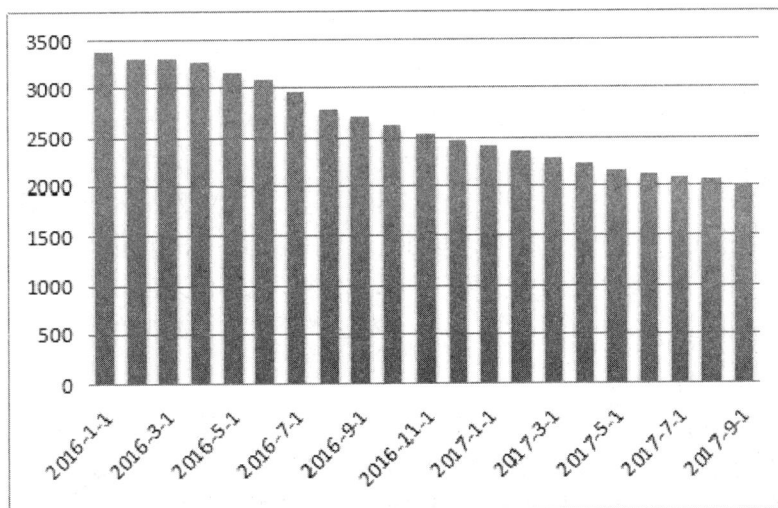

图 4-13　P2P 网贷行业正常运营平台数量走势

数据来源：网贷之家

根据以上关于 P2P 网贷行业集中度的数据来看，P2P 网贷行业离寡头垄断距离尚远，但行业集中度提升，马太效应加剧。预计在未来几年，良性退出(包括停业及转型)将是 P2P 网贷网贷平台的主要退出方式，早期野蛮发展导致的问题平台数量将持续减少。

3. 向一站式理财平台或大资管平台转型

单一的 P2P 网贷服务向一站式理财或者大资管平台转型，对于突破现有发展瓶颈、扩大平台体量、吸引不同风险偏好度的投资人都具有重大意义。但是，由于《网络借贷信息中介机构业务活动管理暂行办法》中禁止 P2P 网贷平台"自行发售理财等金融产品募集资金，代销银行理财、券商资管、基金、保险或信托产品等金融产品"，所以不能直接以 P2P 网贷平台本身作为一站式理财超市。但是可以通过注册一家母公司，在获得相关牌照的情况下将其他金融业务放在子公司中，与 P2P 网贷子公司并行，将 P2P 网贷产品和其他金融产品放在一个平台中进行展示和销售，如表 4-4 所示。例如团贷网、爱钱进、积木盒子等平台都在往一站式理财平台或者大资管平台转型升级，与传统金融机构加强合作，以实现互利共赢。

表 4-4 2016 年 P2P 网贷行业集团化情况

平台名称	集团名称	成立时间	宣布成立集团时间	子品牌
团贷网	团贷网集团	2012 年 7 月	2016 年 12 月	团贷网资管、正合普惠、综合金融平台
PPmoney	万惠集团	2012 年 12 月	2016 年 12 月	PPmoney 理财、及贷、一步购车、万惠三农
开鑫贷	开鑫金服	2012 年 12 月	2016 年 10 月	开鑫贷、开金网、开金中心
积木盒子	JIMU 集团	2013 年 8 月	2016 年 9 月	JIMU 体系(积木盒子+积木时代+积木小贷+企乐汇+厘米库+方寸屋子)
积木盒子	PINTEC 集团	2013 年 8 月	2016 年 9 月	PINTEC 体系(读秒+璇玑+虹点基金+麦芬保险)
爱钱进	凡普金科	2014 年 5 月	2016 年 10 月	爱钱进、钱站、凡普信贷、任买、会牛

资料来源：盈灿咨询

未来将有更多的平台进一步升级整合为集团化运作，P2P 网贷平台与互联网理财平台的边界会越来越模糊。并且，与简单做理财产品代销渠道不同，集团化运作的 P2P 网贷平台将通过投资组合、自动智能算法对客户需求进行深度挖掘，为客户提供资产配置服务，以此增加用户的粘性。这种集团化运作有利于实现资源共享，实现效益最大化。

4. 征信系统日益完善

当前中国的征信机构整体规模小、产品和服务种类少、信息透明度不高、企业征信政策环境没有明显变化，难以满足 P2P 网贷平台对征信产品和服务的强烈要求。在这种情况下，除了适当放开央行的征信系统之外，还应利用好外围的征信公司。外围服务市场空间很大，大数据征信及在特定领域的垂直征信公司是未来征信发展的方向。目前，虽然许多征信公司声称自己是大数据征信，但实际上因为数据质量、规模和技术上的限制，探索的成分更多一些，细分领域的优势并不明显。目前与 P2P 网贷平台有合作的征信公司中，产品主要集中在信用报告、黑名单或反欺诈服务，缺乏针对重复借贷问题的征信服务，如表4-5 所示。

表 4-5　部分征信公司业务情况

公司名称	公司业务
上海资信	个人征信、企业征信、网络金融征信、企业资信评级、企业专项评估、企业管理咨询
鹏元征信	个人及企业信用报告、企业及个人信用评价体系、互联网征信整体解决方案、大数据分析与挖掘服务、商业决策数据支撑服务、数据整合服务、数据清理服务
安融征信	小额贷款信息共享服务、风险预警监控服务、银联数据分析服务、个人投资及关联企业信息服务、公共信息查询认证
同盾数据	反欺诈服务、信贷风控服务、核心风控工具、信息核验服务
前海征信	信用风险产品、发欺诈解决方案、企业综合评估、企业关系验证、信用档案
芝麻信用	反欺诈服务、身份核实服务、信用评估服务

资料来源：网贷之家、盈灿咨询

　　单一网络借贷平台无法完成重复借款的查验，需要依赖市场上第三方征信机构或者由政府牵头来开发征信系统。一旦建立起完善的征信系统，诈骗平台与高危借贷者将不再有施展空间，投资风险会大幅降低，征信体系将能广泛服务于民间借贷、债券众筹、P2P 网贷等领域。

4.2　网络小额贷款

网络小额贷款

　　前面提及，网络小额贷款是指互联网企业通过其控制的小额贷款公司，利用互联网向客户提供的小额贷款。近年来，网络小额贷款公司在发展农村金融和中小企业、规范民间借贷以及促进金融市场多元化等方面发挥了重要的作用。网络小额贷款本质上是电商和互联网企业通过自身的网络平台积累的客户资源以及技术和数据优势，寻求突破和转型，在网络上开展的小额贷款。小额贷款起源于 20 世纪 70 年代孟加拉国著名经济学家穆罕默德·尤努斯教授的小额贷款试验。尤努斯教授针对低收入人群很难获得银行贷款来摆脱贫穷的问题，成立了面向低收入人群的一种小额贷款模式。

　　1994 年，小额贷款模式被引入中国。2010 年 3 月 25 日，全国第一家网络小额贷款公司——浙江阿里巴巴小额贷款股份有限公司在浙江杭州成立，由此拉开互联网小贷序幕。2013 年前网络小额贷款处于探索阶段，发展十分缓慢，数量较小，2014 年以后由于各地陆续出台鼓励和扶持政策，网络小额贷款进入高速发展轨道，特别是 2016 年数量急速增加。截至 2017 年 3 月末，全国各地金融办共批准了 82 家网络小额贷款拍照。

　　部分获得网络小贷牌照公司如表 4-6 所示。

表 4-6 网络小贷牌照获得情况

平台名	网络小贷公司	关联关系
开鑫金服	无锡市金鑫互联网科技小额贷款有限公司	无锡市金融投资有限公司是网络小贷公司的股东，同时也是开鑫金服的股东
积木盒子	赣州积木盒子小额贷款有限公司	北京乐融多源信息技术有限公司是网络小贷公司的股东，也是积木盒子的运营主体
安家贷	南京市三六五互联网科技小额贷款有限公司	江苏安家贷金融信息服务有限公司是网络小贷公司的股东，也得安家贷的运营主体
荧光金服	广州安易达互联网小额贷款有限公司	广州达安金控投资有限公司是网络小贷公司的股东，同时也是董光金服运营主体的二级股东
盈盈理财	抚顺盈盈易贷网络小额贷款有限公司	杭州艾米巴互联网金融信息服务有限公司是网络小贷公司的股东，而盈盈理财运营主体杭州龙盈互联网金融信息技术有限公司是杭州艾米巴互联网金融信息服务有限公司的股东
T 金所	广州 TCL 互联网小额贷款公司	TCL 集团股份有限公司是网络小贷公司的股东，同时也是 T 金所运营主体的二级股东
恒大金服	广州恒大小额贷款有限公司	恒大互联网金融服务(深圳)有限公司是网络小贷公司的股东，也是恒大金服的运营主体

资料来源：网贷之家、盈灿咨询

4.2.1 网络小额贷款的主要业务与运营模式分析

与传统小贷公司单一房贷业务相比，网络小额贷款不仅可以突破地域限制，还可以开展多种业务运营模式。

1. 网络小额贷款的主要业务分析

网络小额贷款行业有以下四大业务。

1) 网络贷款业务

网络小额贷款与 P2P 网贷均属于网络借贷，目前两者均开展网络贷款业务。但整体而言，网络小额贷款的优势更加明显。互联网电商企业利用多年累积的海量客户资源，通过大数据技术进行分析，能够在很大程度上提高风险控制能力，提高放贷的准确性，降低坏账率。

《关于促进互联网金融健康发展的指导意见》首次提出"网络小额贷款"概念后，江西、江苏、重庆、广州等地已陆续出台专门的监管规定，以规范网络贷款的发展。有的地区虽未出台专门的网络贷款监管办法，但在发布的小贷相关规定或通知中明确支持开展网络贷款业务。还有些地区虽然未明确小贷公司可以开展网络贷款业务，但从实践来看，已经有部分获批设立的网络小贷公司。

2) 资产转让业务

资产转让业务是对传统小贷公司融资渠道的创新，主要指小贷公司与银行业金融机构、地方金融资产交易平台合作，以回购方式开展资产转让业务。目前明确提出经批准可以开展资产转让业务的有广州、重庆、黑龙江、海南、浙江等省市。

对小贷公司开展资产转让业务，各地区均要求在银行业金融机构、地方金融资产交易平台或经批准的平台上进行。因此，即使网络小贷公司获批准开展资产转让业务，也不得擅自在未经监管机构批准的平台上进行资产转让。

3) 投资类业务

投资类业务指的是小贷公司以自有资金对外投资，主要有权益类投资、创业类投资以及其他投资。不同地区对于小贷公司开展投资类业务要求不同，目前主要有重庆、江西、江苏、黑龙江、海南等网络小贷试点地区允许小贷公司开展投资类业务。

4) 融资性担保业务

融资性担保业务是指担保人与银行业金融机构等债权人约定，当被担保人不履行对债权人负有的融资性债务时，由担保人依法承担合同约定的担保责任的行为。通常小贷公司是禁止对外担保的。然而，江苏省在《江苏省金融办关于进一步支持小额贷款公司持续健康发展的通知》(苏金融办[2015]6 号)中提出互联网科技小贷公司业务范围包括融资担保业务，除此之外还可以代理金融机构业务，这在全国范围算是独树一帜。目前，由于各地监管政策不同，网络小贷公司可以开展的业务有所差异，但随着网络小额贷款的迅速合规化发展，允许小贷公司开展以上多种业务是大势所趋。小贷企业在积极开展网络小额贷款业务的同时，应积极关注政策动向，并结合自身实力及业务需求，积极配合监管机构的工作，申请符合企业战略的网络小贷牌照，合法、合规地开展业务。

2. 网络小额贷款的运营模式分析

网络小额贷款的典型模式主要分为平台金融模式和供应链金融模式两种。

1) 平台金融模式

平台金融模式是指企业平台上聚集了大大小小众多商户，企业凭借平台多年的交易数据积累，利用互联网技术，借助平台向企业或个人提供快速、便捷的金融服务。平台金融模式以阿里巴巴小额贷款为典型代表。

经典案例

阿里巴巴小额贷款股份有限公司于 2010 年 6 月由阿里巴巴和复星、万向、银泰等共同出资成立，是国内第一家服务于电子商务领域小微企业融资需求的小额贷款公司。

阿里小额贷款(以下简称阿里小贷)是根据借款人的信用发放的贷款，特点是借款人(债务人)无需提供抵押品或第三方担保、仅凭自己的信用就能取得贷款，并以借款人本人的信用作为还款保证。阿里小贷是阿里金融为阿里巴巴会员提供的一款纯信用贷款产品，其业务流程如图 4-14 所示。

阿里小贷的优势在于利用淘宝、支付宝等电子商务平台上客户的信用数据和行为数据，通过先进的分析模式，将其提炼为一种信用评价，并据此向通过审核的企业发放金额小、期限短、随借随还的小额信用贷款。

因此，阿里小贷更重视客户的网上交易数据而非担保、抵押，其模式更加系统化、技术化，在降低小微企业融资门槛的同时，也简化了融资环节，提高了融资效率。

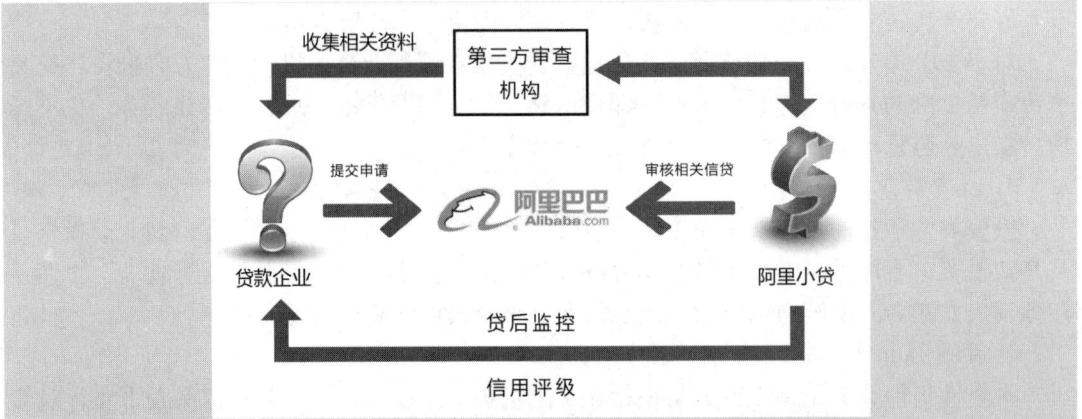

图 4-14　阿里小贷业务流程示意图

平台金融模式的特点在于：网络小贷企业以交易数据为基础对客户的资金及信用状况进行分析，贷款客户多为个人以及难以从银行得到贷款的小微企业。而发放的贷款无须抵押或担保，发放速度快，且多为短期贷款。该模式中，网络小贷企业必须在前期进行长时间的交易数据积累，并不断完善交易与电子设备，同时进行数据分析所需的基础设施与人才积累。

2) 供应链金融模式

供应链金融模式是指以核心客户为依托，以真实贸易背景为前提，运用自偿性商品融资的方式，通过应收账款质押登记、第三方监管等专业手段封闭资金流或控制物权，对供应链上下游企业提供的综合性金融产品和服务。自偿性指销售收入首先用于归还贷款。商品融资是指在商品交易中运用结构性短期融资工具，基于商品交易中的存货、预付款、应收账款等资产进行融资。

供应链金融是一种独特的商业融资模式。在这种模式下，金融机构依托于产业供应链核心企业对单个企业或上下游多个企业提供全面金融服务，以促进供应链上核心企业及上下游配套企业"产—供—销"链条的稳固和流转顺畅，在降低整个供应链运作成本的同时，通过金融资本与实业经济的协作，构筑金融机构、企业和供应链的互利共存的产业业态。图 4-15 展示了供应链上核心企业、上下游企业及小额贷款公司的预付账款融资运营模式流程。

预付账款融资模式即保兑仓融资模式，是在上游企业(卖方)承诺回购的前提下，中小企业(买方)以小额贷款公司指定的仓库的既定仓单向小额贷款公司申请质押贷款，并由小额贷款公司控制其提货权为条件的融资业务。

其基本业务流程如下：

(1) 买方企业(融资企业/下游企业)和卖方企业(核心企业/上游企业)签订购销合同，并协商由买方申请贷款，专门用于支付购货款项。

(2) 买方凭购销合同向金融机构申请仓单质押贷款，专门用于向卖方支付该项交易的货款。

(3) 小额贷款公司审查核心企业的资信状况和回购能力，若审查通过，则与卖方签订回购及质量保证协议。

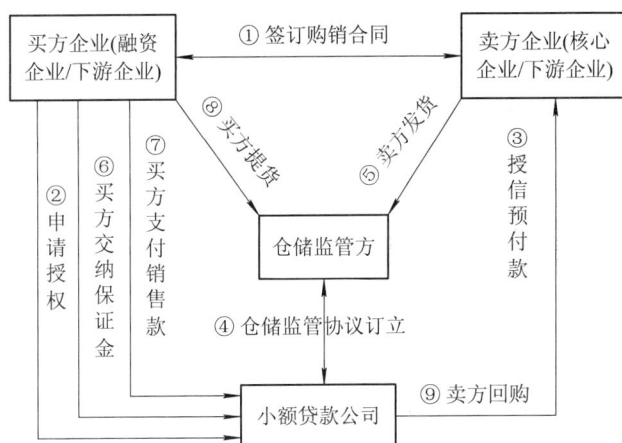

图 4-15　供应链金融(预付账款融资)模式流程图

(4) 小额贷款公司与仓储监管方签订仓储监管协议。

(5) 卖方企业在收到小额贷款公司同意对买方企业融资的通知后,向小额贷款公司指定仓储监管方的仓库发货,并将取得的仓单交给小额贷款公司。

(6) 买方企业缴存保证金,小额贷款公司收到仓单后向卖方拨付货款。

(7) 买方支付销售款,小额贷款公司释放相应比例的货物提货权给买方,并告知仓储监管方可以释放相应金额货物给买方。

(8) 买方获得商品提货权,去仓库提取相应金额的货物。不断循环,直至保证金账户余额等于融资金额,买方将货物提完为止。与此项融资活动有关的回购协议、质押合同相应注销。

(9) 若买方在规定的时间内无能力支付销售款,卖方回购货物并将扣除买方保证金外的剩余货款支付小额贷款公司。

◆ 经典案例 ◆

　　近年来,京东不断加大在金融方面的投入,形成了自己的一套"互联网+零售+金融"的模式。京东金融网络小贷的主要产品就是"京保贝"和"京小贷",面向的是京东的供应商和开放平台商家。

　　"京保贝"面对的主要客户是京东平台的供应商,凭借采购和销售数据融资,融资期限 90 天,授信额度在几十万到几千万之间,融资金额和还款时间可由供应商自主决定,无须抵押或者担保。该产品的主要优势有:在线处理业务、门槛低、程序简单且速度快,3 分钟内即可完成从申请到放款的全过程。

　　"京小贷"的主要客户群是京东平台上的开放平台商家。与"京保贝"的特点相似,该产品亦无须抵押或担保,贷款的自主性高、全线上审批、随借随还、速度快,一分钟到账,授信额度在 200 万元以下。

　　本章仅简要介绍供应链金融在网络小额贷款领域的应用,供应链金融的更多内容详见第 7 章。

4.2.2 网络小额贷款公司发展面临的问题

网络小额贷款平台除了面临技术风险、信用风险、流动性风险等金融风险外，在发展中还面临一些特有的问题，主要有以下几点。

1. 法律地位不明确

目前，我国网络小额信贷行业的发展处于探索阶段，国家没有明确的条文对其身份清晰定位，更没有一套完整的法律框架来界定其法律地位。按银监会的规定："小额贷款公司是由自然人、企业法人与其他社会组织投资设立，不吸收公众存款，经营小额贷款业务的有限责任公司或股份有限公司。"这种"只贷不存"的定位决定了小额贷款公司不是金融机构，没有相应的金融许可证，只是进行金融产品经营的普通工商企业，因此并不受到《商业银行法》等相关法律体系的覆盖。

由于上述原因，小额贷款公司被排除在正规的金融体系之外，不能按照银行同业拆借利率从银行获取资金支持，只能按基准利率浮动，也不能像银行那样在税前提取风险准备金，在税收优惠、财政补贴、法律诉讼等方面同样难以享受与金融机构同等的待遇，这些问题都制约了小额贷款公司的发展，加大了其融资成本。

2. 放贷资金严重不足

充足持续的资金来源是网络小额贷款公司发展的基础。但是，"只贷不存"的性质和资金来源渠道，决定了我国小额贷款公司只能通过银行贷款和股东增资两种主要形式获得资金。截至 2012 年底，全国小额贷款公司共获得银行贷款 8.96 亿元，此后中央监管部门限令，严格控制对小额贷款公司发放贷款，严格控制向小额贷款公司的股东发放贷款，严格控制向小额贷款公司法人及其实体公司发放贷款。这一规定使得大部分小额贷款公司开业一、两个季度就已处于无贷可放的状况。目前，小额贷款公司只有通过股东增资的方式来解决后续发展资金不足问题。无法以低成本获得社会上的闲置资金，融资渠道被制约，导致小额贷款公司的经营资金不充足，阻碍了其持续、健康地发展。

3. 自身经营管理能力不足

目前，网络小额贷款公司出现了一些良莠不齐的现象，主要表现在两个方面：一是公司管理经营结构不健全，在经营理念、业务模式、内控机制、可持续发展能力等方面差异巨大；二是面向的客户群体普遍经营稳定性差，通常是各类金融机构淘汰的客户，也是风险较高的客户，这会给网络小额贷款带来巨大的风险，并制约着网络小额贷款的发展。

4. 赋税重且无优惠政策

在税收方面，小额贷款公司被征以 6%的增值税和 25%的所得税，在开业前期也无任何的减免和优惠，而金融企业可享受贷款损失准备金税前扣除的优惠政策，且农村金融机构单笔贷款在 5 万元以下的利息收入免征营业税，其利息收入按 90%计入应纳税所得额。面向"三农"服务的金融机构，国家都给予税收、费率、财政补贴等方面的优惠政策，但在支持小额贷款公司方面没有相应的优惠政策。高赋税、享受不到优惠政策使得小额贷款公司的盈利能力低下，也使小额贷款公司只能选择高利率，对"三农"和中小企业的支持效果受到影响。网络小额贷款公司虽然从事小额贷款业务，但无金融企业同等待遇，不能享受优惠政策，这使其在农村金融市场中处于不利地位。

4.2.3　网络小额贷款的发展趋势

随着我国对网络小额贷款行业发展的不断深入，以及国家行业政策进一步明确，网络小额贷款将迎来有央行征信可依、融资渠道多元化的发展。

1. 有望加入央行征信系统，可能转型为村镇银行或民营银行

网络小额贷款公司尚未加入中国人民银行征信系统，获取客户信息的成本高、难度大，既阻碍了其业务发展，又加大了自身乃至整个金融体系的风险。

在国家支持中小企业融资的大背景下，随着小额贷款公司可能在加杠杆的前提下扩张业务规模，其管理和风险控制能力不足的缺陷将进一步暴露。加入征信系统有利于网络小额贷款公司以低廉的成本获取客户信用信息，提高贷款决策的科学性。

网络小额贷款公司未来有可能转型为村镇银行甚至民营银行。加入征信系统有助于其提高运营水平，有助于未来转型，有利于从目前的政府监管体系顺利平稳地过渡到银行业监管体系。在目前的多方监管局面下，存在部分监管很难有效进行的问题。网络小额贷款公司加入征信系统有利于监管机构掌握其发放贷款的质量及投放方向是否符合支持三农和中小企业的大政方针，有助于地方政府高效履行监管职责，有利于监督网络小额贷款公司是否按照国家宏观调控和央行货币信贷政策的要求安排贷款投向。

2. 从银行融资比例可能放宽，融资渠道有望多元化

网络小额贷款公司目前不被认为是金融机构，因此不可以接受存款，也不能接受银行的同业拆借利率，只能按银行一年期基准利率下浮 10%。未来在支持网络小额贷款公司发展、增强小额贷款公司盈利能力的过程中，有可能适当放宽对网络小额贷款公司从银行融资比例的限制，对小额贷款公司融资比例实行差异化政策。其次，相应的管理办法有可能出台，给予网络小额贷款公司金融机构同业拆借利率、再贷款资格，从而降低网络小额贷款公司融资成本，甚至可能通过增资扩股增加资本金，鼓励引导民间资本进入网络小额信贷领域。此外，也有可能通过私募、股权投资、资产证券化等方式，利用资本市场筹措资金帮助网络小额贷款公司扩大经营规模，以拓宽服务小微企业的深度。

本 章 小 结

通过本章学习，读者应当了解：

(1) P2P 网贷的特点是：融资成本低，借款门槛低，风险分散及借款流程直观透明。

(2) P2P 网贷的主要模式有：纯线上+无担保模式，线下+债权转让模式，第三方担保模式，风险准备金担保模式，O2O 模式及其他模式。

(3) P2P 网贷的发展趋势是："合规"为发展主调，监管更加规范；行业集中度上升，马太效应加剧；向一站式理财平台或大资管平台转型；征信系统日益完善。

(4) 网络小额贷款的四大业务包括：网络贷款业务，资产转让业务，投资类业务，融资性担保业务。网络小额贷款的典型模式主要有两种：平台金融模式和供应链金融模式。

(5) 网络小额贷款的发展趋势有两个：一是有望加入央行征信系统，可能转型为村镇银行或民营银行；二是从银行融资比例可能放宽，融资渠道有望多元化。

本 章 练 习

1．简答题

(1) P2P 网贷的运营模式有哪些？

(2) P2P 网贷问题平台的违法行为都有哪些？

(3) 简要分析网络小额贷款的运营模式。

2．案例分析

近年来，P2P 网贷平台如雨后春笋般兴起，这一方面活跃了金融市场，极大地方便了投资人和资金使用者，但同时也产生了大量的问题平台和违法行为。

材料一："网金宝案"是北京地区第一例 P2P 网贷平台跑路案件，根据百度快照信息，截至 2014 年 5 月 5 日，网金宝累计成交金额达 2.6 亿元。网金宝存在许多虚假问题：首先是办公地址虚假，经实地查探其公布的办公地址为虚构；其次，网金宝对外公布的合作担保公司否认与其的合作关系；第三，平台通过高大上的包装手段迷惑投资人，如宣称自己与央行合作，平台介绍资料曾显示，"2014 年 2 月 27 日，网金宝平台与中国人民银行(央行)正式签署了战略合作"，并配有"签署协议"时的图片，但经证实图片经过相关软件处理。

材料二：2014 年 6 月，上线仅 4 个月左右的深圳 P2P 网贷平台科迅网跑路。该事件涉及受害者千余人，金额超 5000 万元。科迅网在运营中存在诸多造假嫌疑：如团队介绍造假，执行董事高大上的学历等皆为虚构，团队人员照片是从别的网站抄袭的；宣传资料造假，在成立一个多月时便有投资人曝光科迅网网站的合作项目是虚假的；注册地址造假，经实地查看，该注册地址上根本不存在这家公司。

问题：根据上述资料分析，网金宝和科迅网的行为属于 P2P 网贷问题平台的哪种违法行为？此种违法行为的典型特征都有哪些？

本章能力拓展

(1) 找一家典型的纯线上+无担保模式的 P2P 网贷平台，并对其运营模式进行分析。

(2) 收集一家供应链金融模式的网络小贷平台的信息，并分析其运营模式。

第5章 众筹

重点难点

重点：

1. 众筹的基本概念
2. 众筹运作流程
3. 众筹的运营模式
4. 众筹风险

难点：

1. 众筹四大运营模式
2. 与众筹相关的法律法规

案例导入

2009 年，美国众筹网站 Kickstarter 成立(官网页面如图 5-1 所示)，它也是当今世界上影响力最大的众筹网站。网站的创意来自一位华裔创始人 Perry Chen。

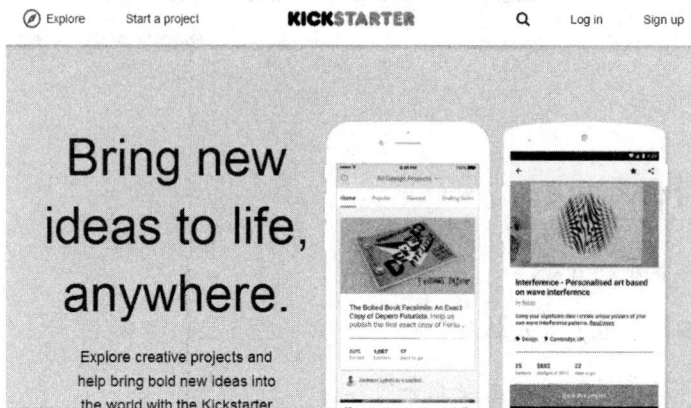

图 5-1 Kickstarter 官方网站

在创办 Kickstarter 之前，Perry Chen 的正式职业是期货交易员，但因为热爱艺术，他开办了一家画廊，还时常参与主办一些音乐会。2002 年，他因为资金问题被迫取消了一场筹划中的在新奥尔良爵士音乐节上举办的音乐会，这让他非常失落。"一直以来，钱就是创意事业面前的一个壁垒。我们脑海里常会忽然浮现出一些不错的创意，但除非你有个富爸爸，否则不太有机会把它们变成现实。"于是 Perry Chen 开始思考一个新问题，"如果人们能事先在网上买票付款，凑到足够的钱，音乐会是不是就能举行了？"

后来，Perry Chen 遇到了摇滚评论作者 Yancey Strickler，两人决定把这个想法付诸实施，勾勒出一个众筹网站的雏形。几个月后，Kickstarter 终于从一个想法变成了一个可被实现的网站框架。网站的运作方式非常简单：有点子的人在通过网站审核后，将自己的创意介绍和筹资数额放到网站上，任何人都可以浏览这些项目，并向自己感兴趣的项目提供指定数目的资金。一旦资金数额达到预设数，交易就算达成，被资助人需要履行承诺，以实物或服务的方式回报给出资者。如果项目筹集失败，资金需返还给出资者，风险由出资者自己承担。

2009 年 4 月 28 日 16 时 30 分，Kickstarter 正式上线。第二天，就有陌生人在网站上发起项目，第三天首个项目就筹资成功了。目前，Kickstarter 网站致力于支持和激励创新性、创造性、创意性的活动，让有创造力的人能够通过网络平台筹集他们所需要的资金，以实现他们的梦想。

Kickstarter的运作方式简单有效：该平台的用户一方是有创新、创意能力并渴望进行创作和创造的人，另一方则是愿意为他们出资金的人，然后各自出钱出力一起见证新发明、新创作、新产品的出现。该网站上的筹资项目包括：音乐、网页设计、平面设计、动画、文学作品等有创造力以及影响他人的活动。2015年10月，Kickstarter对公司结构进行了一个不同寻常的调整，把它变成了一家"公益性公司"，此举为Kickstarter迎来了大批支持者。截至2017年8月，Kickstarter宣布其融资总额已经达到10亿美元，这些融资来自全球570万人。

　　众筹(Crowdfunding)模式近年来发展飞速。众筹作为一种融资门槛低，且有针对性地为小微企业及个人提供融资的全新融资方式，可以有效解决融资困难的问题。众筹是互联网金融的重要组成部分，在如今的资本市场占据着十分重要的地位。本章从内涵、运营模式、风险三个角度对众筹进行阐述，以帮助读者更好地认识众筹。

5.1　众筹概况

　　众筹的运营模式包括股权式众筹、债权式众筹、奖励式众筹和捐赠式众筹。作为一种新业态，众筹在我国处于起步阶段，有着巨大的发展空间，但同时也存在诸多问题。目前，我国的法律对于众筹的监管尚不成熟，国外对于该行业的监管措施及法律法规对我国具有很大的借鉴意义。

5.1.1　众筹在国内外的发展情况

　　下面介绍一下众筹在国内外的发展情况。

1. 众筹在国外的发展

　　众筹这个概念的产生要远远早于互联网。众筹的起源最早可追溯至 18 世纪，当时很多文艺作品都是依靠一种叫做"订购(subscription)"的方法完成的。1713 年，英国诗人亚历山大·蒲柏着手将 15693 行的古希腊诗歌《伊利亚特》翻译成英语，启动翻译计划之前，蒲柏承诺在完成翻译后向每位订阅者提供一本六卷四开本的早期英文版的《伊利亚特》，这一创造性的承诺带来了 575 名用户的支持，总共筹集了 4000 多几尼(旧时英国的黄金货币)来帮助他完成翻译工作，这些支持者的名字也被列在了早期翻译版的《伊利亚特》上。蒲柏花费近 5 年的时间完成了注释版的《伊利亚特》，该译本被第一部现代英语词典的编纂者塞缪尔·约翰逊博士称为"世界前所未见的高贵的诗译作"。蒲柏因此名利双收，荣登英国桂冠诗人的宝座。这个项目得以成功完成，离不开蒲柏创新性的运作方式——即初露端倪的众筹。

　　作曲家莫扎特、德国音乐巨人贝多芬也采用过类似的方式筹集资金，他们通过找订购者来提供资金，在作品完成时，订购者会获得他们的一本作品，或是协奏曲的乐谱副本，或者成为音乐会的首批听众。而美国的自由女神像基座实际上也是众筹的产物。

◆**经典案例**◆

　　1885 年，诞生了一个最具影响力的众筹项目。为庆祝美国的百年诞辰，法国赠送给美国一座象征自由的罗马女神像，但是这座女神像没有基座，也就无法放置到纽约港口。约瑟夫·普利策，一名《纽约世界报》的出版商，为此发起了一个众筹项目，目的就是筹集足够的资金建造这个基座。图 5-2 为自由女神像。

　　普利策把这个项目发布在了他的报纸上，然后承诺对出资者以奖励：只要捐助 1 美元，就会得到一个 6 英寸的自由女神雕像；捐助 5 美元可以得到一个 12 英寸的雕像。项目最后得到了全世界各地共计超过 12 万人次的支持，筹集的总金额超过十万美元，为自由女神像顺利竣工作出了巨大贡献，《纽约世界报》和普利策为此赢得了美国民众的尊敬和爱戴。

图 5-2　自由女神像

随着互联网技术的不断发展与普及，我们所熟知的"网络众筹"应运而生。

世界上最早的众筹网站 ArtistShare 于 2001 年开始运营，被称为"众筹金融的先锋"。ArtistShare 平台创始人为 Brian Camelio，被人们称为"音乐众筹之父"、"众筹金融的先驱者"，Brian Camelio 创建这家公司时的想法是让粉丝们资助唱片生产过程，获得仅在互联网上销售的专辑，而艺术家则获得更加合意的合同条款。艺术家通过该网站采用"粉丝筹资"的方式资助自己的项目，粉丝们投钱给艺术家后便可以观看唱片的录制过程。2005年，ArtistShare"为富于创造力的艺术家服务的全新商业模式"受到广泛赞誉，它通过新颖的原创项目筹资渠道同时惠及艺术家和粉丝，并创造了一个坚定、忠诚的粉丝基地。同年，美国作曲家玛丽亚·施耐德(Maria Schneider)的"Concert in the Garden"成为格莱美历史上首张不通过零售店销售的获奖专辑。

2005 年之后，众筹平台如雨后春笋般出现，德国的音乐创作众筹平台 Sellaband(2006年)、英国的音乐评论网站 SliceThePie(2007 年)、美国的综合性众筹平台 IndieGoGo(2008年)和 Kickstarter(2009 年)，以及美国的众筹新闻网站 Spot.Us(2008 年)等相继上线，互联网众筹时代就此到来。

2012 年 4 月，美国颁布了《JOBS 法案》(*Jumpstart Our Business Startups Act*，翻译成中文为《促进创业企业融资法案》)，它对众筹模式进行了详细的定义和限制，在一定程度上也为众筹的健康发展提供了有效的保障。该法案的内容在本书的第 9 章有详细介绍。

世界银行预测，到 2025 年，全球众筹市场规模有望达到 3000 亿美元。从众筹产业规模的地域分布来看，美国占比超过 58%，其次是欧洲，占比 34%，亚洲只占 1.2%，这说明众筹行业的发展仍主要集中在欧美发达国家，亚洲市场相对较弱，但是发展空间巨大。

2．众筹在国内的发展

改革开放以来，我国金融市场从效率较为低下的初级阶段，向高效活跃的新时代过渡。这使得金融模式的创新成为发展的必然趋势。

2011 年 7 月，国内第一家众筹网站"点名时间"上线，标志着中国众筹时代开启。随后，众多众筹平台纷纷上线，如天使汇、大家投、追梦网、众筹网等，国内众筹募资规模迅速增长。各众筹平台成立时间如图 5-3 所示。

图 5-3　中国众筹平台的建立时间

2013 年，中国众筹行业进入起步阶段，基本形成了股权式众筹、债权式众筹、奖励式众筹与捐赠式众筹等运营模式。

2014 年，中国众筹行业迅速发展，众筹网站的数量破百，众筹融资用户规模达 100 万人。同年 10 月，京东众筹诞生了中国首个千万级众筹项目。

2014 年 12 月，中国证券业协会针对股权众筹发布了《私募股权众筹融资管理办法(试行)(征求意见稿)》，给投资者设定了与私募风险程度相配套的高门槛，打破了股权众筹一直以来的法律制度空白状态，对股权众筹的性质，股权众筹平台的条件、权利和义务，合格投资者条件，投资者保护，众筹平台的监管等多方面进行了初步的界定。

2015 年被称为中国的"众筹元年"，十部委及证监会相继出台了《关于促进互联网金融健康发展的指导意见》和《关于对通过互联网开展股权融资活动的机构进行专项检查的通知》，明确了股权众筹的定义及监管部门。这一年，众筹行业形成了不同的发展模式，行业逐步进入正规发展期。

2016 年，除了异军突起的物权众筹模式外，行业进入冷静期。

据人创咨询统计，截至 2017 年 7 月，国内上线过的众筹平台共计 808 家，处于运营状态的众筹平台共有 439 家，其中包括 7 家新增平台，成功项目有 31552 个，成功项目的实际融资额达 110.16 亿元，如图 5-4 所示。2016 年之前的交易规模如图 5-5 所示。

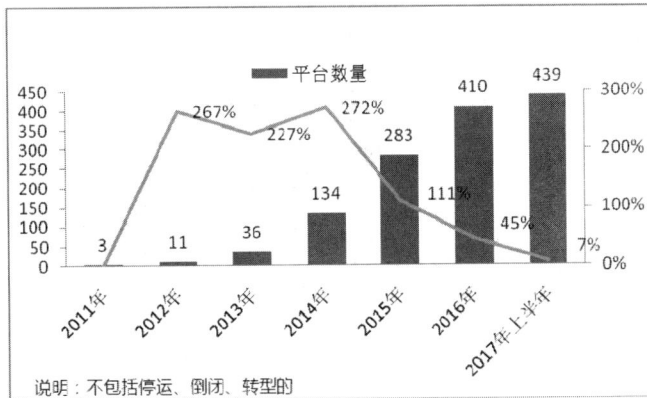

图 5-4　2011—2017 年中国众筹平台数量及增速

数据来源：人创咨询

众筹行业的快速发展，对中国经济的发展具有重大的意义。一方面，众筹行业的发展为传统金融发展模式的创新提供了新的思路和方向，有利于促进我国金融体系的不断完善，能更好地服务于实体经济；另一方面，众筹行业的发展降低了融资门槛，对科技创新企业及中小企业来说，在一定程度上缓解了融资困难的局面，对扶持中小企业的发展有着重大的意义。

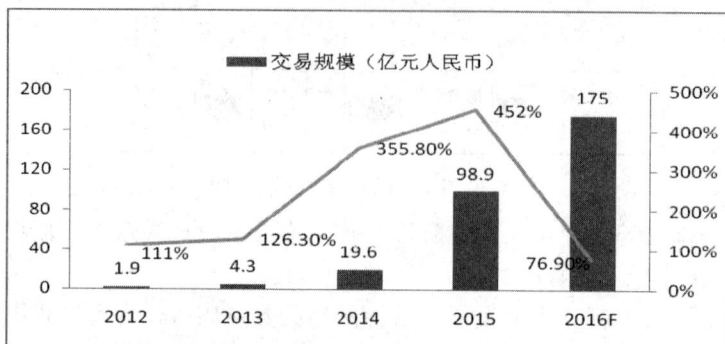

说明：规模指众筹成功项目实际成交额

图 5-5　2012—2016 年中国众筹市场交易规模

数据来源：人创咨询

图 5-6 直观地展示了众筹模式在国内外的发展历程。

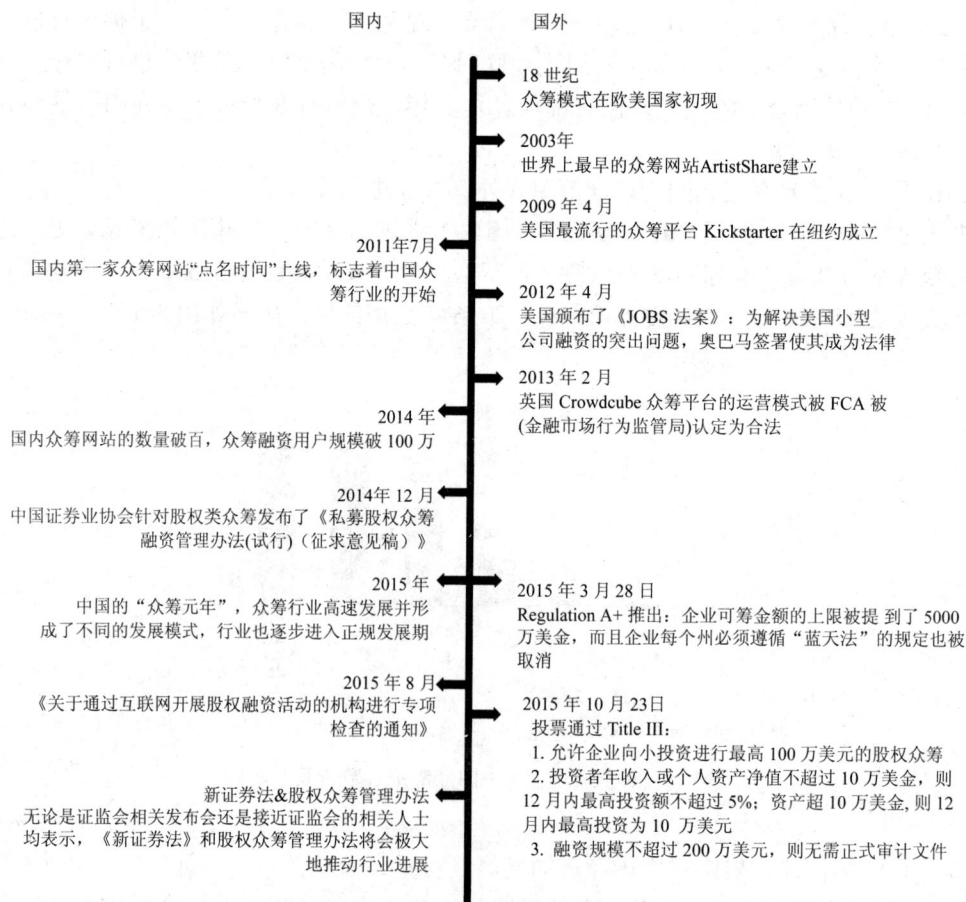

国内	国外
	18 世纪 众筹模式在欧美国家初现
	2003年 世界上最早的众筹网站ArtistShare建立
	2009 年 4 月 美国最流行的众筹平台 Kickstarter 在纽约成立
2011年7月 国内第一家众筹网站"点名时间"上线，标志着中国众筹行业的开始	
	2012 年 4 月 美国颁布了《JOBS 法案》：为解决美国小型公司融资的突出问题，奥巴马签署使其成为法律
	2013 年 2 月 英国 Crowdcube 众筹平台的运营模式被 FCA 被(金融市场行为监管局)认定为合法
2014 年 国内众筹网站的数量破百，众筹融资用户规模破 100 万	
2014年 12 月 中国证券业协会针对股权类众筹发布了《私募股权众筹融资管理办法(试行)（征求意见稿）》	
2015 年 中国的"众筹元年"，众筹行业高速发展并形成了不同的发展模式，行业也逐步进入正规发展期	**2015 年 3 月 28 日** Regulation A+ 推出：企业可筹金额的上限被提 到了 5000 万美金，而且企业每个州必须遵循"蓝天法"的规定也被取消
2015 年 8 月 《关于通过互联网开展股权融资活动的机构进行专项检查的通知》	
新证券法&股权众筹管理办法 无论是证监会相关发布会还是接近证监会的相关人士均表示，《新证券法》和股权众筹管理办法将会极大地推动行业进展	**2015 年 10 月 23 日** 投票通过 Title III： 1. 允许企业向小投资进行最高 100 万美元的股权众筹 2. 投资者年收入或个人资产净值不超过 10 万美元，则 12 月内最高投资额不超过 5%；资产超 10 万美金，则 12 月内最高投资为 10 万美元 3. 融资规模不超过 200 万美元，则无需正式审计文件

图 5-6　国内外众筹的发展历程

5.1.2　众筹的定义与运作流程

1. 众筹的定义

现代意义上的众筹是指个人或企业通过互联网良好的传播性向大众筹集资金的一种项目融资方式，其项目投资人可能来自世界各地，在募集资金的同时，能达到宣传推广的效果。

一个众筹项目的完整运作离不开三类角色：筹资人、众筹平台和投资者。三者之间的关系如图 5-7 所示。下面分析一下众筹的这三个参与角色。

1) 筹资人

筹资人又称项目发起人或项目创建人，在众筹平台上创建项目介绍自己的产品、创意或需求，设定筹资模式、筹资期限、目标筹资额和预期回报。项目发起人必须具备一定的条件(如国籍、年龄、银行账户、教育学历等)，与众筹平台签订代理合同，明确双方的权利和义务。项目发起人通常是需要解决启动资金问题的创意团队或者有创意项目的微型企业，借助项目发布让公众参与产品的开发、试生产和推广等环节，借此使得项目产品获得更好的市场反应。

2) 众筹平台

众筹平台负责审核、展示筹资人创建的项目，提供各种支持服务。平台要有一个强大的网络技术团队做支撑，按照有关法律法规的规定，让项目发起人在众筹平台上提出融资需求，将相关信息发布在网页上。发布信息需经过详细审核，确保项目内容完善可行、有社会价值，并在实施的全过程确保不违反网站准则和项目要求。平台还要负责项目融资的管理和咨询，当项目筹资失败时，平台有监督项目发起人赔偿出资者的责任与义务。

3) 投资者

投资者又称出资人，通常是指数量庞大的互联网用户，他们选择感兴趣的投资目标，根据项目设定的投资档位进行投资后，等待预期回报。投资人通过众筹平台了解筹资的信息和金额，并通过平台与筹资人进行沟通，在确定投资项目后，签订协议谋求相应回报。

图 5-7　众筹的三个参与方

2. 众筹的运作流程

目前我国众筹的运作流程通常分为项目匹配、项目融资和项目经营(众筹成功)三个阶段，如图 5-8 所示。

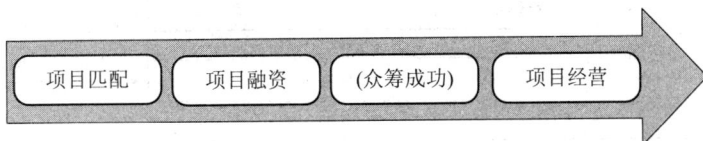

图 5-8　众筹的三个阶段

1) 项目匹配阶段

项目匹配阶段是整个众筹项目的孕育期,是项目在众筹平台对外展示筹集之前的准备期,具体包括发起人的项目申请和众筹平台的项目审核。

项目申请是指项目发起人策划拟筹资项目,制定可行性融资方案,选择目标众筹平台并设定筹资金额、筹资期限和回报方式,并按照众筹平台的要求提供项目相关信息进行筹资申请,主要内容包括申请人信息、图片或视频等形式的项目描述、项目风险、筹资金额、筹资期限、项目回报等。

项目审核即众筹平台对企业所申请的项目信息进行审核,评估信息的完备性、真实性及项目可行性。只有满足完备性、真实性、可行性要求,筹资申请才能通过审核,以保护投资者的利益。通过审核的项目可进入融资阶段。

2) 项目融资阶段

项目融资阶段是整个众筹项目的筹资期,即从项目公开展示到收获筹集资金的整个过程,其中包括三大内容:项目发展、项目宣传与项目筹资。

(1) 项目发展。项目通过审核后,项目发起人通过创建项目主页,利用网络平台向公众展示,并通过多媒体手段对项目进行详细说明,来吸引投资者,主要是为了争取公众关注及收集市场反馈信息。

(2) 项目宣传。众筹网站除了在首页进行项目展示外,还会利用官方微博、微信平台甚至通过举行发布会或媒体见面会等方式进行新项目推介。另外,项目发起人也可以通过线上或线下的社交平台来自行宣传项目。通常情况下,项目宣传与项目筹资同时进行。

(3) 项目筹资。投资者在筹资时限内对项目予以资金支持。在众筹期限届满后,如果达到或超过预先设定的筹资目标金额,众筹网站会根据风险防范的需要将筹集到的资金分批拨付给项目发起人。如果平台在规定的期限内未完成拟筹资目标金额,则意味着项目失败,众筹网站将退回投资者的款项,项目发起人可择机等待下次融资。众筹网站一般会对成功的项目按实际筹集金额的一定比例抽取佣金,对筹资失败的项目则不收取任何费用。

3) 项目经营阶段

项目经营阶段是众筹项目的经营期,即从筹资结束开始,到项目成果分配的全过程,具体包括项目经营、项目监管、成果分配、收获回报等。

综上所述,众筹的一般操作流程如图 5-9 所示。

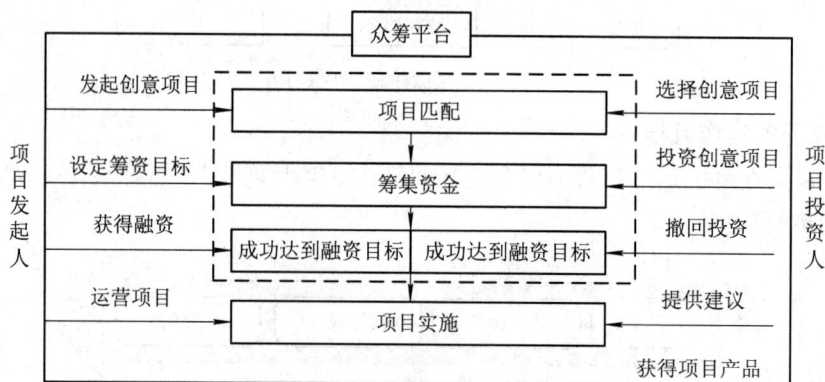

图 5-9 众筹的一般操作流程示意图

5.1.3　我国众筹平台的发展趋势

随着法律法规的发布，2016 年我国新增网络众筹平台数量呈明显下降走势，2017 年进入新一轮加速洗牌期。我国网络众筹平台的发展趋势可以总结为以下几点。

1. 专业化程度提高

专业化是众筹平台生存和发展的基础，这里所说的专业化趋势包含两个层面的含义：

(1) 众筹各个环节的专业化水平提升。随着投资人的成熟、监管政策的不断完善、行业实践的深入等因素的推动，各运作环节向着更专业化的方向进阶。2016 年，各大众筹平台从投前到投后的各个环节都尝试提升专业化水平，包括严格控制项目筛选流程、完善尽职调查体系、加强投后管理、设立风险补偿基金制度等。在国外，早在 2010 年前后就出现了一批专做众筹活动的公司，比如 2010 年在旧金山成立的知名众筹代理机构 Agency 2.0，他们帮助各类公司筹划了 200 个众筹项目，公司利用数据驱动的营销策略来创建、设计和加速 Kickstarter 和 Indiegogo 的众筹活动。Agency 2.0 拥有逾七年丰富的运作经验，开发了一项专有的包含 200 多个步骤的众筹营销策略，以优化客户赢取融资的概率，达到筹资的目标。

(2) 众筹平台向着专业的垂直网站(Vertical website)发展。垂直网站是指注意力集中在某些特定领域或某种特定需求，提供有关这个领域或需求的全部深度信息和相关服务的网站。纵观当今互联网发展格局，垂直网站是一大潮流，每个众筹平台都要有专业领域。除了可以达到去同质化的目的外，做垂直众筹平台的原因还有：垂直网站专一性的特点可以使众筹平台以低成本细分众筹市场，满足个性化需求；垂直网站可以体现平台的专业性、权威性，定位准确地吸引到特定投资群体，增加客户黏性。2017 年，提升平台的专业性将成为整个行业发展的核心。

2. 产业链类型的众筹平台崛起

大型公司如今也逐渐将目光投向众筹行业，产业链类型的众筹平台随之出现。由于众筹平台在没有强大背景依托的情况下，很难吸收到大量而又稳定的投资客户，因此，在未来规模偏中小型的综合类众筹平台会逐渐被淘汰，而留下淘宝众筹、京东众筹等少数几个拥有雄厚背景的众筹平台。

产业链类型的众筹平台以强大背景为依托，提供研发、管理、资讯等多方面的支持，为具有创意想法的个人完成整个众筹项目流程。对于众筹无法给予投资人确定的资金回报这一问题，阿里、京东等众筹平台通过雄厚的资源整合优势，凭借消费信托、保险理财等繁杂的产品设计，给予了投资者相应的现金回报，提高投资者的参与欲望，满足参与者的理财需求，这种复杂的众筹设计也是值得关注和推广的。

3. 众筹平台的移动化和社交化

随着全球智能手机的快速普及以及移动互联网的逐步渗透，互联网用户日益向移动端转移。目前，参与众筹的用户大多是年轻人，虽然这部分群体暂时受限于经验与财富等因素，实际投资能力相对较弱，但未来将成为众筹行业的主力投资群体。而他们也正是移动互联网的主要使用群体，因此众筹平台的移动化是必然的。

通过全天候移动接口，投资者可以持续关注众筹的新动向，与其他参与者进行交流。

伴随着移动化的趋势，未来众筹平台势必重视社交场景，尤其是移动端社交场景的搭建和抢占，大力发展自己移动客户端的建设。

随着众筹的迅猛发展与平台的不断成熟，众筹平台将成为风险投资者的测试平台。如今，一些风险投资公司要求自己感兴趣的创业公司先做众筹，用众筹成功后的结果作为投资决定的重要参考。还有一些风险投资公司会直接到众筹网站上挑选觉得有潜力的项目。从某种程度上来说，众筹的成功是对公司及团队能力的肯定，对获得风险投资具有很大帮助。美国著名创投研究机构 CB Insights 的数据显示，在 Kickstarter 和 Indiegogo 上众筹成功的硬件公司中，有 9.5%拿到了风险投资。

以上介绍了众筹的概况，下面对众筹平台的运营模式进行分析。

5.2 众筹平台的运营模式分析

根据融资形式、支持形式、回报形式、项目支持者的动机等因素，众筹平台的运营模式可分为股权式众筹(Equity-based crowd-funding)、债权式众筹(Lending-based crowd-funding)、奖励式众筹(Reward-based crowd-funding)和捐赠式众筹(Donate-based crowd-funding)四种类型，如图 5-10 所示。

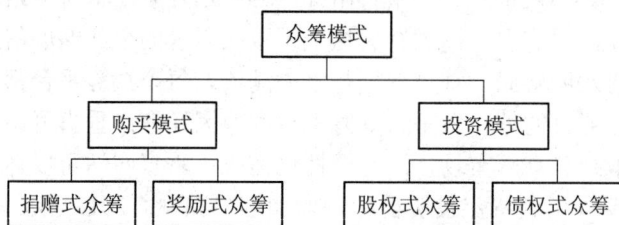

图 5-10　众筹平台的四种运营模式

根据人创咨询的数据，从 2015 年至 2017 年上半年，四种不同模式众筹平台的运营情况如表 5-1 所示。表中数据代表了不同众筹模式于不同年份的筹资规模，并简略地对不同模式的众筹进行了对比分析。

表 5-1　众筹平台对比分析　　　　　单位：亿美元

模式	定义	模式实质	2015 年	2016 年	2017 年	平台举例
股权型众筹	个人或机构出资人购买公司发行的股权	股权合资	9.5	7.98	2.37	天使汇，大家投
		合伙投资				Crowdcube，Seedrs
债权式众筹	出资人对项目或公司进行投资，获得一定比例的债权，未来收回资本并获得利益	债务性集资	55.1	—	5.26	人人贷，拍拍贷，积木盒子，Zopa
						Lending Club
奖励型众筹	投资者对项目或公司投资，获得产品或服务	团购	8.3	25.18	9	淘宝众筹，追梦网，众筹网，Kickstarter
		预付费				
捐赠型众筹	捐赠人基于慈善或公益动机为个人、项目或公司提供资金，不期望获得货币或物质回报	公益	1.42	0.68	0.24	微公益，腾讯乐捐，平安众+，Trevolta

数据来源：人创咨询

5.2.1　股权式众筹

根据 2015 年 7 月发布的《关于促进互联网金融健康发展的指导意见》的定义，股权众筹融资主要是指通过互联网形式进行公开小额股权融资的活动，融资者借助互联网上的众筹平台，将其准备创办的或者已经创办的企业或项目信息展示给投资者，吸引投资者并以股权的形式回馈投资者的融资模式。股权众筹融资必须通过股权众筹融资中介机构平台(互联网网站或者其他类似的电子媒介)进行，融资中介机构可以在符合法律要求的前提下，对业务模式进行创新，发挥股权众筹融资作为多层次资本市场有机组成部分的作用，更好地服务于创新、创业企业。

这里所说的"股权众筹融资"就是股权式众筹。可见，股权式众筹是一种融资模式，投资者通过互联网众筹平台选择自己喜欢的项目，并通过该平台进行投资，进而获得被投资企业或者项目的股权。股权式众筹与其他模式最大的不同在于：融资人向投资人提供的回报形式是否主要为股权形式。

股权式众筹的本质是创业服务，不仅仅对接投融资信息，而是以创业项目的价值挖掘、价值开发、价值展示、价值实现和价值管理为核心业务，帮助创业者融资，帮助创业项目成长，帮助投资人增值。

据人创咨询最新统计，2017 年上半年，各类网络众筹模式的总项目数占比中，股权式众筹的项目是最少的(如图 5-11)，项目数仅 688 个，其中有 434 个项目众筹成功，52 个项目众筹失败，202 个项目仍在众筹中。同时，股权式众筹的预期总融资额约 47.51 亿元，而成功完成众筹项目实际总融资额约 15.05 亿元，占预期总融资额的 32.62%，成功项目总投资人数为 3.36 万人。

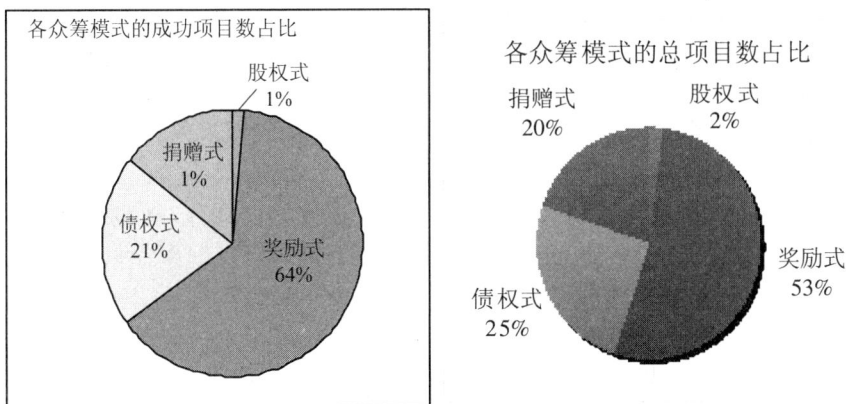

图 5-11　2017 年上半年不同众筹模式项目占比

数据来源：人创咨询

根据不同标准，股权式众筹有以下几种分类方式。

(1) 按照有无担保，股权式众筹可分为有担保的股权众筹和无担保的股权众筹。

有担保的股权众筹主要是指在股权众筹业务中加入担保元素(典型的如贷帮网)，其规定由推荐项目并对项目进行担保的众筹投资人或机构作为保荐人，如果众筹的项目在一年之内失败，保荐人赔付全额投资款，保荐人即为担保人。

·经典案例·

国内第一个有担保的股权众筹案例是贷帮网的袋鼠物流项目，项目上线 16 天，79 位投资者完成了 60 万元的投资额度。该项目是由第三方机构提供为期一年的担保，在一年内如果该项目失败，担保机构将全额赔付投资人的投资额度，这对投资人具有相当大的吸引力。

无担保的股权众筹是指不含担保元素的股权众筹，我国目前大多数股权式众筹平台都属于这种。

(2) 按照众筹行为的性质，股权式众筹可分为私募股权众筹与公募股权众筹。

私募股权众筹是指把众筹行为界定为私募行为的股权众筹；公募股权众筹是将众筹行为界定为公募性质，众筹平台可以向公众进行资金募集的股权众筹。

众筹模式刚刚进入我国的前期，股权式众筹都采取了私募的形式，我国市场上的私募股权众筹有百度百众、京东东家、36Kr 股权众筹平台和蚂蚁金服旗下的蚂蚁达令等。在 2017 年，《证券法》修改中已明确增加了公募股权众筹的豁免，并且已经确定了第一批公募股权众筹试点平台，分别是京东金融的"东家"、平安集团旗下的深圳前海普惠众筹交易股份有限公司，以及蚂蚁金服的"蚂蚁达客"。除了获得公募股权众筹的许可证外，这三家众筹平台已经在对接中国证券登记结算有限公司的系统，这一举动打开了非上市公司股票进行公开交易的可能性。接入该系统后，一方面可以更好地保护投资者的权益，另一方面简化了股权转让流程，为在二级市场转让创造了可能性。

(3) 按业务开展的渠道，股权式众筹可分为线上股权众筹与线下股权众筹。

线上股权众筹主要是指融资人、投资人以及股权众筹平台之间所有的信息展示、交易往来都是通过互联网完成的，当下许多股权众筹的大部分流程都是通过线上完成的；线下股权众筹也称为圈子众筹，主要是指在线下基于同学、朋友、同事等熟人圈子而开展的一些小型众筹活动。

(4) 按众筹平台的经营范围，股权式众筹可分为综合型股权众筹和垂直型股权众筹。

综合型股权众筹平台经营范围较广，无明确的行业划分，我国较大的股权众筹平台基本都是综合型平台；垂直型股权众筹的经营范围有明确的行业划分，如成立于 2012 年 2 月的淘梦网是国内首家垂直型股权众筹平台，专注于新媒体影视创作。

(5) 按融资项目所处的阶段，股权式众筹可分为种子型股权众筹、天使型股权众筹与成长型股权众筹。

这最早由中国人民银行金融研究所所长姚余栋提出，他主张按照融资项目所处的种子、天使和成长三个不同阶段设置不同的股权式众筹平台，最终实现股权式众筹平台的"递进式"发展。

(6) 按股权的表现形式，股权式众筹可分为凭证式股权众筹、会籍式股权众筹与天使式股权众筹。

简略而言，凭证式股权众筹一般是通过熟人介绍加入众筹项目，投资者不成为股东；会籍式股权众筹的投资者则成为被投资企业的股东；天使式股权众筹有明确的财务回报要求。

下面结合案例，深入了解一下这三类股权式众筹的模式。

① 凭证式股权众筹。

凭证式股权众筹主要是指在互联网通过卖凭证和股权捆绑的形式来进行募资，出资人付出资金取得相关凭证，该凭证又直接与创业企业或项目的股权挂钩，但投资者不成为股东。购买了筹资者发行的凭证后，出资者可以获得相关的权利和回报，如电子杂志阅览权、业务培训权等，或者获得相应的分红回报等。美微传媒就是典型的凭证式股权众筹。

◆ 经典案例 ◆

国内第一个股权众筹的案例是美微淘宝卖股权。2012年10月，淘宝出现了一家店铺，名为"美微会员卡在线直营店"，淘宝店店主是脱离了爱奇艺的朱江。此前，朱江带着他的商业计划书走遍北上广深等全国主要城市，拜访了100多位投资人却未得到肯定答复，于是他在淘宝上注册了这家店铺，通过拍卖会员卡，购买者除了能够享有"订阅电子杂志"的权益，还可以拥有美微传媒的原始股份100股。通过众筹，获得1194个众筹的股东，占到美微传媒股份的25%，整体融资500万。起初，美微通过众筹获得384万的启动资金，后来通过广州的演播厅，又在老股东当中募资了一次，并且24小时之内成功募集资金。

美微的凭证式众筹试水在网络引起了巨大的争议，很多人认为有非法集资嫌疑，果然未等到交易全部完成，美微的淘宝店就被淘宝官方关闭，阿里巴巴对外宣称淘宝平台不准许公开募股。而证监会也约谈了朱江，最后宣布该融资行为不合规，美微向所有购买凭证的投资者全额退款。

在淘宝上通过销售凭证和股权捆绑销售的形式进行募集，可以说是美微的一个尝试，虽然说因为有非法集资的嫌疑最后被证监会叫停，但依旧不乏可以借鉴的闪光点。主要闪光点包括：门槛低，即使几百元也可购买。但主要的问题在于受到政策限制。

目前，国内没有专门做凭证式众筹的平台，但《关于促进互联网金融健康发展的指导意见》中明确指出，"股权众筹中介机构可以在符合法律法规的前提下，对业务模式进行创新探索，发挥股权众筹融资作为多层次资本市场有机组成部分的作用，更好服务创新创业企业"，并且规定了股权式众筹由证券会负责监管。所以，在未来股权式众筹如何找到股权式众筹和非法集资的平衡点，还有待股权众筹机构的尝试和创新。

② 会籍式股权众筹。

会籍式股权众筹主要是指在互联网上通过熟人介绍，出资人付出资金，直接成为被投资企业的股东。这种模式通常应用于店铺众筹中。会籍式股权众筹一般采用同股同权的方式进行投资，投资人通过投资不仅直接成为被投企业的股东，在获得相应回报的同时拥有更多的人脉圈。最典型的案例就是众筹咖啡——3W咖啡。

◆ 经典案例 ◆

3W咖啡的众筹模式很简单，向社会公众进行资金募集，以每个人10股，每股6000元，相当于一个人6万的价格向社会公众进行资金募集。但不是所有人都能成为3W的股东，3W致力于打造互联网创业和投资的高级圈子，没有一定的实力和背景是不允许入股的。进入这个圈子就相当于得到了认识更多同样优秀的投资人的机会。3W咖啡的店面如图5-12所示。

图 5-12　3W 咖啡

这种创新的门槛限制模式吸引了众多的知名投资人和创业者，包括徐小平、曾李青、沈南鹏在内均是他们的股东，其股东阵容堪称豪华。

③ 天使式股权众筹。

与凭证式和会籍式股权众筹不同，天使式股权众筹更接近天使投资或风险投资的模式。出资人通过互联网寻找投资企业或项目，付出资金或直接和间接成为该公司的股东，同时出资人往往伴有明确的财务回报要求，一般适合高科技创业企业或项目。

目前"领投+跟投"模式是天使式股权众筹中最理想的模式，即在项目中引入一到两个专业投资人作为领投人，负责项目的筛选、推介和投后管理等专业性工作，一般投资人只需要作为跟投人出资即可。而众筹平台作为信息中介，主要负责融资项目的撮合。因为股权投资涉及后续的项目监督、管理和资源支持等一系列事宜，门槛相对较高，因此需要参与者拥有良好的风险认知和风险承受能力。

经典案例

京东众筹作为京东金融第五大业务板块，成立于 2014 年 7 月 1 日，旨在为初创项目及投资者打造便捷的资金获取及投资渠道。目前京东众筹主要有奖励式众筹和股权式众筹，其中京东股权式众筹平台采用"领投+跟投"的模式。京东股权众筹运作流程如图 5-13 所示，即领投人是有一定投资经验或熟悉被投项目行业的投资人，可为创业团队带来更多的行业资源，而其他投资人则进行跟投。市场上大部分股权式众筹平台都采用了这种模式。

适合京东股权众筹的项目主要有三类：

第一类是个人消费占个人资产比例小的项目。其中有"消费升级"与"个人金融理财配置"两个子类。"消费升级"里又分为三个部分：纯粹体验类的消费，如体育、游戏、旅游和电影；轻奢消费，因为这些诉求有可能会产生一些新品牌的崛起；提升并维持自我评价的项目，即可以感觉到自我存在的价值，例如豆瓣和整容类的 APP。另外一个子类是"个人金融理财配置"，如互联网金融或者 P2P 理财。

第二类是养老概念的相关项目，如医药和医疗设备、老年养护护理以及老年人社交和其他心理需求类项目。

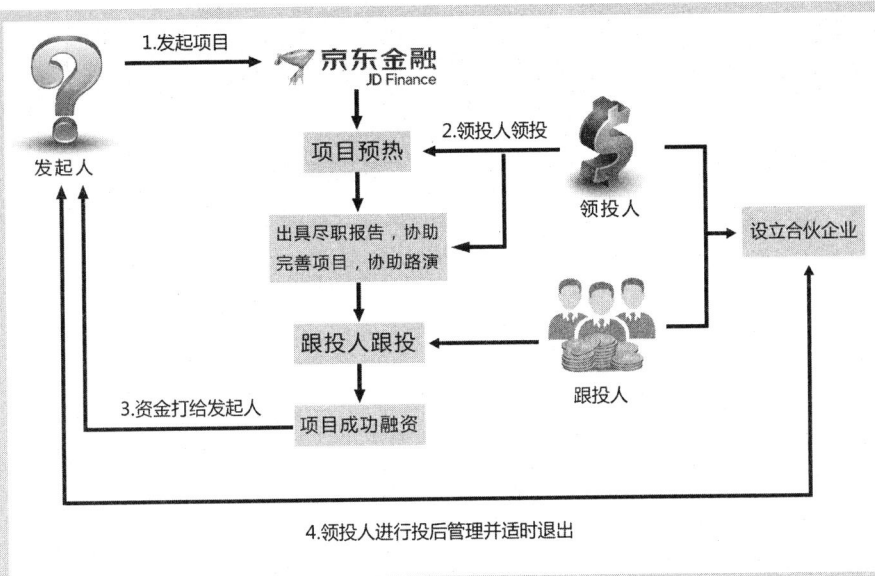

图 5-13　京东股权众筹运作流程

第三类是人工智能相关项目，比如法律工作、医生工作、审计工作和证券分析类的工作。

京东股权众筹的融资流程如图 5-14 所示，其中项目审核中有 4 个打分项：分别是团队、市场前景、产品服务和技术商业模式的完整度以及行业竞争。一共有 5 个评分委员，每个人对每个项目都参与评分，10 分是满分，8 分以上为优质项目，7 到 8 分是优良的项目。

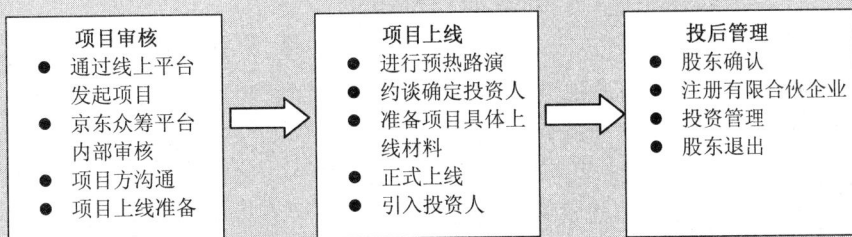

图 5-14　京东股权众筹的融资流程

"领投+跟投"模式中各方具体的权利与义务如下：

(1) 领投人：负责项目的尽职调查，撰写调查报告，协助披露相关项目信息，负责项目的投后管理，代表所有投资人出席董事会等工作。领投人出钱、出力，可获得额外的管理费收入，这笔费用由跟投人支付，一般不超过跟投人投资收益的 20%。

(2) 跟投人：基于自己的判断和对领投人的专业认可作出投资决策，不参与公司的重大决策，不进行投资管理。一般而言，跟投人需要入股专门为融资项目设立的有限合伙企业，通过有限合伙企业间接持有融资企业的股权权益，分享融资企业股权增值的收益。

(3) 众筹平台：负责对项目信息进行初步筛选，不对项目的收益进行任何形式的"担保"，也不保证信息的准确性，不过有协助投资人进行投后管理的义务。

图 5-15 展示了"领投+跟投"模式股权众筹的运作流程。

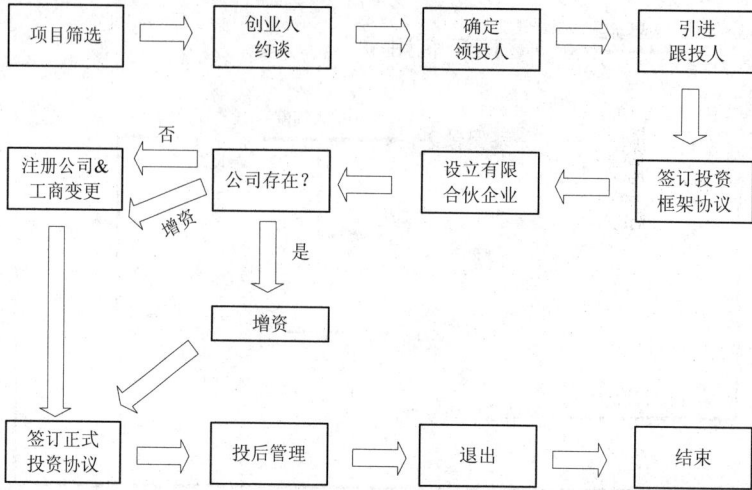

图 5-15 "领投+跟投"模式股权众筹的运作流程示意图

与"领投+跟投"模式相对应的是无领投模式，其运作流程如图 5-16 所示。

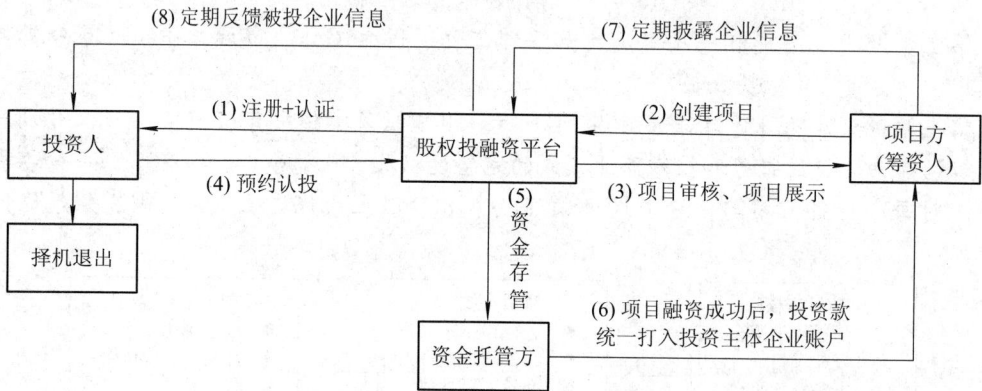

图 5-16 无领投模式股权众筹的运作流程

目前中国股权式众筹网站的整体规模还比较小，主要有以下两个原因：

一是此类网站对人才的要求较高。首先，股权式众筹网站需要有广阔的人脉将天使投资人或者风险投资家聚集到平台上；其次股权式众筹网站还需对项目做初步的尽职调查，这要求平台搭建自己的分析师团队；另外股权式众筹网站还需要有熟悉风险投资相关法律的法务团队，协助投资者成立合伙企业及投后管理。

二是此类网站具有马太效应，即强者愈强、弱者越弱的现象。投资者喜欢聚集到同一个地方去寻找适合的投资目标，当网站汇集了一批优秀的投资人后，融资成功的概率将大大提升。因此，原先就火的网站会越来越火，流量平平的网站则举步维艰，而同质化限制了整体规模的扩张。

5.2.2 债权式众筹

债权式众筹的实质是"众筹网络借贷"，即 P2P 网络借贷——多位投资者对 P2P 网站上的项目进行投资，按投资比例获得债权，未来获取利息收益并收回本金(P2P 网络借贷在本书第 4 章已有详细介绍，此处不再赘述。债权式众筹目前在国内的典型代表有有利网、陆金所、宜信、开鑫贷、积木盒子、拍拍贷、人人贷等。

5.2.3　奖励式众筹

奖励式众筹也可以称为回报型众筹或者产品式众筹，是指项目发起人从投资者处获取资金，等项目成功后以实物、服务或者媒体回报等非金融性回报形式支付给出资者作为回报。这种奖励以筹资者的项目产品为主要形式，项目产品可以是实物形式，也可以是非实物形式，如电影的首映体验等。

通过图 5-11 我们不难发现，在众筹的所有模式中奖励式众筹是最受参与者欢迎的众筹模式。这种众筹模式通常应用于创新项目的产品融资，尤其是对电影、音乐以及各种黑科技产品的融资。

奖励式众筹跟其他几种众筹模式相比具有其独特性：

(1) 奖励式众筹的一大特点在于产品的预售，即出资人先付款，筹资人经过一段时间的生产制造或进行服务前期的准备工作后，再给予出资人产品或服务回报。

(2) 产品具有排他性，即处于众筹期限内的产品仅在单一渠道发售，其他渠道享受不到相同的产品或服务回报。

(3) 奖励式众筹的覆盖范围更广，包括商业、企业、音乐、电影、表演艺术、社会事件、时尚等。

(4) 奖励式众筹也可以作为其他众筹模式的有益补充。例如，债权式众筹和股权式众筹中都可以加入奖励式众筹的元素作为其补充手段来吸引投资者，从而促使项目的筹资成功。

美国的众筹平台 Kickstarter 就是典型的奖励式众筹平台，该平台的自我定位是"全球最大的创意项目融资平台"，其众筹的项目分为艺术、漫画、舞蹈、设计、时尚、电影和视频、食物、游戏、音乐、摄影、出版、技术和剧院等共计 13 类。图 5-17 展示了Kickstarter 众筹平台运作的流程。

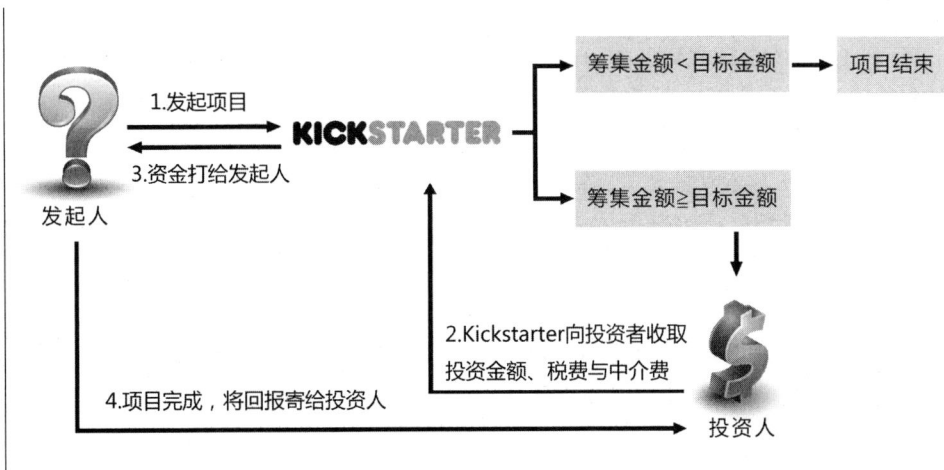

图 5-17　Kickstarter 众筹平台运作流程示意图

Pebble E-Paper 智能手表(如图 5-18 所示)是由 Allerta 公司通过 Kickstarter 平台发起的项目。这一项目的最初融资目标定为 10 万美元,但在 2012 年 4 月 11 日至 5 月 18 日短短 37 天之内就获得了 68929 人的资助,累计筹资额达到 1000 万美元。其中,天使资金在项目之初就给出了 37.5 万美元的天使投资。

图 5-18 Pebble E-Paper 智能手表

该项目是典型的奖励式众筹项目,其在发布筹资信息时就设定了相应的回报设置,本文选取其中 5 个回报设置予以介绍:

1 美元:会让投资者了解到 Pebble E-Paper 智能手表的最新进展等独家消息。这一回报类别得到了 2615 位支持者。

99 美元:为投资者提供一款零售价为 150 美元的黑色手表。美国境内免费配送;加 10 美元可送货至加拿大;加 15 美元全球配送。这一回报类别吸引到了 200 位支持者。

125 美元:可从三种颜色的手表中任选一款。美国境内免费配送;加 10 美元可送货至加拿大;加 15 美元全球配送。这一回报类别获得了 14350 位支持者。

240 美元:可从三种颜色的手表中任选两款,美国境内免费配送;加 10 美元可送货至加拿大;加 15 美元全球配送。这一回报类别获得了 4925 位支持者。

1250 美元:把投资者的创意给该公司,公司为投资者设计制作专有智能手表,同时还能获得 5 款不同颜色的手表,美国境内免费配送;加 10 美元可送货至加拿大;加 15 美元全球配送。这一回报类别引起了 20 位支持者的关注。

奖励式众筹虽然还处于发展的初期,但却成了最受媒体关注的一种众筹形式,其中的原因不仅仅是由于其涉及了公众最关注的领域,更重要的是很多项目利用这一模式取得了成功。

在我国,根据奖励式众筹的产品特点,可将平台分为综合类众筹平台和垂直类众筹平台。

综合类众筹平台上的项目类别比较丰富,接受项目范围广,融资能力强,代表性平台有京东众筹、众筹网、淘宝众筹等。

而垂直类众筹平台对众筹领域进行细分,专一性强,主要以一种或者两种类别的项目为主，代表性平台有音乐众筹平台——乐童音乐、影视众筹平台——淘梦网。

　　以乐童音乐为例，乐童音乐平台于 2012 年 7 月上线，作为专注于做音乐的垂直类众筹网站，乐童音乐平台在音乐周边的实物预售等方面已经取得了不小的成绩，在业内颇有名气。筹资人可以在该平台发起一个有创意的和音乐相关的项目和想法，并向公众进行推广，获得资金支持，完成梦想。投资人则可以关注和浏览各种各样有趣的音乐项目和想法，支持自己喜欢的音乐人或者音乐项目，帮助他们完成梦想。

◆经典案例◆

　　2014 年 6 月，47 天、268 人支持、1029768 元的融资额，让"荒岛唱机" VW01 成为中国第一个百万元级别的音乐硬件类产品众筹成功案例。"荒岛唱机"项目由前城市画报主编、著名媒体人黎文在乐童音乐平台发起，经过前期的充分企划和后期的执行推广，加之快速有效的反应回馈，让这一项目成为了音乐硬件类众筹的经典案例。

　　"荒岛唱机"的总工程师为中国 HI-FI 音响界知名设计大师、猫王收音机创始人曾德钧先生，秉承"民主设计"精神——生活产品不但应该设计优良、耐用经久，也应该惠及大众。Hi-Fi 级品质"荒岛唱机"，设计简约，操作容易，价格平民。

　　每一部"荒岛唱机"在设计和材质上都很考究，带有独立编码，并且在整个产品发货完毕后会销毁模具。这样的姿态就告诉众筹参与者，他们拥有的唱机是独一无二的，值得珍藏。设计、手工、复古这些元素比罗列技术指标更能打动人心，对于"荒岛唱机"的目标人群而言，他们收获的与其说是一种产品，不如说是一种生活方式、一种生活观念。

　　"荒岛唱机"的效果图如图 5-20 所示。

图 5-20　"荒岛唱机"效果图

　　"荒岛唱机" 47 天创造的奇迹离不开众筹初期项目团队对产品及市场的精准定位。"荒岛唱机"的受众群体虽然小众，却很精准，主要为对音乐硬件有需求的人、对听音乐的方式有要求的人、爱音乐的人，销售渠道主要定位在想入门又无从下手的人群。

　　在整个众筹过程中，乐童音乐平台的客服服务相当到位，几乎 24 小时在线介绍产品、指导网络支付等。"荒岛唱机"这一案例，让我们看到娱乐行业思维与互联网思维的结合所迸发的强大力量。

　　奖励式众筹的直接表现形式有些类似团购或者预售，但由于其本质不同，所以其价值提供和价值传递的方式均有不同。

奖励式众筹实际上是"筹人、筹智、筹资"的过程，其价值可以概括为以下几点：

(1) 发现创意：众筹处于产业链的最前端，可以最快速地发现和发掘有潜力的产品项目。

(2) 市场需求定位：通过考察支持度，可以验证项目是否符合市场需求，大大降低项目失败的风险。

(3) 获取粉丝：提供天然的路演平台，帮助项目获得第一批忠实粉丝。

(4) 为后续融资提供证据：众筹后的数据结果，可以为项目获得进一步融资提供最强有力的说明。

(5) 融资合作：众筹平台也会根据项目筹资表现的数据，提供借贷、孵化或投资等金融服务。

5.2.4　捐赠式众筹

捐赠式众筹是指出资者以捐赠或者公益的形式，不求任何实质回报地为项目或者企业提供资金。这类众筹是对传统慈善机构的一种补充，通过网络众筹平台将慈善项目或弱势群体的困难进行宣传，以引起社会各界热心人士的关注和无偿募捐。捐赠式众筹平台在英美发达国家已经发展得较为成熟，这与其税收政策和公共福利文化背景有关。国外典型的捐赠式众筹平台有美国的 GoFundMe、英国的 Prizeo。

在我国，捐赠式众筹平台以三种方式来运营：一种由用户个人发起公众募捐，比如腾讯公益项目，就是利用朋友圈的个人关系为需要帮助的人募集捐款；第二种是由捐赠众筹平台根据《基金会管理条例》设公募基金会，代替有资金需求的一方向公众发起募捐，但公募基金会申请门槛较高，难以获批；第三种是微公益模式，由有公募资格的 NGO 发起、证实并认领，捐赠式众筹平台仅充当纯平台作用，如腾讯公益下的"乐捐"。

捐赠式众筹在国内发展迅速，不仅成了非营利组织获取捐款以帮助有需要的人的途径，也成为政府进行有效扶贫的方式。典型的案例有：众筹网的公益频道提出并贯彻的"众筹扶贫"新模式。

◆ 经典案例 ◆

"众筹扶贫"是网信集团旗下众筹网公益频道率先提出并贯彻的扶贫新模式(如图 5-21 所示)，与中国红十字基金会"生计保护"项目合作，孵化脱贫带头人。"众筹扶贫"主要是通过与地方政府合作，组织、激励脱贫带头人，如一线扶贫干部、大学生村官、返乡创客等群体，发起众筹项目帮助贫困户销售优质农产品，增加贫困户的经济收入，让他们有尊严地脱贫、可持续地致富。

"在 5 年内解决 7000 多万人口的贫困问题"是十三五的重要工作之一，因此需要广泛地调动社会资源参与到脱贫攻坚战中。互联网打破了时间与空间的限制，连接贫困户与消费者，用"消费"代替"捐赠"的形式支持扶贫，既能提升贫困户的收入，提高其劳动所产生的价值，鼓励他们用辛勤劳动换取更优质的生活，也带动了消费者参与扶贫的积极性，能做到更高效、更有针对性地解决贫困这一社会问题。

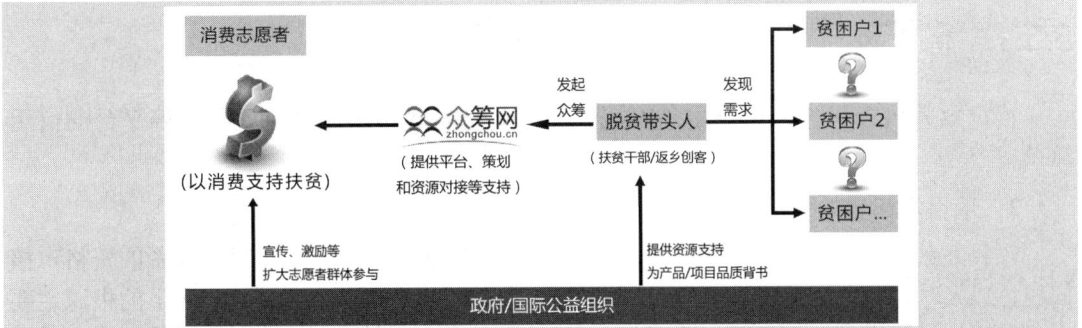

图 5-21　"众筹扶贫"模式示意图

众筹网作为"众筹扶贫"的领军者，用创新的方式动员社会力量支持偏远地区的扶贫工作。2014 年，山西挂职副县长通过众筹网帮助农户将优质核桃销往城市，减少了中间环节，提升了农户的收益，同时将部分众筹款项投入当地公共设施建设，提高农村的生活质量。2015 年，众筹网在江西、贵州、河南等地快速推进众筹扶贫，帮助贫困地区对接广阔的社会资源。众筹网在母公司网信集团的大力支持下，发挥平台优势、专业优势参与公益事业，整合网信理财公益标等兄弟公司资源，让更多人享受到科技发展带来的生活质量的提升，促进了社会的良性发展。

5.3　众筹的风险分析

众筹作为互联网金融的新兴业态之一，与其他的互联网金融业态一样面临着信用风险、技术风险、管理风险及法律风险等，特别是众筹行业十分容易触及法律风险。本节将结合案例简单分析前三类风险，并详细分析该领域的法律风险，以及介绍我国关于众筹的相关政策法规。

在我国，经历过爆发期后，众筹行业的发展陷入持续低迷期。从 2016 年 10 月开始，平台数量持续减少，截至 2017 年 8 月，已有四成平台被淘汰，如图 5-22 所示。尽管众筹可以帮助部分投资人获取高额回报，但众筹的投资风险较高，众筹项目失败及产生的法律纠纷的案例也屡见不鲜。

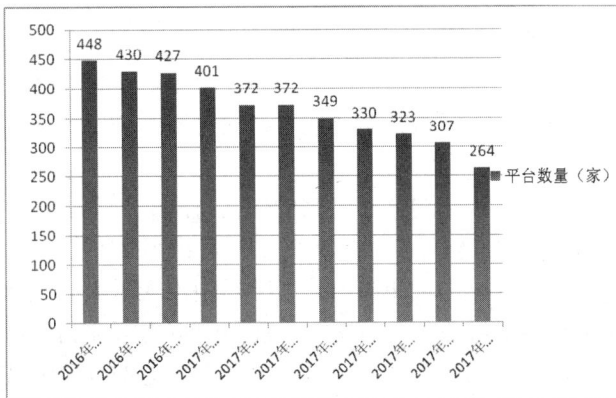

图 5-22　正常运营众筹平台数量变化

数据来源：盈灿咨询

5.3.1　信用风险

根据众筹的参与者，可以将信用风险分为项目发起者的信用风险与众筹平台的信用风险。

1．项目发起者的信用风险

项目发起者的信用风险主要指虚假信息风险，包括众筹平台对项目发起者的资格审核问题，以及项目发起者在募集资金成功后不能兑现承诺的问题。这种风险产生的根源主要在于我国缺乏健全的信用体系。

具体来讲，项目发起者的信用风险产生自以下几个方面：

(1) 关于项目发起者的资格现行法律并没有专门规定，任何自然人、法人、其他组织均可在网络众筹平台上发布众筹项目。

(2) 众筹平台对项目发起者的资质无过多要求和硬性审核，容易产生以虚假身份发起项目的信用风险问题。

(3) 成功募集资金的众筹项目，众筹平台通常会一次性将款项拨付到众筹项目发起者的账户，此后往往不再对众筹项目进行监督，项目发起人有可能在筹资成功后不履行对投资人的承诺，从而导致信用风险爆发。

◆ 经典案例 ▶

2016 年 2 月，山东省烟台市栖霞市观里镇东南观村"大学生村官"张瑞丰在淘宝众筹平台发起"村官樱桃"众筹，目标筹资金额 5 万元，短短一个月获得 7986 人支持，筹得资金 112.3 万元。但在樱桃持续发货后，不少消费者感到上当受骗，发货地点并非山东烟台，而是江苏南通，且筹资发起人的"村官"身份疑似伪造，不少项目支持人因此请求退款。后经调查，众筹发起人确非村官，也承认在众筹文案中有虚假宣传的成分。淘宝众筹对此的处理是：帮助消费者联系众筹发起方处理商品补发、退款问题，并下线了该众筹页面，对该众筹发起方做出 1 年内不允许发布众筹项目的处理。

2．网络众筹平台的信用风险

网络众筹平台的信用风险主要在于资金托管。由于在融资过程中出资者将资金拨付到众筹平台的账户，平台再将资金划拨到成功募集的项目上，因此平台在其中担当了支付中介的角色。而资金募集与融资方获得资金之间存在时间差，加上不完善的监管制度，如果平台出现信用危机，将对投资者造成损失。

中国人民银行于 2010 年颁发的《非金融机构支付服务管理办法》对互联网支付服务作出了明确规定，根据第三条第一款"非金融机构提供支付服务，应当根据本办法取得《支付业务许可证》成为支付机构"和第三款"未经中国人民银行许可，任何非金融机构和个人不得从事或变相从事支付业务"可知，目前只有取得《支付业务许可证》的非金融机构和个人才能从事支付业务，而众筹平台目前只属于普通的互联网线上平台，并不具备支付资格。

5.3.2　技术风险

技术风险在众筹行业主要是指产品技术不成熟、寿命不确定或持续创新能力不足等带来的产品难以获得市场竞争优势的风险。在奖励式众筹中，有部分众筹项目的技术仍处于开发阶段或者试验阶段，如果生产出来的产品存在质量问题或瑕疵，项目的支持者将会蒙受损失。而且在众筹的产品大多属于前沿性的高科技产品，网络众筹平台对项目的审查能力有限，没有严格的鉴定标准，支持者难以提前判断该项目产品是否存在安全隐患。

◆ 经典案例 ◆

2014 年 12 月，大可乐手机登录京东众筹平台，打出"一次众筹，终身每年免费换新"的口号，即投资者只要花千余元参与众筹项目，就可以免费获得一台高配置的大可乐 3 手机(如图 5-23 所示)，同时每一年还可以将旧手机更换成新手机。这一承诺引发了投资者的追捧，不到 25 分钟就已吸引 1650 万元的投资。

图 5-23　大可乐 3 手机众筹页面

但在 2016 年，众筹支持者没等来免费换新机的服务，大可乐手机的问题却被频频曝光，直至 2017 年 3 月份，大可乐手机正式发微博宣告失败，投资者已无法享受当初众筹之时的美好承诺。多名众筹支持人维权，部分众筹支持人表示大可乐手机存在屏幕质量问题且其售后维修服务近乎于无。

5.3.3　管理风险

作为新兴行业，网络众筹行业在管理体系方面尚不成熟，很容易引起管理混乱。网络众筹平台对项目的审核没有严格的规定，监管相对空白，这导致部分平台降低创业项目的门槛，放行更多项目进入众筹平台融资，甚至部分平台与融资企业之间存在内幕交易、关联交易或者自融行为等。

在众筹过程中，有时筹资人为了得到更多投资人的支持，提高筹资的成功率，可能会在项目上过度美化包装，甚至夸大其词误导投资人。融资成功后，在追求自身利益的驱动下，加上信息披露的虚假性，融资方很有可能不按照契约履行义务，或者擅自更改募集资金的用途，甚至携款跑路。这些都会让投资者的利益遭受损失。

在店铺众筹的迅速发展中，失败的案例也不胜枚举。最典型的就是咖啡众筹行业，失败的原因通常有三点：① 业态太单一，如果仅仅是经营咖啡，没有简餐的话，即使是国内的大牌咖啡厅也是难以盈利的；② 店铺开业前没有通过数据理性地分析市场需求情况，导致店铺没有迎合市场需求，没有细分客户群体，潜在客户挖掘不力，客户源不稳定；③ 股权分配不科学，股权代表着责任，平均股权就是平均责任，在这种情况下股东会缺乏经营管理的积极性，遇到问题会相互推诿，最后导致项目流产。

5.3.4　法律风险

在众筹的法律风险中，基本涉及众筹平台、融资人和投资人这三方主体，部分还涉及资金托管方。本节将从我国的法律法规及监管和不同类型的众筹的风险进行阐述。

1. 法律法规及监管

在我国，网络众筹在发展之初主要参照已有法律法规，例如《刑法》、《证券法》、《公司法》等。其中，《证券法》对于公开发行股票的规定与《公司法》对于公司人数的限制等都涉及了众筹业务。

中国证券业协会在 2014 年年底发布了《私募股权众筹融资管理办法(试行)(征求意见稿)》，这是官方第一次针对众筹行业制定的管理规则。此文件中提出众筹融资活动在发展中一些不容忽视的问题与风险，例如法律地位不明确、参与各方的合法权益得不到保障，以及业务边界模糊、非法集资与资金欺诈等风险。

2015 年 4 月，《证券法》修订草案提出众筹方式公开发行模式。

2015 年 7 月 18 日，中国人民银行联合十部委牵头出台《关于促进互联网金融健康发展的指导意见》，该指导意见被业界称为"互联网金融基本法"。该指导意见明确了众筹的定义——通过互联网形式进行公开小额股权融资活动，肯定了它对我国资本市场的意义，但需要更加具体的法律法规，期待将来证监会的监管细则予以更清晰的界定。

2015 年 8 月 3 日，证监会发布了《关于对通过互联网开展股权融资活动的机构进行专项检查的通知》，证监会此次检查对股权众筹平台的意图明确，即对当前股权众筹行业进行摸底排查，为对监管细则的出台做调研。

2015 年 8 月 10 日，中国证券业协会发布《关于调整<场外证券市场业务备案管理办法>个别条款的通知》，将"私募股权众筹"修改为"互联网非公开股权融资"，明确了官方对于股权式众筹业态的界定。除了阿里巴巴、京东和平安取得了股权式众筹试点资质之外，其他大部分网络股权融资平台的业务将被归属为"互联网非公开股权融资"的范畴。

2016 年 4 月 14 日，经国务院同意，中国证监会等 15 个部门联合发布了《股权众筹风险专项整治工作实施方案》(【2016】29 号)，将互联网股权融资活动纳入整治范围，重点整治互联网股权融资平台以"股权众筹"等名义从事股权融资业务、以"股权众筹"名义募集私募股权投资基金、平台上的融资者擅自公开或者变相公开发行股票等八类问题，并明示了六类禁止行为。

2. 不同众筹模式的法律风险

众筹中的法律风险更多地集中在股权式众筹和债权式众筹中。在四种众筹模式中，债权式众筹即 P2P, 在本书第 4 章已经做过详细的介绍, 这里不再赘述。本节主要针对最具发展潜力的股权式众筹、平台数占比最大的奖励式众筹以及风险极易爆发的捐赠式众筹分别进行法律风险的详细分析。

1) 股权式众筹的法律风险

对于股权式众筹的投资人来说, 主要的法律风险有合同欺诈的风险、难以退出项目的风险及股份代持的风险。

而股权式众筹中融资人的法律风险一旦涉及, 影响往往巨大, 例如涉嫌非法吸收公众存款罪、涉嫌擅自发行股票犯罪、涉嫌非法发行证券犯罪、涉嫌洗钱犯罪等。

股权式众筹的平台则有涉嫌欺诈的法律风险, 甚至可能面临刑事风险。法律规定, 未经中国人民银行许可, 任何非金融机构和个人不得从事或变相从事支付业务。众筹平台没有取得支付业务许可证, 但实际上一些平台往往在充当着支付中介的角色, 由众筹平台来掌控资金, 而没有引入合法的第三方支付机构进行资金托管。若众筹平台在无明确投资项目的情况下, 事先归集投资者资金, 形成资金池, 然后公开宣传、吸引项目上线, 再对项目进行投资, 则存在非法集资的嫌疑。

2) 奖励式众筹的法律风险

奖励式众筹的法律风险相对最小。一方面, 在融资人和投资人有明确约定的前提下, 投资人应自行承担风险, 但如果融资人就项目本身造假, 可能涉嫌集资诈骗罪。另一方面, 融资方需要披露产品的生产工艺信息或项目的商业模式, 鉴于目前知识产权保护力度不足, 在信息披露的详略程度上会形成选择困难, 若披露得太详细, 可能有被抄袭的风险。

3) 捐赠式众筹的法律风险

捐赠式众筹的法律风险主要来自两个方面: ① 项目信息虚假, 比如一些众筹平台审查力度不够, 致使部分虚假项目上线接受捐赠, 甚至自行编造项目, 这些可能涉嫌集资诈骗罪; ② 募集资金用途不透明, 在投资人不知情的情况下融资方将资金池中的资金转移或挪作他用, 或将捐赠资金不合理使用, 也有可能涉嫌集资诈骗罪。

本 章 小 结

通过本章的学习, 读者应当了解:

(1) 众筹是指个人或企业通过互联网良好的传播性向大众筹集资金的一种项目融资方式, 其项目投资人可能来自世界各地, 在募集资金的同时, 达到宣传推广的效果。

(2) 众筹的主要模式有股权式众筹、债权式众筹、奖励式众筹和捐赠式众筹。股权式众筹融资主要是指通过互联网进行公开小额股权融资的活动, 吸引投资者并以股权的形式回馈投资者; 债权式众筹的实质即 P2P 网络借贷; 奖励式众筹是指项目发起人筹集款项, 等项目成功后以实物、服务或者媒体回报等非金融性回报形式支付给出资者作为回报的融资活动; 捐赠式众筹是指出资者以捐赠或者公益的形式, 不求任何实质回报地为项目或者企业提供资金的一种融资活动。

(3) 众筹的发展对中国经济的意义有: 网络众筹行业的发展为传统金融发展模式的创新提供了新思路, 有利于促进我国金融体系的完善; 网络众筹的发展降低了融资门槛, 缓解了互联网科技创新企业以及中小企业融资困难的局面, 对扶持中小企业的发展有较大的意义。

(4) 目前众筹主要的发展趋势为：专业化程度提高；产业链类型的网络众筹平台崛起；网络众筹平台的移动化和社交化。

(5) 众筹的运作流程包括项目匹配阶段、项目融资阶段以及项目经营阶段，其中项目融资阶段的时间最长，包括项目发展、项目宣传、项目筹资等内容。

(6) 众筹行业的相关法律法规包括：《私募股权众筹融资管理办法(试行)(征求意见稿)》、《关于促进互联网金融健康发展的指导意见》、《关于对通过互联网开展股权融资活动的机构进行专项检查的通知》和《股权众筹风险专项整治工作实施方案》。

本 章 练 习

1. 简答题

(1) 简述众筹的运营模式有哪些？运营流程有何不同？

(2) 简述众筹的特点。

(3) 简要分析我国众筹平台的发展趋势。

2. 案例分析

2013 年，梁旋、张春做了一个 6 分钟的样片，吸引了众多粉丝，两人在网上发起了众筹。导演回忆，"4000 多人，筹到 158 万，最少的是 10 元，最多的是 50 万元，那是一个小女孩的嫁妆"。此举吸引了光线影业的注意，最后解决了资金难题，影片以 3000 万元左右的成本制作完成，这就是动画电影《大鱼海棠》。《大鱼海棠》这部动画片终于在 2016 年 7 月 8 日与观众见面。结尾的字幕上，密密麻麻出现了这些众筹者名单，张春告诉记者："对我们来说，每位众筹者都是影片的一分子。"

大鱼海棠众筹

请结合案例分析：

(1) 网络众筹融资的优势与劣势。

(2) 网络众筹成功的主要因素。

本章能力拓展

(1) 找一家典型的奖励式众筹平台，并对其运营模式进行分析。

(2) 上网查找相关资料，结合实际案例分析众筹和非法集资的区别。

第6章 信息化金融机构

📖 本章目标

- 掌握信息化金融机构的含义
- 理解互联网时代网上银行的内涵
- 掌握网上银行业务模式
- 理解网上证券业务类型
- 理解互联网保险内涵
- 掌握互联网保险业务模式
- 了解互联网基金和互联网信托的内涵

📖 重点难点

重点:

1. 信息化金融机构的含义
2. 网上银行业务模式
3. 网上证券业务模式
4. 互联网保险业务模式

难点:

1. 直销银行
2. 互联网信托
3. 网上证券O2O模式

案例导入

2013 年 3 月，备受业界关注的"三马"(马云、马化腾、马明哲)共同发起筹建的众安在线财产保险股份有限公司正式获得保监会批复。保监会批复称：同意浙江阿里巴巴电子商务有限公司、深圳市腾讯计算机系统有限公司、中国平安保险(集团)股份有限公司等 9 家公司共同发起筹建众安在线，进行专业网络财产保险公司试点。

众安在线是保险业基于互联网创新金融服务的一次尝试，定位于"服务互联网"，其产品需求来自于互联网，通过互联网的技术手段来解决保险流程问题，有望成为互联网金融渠道新的发展形态。与传统保险机构不同的是，众安在线将不设分支机构，主要从事网络安全、电子商务、网购消费者权益保护、社交网络等互联网相关的财产保险业务。

定位于"服务互联网"的众安在线，除通过互联网销售既有的保险产品之外，还通过产品创新，为互联网的经营者和参与者提供一系列整体解决方案，化解和管理互联网经济的各种风险，为互联网行业的顺畅、安全、高效运行提供服务和保障。众安在线的目标客户包括所有互联网经济的参与方，互联网平台、互联网服务提供商、电子商务商家、网络购物消费者、社交网络参与者等公司和个人客户。

众安在线获批筹建是中国保监会鼓励保险业改革的一项举措。在众安在线的股东中有大量互联网创新型公司，包括最大的电子商务公司阿里巴巴、最大的互联网公司腾讯、最大的在线旅游公司携程及最大的金融保险集团中国平安。"互联网保险"组合首次出现在保监会批文中，这是保险行业创新的一次重大突破，意味着在互联网与金融业大融合的趋势下，中国互联网保险正式启动。

随着金融竞争的加剧以及中小企业对融资的渴求，互联网在促进金融机构提供多样化金融产品和金融服务方面的作用日益得到体现。在传统金融机构中，银行、证券、保险这三个行业的互联网信息化起步比较早，目前发展比较成熟，而基金、信托这些领域在互联网信息化建设中起步较晚，有待进一步完善。本章中，我们将对银行、证券、保险这三个传统金融行业进行详细介绍，并对基金和信托这两个领域进行简单介绍。

6.1 信息化金融机构概述

信息化金融机构是指通过广泛运用以互联网技术为代表的信息技术，对传统运营流程、服务产品进行改造或重构，实现经营管理全面信息化的银行、证券和保险等金融机构。

2013 年以来，金融行业信息化进入了创新机遇期。经历了之前十余年的数据和业务的集中建设，包括银行、保险、证券在内的金融行业信息化正在走向一个全新的阶段。基于云计算、大数据、移动与智能以及社交网络等第三类平台的金融服务，正在成为新的金融业务创新及增值点。

下面对信息化金融机构的发展背景及特点加以简要介绍。

1. 信息化金融机构的产生背景及发展历程

信息化金融机构的产生背景有以下几个方面。

1）互联网金融兴起

互联网金融浪潮的兴起对传统金融部门、金融市场效率、金融交易结构，甚至整体金融架构都产生了深刻的影响。互联网金融促进了传统金融机构和新兴机构的相互竞争，涌入金融行业的"搅局者"不断增多，尤其是非银行金融机构、互联网企业、第三方支付企业等。这些"搅局者"抢食包括信贷、财富管理、资产管理、证券保险等在内的传统金融业务，给传统金融业带来了越来越大的影响和冲击。

2）互联网金融倒逼传统金融

随着互联网金融崛起，传统金融机构以及资本市场纷纷涉足这一新兴领域。互联网金融在改变人们生活、理财习惯的同时，开始倒逼传统金融，促使其转型与创新。与传统金融相比，互联网金融在资源配置效率、渠道、运营模式、交易成本、系统技术等多方面具有优势。但是，我国互联网金融是以传统金融为基础发展起来的，并未改变金融的内在属性，不会颠覆传统金融业态。相反，互联网金融的发展壮大，极大地促进了中国的金融市场化进程。

3）传统金融机构互联网化升级

在互联网金融的浪潮中，传统金融机构也正在不断创新。如果从广义角度分析互联网金融，除了近年来出现的新兴互联网金融产品外，网上银行、证券网上交易都可以视为互联网金融的早期形态。而传统金融机构自 2013 年以来与互联网结合推出的各种金融产品，则可视为传统金融机构互联网化的升级。如今，传统金融机构也在不断探索互联网化金融道路，如商业银行自建电商平台、证券行业逐步实现线上线下对接。在未来，传统金融机构的互联网化还需要监管部门、金融机构、消费者等多方共同努力。

2．信息化金融机构的发展历程

我国金融行业的信息化发展历程分述如下。

(1) 从最初电子设备在银行的使用和普及，到银行网络化的建设及应用，银行信息系统建设大体经历了三个阶段，如表 6-1 所示。

表 6-1　银行信息化发展历程

第一阶段	第二阶段	第三阶段
20 世纪 70 年代末到 80 年代 信息技术代替手工操作	20 世纪 80 年代到 90 年代末 实现处理过程全程电子化	20 世纪 90 年代末至今 金融信息化

第一个阶段是 20 世纪 70 年代末到 80 年代，以电子银行业务为主的阶段，银行开始采用信息技术代替手工操作，实现银行后台业务和前台兑换业务处理的自动化；第二个阶段是 20 世纪 80 年代到 90 年代末，以连接业务为代表的银行全面电子化建设阶段，我国银行业在全国范围内建起了一批基于计算机网络的应用系统，实现了处理过程的全程电子化；第三个阶段是从 20 世纪 90 年代末到今，是以业务系统整合、数据集中为主要特征的金融信息化阶段。

(2) 我国保险业的信息化发展历程也大体经历了三个阶段，如表 6-2 所示。

表 6-2 保险业信息化发展历程

第一阶段	第二阶段	第三阶段
20 世纪 80 年代末到 90 年代初 办公系统信息化	20 世纪 90 年代中后期 实现保单电子化、保险业务流程 信息化和网络化	2000 年以后 积极开展电子化建设

20 世纪 80 年代末到 90 年代初为起步阶段，国内一些大型保险公司初步实现了办公系统的信息化；20 世纪 90 年代中后期，随着网络技术的发展，我国保险业加快网络的应用，基本实现了保单电子化、保险业务流程信息化和网络化，所有大型保险公司开始对业务进行系统整合；2000 年以后，保险业信息化程度有了新的飞跃，这一阶段的保险业积极开展电子化建设，信息化的主要成就有不断开发保险新产品、精算的效率与保费计费的科学性不断提升等。

(3) 我国证券行业信息化起步较早，发展较快。证券业最早应用信息技术的是证券交易所。1990 年，上海证券交易所通过计算机进行了第一笔交易。1992 年，深圳证券交易所复合系统正式启用。多年来中国证券市场发展迅速，证券交易所里的信息化成就主要包含四个方面：交易系统、信息平台系统、通信系统和监管系统。证券公司作为证券业的经营主体，也是证券信息化的主体。目前，国内所有的证券公司都建立了网上交易系统，通过互联网实现了全公司互联的集中交易。在管理、决策和风险控制方面也基本实现了信息化，包括稽核系统、财务系统和统计系统。

3. 信息化金融机构的特点

总体来说，与传统金融机构相比，信息化金融机构有如下特点。

1) 金融服务更加高效便捷

以往，传统金融机构通过信息技术投入、硬件设施升级等基础性信息化建设，实现了工作效率的极大提升。信息化金融机构通过以互联网技术为基础的更高层次的信息化建设，对传统运营流程、服务产品进行了改造或重构，更是在金融服务方面取得了质的提升。更加高效、快捷的金融服务，成为信息化金融机构的一个显著特点。

从用户体验出发，信息化金融机构简化了很多业务流程，过去很多需要用户亲自去金融机构网点办理的业务都直接简化为用户的自助行为或线上行为。这种简化通过金融机构广泛建设的智能硬件和普及的网络终端得以实现，如 ATM 机、手机银行、网上银行、券商在线开户等。

2) 资源整合能力更加强大

现代金融机构的业务构成复杂，信息化建设使得金融机构能够实现业务的整合。同时，通过完整的 IT 建设，可以使金融机构按照一个统一的 IT 架构将机构内部各管理系统全部整合到一个内部关系系统，使得可运作的空间更为广阔，如银行可以将信贷业务整合成产业链，在信贷产业链上，把上、下游的企业结合起来。这就是所谓的供应链金融。

3) 金融创新能力更强

信息化建设极大地提高了金融机构的创新能力，使金融行业不断涌现出新型的金融产品。比如手机银行，作为移动互联网时代的产物，它极大地方便了人们的日常生活，无论是转账、生活缴费，还是投资理财，仅仅通过触摸屏幕就能实现。理财产品种类也日益丰富，更多低门槛平民理财产品也随即出现。另外，线上线下业务的创新组合，在给人们的生活带来便利的同时，也拓展了金融机构自身的服务空间。

4．信息化金融机构的发展环境

信息化金融机构的发展环境包括政策环境、经济环境、社会环境及技术环境四个方面。

1）政策环境

现阶段，由于我国"互联网+金融"的发展仍处在初期阶段，我国对互联网金融监管的重点在于促进发展、鼓励发展。以 2014 年国务院颁布的《国务院关于进一步促进资本市场健康发展的若干意见》为例，该指导意见就明确提出了要促进、引导互联网金融的发展。

目前，我国互联网金融政策监管的重点暂时落在对新生市场的培育和维护方面。这主要体现在两个方面：一是放松管制，以开放牌照、简化监管和注册流程为主要手段，目的是鼓励金融行业充分利用互联网技术继续进行业务、服务、交易方式等方面的创新；二是加强监督，以企业调研和暂停相关业务为主要手段，目的是丰富已有的不够灵活的监管制度，维护金融业整体的秩序稳定。

2）经济环境

随着互联网技术继续向传统金融领域渗透，我国三四线城市的消费潜力、投资潜力将得到进一步开发。网民的消费、投资行为甚至理念都会随着互联网经济的发展而逐步改变。尤其是网购的兴起，为互联网金融的进一步发展降低了市场教育成本，提供了用户基础和新型渠道。

3）社会环境

在投资领域，目前银行存款仍分流主要的资金，但是随着社会私人财富的增长及投资者富裕程度的提升，会萌发出更多样、更深层次的投资需求，而这些金融需求也会随着互联网及电子商务的发展和市场规模的扩大，更多地转移到网上。这给互联网金融的发展创造了新的历史机遇。

4）技术环境

目前，技术的革新将直接影响到企业在整个行业内的竞争力，因此现阶段整个金融行业对 IT 技术越来越重视，对 IT 技术的投入力度都在加大。

在互联网时代，金融业对 IT 的投入主要集中在两个方面：一是广泛应用数据挖掘技术，为进一步明确用户需求以及广告投放、产品推荐等提供数据支持；二是布局移动互联网，移动金融是未来互联网金融发展的重要发展方向，将有利于抢占先机。

以上是对信息化金融机构整体状况的简要介绍，下面将根据金融机构的不同类型进行具体分析。

6.2　互联网时代的银行

随着信息技术的进步，互联网企业开始涉足银行业，面对竞争压力，传统银行开始积极探索新的网络运营模式以赢得市场。

本节主要介绍互联网背景下的网上银行业务。

6.2.1 互联网时代的网上银行

传统银行网上业务一般指传统商业银行借助互联网技术、平台等手段以开展相关业务等。而互联网时代下的新兴银行业务不再局限于网上银行这种形式，更多注重于面向更广大群体提供更全面的金融服务。

互联网时代下的银行以为客户提供从资金结算到信贷融资的全方位金融服务为主要发展趋势，与传统电商平台仅提供电商交易服务不同，业务更面向广大企业和个人，更立足于金融服务。除去已发展较为成熟的电脑网上银行客户端，互联网时代下银行业务也扩展到了移动互联网领域，手机银行、微信银行等都属于互联网时代下新银行业务的典型例子。

网上银行的定义和分类在第 3 章已经讲述，本节主要简述互联网时代网上银行的特点。

1. 全面实行电子化交易

网上银行在经营业务的过程中实现了无纸化，全面使用电子货币代替传统纸币，如电子钱包、电子现金等。整个过程节约了经营成本，既提高了银行业务的操作速度，又提高了服务的准确性。基于网络运行的电子货币还可以为政府税收部门和统计部门提供准确的金融信息。

2. 运营成本低廉

网上银行以虚拟的电子服务方式代替了面对面的服务方式。由于通过互联网技术取消了物理网点，降低了人力资源等成本，从而大大节省了运营费用，使其具有传统银行不可比拟的成本优势。据统计，网上银行的经营成本只占经营收入的 15%到 20%，而传统银行的经营成本占整体收入的 60%。

3. 服务更标准化、多样化和个性化

与传统银行不同，网上银行以客户体验为中心，将互联网精神融入到金融行业中，提供更加标准化、多样化、个性化的服务，避免了传统银行营业网点因个人素质和情绪状态不同而带来的服务满意度差异。

6.2.2 互联网时代的网上银行模式

目前，我国网上银行模式可以概括为以下几种。

1. 传统的电子银行模式

中国银监会于 2005 年 11 月 10 日颁布了《电子银行业务管理办法》(以下简称《办法》)。《办法》中规定，电子银行业务是指商业银行等银行业金融机构利用面向社会公众开放通信通道或开放型公众网络以及银行为特定自主服务设施或客户建立的专用网络，向客户提供的银行业务。

电子银行业务包括：利用计算机和互联网开展的银行业务；利用电话等声讯设备和电信网络开展的银行业务；利用移动电话和无线网络开展的银行业务，以及其他利用电子服务设备和网络，由客户通过自助服务方式完成金融交易的银行业务。

电子银行业务的具体功能有查询、转账汇款、缴费支付、信用卡服务、公积金管理、

网上支付、外汇买卖、证券买卖等。

2．直销银行模式

直销银行是指业务拓展不以柜台为基础，打破时间、地域、网点的限制，主要通过电子渠道提供金融产品和服务的银行经营模式和开发模式。这种模式能够为客户提供简单、透明、优惠的产品，具有显著的市场竞争力和广泛的客户吸引力。

直销银行是几乎不设立实体业务网点的银行，其主要通过互联网、移动终端、传真等媒介工具，实现业务中心与终端客户直接进行业务往来。直销银行是有独立法人资格的组织，其日常业务运转不依赖于物理网点，因此在经营成本方面较传统银行更具有优势，能够在经营中提供比传统银行更具吸引力的利润水平高、费用更低廉的金融产品和服务。

目前，直销银行在国外发展得已经比较成熟。直销银行的历史最早可以追溯到 1965 年，在法兰克福成立的"储蓄与财务银行(BSV)"。全球最大的直销银行 ING-DiBa，向客户提供种类丰富的金融产品，包括活期账户、储蓄账户、个人房地产金融以及中间业务。国内的直销银行正处于试点阶段，最先涉足此模式的是民生银行和北京银行。

2013 年 9 月 16 日，中国民生银行股份有限公司与阿里巴巴(中国)有限公司在杭州签署战略合作框架协议，最早把直销银行的概念送入大众的视野。2014 年 2 月 28 日，民生银行直销银行正式上线。2013 年 9 月 18 日，北京银行携手"荷兰 ING 集团"推出了中国首家直销银行品牌。

虽然国内的直销银行业务刚刚起步，其发展模式已呈现出不同的特征，北京银行的直销银行模式与民生银行的直销银行模式差异较大。

北京银行的直销银行模式注重线上、线下渠道服务的融合和互通。线上渠道由互联网综合营销平台、网上银行、手机银行等多种电子化服务渠道构成；线下渠道则采用了全新理念建设的便民直销门店，其中不乏 VTM(远程视频柜员机，也称虚拟柜员机，是一种通过远程视频方式来办理一些柜台业务的机电一体化设备，如图 6-1 所示)、ATM、CRS(自动存取款机)、自动缴费终端等设备，以及设立网上银行、电话银行等多种自主操作渠道，供客户自助操作金融服务。北京银行获得荷兰 ING 集团全面提供技术援助与开发支持，其推出的直销银行有着明显的技术优势。

图 6-1　VTM 机示意图

民生银行则主要借助来自互联网的战略合作方拥有的渠道，通过共享资源来完成金融产品与客户的对接。但不少业内人士担忧阿里巴巴强大的渠道优势会使民生银行在合作中处于劣势。民生银行布局的直销银行几乎没有线下业务，基本上采用纯线上、纯移动的方式提供金融服务，客户经理和客户无需见面，甚至可以在家办公。

从目前来说，很难判断哪种模式会成为我国直销银行发展的主流模式，也许未来还会有其他新型直销银行模式问世。随着金融互联网化的深入，国内银行会积极借助互联网技术变革传统金融服务模式，通过为客户提供更好的服务体验以便在激烈的市场竞争中获得优势。

3. 金融电商模式

随着电子商务的发展，商业银行也积极布局网上商城，探索新型发展模式。目前银行业的金融电商主要有两种形式：第一种是网上商城，如建设银行的"善融服务"、交行的"交博汇"等，其业务领域涵盖商品批发和销售、房屋交易等，业务对象包括企业和个人；第二种是信用卡商城，招商银行、民生银行、中信银行等多家银行已上线信用卡商城，为消费者提供在线购物、分期付款等服务，比较有特色的金融电商模式如表 6-3 所示。

表 6-3　部分银行的金融电商模式

推出网上商城	建设银行	2012 年，推出名为"善融金融"网上商城，提供可大额分期付款的综合网上购物及租房中介信息
	交通银行	2012 年，推出名为"交博汇"的网上商城，提供可大额分期付款的综合网上购物及传统银行金融业务
	中国银行	2012 年，推出名为"银通商城"的网上商城，提供可分期付款的综合网上购物
在已有电商平台推出银行旗舰店	交通银行	2012 年，与阿里巴巴共同推出"交通银行淘宝旗舰店"，定位于一个没有实体店面的大型综合性银行网点，有专业银行客户经理为客户提供全面的金融服务
推出基于电商的银行卡	中国银行	2013 年，与京东商城合作推出中银京东商城信用卡，除人民币结算、存款有息，存贷一体等一般银行卡业务外，申请即可成为京东金牌会员

4. 网贷平台模式

随着 P2P 行业的发展，越来越多的银行纷纷建立自己的网贷平台，如平安银行的"陆金所"、国家开发银行的"开鑫贷"、民生银行的"民生易贷"等。各家银行网贷平台的业务又不尽相同，如陆金所主打的是网络投资平台和金融资产交易服务平台，为小微企业、金融机构及合格的投资人提供综合性服务；开鑫贷的定位则是为中小微及"三农"客户提供金融服务，引领民间融资的规范化发展。各家平台的收益率亦有较大差异，总体来说，比银行理财产品高一些，但相对于其他网贷平台的收益率要偏低。

5. 互联网理财模式

继余额宝掀起互联网理财热潮后，商业银行也在积极推出互联网理财产品。从 2014 年开始，在银行资金宽裕的情况下，多家银行纷纷推出余额宝类似产品，如中国银行的中银活期宝、兴业银行的掌柜钱包、民生银行的如意宝等。这些产品在设计上都与余额宝类似，挂钩货币市场基金，购买后可以定期获得一定的收益。

6.2.3　互联网时代下的银行发展趋势

从目前来看，互联网时代下银行的发展趋势有如下几种。

1．构建银行业的 O2O 模式

O2O 模式(线上线下结合模式)起源于互联网，互联网金融的兴起冲击了固有的传统金融的发展理念，为银行业的发展提供了新的思路。银行业的 O2O 模式是指综合线上、线下渠道以满足用户的多种需求。未来银行一方面将注重建立拓展线下服务网点，维系好自己已有的客户规模，另一方面将进一步丰富网络服务渠道的多样性，不仅注重通过银行网站、客户端等为用户提供线上服务的传统模式，更注重发展新兴的线上服务模式，比如与社交平台结合的微信银行、自建电商平台等。

2．业务的设计、推广、运营将发生颠覆性变化

网上业务的设计将更加注重差异性。传统银行对个人银行业务不够重视由来已久，技术的革新使挖掘用户的需求、为其定制专属的服务成为可能，用户需求的多样化也会促进业务种类的丰富。

网上银行业务的推广方式将更加多元化。随着互联网与银行业的融合发展程度逐渐加深，银行对新业务的宣传推广将有更多选择，逐渐尝试在网络媒体、平台宣传新业务将成为网上银行的发展趋势之一。

另外，网上银行在运营上会更注重电子商务的发展，一方面对已有的电商平台进行不断丰富、改进，另一方面会加强与第三方电商平台的合作。

3．进一步推进信息化银行建设

在服务理念层面上，网上银行更注重用户体验。具体表现在充分运用互联网技术，建立服务反馈机制，直接获悉用户的满意度，将重视用户体验贯穿在整个运营流程当中。

在技术层面上，网上银行将更重视数据挖掘和加大创新力度。在大数据时代，对数据进行深度挖掘分析并最大化数据的价值，从技术角度来看已非难事。网上银行将重视并发挥数据在决策、营销、风控等方面的导向作用，提升经营、管理水平。网上银行对产品、服务创新的重视远高于传统银行，为进一步提升自身竞争力，未来网上银行对创新的重视度将只增不减。

网上银行将向打造一体化的金融平台进军，集中交易信息、金融信息、物流信息等，进一步推进银行的信息化建设。

6.3　互联网时代的证券

互联网时代的证券业务并不是简单地将线下业务向线上业务平行迁移，也不是对现有平台和信息技术模块做简单整合，而是在"电子化—互联网化—移动化"趋势下，对传统证券业务的销售渠道、业务功能、客户管理及平台升级等，从架构到流程进行全面优化的过程。本节主要介绍互联网时代下的网上证券业务。

6.3.1 网上证券

网上证券是指证券行业以互联网为媒介向客户提供全新的商业服务。它是传统金融业互联网化的主要业态之一，是传统证券业基于互联网的创新，是为用户提供证券相关服务的全新金融服务形式。网上证券所能提供的投资理财服务包括：有偿证券投资咨询，网上证券投资顾问，股票网上发行、买卖与推广。

网上证券的类型根据互联网与证券二者主导权的不同可分为三种：强互联网型、均衡型、强证券型。

1. 强互联网型网上证券

强互联网型网上证券是指主导权掌握在互联网公司手中的网上证券。这种类型的网上证券可以充分调动互联网公司的资源，不仅体现在互联网公司引以为傲的庞大用户量、先进的技术水平上，更体现在基于创新的服务理念方面，这些使其拥有更为广阔的创新空间。但这种网上证券受到互联网公司金融实力的限制。国金证券与腾讯的合作便是强互联网型网上证券的案例。

▶ 经典案例 ◀

2013 年 11 月 22 日，国金证券同深圳市腾讯计算机系统有限公司(简称"腾讯")签署《战略合作协议》，双方结成战略合作伙伴关系，进行全方位、全业务领域的深度合作。双方拟通过金融创新和互联网技术创新，发挥各自优势，共同打造在线金融服务平台。

双方同意国金证券与腾讯旗下腾讯网(WWW.QQ.COM)在网络券商、在线理财、线下高端投资活动等方面展开全面合作。合作期间，腾讯将向国金证券开放核心广告资源，协助国金证券进行用户流量导入，并进行证券在线开户和交易、在线金融产品销售等服务，即腾讯通过流量平台为国金证券提供持续的用户关注度。

双方同意在以上合作基础之上，根据金融行业与互联网监管政策变化、市场发展形式和技术创新，共同深化以上合作领域。此次战略合作有效期为两年，协议自签订之日起自动生效，协议到期后双方享有同等条件优先续约权。

鉴于双方战略合作伙伴关系，腾讯在合作中投入大量核心广告资源和内容资源，国金证券将向腾讯支付相关广告宣传费用，广告投放金额为每年度 1800 万元。

2. 均衡型网上证券

均衡型网上证券是指在合作中，互联网公司和券商的实力均衡，主导权也相对均等，其优势在于可以最大限度地融合、共享彼此资源的网上证券。但这种类型模式在实际开展中有较大难度，主要原因在于这种模式的优势得以发挥的前提是双方管理层的高度信任，否则将会产生事倍功半的效果。

3. 强证券型网上证券

强证券型网上证券是指合作主导权在证券公司手里的网上证券。目前，绝大多数网上证券合作都属于这种模式。这种模式可以最大化证券公司在行业内所拥有的专业优势，保证了证券公司在战略定位及业务开展上的绝对主导地位。但这种模式的不足也由此而来，导致双方的合作程度往往停留在较浅的层面，合作期限较短。

6.3.2 网上证券的运营模式

总的来说，网上证券的运营模式可以分为三类：开户导向模式、网上商城模式以及O2O模式。下面对这三种模式加以详细介绍。

1．开户导向模式

由于长期以来证券公司都遵循"开户—佣金"的简单运营模式，因此自身实力较弱的证券公司在互联网应用上首先想到的就是利用互联网开户，以牺牲佣金的方式换取客户规模的增长，其模式如图6-2所示。

图 6-2 开户导向模式示意图

开户导向模式的优势在于以下几个方面：

(1) 见效快。由于之前证券公司提供给用户的金融服务大多停留在股票层面，因此较低的佣金对现有用户的诱惑比较大，能够在短时间内积累用户规模。

(2) 手续便捷。这是该模式能够成功的另一因素，无论从外在呈现还是功能实现方面均做到了最大限度的简便。

(3) 吸引关注。除网上交易外，用专门的网络平台实现网上开户、转户，被视为证券互联网化的重要一步，因此能够吸引媒体的广泛报道，引起社会关注。

开户导向模式的劣势在于以下两个方面：

(1) 创新较浅。开户导向模式仅仅是将线下已有的业务搬到了网上，并进行开通手续的优化，创新深度不足。

(2) 有价格战嫌疑。将佣金降至最低，虽然在短期能够快速起效，但从长远来看并不利于行业发展。从国际经验上看，欧美等金融体系比较发达的地区也仅是采取阶梯式佣金模式。这种价格战压低了全行业利润，而从整个金融行业来看，价格战扰乱了市场秩序，容易滋生"私下返佣"、"利益输送"等灰色地带，影响金融秩序的稳定。

2．网上商城模式

证券公司开展业务，除了线下网点渠道以外，最简单的方式就是在线上开通网上商城，在原有官网的基础上开辟"金融商城"、"产品超市"等子栏目，亦可以独立域名与官网形成联动，其模式如图6-3所示。

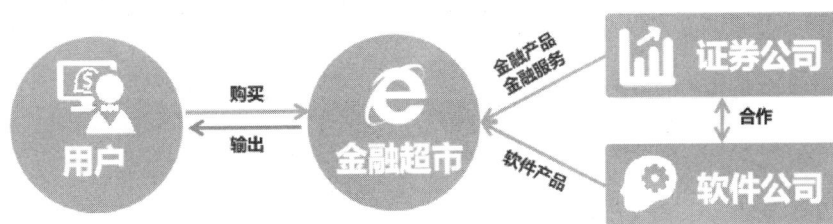

图 6-3 网上商城模式示意图

网上商城模式的优势在于以下几个方面：

(1) 可过渡性好。在互联网背景下，用户十分熟悉证券公司官网，因此不存在网上商城先期推广的问题，老用户可以迅速知道证券公司开展的新业务。

(2) 扩大了影响力。证券公司开展零售业务虽有时日，但却很少有股民知道自己的券商有类似业务。加之售卖的产品透明度都较低，使零售业务始终处于不火的夹层中。网上商城利用互联网超高的传播效率，在最短时间内让用户及合作伙伴了解证券公司的动态以及所售产品，扩大了影响力。

网上商城模式的劣势在于以下两个方面：

(1) 开发成本高昂。几乎国内所有金融机构的 IT 开发都受制于几家具有垄断地位的技术公司，开通网上商城涉及的接口兼容性、技术合规性等各项限制，均使证券公司不得不依靠外力，这样造成研发时间长，资金成本较高。

(2) 产品来源稀缺。网上商城构建完毕，在自有产品上线后，如何才能继续丰富产品的种类是所有电商平台所面临的共同问题。证券公司的网上商城上线时间较短，用户覆盖面也仅限于自身用户，因此对金融产品输出方来说吸引力较小，由此可能会导致产品不够丰富的困境。

3. O2O 模式

O2O 模式是证券行业基于自身特点，结合互联网金融环境，通过深刻思考金融的本质，进而总结出的证券互联网模式。这种模式生命力强，既能够发挥证券公司的优势，又能融合互联网的优势，是互联网与证券相互结合所带来的飞跃，其模式如图 6-4 所示。

为保证 O2O 模式能够凸显证券公司的优势(资本实力雄厚、线下网点丰富、良好的客户经理和客户的信任关系)，需要证券公司做到以下三点：一是在与互联网公司的合作中以营销推广为主，尽量避免由于利益分配不均而使合作时间受限的问题，充分利用互联网的优势扩大用户规模，并积极推动深度合作，实现更多功能的后台对接；二是建立充足的线下网店，使传统金融业的用户能很好地接受这一模式；三是加强对现有用户的宣传、引导力度，逐步将网络渠道推广开来。

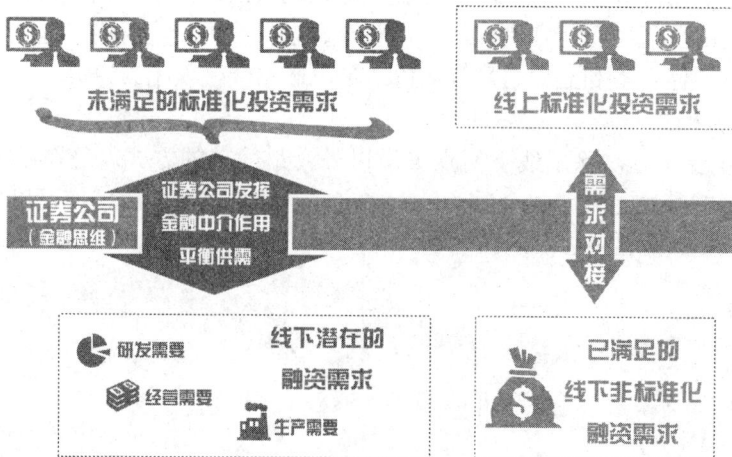

图 6-4　O2O 模式示意图

6.3.3　网上证券的发展趋势

前面介绍了网上证券的运营模式，下面结合现状分析一下网上证券未来的发展趋势。网络证券未来的发展趋势主要有以下几种。

1. 传统竞争格局改变，凸显综合服务能力

中国证券登记结算公司推出"一码通"之后，投资者能够在多个券商开立账户，将不同的账户进行关联、整合、管理，这极大地冲击了以价格战为主的竞争格局，更有利于综合金融服务能力较强的证券公司发展。从服务渠道上看，为提高服务的便捷性，未来证券公司将更注重打造互联网营销渠道；从服务内容上看，借鉴互联网重视用户体验的服务理念，未来证券公司将更会注重用户的实际需求，根据需求提供服务。

2. 逐步实现差异化服务管理

以往广大用户对证券行业的定位只是服务于资本市场的渠道，这一观念根深蒂固，从而导致证券业很难完成差异化经营。但互联网的介入带来了转机。在互联网金融的大环境下，技术的发展为实现差异化经营提供了可能。通过互联网可以获得用户交易的频率、金额以及交易习惯等相关的数据，证券公司可以据此刻画用户的肖像和投资风格，清楚地识别出客户需求，继而为其提供个性化服务，由此形成稳定的客户群。根据不同需求划分和管理客户群将成为未来网上证券的重要发展方向。

3. 证券账户整体价值提升

证券公司逐步将交易、投资、融资、理财、支付等多种功能融合成一个完整的账户体系。账户体系的完成、全面，为互联网公司、金融机构的后期发展提供了很大的便利。目前，国内具备独立账户体系的行业主要有银行、第三方支付和证券。

互联网时代要求账户体系必须具有安全性、低门槛和交易便捷这三个特性。而证券账户体系在这三方面具有明显高于其他行业的显著优势。我国对于证券行业的监管十分严格，而其天然的投资属性又使其他行业的账户体系难以替代，所以对证券账户进行用户整合非常合理，也符合发展趋势，将使其成为大而全的综合金融服务平台账户。

6.4　互联网保险

互联网保险是指保险公司或保险中介机构以互联网和电子商务技术为工具来支持保险经营管理活动的经济行为，也可以指保险公司通过网络和电子商务技术实现全方位的保险服务。即在网上实现投保人咨询、投保、审批、交费、理赔、投诉等业务流程及对业务员和代理人提供服务以及后台的一系列管理工作，比如与保险监管、税务、工商等机构之间的信息交流活动等。互联网保险颠覆了保险营销员与客户面对面交流沟通的传统模式，开创了全新的保险销售方式和渠道，以及全新的经营理念和管理模式。

6.4.1　互联网保险的运营模式

根据运营模式不同，互联网保险可以分为以下四类。

互联网保险

1. 保险公司官网网站模式

保险公司官网模式即 B2C。B2C 模式是保险公司直接面对终端消费者的消费模式。该模式的互联网保险基本都是保险机构自建 B2C 电子商务网站，以保险客户为对象，将本机构设计的保险产品直接销售给保险需求客户。网站的客户不受线下渠道的限制，可以有效拓宽投保群体，发挥大样本配置中的风险作用。保险公司官网网站模式的业务流程如图 6-5 所示。

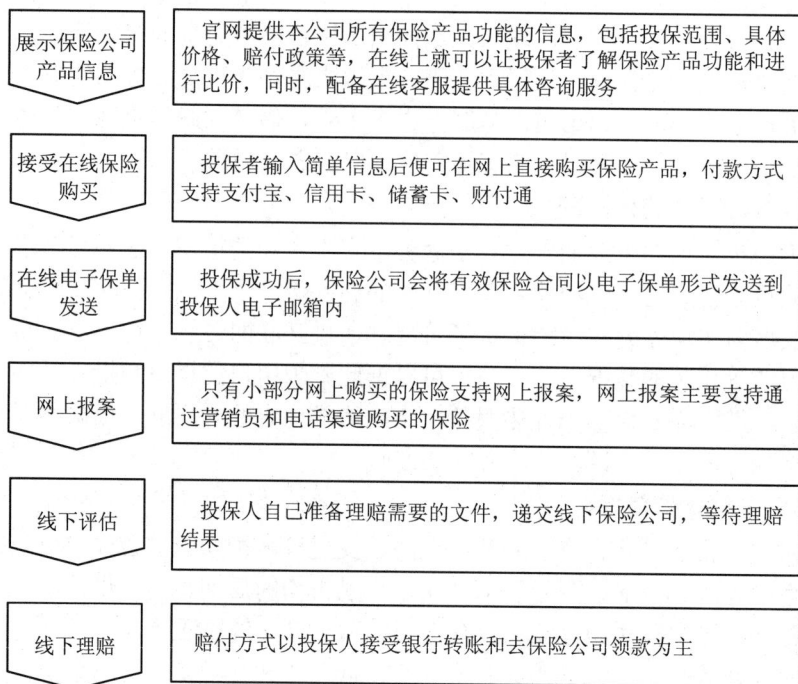

展示保险公司产品信息	官网提供本公司所有保险产品功能的信息，包括投保范围、具体价格、赔付政策等，在线上就可以让投保者了解保险产品功能和进行比价，同时，配备在线客服提供具体咨询服务
接受在线保险购买	投保者输入简单信息后便可在网上直接购买保险产品，付款方式支持支付宝、信用卡、储蓄卡、财付通
在线电子保单发送	投保成功后，保险公司会将有效保险合同以电子保单形式发送到投保人电子邮箱内
网上报案	只有小部分网上购买的保险支持网上报案，网上报案主要支持通过营销员和电话渠道购买的保险
线下评估	投保人自己准备理赔需要的文件，递交线下保险公司，等待理赔结果
线下理赔	赔付方式以投保人接受银行转账和去保险公司领款为主

图 6-5　保险公司官网网站模式业务流程

经典案例

"平安脱光险"是平安产险针对单身人群推出一款保险产品，目的是鼓励单身青年寻找爱情，购买了这款产品的消费者若是一年后结婚即可获得一定数额的蜜月礼金。它是一份营销式保险，借节假日的名义，以意外险的形式包装营销，如图 6-6 所示。

图 6-6　平安脱光险宣传页

"平安脱光险"是平安产险与一家婚介网站共同推出的促销活动,主打"双 11"市场,全称为"平安脱光意外险",是一种"意外险+结婚基金"的模式。投保人如果在次年的 11 月 1 日至 11 日之间领取结婚证,脱离光棍队伍,除蜜月礼金外还可以得到保险公司赠送的婚嫁基金和配套服务,比如哈根达斯券、双人酒店抵扣券、蜜月旅游券等。

对于新推出的"平安脱光险",单身人士看法不一:有人觉得挺合适,既有意外险又能得到蜜月礼金,只要在明年 11 月结婚就 OK。但是也有人觉得,何时"脱光"是件随缘的事,如果买了这款"脱光险",就得算着在约定的日期里结婚,那就太勉强了,不是很合适。

业内人士认为,"脱光险"是一种保险产品的营销,而且主要是助力线上市场的发展,消费者要不要买取决于自己的需求。不过,它的创新理念很值得肯定。

2. 第三方电子商务平台模式

第三方电子商务平台是指独立于商品或服务交易双方,使用互联网服务平台依照一定的规范,为交易双方提供服务的电子商务企业或网站。这类平台具有相对独立性,不属于任何保险公司或附属于某大型网站,它们既可以是为保险公司、保险中介、客户提供技术平台的专业互联网技术公司,也可以是保险中介和兼业代理行业网站,为多个买方和卖方提供消息和交易服务。

这种模式和现实中的大型超市类似,可容纳大多数保险企业开设门店和网上交易及清算,在互联网上建立交易平台、内容平台等,介绍行业内的消息和咨询,进行不同保险公司业务的比较。代表性的平台有中国保险网、淘宝保险频道(如图 6-7 所示)、易保网、慧择网等。

图 6-7　淘宝保险频道网站截图

3. 专业网络媒介模式

专业网络媒介模式主要是指借助于专业财经网站和大型综合性网站开辟的保险频道进行保险营销的一种模式,本质上属于网上保险消息传播或网络新闻广告模式。该模式下的保险机构通过专业媒介的影响力和受众覆盖面,把自己的保险产品与服务信息最大限度地传达给广大消费者,满足各类保险需求。如新浪财经和搜狐财经纵横的保险频道(如图 6-8

所示)、和讯网的保险频道等。一般来讲,这些网站不提供在线交易,但是保险公司、经纪人等可以利用门户网站访问量大、宣传力度广的特点,在这些网站的保险栏目通过投保人教育、保险规划、行业新闻甚至博客等形式吸引潜在消费者。

图 6-8 搜狐保险频道网站截图

4. 广电通信终端销售模式

广电通信终端销售模式是保险公司借助于广播电视和通信终端开展的一种网络销售模式,也是最接近大众生活的一种宣传推广通道。随着手机的日益普及,对通信终端尤其是移动手机的利用也就成了保险公司进行产品销售的重要方式。

6.4.2 互联网时代下的保险发展趋势

互联网时代下的保险有以下发展趋势。

1. 数据作为保险行业"核心资产"的地位将进一步加强

在未来互联网充分普及的大环境下,数据成为构建核心竞争力的关键。对保险公司而言,数据就是核心资产,数据分析能力就是核心竞争力。保险公司能够通过数据处理、分析、整合、挖掘等技术获得有价值的信息。

从数据收集来看,借助互联网不仅要获得消费者的行为数据,也要获得潜在消费者的行为数据,为将来拓展和开辟新的市场需求做准备;从数据应用来看,保险公司应利用大数据分析能力充分挖掘消费者需求,通过数据采集了解每位消费者的特征及需求,为其提供更具个性化、定制化的服务与产品。

而消费者可能采用不同的支付方式在任何时间、任何地点使用不同的移动终端进行消费,从而形成大量不规则的、碎片化的消费信息,对保险公司收集、整合、处理、分析信息的能力提出了巨大挑战,也对保险公司复杂灵活的运营能力提出了极高要求。

2. 进一步场景化，更多碎片化的保险需求将得到满足

互联网不断普及和发展的伴生物就是高频化、碎片化的各类需求，而场景化则是挖掘、满足这些需求的有效途径。线下场景催生了传统保险产品的发展，而伴随着互联网技术的不断普及和发展，很多线下场景将逐渐迁移到线上，线上场景的出现为互联网保险产品异军突起提供了契机。

未来的保险公司将会更多地基于互联网生态圈的高频化、碎片化风险需求，开发出可以嵌入互联网生态圈中某一个环节应用场景(或者多个环节和应用场景)的"碎片化"创新产品。它将实现互联网保险产品设计和营销的突破，将互联网保险产品"无缝式"地嵌入互联网消费的购买、支付、物流等各个环节，从而在不影响用户体验的前提下以较低成本满足消费者高频化、碎片化的保险需求。

比如，对持有保险牌照的电商平台而言，不论是采用与传统保险公司合作的方式，还是自行开发的方式，都可以向电商平台上下游合作方提供满足其产品开发、支付、物流等方面保险需求的保险产品。例如，可针对电商平台销售的产品设计个性化保险产品，在消费者支付时进行推送；可根据消费者的消费习惯、支付习惯以及其他信息，预判消费者的潜在保险需求，通过邮件、短信、网站弹窗等方式推送。

3. 与其他互联网金融业态深度融合

随着互联网金融逐渐被消费者熟知和认可，互联网金融各业态之间开始逐步融合，部分保险公司开始向众筹、P2P 网络借贷等行业提供保险服务，衍生出新的保险产品。为规避众筹项目发起方的逾期违约风险，增强客户体验，缓解项目方因为逾期而可能承担的延期赔付压力，京东众筹于 2015 年携手京东保险、中国人寿推出了国内首例众筹跳票险。众筹跳票险由项目方投保，一旦项目发起方发生延期发货即跳票现象，则由中国人寿对用户先行赔付，保障投资者权益。在 P2P 去担保化的大趋势下，部分 P2P 平台也开始借鉴国外平台的做法，寻求与保险公司合作，为平台投资者购买违约保险。

4. 产品持续创新，保险市场范围不断扩大

互联网快速地改变了消费者的生活，也在推动保险产品创新、引导和创造客户需求、提升公众特别是年轻消费群体的保险意识方面有着巨大潜力。保险公司基于大数据、云计算深度挖掘数据，为精准营销、精准定价提供了可能性，也为制定个性化、定制化、差异化的保险产品提供了基础。

与此同时，互联网伴生的移动终端和大数据将持续拓展保险市场范围。消费者能够利用网络随时随地进行购买和支付，网络消费、网络支付等网络行为中蕴含的风险能够派生出新的保险需求，为保险行业开辟出新市场。并且随着大数据技术的深入应用，保险公司能不断提升风险定价与风险管理能力，可以将以前无法或难以有效管理的风险纳入保险范围。2010 年，华泰保险与淘宝合作在"天猫"交易中推出"退货运费险"，并根据出险率进行保险定价。这是国内首个针对网络交易设计的创新险种，也是首个实现保险产品动态定价的创新产品。未来，类似"退货运费险"这类保障消费者互联网消费、支付行为的创新型保险产品将大量涌现。

随着经济形势变化和市场化发展，保险市场还将出现大量的细分领域，保险公司在借助技术实现对原有消费者资源的深入挖掘的同时，也能进一步覆盖不同地域、不同行业的

消费者，提供传统上规模不经济的产品和服务，从而占领广阔的"蓝海"市场。这会让保险公司获得更多的消费者习惯和行为数据，进而形成发展的良性循环。

6.5 互联网时代的其他传统金融机构

互联网正在用新的形态和模式改变着传统金融机构的业务，这种改变并不单纯是将传统业务搬到网上进行销售，而是利用互联网思维与技术改变着整个产业链。前面已介绍了银行、证券和保险，本节主要介绍互联网时代下的基金和信托业务，帮助大家了解其模式。

6.5.1 互联网基金

互联网基金即通过互联网渠道实现销售的证券投资基金。《关于促进互联网金融健康发展的指导意见》中规定，互联网基金销售业务由证监会负责监管。

1．互联网基金的特征

总结而言，互联网基金有以下特征：

(1) 效率高，成本低。互联网基金依靠互联网平台和大数据分析开展业务，比传统基金销售模式效率更高且成本更低，提高了投资人的收益率。

(2) 操作便捷，门槛低。互联网基金的业务操作过程便捷流畅，给予客户极佳的交易体验。交易门槛很低，有效缓解了金融排斥。

(3) 信息对称，供求匹配。互联网基金实现了基金销售的金融脱媒，基金公司通过互联网平台公司将基金产品直接送达海量的互联网客户群体面前。客户通过网络平台可自行完成基金的对比、甄别、匹配和交易，有效激活了市场存量资金，提高了社会资金的使用效率。

2．互联网基金的业务流程

互联网基金涉及三个直接主体：互联网平台公司、基金公司和互联网客户。

互联网平台公司是掌握一定互联网入口的第三方机构，为互联网客户提供基金购买的平台和接口；基金公司是基金的发行和销售者；互联网客户是互联网平台公司的注册客户，是基金的购买者。

互联网基金的业务流程完全在线上完成，主要包括用户注册申请(对于未注册客户)、绑定银行卡、实名认证、用户申购、申购确定和赎回。

以天弘余额宝货币市场基金为例(如图 6-9 所示)，其运营过程涉及三个直接主体：支付宝公司、天弘基金公司和支付宝客户。其中，支付宝公司是天弘余额宝基金的一个直销平台和第三方结算工具的提供者，与客户的接口是支付宝，与基金的接口是余额宝。天弘基金公司发行和销售基金，并将其嵌入余额宝直销。支付宝客户是基金的购买者，通过支付宝账户备付金转入余额宝或余额宝转出到支付宝，实现对基金的购买和赎回交易。

在天弘余额宝货币市场基金的业务流程中，余额宝为支付宝客户搭建了一条便捷、标准化的互联网理财流水线，其业务流程包括实名认证、转入、转出三个环节。

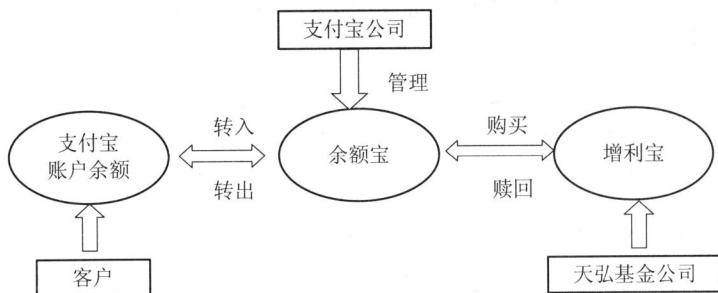

图 6-9　天弘基金业务流程

(1) 实名认证。支付宝是一个第三方电子商务销售基金的平台，根据监管规定，第三方电子商务平台经营者应当对基金投资人账户进行实名制管理。因此，未实名认证的支付宝客户必须通过银行卡认证才能使用余额宝。

(2) 转入。转入是指支付宝客户把支付宝账户内的备付金余额转入余额宝，转入单笔金额最低为 1 元，最高没有限额，为正整数即可。在工作日(T)15:00 之前转入余额宝的资金将在第二个工作日(T+1)由基金公司进行份额确认；在工作日(T)15:00 后转入的资金将会顺延一个工作日(T+2)确认。余额宝对已确认的份额开始计算收益，所得收益每日计入余额宝总资金中。

(3) 转出。余额宝资金可以随时转出或用于淘宝网购支付，转出金额实时到达支付宝账户，单日/单月无额度限制。如果用快速到账转出到储蓄卡，单日/单户额度为 1 万元，实时转出金额(包括网购支付)不享受当天的收益。

3. 互联网基金的发展趋势

从目前的情况来看，互联网基金有以下发展趋势。

(1) "产品+平台"是发展核心，积极拓展应用场景。

基金公司通过基金官网、手机 APP 等自建平台，或者和第三方互联网平台合作，来实现基金互联网化，而互联网公司销售的产品主要来源于金融公司。但双方在发展过程中受限于流量、产品、销售费用等多方面原因，都无法实现充分发展。互联网基金要发展，"产品+平台"是发展的核心。一方面，金融企业需充分发挥金融产品和服务的优势，加大 IT 投入；另一方面，互联网企业要发挥流量和用户体验优势，增加金融产品开发投入。就目前来说，发展更多的是基金公司和第三方平台的联合。

(2) 深挖用户数据，个性化定制加速发展。

随着互联网金融的发展，无论高净值投资用户还是大众投资用户，对产品和服务的需求越来越趋向个性化和多样化。互联网能方便企业掌握投资者和潜在投资者的家庭收入、可支配收入、投资需求、风险偏好等有用数据，并进行挖掘分析：一方面能帮助企业识别用户特征，推送相关金融产品和服务；另一方面，用户的特殊需求也能很好地帮助企业进行金融产品的设计和研发。基金产品要突破同质化的瓶颈，就必须深度挖掘和分析用户数据，根据用户的需求设计和推送产品。

(3) 销售模式多样化，打造互联网基金超市。

未来互联网基金销售有望向两个主流方向发展。第一个方向是发展以货币市场基金为主的活期理财功能，目前多数互联网基金使用通过互联网支付机构为基金直销提供支付结算业务这一销售模式。在这一销售模式下，对基金公司和基金产品的选择权集中在支付机构，而不是在投资者手中。第二个方向是利用互联网成本优势打造互联网基金超市，将尽可能丰富的证券投资基金产品挂在网络上销售，实现投资者自助购买。在该模式下，电子商务平台的工作是流量导入，实际上并未参与基金销售。

● 经典案例 ●

一项对北京、天津、上海、广州、杭州等国内大城市的调查显示，74%的被调查者对个人理财服务感兴趣，40%的人需要个人理财服务。但认真思考并仔细观察国内的理财市场，我们可以清晰地看到，产品的同质化是共同特征。如银行短期理财产品、信托公司的信托产品、公募基金的基金产品，每种类型的产品无一不是大同小异。虽然近两年的理财市场也涌现出了以高端白酒、红酒及艺术品等为挂钩对象的理财产品以及基于风险定价的结构化理财产品等"个性化"理财产品，但离从投资标的、投资期限、交易方式等方面做到为客户量身定制，还存在较大的差距。这表明我国的个人金融服务市场化、国际化还有很长的路要走，尤其是在高端个人金融服务领域。

近几年来，随着金融机构的改革，我国的金融服务创新已经有了很大的提高和发展。例如，2008 年中国证监会推行《基金管理公司特定客户资产管理业务试点办法》(以下简称《办法》)，意在对高端客户，即资金量比较大、对投资需求有差异的客户提供个性化的证券理财服务。《办法》推出以来，各家公募基金纷纷摩拳擦掌，建立专户理财队伍，制定公司内部相关管理制度和办法，同时对各家私人银行和券商以及机构客户开展专户理财的路演和推介工作。但实施 3 年后发现，专户理财的效果多数不甚理想，过半基金公司逐渐淡出该领域。究其原因，除了这两年股票市场惨淡、理财收益率大部分低于预期之外，另外一个关键和核心的问题就是基金公司还没有真正了解所谓"个性化"理财，以及怎样实现"个性化"理财。

真正的"个性化"理财，应该不仅仅局限于为客户做一个简单的风险测评、理财规划书，而应该根据经济周期的变化、国家经济产业政策的调整，为客户的资产做动态的管理配置建议，实现客户资产的长期增值、保值甚至是传承。

真正实现"个性化"理财，还要依仗国家在未来的金融改革中进行更有利于市场发展的创新。我们看到"第三方支付"、"第三方基金销售"、"私募基金可以以公募的方式发行产品"，无一不是有意义的创新。

6.5.2 互联网信托

信托业作为我国现代金融体系的重要组成部分，在银行、保险、证券等纷纷"触网"的潮流下，也在积极寻求同"互联网+"相结合。

1. 互联网信托的定义

传统意义上的信托指的是委托人基于对受托人的信任，将手中的财产交由受托人，受托人依照委托人的意愿对其进行管理的行为。信托是一种理财方式，是一种特殊的财产管理制度和法律行为，同时又是一种金融制度。信托与银行、保险、证券一起构成了现代金融体系。信托业务一般涉及三方当事人，即投入信用的委托人、受信于人的受托人以及受益于人的受益人。

根据《关于促进互联网金融健康发展的指导意见》，互联网信托实际上是指委托方通过信托公司或其他信托机构提供线上平台，在网上签订信托合同、转让信托产品、查询信托财产以及有关交易情况的信托业务运作模式。

2．互联网信托的模式

现阶段，互联网信托主要有以下模式。

(1)　"信托公司+互联网"模式。

"信托公司+互联网"模式由信托公司主导，开辟网上平台渠道。信托公司将手中已有的融资端客户和项目放到网上平台进行直接融资，或者允许持有该公司信托产品的投资者将信托的收益权抵押给平台或第三方机构，以此来融资，从而实现信托产品的流转。这种模式的好处在于整个交易都处于信托的监控之下，风险易于把控，专业性较强。创新之处在于这种模式并非单纯的线上、线下销售的转化，交易的并不只是信托产品本身，还包括信托产品的衍生品。信托公司可以通过建设线上开放式平台，借助网络渠道来进行信托产品的销售，做到线上和线下的同步发行和对接。目前包括平安信托、四川信托、陆家信托等信托公司都尝试构建网上金融超市。

(2)　"互联网公司+信托"模式。

信托公司目前更多是依靠互联网公司来开展互联网信托业务。在这种模式下，互联网公司起主导作用，信托公司只是起到渠道的作用，只是产品的参与者，不仅客户、交易过程等要由互联网平台公司来提供，甚至资产、风险都可能由互联网公司来负责筛选、推荐。

"互联网公司+信托"中的转型热点和最主要出路是"消费信托+互联网"模式。多数消费信托被认定为单一事务管理类信托，不受集合信托合格投资者的门槛限制。消费信托模式的创新使信托公司更加贴近用户，产品深度结合互联网金融的概念，通过在线互联网平台发售，打造出了具有品牌特色的产品。

信托公司推出消费信托计划是看好中国未来的消费市场，而对于消费者来说，购买消费信托，在完成心仪的消费之余，还能收到不菲的收益，颇具吸引力。

◆**经典案例**◆

"百发有戏"是百度金融消费业务与电影文化产业相结合推出的一个最新系列产品，由百度金融中心与中信信托、中影股份、德恒律师事务所合作推出。"百发有戏"一期的大众电影消费项目为《黄金时代》，于 2014 年 9 月 22 日 10:28 起正式上线，最低支持门槛仅为 10 元，其中包含多种多样的极具参与性与互动性的套餐，例如获得专属明星感谢视频、参与庆功晚宴以及制片人权益章等。

"百发有戏"包含了消费信托和资金信托两部分，除了消费权益有效期内客户已实现的消费权益外，产品到期后，用户的现金补偿将会进入中信信托的消费信托账户中，由中信信托进行信托理财。客户可以通过"百发有戏"个人页面查看自己的资金收益，并且可以随时提现，做到"消费+投资"两不误。

除了以中信信托为代表的电影消费信托的模式外，平安信托在"综合金融服务商平台"搭建中也作出了深入的探索，对客户和产品进行细致的分级、匹配、撮合，以满足不同客户的个性化金融服务需求；万向信托则利用"互联网+金融+消费+体育"的模式，引领投资者分享体育产业发展的红利。当前市场上的消费信托涵盖医疗养生、酒店住宿、旅游、影视娱乐、珠宝钻石、家电等领域。

(3)"互联网公司+第三方机构+信托产品"模式。

该模式下，第三方机构通过互联网渠道提供信托产品的方式一般是转让其持有的信托受益权份额，或允许其他信托持有人转让其持有的份额，而并非直接销售信托产品。该模式主要涉及互联网公司、第三方机构及信托产品，不具备信托公司背景，又没有经过复杂的产品合规性设计，导致业务具有较大的瑕疵，从而引发是否合规的争议。

本 章 小 结

通过本章的学习，读者应当了解：

(1) 信息化金融机构是指在互联网金融时代通过广泛运用以互联网技术为代表的信息技术，对传统运营流程、服务产品进行改造或重构，实现经营、管理全面信息化的银行、证券和保险等金融机构。

(2) 我国网上银行模式可以概括为以下几种：传统的电子银行模式、直销银行模式、金融电商模式、网贷平台模式和互联网理财模式。

(3) 直销银行是指业务拓展不以柜台为基础，打破时间、地域、网点的限制，主要通过电子渠道提供金融产品和服务的银行经营模式和开发模式。

(4) 网上证券根据互联网与证券二者主导权的不同可分为三种类型：强互联网型、均衡型、强证券型。

(5) 网上证券的运营模式可以分为三类：开户导向模式、网上商城模式以及 O2O 模式。

(6) 互联网保险业务是指保险机构依托互联网和移动通信技术，通过自营网络平台、第三方网络平台等订立保险合同、提供保险服务的业务。

(7) 根据运营方式不同，互联网保险可以分为以下四类：保险公司官网网站模式、第三方电子商务平台模式、专业网络媒介模式、广电通信终端销售模式。

(8) 互联网基金是通过互联网渠道实现销售的证券投资基金。

(9) 互联网信托是指委托方通过信托公司或其他信托机构提供线上平台，在网上签订信托合同、转让信托产品、查询信托财产以及有关交易情况的信托业务运作模式。

本 章 练 习

1. 简答题

(1) 信息化金融机构的内涵是什么？

(2) 简述网上证券的模式。

(3) 简述信息化金融机构的发展环境。

2. 案例分析

说起你买过的互联网保险，第一个浮现在你脑海的是什么？

航空延误险？什么体验？买机票的时候整个界面都找不到取消保险的按钮，申请理赔的时候条件还蛮苛刻，即使拿到几百元补偿之后也没有薅羊毛成功后的快感——毕竟错过了重要客户的会议，或者转机的航班。

资金账户安全险？这种利用人类对互联网天生的不信任感而攫取利润的小险种却服务了几乎所有支付平台和理财平台的用户，哦对，它一定忘了告诉你：被骗不给赔，被盗才给赔，如何界定"被骗"还是"被盗"呢？还是要打电话问警察——又是一个具有想象空间的理赔流程。

淘宝运费险？这是一款已经销售了 72 亿份、既可以自己买也可以别人给你买的互联网保险产品，而且它的存在还成就了中国第一家上市的保险科技公司——众安保险。

淘宝运费险是在电子商务的高度发展背景下产生的。由于淘宝平台支持退货，只要不影响商品的二次销售，一般情况下约定将货款全额退清，但退货的情况一旦发生，如果买卖双方没有事先就运费的承担方案进行清晰界定的话，就容易产生纠纷。当时的淘宝急需一个能够解决商家与消费者纠纷的市场机制，将购买商品过程中的不确定性转嫁出去。于是在航空意外险、航空延误险等高频次、碎片化保险产品的启发下，淘宝希望有一款低成本的保险产品，同时化解商家和消费者的难题。2010 年 4 月，淘宝选择了华泰财产保险股份有限公司作为合作方，淘宝运费险的历史由此开始。华泰财险最初沿袭传统保险产品设计的思维，即从"大数法则"出发，根据既往数据统计得出的风险概率，假定未来的风险概率可参照既往的数据，并可据以进行费率测算。但是，2012 年底有消息称："自从2010 年底华泰财险与电商合作推出该险种以来，退运险直接赔付率在 93% 左右，因此该险种一直处于亏损状态，仅当年就已经亏损 1400 万元。"

在传统保险精算师与互联网电商业务部门长期的交流和博弈之后，基于电商大数据消费行为定价的退货运费险才初见雏形。运费险的定价改变了传统保险业完全由精算师定价的局面，中国保险市场上第一次出现了运用大数据运算的动态精算模型。此后，众安保险一起参与到退货运费险的产品设计和承保当中，并利用技术先天优势将此险种做的声名远扬。

2016 年，阿里开放了合作的保险公司，众多保险公司一拥而上，退货运费险一下成为了所有保险公司的热销产品。

根据材料，请分析：
(1) 传统保险和互联网保险的区别有哪些？
(2) 淘宝运费险属于哪种模式的互联网保险？
(3) 分析大数据在互联网保险中的重要性。

本章能力拓展

(1) "小马 bank"是包商银行首创的国内首家银行系、综合性智能理财平台，于 2014年正式推出。包商银行相关负责人介绍，为客户定制专属理财服务和综合性理财平台是"小马 bank"区别于现有互联网金融平台的两大特征。上线初期该平台重点包括两类产品：债权(千里马)和货币基金(马宝宝)，也会逐步增加股票基金、保险、黄金、艺术品投资等产品。最大程度满足不同客户的多样理财需求，为客户实现资产配置的多样化和分散化。

　　"小马 bank"是互联网理财中智能理财的一种，和普通理财相比，它是以客户为中心，根据不同人生阶段的财务需求，设计相应的产品与服务，以满足客户财富管理的需要。

　　请搜索、整理金融机构互联网理财产品，并与"小马 bank"进行简单对比。

　　(2) 选择一家你熟悉的证券公司网站，简要介绍其互联网金融产品和服务、金融消费客户群以及推广模式。

第7章 互联网金融创新

本章目标

■ 理解互联网消费金融的内涵

■ 掌握互联网消费金融的模式

■ 理解供应链金融的定义

■ 掌握供应链金融的模式

■ 理解互联网金融门户的定义和分类

■ 掌握互联网金融门户的模式

■ 理解大数据及大数据金融的定义

■ 了解大数据金融的模式

■ 了解区块链的内涵及应用场景

■ 了解新三板互联网金融企业

重点难点

重点：

1. 互联网消费金融的定义及模式

2. 供应链金融的定义及模式

3. 互联网金融门户的定义及模式

难点：

1. 供应链金融模式

2. 大数据及大数据技术

3. 区块链的内涵及应用

案例导入

作为消费金融行业领先品牌，2014 年 2 月，白条在京东商城上线，为用户在购物时提供"先消费，后付款""30 天免息，随心分期"服务，成为行业创新典范。

2015 年，白条开始走出京东，以开放合作的姿态融入更多场景，为用户提供信用消费贷款。目前包括与银行携手打造的白条联名信用卡；与第三方商户合作提供白条分期旅游、租房、装修、购车、教育等服务，并设有专门为校园和乡村人群提供的消费金融支持。

以用户需求为出发的白条系列产品通过信用增值服务，嵌入多元的消费场景，让用户的消费体验更加便捷、流畅。

2016 年，白条开始去京东化策略，升级品牌并独立域名。九月底正式推出线上线下均能任性使用的"白条闪付"产品。只要将已开通白条闪付功能的白条添加到 apple pay、华为 pay、小米 pay 等手机钱包里，即可在全国可以支持闪付的 POS 机商户上使用，吃喝玩乐，线上、线下，有白条的地方就有更好的生活。

分析人士指出：未来几年我国消费信贷市场规模将会维持 20% 以上的年复合增长率，到 2020 年消费信贷规模将超过 35 万亿元，巨大的蛋糕吸引了众多巨头加入消费金融行业。作为拥有大数据资源的互联网企业，京东基本完成了在消费金融领域的布局，或将率先尝到消费金融的甜头。

互联网金融作为一个"互联网+"时代的存在，进入全新阶段已经不可避免，大数据、云计算、人工智能技术科技的加入让互联网金融的未来充满了无限的可能性。随着人们对于这一趋势认识的逐步完备，互联网金融将会出现更多新的创新点，这些创新点的不断加持将会给金融行业的发展带来新的动力，从而将金融行业的发展带入到一个全新的阶段。本章主要讲述互联网金融、供应链金融、互联网金融门户、大数据金融四大模式，然后进一步介绍了区块链技术、新三板与互联网金融，以帮助读者了解现阶段互联网金融的创新模式。

7.1 互联网消费金融

随着居民收入及消费能力的提升，我国消费金融市场快速发展。据统计，消费信贷方面，虽然 70% 的贷款由银行提供(其中 2/3 通过银行信用卡产品实现)，但近年互联网消费金融市场呈现出快速发展的势头。2017 年，中国互联网消费金融整体交易规模增长至 8933.3 亿元，环比增幅保持在 146.44% 的高位。京东白条、天猫分期、借呗等产品将学生及低收入群体等原本无法从传统金融机构获得消费信贷的群体纳入到消费金融市场中，从而触发这一结果。与此同时，由于我国互联网消费金融的渗透率仍然较低，未来中国互联网消费金融的发展空间潜力无限。

7.1.1 互联网消费金融的内涵

传统上的消费金融是指为满足个人或家庭对最终商品和服务的消费需求而提供的金融

服务，而互联网消费金融是"互联网+消费金融"的新型金融服务方式。

1．互联网消费金融的定义

在我国，互联网金融有着特定的经营范围。《关于促进互联网金融健康发展的指导意见》(以下简称《指导意见》)将互联网金融业态分为互联网支付、网络借贷、股权众筹融资、互联网基金销售、互联网保险、互联网信托和互联网消费金融七大类。其中，互联网支付、网络借贷和互联网消费金融属于广义消费金融范畴。但是从《指导意见》的表述来看，我国对互联网消费金融的内容采取了相对严格的界定：一是互联网消费金融不包括互联网支付内容，两者分别由银监会和中国人民银行监管；二是互联网消费金融不包括网络借贷，特别是 P2P 网络借贷；三是互联网消费金融业务信贷额度缩小化。

本书中的互联网消费金融是指银行、消费金融公司或互联网企业等市场主体出资成立的非存款性借贷公司，以互联网技术和信息通信技术为工具，以满足个人或家庭对除房屋和汽车之外的其他商品和服务消费需求为目的，向消费者出借资金并由其分期偿还的信用活动。

2．互联网消费金融的参与主体

互联网消费金融参与主体如图 7-1 所示。

各参与方的介绍如下：

① 资金需求方(消费者)是互联网消费金融的核心，利用金融机构的资金进行消费，在约定时间内进行偿还。

② 资金供给方(金融机构)包括商业银行、消费金融公司、电商企业等，根据消费者的信用状况、消费能力等提供贷款给消费者。

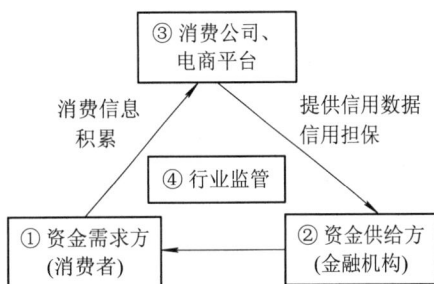

图 7-1　互联网金融的参与主体

③ 消费公司、电商平台包括提供各种消费品和服务的经销商及电商平台。

④ 行业监督监管部门包括银监会、消费品领域委员会、行业协会等。

3．互联网消费金融的特点

互联网消费金融呈现如下特点：

(1) 在范围上，互联网消费金融将服务范围扩展至健康、旅游、日常消费等价值低、期限短的商品。

(2) 在资金渠道上，互联网消费金融以线上为主，资金渠道更加广泛。

(3) 在授信方式上，互联网消费金融除了借鉴传统的审批方式外，还可以借助现代化的信息技术得到客户的历史交易金额、交易频率等数据来充分考察客户的信用状况，来决定是否发放消费贷款。

7.1.2　互联网消费金融的模式

按照互联网消费金融参与主体所掌握的消费场景资源及资金实力的不同，可以将互联网消费金融分为银行系模式、产业系模式、电商系模式和大学生消费分期平台模式。下面对此逐一介绍。

1．银行系模式

银行系互联网消费金融模式相对简单，主要是银行依托自身的客户资源和金融服务优势，通过信用卡中心及控股消费金融公司开展互联网消费金融服务。目前，个人消费信贷在银行整体个人贷款中比例偏低，而银行正在布局全产业链、丰富自身网上商城的消费场景，力图在相关领域追赶阿里、京东等电商企业。

2．产业系模式

产业系互联网消费金融模式是指消费流通企业为提高企业在产业链上的整体竞争力，扩大销售，通过自身控制的分期平台或消费金融公司，在消费者购买自身生产或流通的商品时提供分期和小额消费信贷服务。例如，相对于电商企业，海尔、苏宁、美的、国美等产业系公司掌握着大量线下消费场景，他们依托线下渠道及人员开展互联网消费金融服务。

3．电商系模式

电商系互联网消费金融模式是指电商企业通过交易平台分析消费者的交易数据及其他外部数据，提供给消费者数额不等的信用额度，消费者可以在信用额度内在该电子商务交易平台进行消费，由电子商务交易平台成立的消费信贷或第三方进行资金垫付，消费者在约定的还款期限内还款，电子商务交易平台收取一定比例服务费的消费金融模式。这种模式使得电子商务交易平台、资金提供方和消费者三方构成了一个良性的生态循环系统。

在这种模式下，电子商务交易平台是核心参与方，因为它直接面对消费者，并且在商品渠道、支付渠道上掌握了消费者的信息流、商品流、资金流等信息。这些信息能够降低风险发生的概率，是电商企业参与消费金融市场的核心能力。同时，电商企业利用这些信息可以了解消费者的消费习惯、消费需求等，从而提高销售额。目前，这种模式已经有比较成功的实例，如京东白条和蚂蚁花呗。

京东白条是京东集团推出的一种"先消费，后付款"的全新支付方式，在京东网站使用白条进行付款，可以享有最长 30 天的延后付款期或最长 24 期的分期付款方式，是业内第一款互联网消费金融产品。京东白条模式如图 7-2 所示。

相关步骤的说明如下：

① 京东根据消费者在京东上的历史交易数据对其进行授信，授信额度在 6000～15 000 元。

② 消费者到京东商城进行消费。

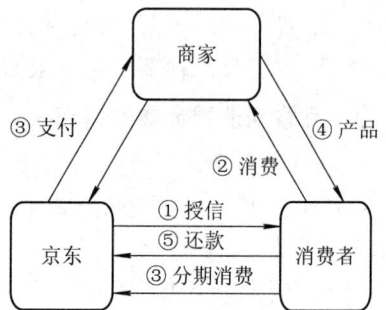

图 7-2　京东白条模式

③ 如果消费者选购京东自营商品，支付环节在京东内部完成，如果消费者选购第三方卖家联营商品，由京东将货款先行支付给第三方卖家。

④ 京东或第三方卖家向消费者发货。

⑤ 消费者按约定向京东还款。

京东白条模式的收益来自消费者分期付款的手续费。因京东白条服务有助于销售规模提升，可以带来额外的利润，而消费者信用风险是其主要风险，京东是实际风险承担者。通过消费者交易数据对其授信是京东白条风险控制的关键。

蚂蚁花呗是蚂蚁金服 2014 年推出的一款消费信贷产品，可用于赊账购买淘宝、天猫大部分商户的商品。目前亚马逊、当当、大众点评、1 号店、唯品会等国内 40 多家互联网购物平台均已开通蚂蚁花呗支付，用户在这些网站或者手机 APP 购物时，可以在支付选项中选择使用蚂蚁花呗付款。按照蚂蚁金服的计划，将会有 80% 的主流电商平台都用上蚂蚁花呗，而且将有大量的线下场景可以支持蚂蚁花呗。蚂蚁花呗的消费金融模式流程如图 7-3 所示。蚂蚁花呗模式对消费者的授信是基于淘宝历史交易数据，未获得授信的消费者以及授信额度不足以覆盖商品价格的部分，需要消费者在余额宝账户冻结相应数额的资金。

相关步骤的说明如下：

① 商家需要开通蚂蚁花呗分期购物服务，确定可以分期购物的具体商品。

② 蚂蚁花呗根据注册消费者历史交易数据对其进行授信。

③ 消费者在商家选择分期购物商品。

④ 商家向消费者发货。

⑤ 蚂蚁花呗向商家支付货款。

⑥ 消费者通过支付宝进行还款。

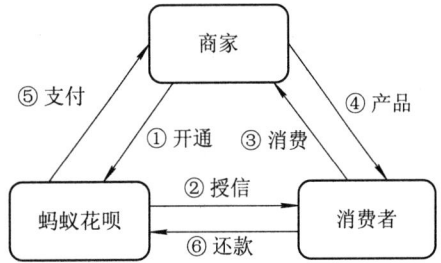

图 7-3　蚂蚁花呗模式

蚂蚁花呗的主要收益来自商家的服务费和消费者支付的分期手续费。消费者信用风险是蚂蚁花呗的主要风险，蚂蚁金服是风险承担者。蚂蚁花呗建立起的商家评价体系，对商家具有较大约束作用，由于蚂蚁花呗目前并没有对接央行的征信系统，对消费者的约束作用相对比较小，选择优质消费者以及对消费者的授信就是蚂蚁花呗风险控制的关键。

主流电商平台与传统银行消费金融业务之间的比较如表 7-1 所示。

表 7-1　主流电商平台和传统银行的消费金融业务比较分析

项目	主流电商平台		传统银行
典型代表	蚂蚁花呗	京东白条	银行信用卡分期
应用场景	淘宝、天猫商城(部分商户、商品不支持)，唯品会、亚马逊等 40 余家电商平台	京东商场自营产品、部分第三方的实物商品和 170 手机号购买	国美在线商城(支持银行：招商银行、中国民生银行、北京银行、中信银行、广发银行、中国建设银行、兴业银行、中国农业银行)
手续费(月)	2.5%～8.8%	0.5～1%	0.9%～8.4%(中国建设银行最低，广发银行最高)
分期付款特点	每月 10 日固定日期还款；最长免息期 41 天，最短免息期 11 天	最长 30 天延后付款期：30 天免息；3～24 个月分期付款	按 3、6、12 期支付(中国建设银行支持 18、24 期)，通过网络使用信用卡即可完成分期付款
逾期费率	0.05%	0.03%	一般为 0.05% + 滞纳金
最高信用额及特点	从几千元到 3 万元不等。钻石级买家 8000 元；三星级买家 1000 元	1.5 万元，大多数用户不超过 1 万元，普通用户只有 6000 元	参照相应发卡行信用授信额度(最高一般为 50 000 元)

4. 大学生消费分期平台模式

大学生消费分期业务在 2014 年快速发展，大学生消费分期平台大量涌现。该模式融合了电商平台消费金融模式与 P2P 网贷消费金融模式，是连接大学生与供应商、P2P 平台等互联网理财平台的关键。大学生消费分期平台的具体模式如图 7-4 所示。

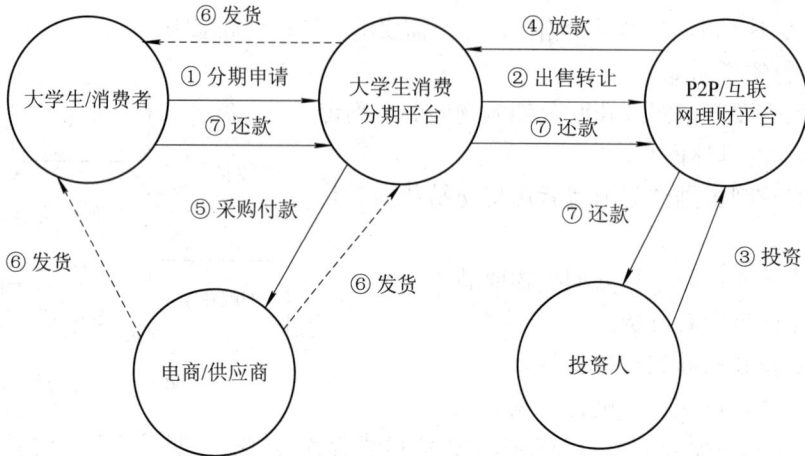

图 7-4　大学生消费分期平台模式

相关步骤的说明如下：

① 大学生向消费分期平台提出分期消费申请，平台对大学生的信息进行审核，并与大学生签订相应的服务协议。

② 通过审核的大学生消费分期申请，大学生消费分期平台将债权打包转让或出售给 P2P 平台和互联网理财平台。

③ P2P 平台将债权在平台上发布；互联网理财平台将债权打包成理财产品在平台上销售，投资人在 P2P 平台和互联网理财平台上进行投资。

④ P2P 平台和互联网理财平台将募集的资金给大学生消费分期平台放款。

⑤ 大学生消费分期平台根据大学生的需求向电商平台和供应商采购商品。

⑥ 电商平台和供应商向大学生消费分期平台发货，再由大学生消费分期平台将商品送至学生手中；或者直接由电商平台和供应商向学生发货。

⑦ 大学生按约定向大学生消费分期平台还款，分期平台也按约定向 P2P 平台和互联网理财平台还款，P2P 平台和互联网理财平台将收到的回款按时向投资人还款。

不同的大学生消费分期平台在具体运作模式上可能存在一定的差异，有些平台是先用自有资金采购大学生提出的商品需求，再将债权转让或出售给 P2P 平台和互联网理财平台。甚至有些大学生消费分期平台是先采购一定数量的商品，然后在平台上进行销售。大学生消费分期平台模式的基础性风险是大学生的信用风险，大学生消费分期平台的经营风险是整个系统的关键风险，投资人是最终风险承担者。

以上互联网消费金融模式的对比如表 7-2 所示。

表 7-2　互联网消费金融模式对比

	电商系	银行系	产业系	分期平台
客户覆盖	垄断线上流量入口	大量潜在客户	线下消费场景资源	针对性用户覆盖，绝对数量不大
审批模式	可借助用户的消费记录完成审批并基于互联网征信提供授信服务	成熟的征信及审批模式，但效率较低	风险容忍度较高，比银行审批效率高	征信模式比较初级，具有互联网特色的风控体系
资金来源	股东资金，自有资金丰富	资金来源于吸收的存款，成本低，来源稳定	股东资金和金融机构间拆借	资金来源于自身、P2P 理财用户及金融机构，成本相对高
优势/劣势	线上消费用户覆盖明显，线上业务和大数据技术优势突出	业务模式成熟，主要劣势在于审批要求严格，周期长	资金价格相对较低，线下消费场景受线上冲击，运营成本高	新兴模式，各方面均有待提升

7.1.3　互联网消费金融的发展趋势

从目前的态势来看，未来互联网消费金融主要围绕以下几个方面发展。

1. 消费场景化

在体验经济时代，以往企业通过满足消费者对产品功能需求创造利润的模式，已经转化为企业与特定消费者在特定时刻、特定地点、特定情境下共同创造体验的盈利模式。而对于互联网消费金融来说，在消费场景中为消费者提供消费贷款的金融服务已经成为趋势，其中最关键的就是基于消费场景的体验。此外，个人消费贷款是和消费场景相结合来获取借款客户的，借款目的更明确，反欺诈审核也更精准。

2. 细分化、垂直化

消费金融正在向更加细分化和垂直化的方向发展，根据不同人群、不同消费类型的互联网消费金融产品分化得越来越细。而细分化、垂直化带来的也是行业的优化。未来，每个领域、每一条行业线都将有更为专业的互联网消费金融公司出现。

3. 普惠化

互联网特别是移动互联网技术在消费金融领域的应用，使得消费金融服务更具普惠性和覆盖性，不仅覆盖到生活消费的各个场景，还能够覆盖到更多的中低端用户群体。比如专门针对中低收入人群的互联网消费金融产品"51 酷卡"的出现，就具有普惠金融的性质。51 酷卡是一种虚拟信用卡、打折卡，可以在合作商户进行信用消费，主要服务于申请银行信用卡不容易通过的人群。

4. 数据模型化

基于数据而形成的大数据风险控制模型是未来互联网消费金融的核心发展方向。"数据+模型"将是互联网金融企业未来发展的核心工具，而客户洞察、市场洞察及运营洞察是互联网消费金融行业大数据应用的重点。

在客户洞察方面，金融企业可以通过对行业客户相关的海量服务信息流数据进行捕捉及分析，以提高服务质量；同时可利用各种服务交付渠道的海量客户数据，开发新的预测分析模型，实现对客户消费行为模式的分析，提高客户转化率。在市场洞察方面，大数据可以帮助金融企业分析历史数据，寻找其中的金融创新机会。在运营洞察方面，大数据可协助企业提高风险透明度，加强风险的可审性和管理力度；同时也能帮助金融企业充分把握业务数据的价值，降低业务成本并发掘新的套利机会。

7.2 供应链金融

为产业链提供系统性融资支持的供应链金融，基于产业链真实交易的融资需求，现已成为互联网金融的新风口。

7.2.1 供应链金融的内涵

传统的供应链金融是银行向客户(核心企业)提供融资和其他结算、理财服务，同时向这些客户的供应商提供贷款，或者向其分销商提供预付款代付以及存货融资服务。简单地说，就是银行将核心企业和上下游企业联系在一起，提供灵活运用的金融产品和服务的一种融资模式。

供应链管理是指使供应链运作达到最优化，以最少的成本完成从采购开始到满足最终客户的所有过程。在供应链管理中，资金流逐渐成为制约企业尤其是中小企业发展的最主要瓶颈之一。因此产生了针对此问题的供应链金融。

互联网时代下的供应链金融是指金融机构(如商业银行、互联网金融平台)在对供应链内部的交易结构进行分析的基础上，引入核心企业、第三方企业(如物流公司)等新的风险控制变量，对供应链的不同节点提供封闭的授信及结算、理财等综合金融服务。

本质上，供应链金融是供应链管理的一个重要分支，打破了传统融资模式，将整个供应链金融作为一个整体来评估其风险并提供相应的融资服务。这使得原来不满足融资要求的中小企业能够依托其所在的供应链获得所需资金，进而解决目前我国中小企业融资难、融资时间长等问题。

供应链金融是对一个产业供应链中上下游多个企业提供全面的金融服务，它改变了过去银行对单一企业主体的授信模式，而是围绕某"1"家核心企业，从原材料采购，到制造中及最终产品，最后由销售网络把产品送到消费者手中这一供应链链条，将供应商、制造商、分销商、零售商、最终客户连成一个整体，全方位地为链条上的"N"个企业提供融资服务，通过相关企业的职能分工与合作，实现整个供应链的不断增值。因此，它也被称为"1+N"模式。

7.2.2 供应链金融的模式

中小企业在运营过程中主要在采购、经营、销售三个阶段存在资金缺口，围绕这些资金缺口，有五种融资模式。其中前三种是传统的金融模式，后两种是基于互联网的供应链金融创新模式。

1．应付账款融资模式

应付账款融资模式主要是针对采购阶段的资金短缺问题。该模式的具体操作方式是：由第三方物流企业或核心企业提供担保，银行等金融机构为中小企业垫付货款，以此来缓解中小企业的货款支付压力，之后再由中小企业直接将货款支付给银行，其中，第三方物流企业扮演的角色主要是信用担保和货物监管，其流程如图 7-5 所示。

2．动产质押融资模式

动产质押融资模式主要是针对运营阶段的资金缺口问题。它是以动产抵押贷款的方式，将存货、仓单等动产质押给银行而获得贷款。第三方物流企业提供货物监管、拍卖等一系列服务，核心企业还可能会与银行签订货物回购协议，进一步降低金融机构的风险。

3．应收账款融资模式

应收账款融资模式主要是针对企业的商品销售阶段。中小企业将应收账款质押给银行金融融资，并由第三方物流企业提供信用担保，将中小企业应收账款转变成银行的应收账款，之后核心企业将货款直接支付给银行。

在这种模式下，金融机构会为供应商提供信用贷款，以缓解供应商的资金流压力，当下游企业通过销售得到资金之后，再将应付账款支付给金融机构，如图 7-6 所示。

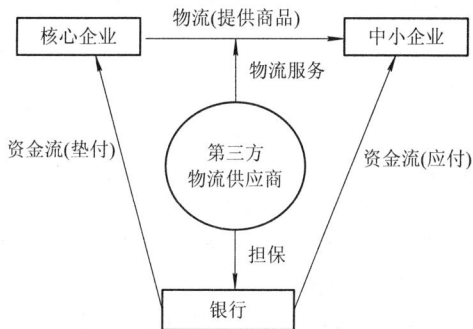

图 7-5　应付账款融资模式　　　　图 7-6　应收账款融资模式

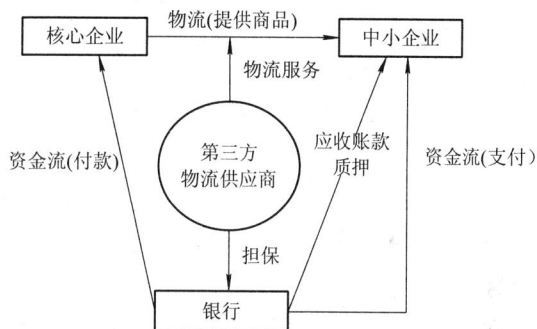

4．非纯交易平台电商供应链金融模式

非纯交易平台电商在供应链系统中除了提供交易平台，还自营整个供应链的仓储和物流系统，电商向上游供应商提出订单需求，供应商向电商发货，电商向供应商开出承兑汇票，并产生应收账款。该模式的典型代表有亚马逊、京东商城。

非纯交易平台供应链金融运作模式与传统供应链金融"1+N"模式的本质相同，电商作为供应链系统的核心企业，利用自身良好的信誉和掌握的大量交易信息，以每笔交易为周期为上下游中小企业提供担保授信，通过应收账款融资、订单融资、供应商委托贷款融资等方式，与商业银行合作，融资给供应链上的供应商，为自己带来了经济利益的同时，也增强了自身的黏性和节点企业对平台的依赖性，并与上下游企业建立稳定、互利的合作关系，确保以自身为核心的供应链系统稳健发展。

非纯交易平台电商供应链金融模式是将传统供应链金融理论延伸至电商供应链系统，通过对整个供应链绩效和经营风险的评估为供应链中的企业提供贷款，改变了传统的以单个企业的不动产质押为主的授信模式，不仅拓展了业务范围和服务对象，而且有利于降低交易风险和交易成本。同时，该模式中，供应链中的上下游企业往往处于不同的行业环境中且相互影响，银行通过核心企业加强了对供应链和各节点企业的经营状况评估和监管，降低了非专业性因素引起的信息不对称带来的融资风险和成本。

5. 纯交易平台电商供应链金融模式

纯交易平台电商供应链系统中，电商本身只为上下游供应商提供交易平台，其自身不经营仓储和物流系统，与上游供应商之间不存在应收账款等现金交易，该模式的典型代表是 B2B 电商阿里巴巴、C2C 淘宝、B2C 天猫。在这些电商供应链系统中，电子商务平台对物流和资金流的掌控没有非纯交易平台的程度大，但是电商对信息流拥有控制权，所有供应链系统的交易都在电商平台上进行，电商可基于大量交易数据分析进行融资风险控制。

纯交易平台供应链融资是更具创新性的供应链融资模式，电商代替银行在传统供应链金融中提供融资服务的地位，并以数据与互联网为核心，建立丰富的供应商数据库和信用记录，再利用庞大的客户资源、海量的客户交易行为数据及云计算等信息技术处理手段，为其平台上的中小企业提供信用贷款。电商通过整合电子商务过程中所形成的数据和信用，解决了传统金融行业对个人和小企业贷款存在的信息不对称和流程复杂的问题，能实现良好的风险控制和资本回报。

纯交易平台电商供应链融资创新模式的特点体现在技术实现与风险控制上。技术实现是指：电商的融资风险控制需引入网络数据模型和在线视频资信调查模式，通过交叉检验技术辅以第三方验证确认客户信息的真实性，将客户在电子商务网络平台上的行为数据映射为企业和个人的信用评价，向这些通常无法通过传统金融渠道获得贷款的中小供应商批量发放贷款，通过技术创新，利用数据分析而非担保或者抵押对融资方进行信用评级。风险控制是指：电商通过建立多层次的微贷风险预警和管理体系，将贷前、贷中以及贷后三个环节紧密联系，利用数据采集和模型分析等手段，根据小微供应商在电商平台上积累的信用及行为数据，对企业的还款能力及还款意愿进行较准确的评估，同时结合贷后监控和网络店铺账号关停机制，提高客户违约成本，有效地控制贷款风险。

在国内，率先实践纯交易平台电商供应链金融模式的是阿里金融。阿里金融利用自身平台积累下的庞大交易数据对申请贷款供应商进行风险评估并进行无抵押贷款，实现与供应商更深层次的捆绑，同时又通过这些金融服务获得收益。

阿里巴巴集团的主要服务对象是中小企业，融资贷款是其非常重要的业务。阿里巴巴提供的供应链金融产品可以分为两类：一是用自有资金贷款，包括淘宝小贷和阿里小贷，这类贷款提供的资金较少，门槛较低，比较灵活；二是用银行资金贷款，也称合资贷款，目前的合作对象是中国银行，这类贷款门槛高，但是额度也比较大。

以阿里小贷为例，阐述阿里巴巴供应链金融的流程。阿里巴巴供应链金融简要流程包括贷前、贷中和贷后三个环节，具体内容如下。

(1) 贷前：根据阿里商户在电子商务平台的经营数据和第三方认证数据，分析该企业的经营状况及偿债能力。

(2) 贷中：通过支付宝以及阿里云平台实时监控贷款商户的交易状况和现金流向，包括商户的社区活动、在线交易、增值服务、产品发布以及企业的基本资料等线上行为，还包括商户的银行流水、经营模式、财务状况以及家庭情况等线下行为。通过对这类商户行为进行分析，实时进行风险预警。

(3) 贷后：通过互联网监控贷款商户的经营动态和行为，当商户出现可能违约的行为时，将会发出预警。与此同时，还推出了贷后监控和网络店铺关停机制，以此来提高贷款商户的违约成本，进而有效地控制贷款风险。

其具体流程如图 7-7 所示。

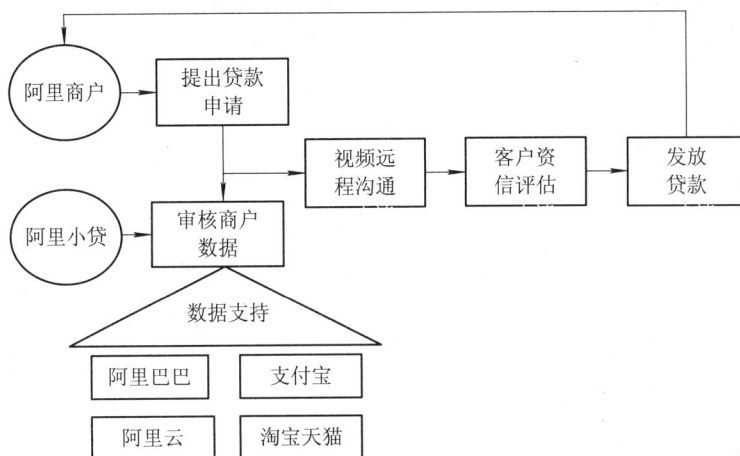

图 7-7　阿里小贷贷款流程

7.2.3　供应链金融的发展趋势

随着互联网的深度渗透，供应链金融取得了快速的发展，有望迎来发展的黄金时期。未来，供应链金融将呈现出以下几种发展趋势。

1. 业务线上化

电商平台的兴起和供应链信息化程度的提升，使得供应链金融业务的发展速度和受重视程度与日俱增，从而诞生了在线供应链金融这一新形式。目前，许多商业银行正尝试自建或者与电商平台合作开展线上供应链金融。

供应链金融的参与主体通过建立线上供应链金融服务平台实现资源整合，优化物流链、资金链和信息链的配置，为大型企业和上下游中小企业提供专业化和定制化的金融服务。同时，在这一过程中，最大限度地掌握到了供应链融资过程中的物流、商流、信息流、资金流，从而具备了衡量借款企业实际还款能力的能力，为解决金融业务中核心的风险定价提供了良好的支撑。

而融资企业在线上供应链金融服务平台可以自助申请贷款，由平台系统进行实时审批，对符合要求的企业自动放款。每次借款、还款均通过线上完成，手续简便、随借随还，极大地降低了中小企业的融资成本，缓解了资金压力。

2. 垂直化和细分化

供应链金融在不同行业的应用必然衍生出不同特性，这将促使供应链金融向更垂直、更细分、更精准、更专业的方向发展，产业在线金融的综合服务将逐渐走向成熟。目前，包括商业银行、核心企业、电商平台和 P2P 平台等供应链金融参与方都已在各细分产业、细分领域布局了供应链金融融资业务。未来将会有更多的细分行业供应链金融模式或平台提供者出现。

每个行业都有自身的行业特点，因此，不同产业链上的企业具有迥异且多样化的金融服务需求特征。各供应链金融参与主体需要根据不同行业、不同企业的具体需求来为其量身定制金融服务，提供更加灵活和个性化的供应链金融产品。

各供应链金融参与主体只有不断深耕各自所经营的一条或几条产业链，在充分了解行业属性和特征的基础上，结合自身的专业分析与研判能力，才能为各垂直细分供应链上的企业提供个性化的供应链金融产品服务。

3. 大数据化

供应链金融最终是要实现物流、商流、资金流、信息流的"四流合一"。与传统金融相比，供应链金融不再单纯看贷款企业的财务报表等静态数据，转而对企业的动态经营数据进行实时监控，将贷款风险降到最低。

供应链金融参与主体在掌握了大量的动态客户交易信息之后，如果不能够及时、准确地对客户信息进行分类整理分析，也是无法有效地开展供应链金融产品服务的。大数据应用或大数据平台的建设是"互联网+"浪潮下供应链金融的另一个未来发展趋势。

供应链金融参与主体通过自建或与大数据机构合作建立大数据平台，为贷款企业客户量身定制全方位、多维度的分析报告，可以依托大量的真实交易数据来源和大数据处理技术，测算出各标准数据的区间范围，通过上下游企业数据的匹配，对贷款企业客户的资信状况进行全面合理判断。

大数据技术可以帮助各参与主体快速地进行大量且非标准化的交易数据的整理和分析，帮助参与企业节省成本，提高信息利用效率以及提高融资服务的实现效率。

当然，大数据离不开云计算，云计算为大数据提供了弹性可拓展的基础设备，是产生大数据的平台之一。此外，物联网、移动互联网等新兴形态，也将一齐助力大数据革命，这些都将让大数据在供应链金融领域发挥出更大的影响力。

4. 平台化和生态化

展望未来，供应链金融的一个发展趋势是做成产融结合的生态系统大平台。供应链金融向平台化发展和整合将是必然趋势，由平台模式搭建成一个产融结合的生态系统，不再是单向流动的价值链，而是能促使多方共赢的商业生态系统。

所谓的供应链金融平台生态系统是以生态为基础的新型商业模式，具有长远的战略价值。平台企业是价值的整合者，是多边群体的连接者，更是生态圈的主导者，终极目标在于打造出拥有成长活力和赢利潜能的生态圈。而供应链上各环节企业与机构要加入平台生态圈来实现未来持续的发展，具体运营方式是通过平台链接的商业生态、基于云计算和大数据创建金融生态系统，使金融能真正服务于整个供应链的各类主体并推动整个商业生态的发展。

7.3 互联网金融门户

近年来，零售业已经受到来自互联网的强烈冲击，而在利率市场化、国内消费金融逐渐递增的大趋势下，越来越多的金融行业信息、金融产品以及金融服务涌现出来。金融机构的信息处理和反馈、金融产品的销售和金融服务的提供，都需要通过更有效的渠道才能实现，而互联网金融门户就是这种有效的渠道之一。从某种意义上来讲，互联网金融门户对金融业是一种有效的补充而非变革式的颠覆。

7.3.1　互联网金融门户的定义与分类

1. 互联网金融门户的定义

互联网金融门户是指利用互联网提供金融产品、金融服务信息，汇聚、搜索、比较金融产品，并为金融产品销售提供第三方服务的平台。

互联网金融门户是互联网金融参与者获取相关金融知识、进行投资咨询、进入互联网金融网站的入口之一。其核心作用就是发挥"整合+搜索+比较"模式下的互联网金融产品的推广与销售功能，也就是互联网金融门户将大量互联网金融产品和金融服务信息进行整合后，再根据用户的不同需求进行分类，同时采用金融产品垂直比价的方式，将不同的金融产品或相关资讯信息呈现给用户，用户通过搜索对比选择适合自己的产品和信息。其具体流程如图 7-8 所示。

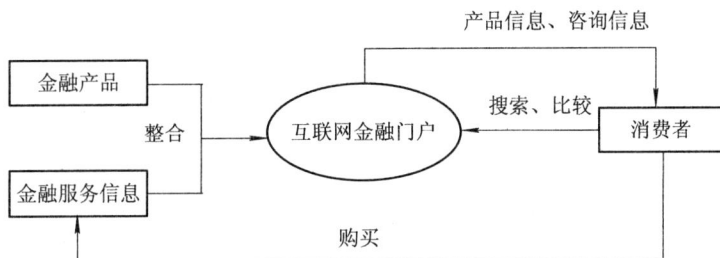

图 7-8　互联网金融门户运作流程

2. 互联网金融门户的分类

(1) 根据服务内容及服务方式不同，互联网金融门户分为第三方资讯平台、垂直搜索平台及在线金融超市三大类。

① 第三方资讯平台是为客户提供全面、权威的金融行业数据及行业咨询的门户网站，典型代表有网贷之家、和讯网以及网贷天眼等。

② 垂直搜索平台是聚焦于相关金融产品的垂直搜索门户。所谓垂直搜索是针对某一特定行业的专业化搜索，在对类专业信息的提取、整合、处理后反馈给客户。客户在该类门户上可以快速地搜索到相关的金融产品信息。互联网金融垂直搜索平台通过提供信息的双向选择，从而有效地降低信息的不对称程度，典型代表有融 360、好贷网、安贷客等。

③ 在线金融超市汇聚了大量的金融产品，并提供与之相关的第三方中介服务。该类门户一定程度上充当了金融中介的角色，通过提供导购及中介服务，解决服务不对称的问题，典型代表有大童网、格上理财、91 金融超市以及软交所科技金融服务平台。

(2) 根据汇集的金融产品、金融信息的种类不同，互联网金融门户又可以细分为 P2P 网贷类门户、信贷类门户、保险类门户、理财类门户以及综合类门户五个子类。其中，前四类互联网金融门户主要聚焦于单一类别的金融产品及信息，而第五类互联网金融客户则致力于金融产品、信息的多元化，汇聚不同种类的金融产品或信息。

以上按不同标准分类的方式并非互斥关系，只是角度和依据不同，前一种分类方式是从金融产品销售产业链进行归类，后一种分类方式是从互联网金融门户经营产品种类的角度进行划分。为了条理清晰，便于阐述，下面的运营模式将按照第二种分类方式进行具体分析。

7.3.2 互联网金融门户的运营模式

本节主要从定位、运营模式和盈利模式三个方面对互联网金融门户进行详细介绍。

1. P2P 网贷类门户

P2P 网贷类门户专注于 P2P 网贷行业，不涉及银行等金融机构的传统信贷业务。P2P 网贷类门户的核心定位是 P2P 网贷行业的第三方资讯平台，是 P2P 行业的外围服务提供商，通过为投资人提供最新的行业信息，并为其搭建互动交流平台，致力于推动 P2P 网贷行业健康发展。

在运营模式上，P2P 网贷类门户秉承公平、公正、公开的原则，对信息资源进行汇总、整理，并具备一定的风险预警及风险揭示功能，起到了对网贷平台的监督作用。在 P2P 网贷类门户上，客户可以搜索到大量的行业信息和行业数据。同时，P2P 网贷类门户以客观中立的立场，通过各种考察方式，将全国各地具有资质且运营状况良好的 P2P 网贷平台纳入门户导航栏中，为有贷款需求的客户提供相关信息参考，解决其对 P2P 网贷平台信息不对称的问题。

P2P 网贷类门户的盈利模式与传统资讯类网站的盈利模式相比并无太大差异，依然主要通过广告联盟的方式来赚取利润。不难看出，该盈利模式的核心就在于流量，依靠网站的流量、访问量和点击率来吸引广告。门户日均访问量越多，越容易吸引企业投放广告，从而获取更多利润。此外，有一部分 P2P 网贷类门户还通过对 P2P 网贷平台进行培训及提供相关咨询服务的方式来实现营收。

● 经典案例 ●

网贷之家于 2011 年 10 月上线，隶属于上海盈灿投资管理咨询有限公司，是第三方网贷资讯平台。网贷之家是致力于推动 P2P 网贷行业发展的资讯门户网站。

截至 2017 年 11 月底，网贷之家导航栏中的 P2P 网贷平台数量已达到 1981 家，这些平台都是经过网贷之家考察、审核后筛选出来的具备相关资质及良好信誉的 P2P 网贷平台。

同时，网贷之家从数据和社会征信角度出发，通过对 P2P 网贷平台运营及市场反馈信息的搜集、整理和分析，不断完善 P2P 网贷平台征信体系建设，对其进行实时监控和风险预警，以降低 P2P 网贷平台携款跑路等事件造成的客户损失。目前，网贷之家已通过曝光台对多起国内 P2P 网贷平台跑路、挤兑等事件进行了风险预警。

网贷之家还建立了客户个人信用档案，将之纳入它的征信系统中。个人信用档案将逾期未偿还贷款的客户列入黑名单，供各 P2P 网贷平台参考，具体信息涵盖了贷款人姓名、欠款总额、逾期贷款笔数、最长逾期、贷款人所在地信息等。

曝光台和客户个人信用档案的简历，体现了网贷之家作为第三方资讯平台公开、公平、公正的立场，为 P2P 网贷行业的健康发展提供了良好的保障。

网贷之家以收取广告费的方式赚取利润，此外还通过向 P2P 网贷平台提供专业培训及相关资讯服务来收取培训费及服务费。

2. 信贷类门户

信贷类门户主要以"垂直搜索+比价"为主要业务形态，与银行及相关金融机构直接对接。其定位是信贷产品的垂直搜索平台，将传统的线下贷款流程以及信贷产品信息转移到网络，为传统信贷业务注入互联网基因。

从运营模式来讲，信贷类门户不参与借贷双方的交易，也不做属于自己的信贷产品。在该类网站上，客户可以搜索到不同金融机构的信贷产品，并通过各类产品间的横向比较，选择出一款适合自身贷款需求的信贷产品。

在信贷产品的信息采集方面，信贷类门户通过数据采集技术及合作渠道提供的信息建立数据库，汇聚各类信贷产品信息，并对产品信息进行实时更新，以确保客户搜索到的产品信息真实可靠。

在信贷产品的搜索及匹配方面，信贷类门户设计了简明的信贷产品搜索框，包含贷款类型、贷款金额以及贷款期限等条件，便于精准定位客户的贷款需求，并根据其不同的需求进行数据匹配，为客户筛选出满足其特定需求的信贷产品，供其进行比价。最后，在客户申请贷款完成后，可通过信息反馈系统(即信贷经理评价以及用户短信评价两种方式)，来实现金融 O2O 模式的闭环。

现阶段，信贷类门户的收入来源主要以推荐费及佣金为主，广告费、咨询费及培训费等收入相对占比较低。目前，信贷类门户主要通过向金融机构推荐贷款客户以收取相应的推荐费，这构成了信贷类门户最主要的收入来源。在某些门户上，推荐费所占比重甚至达到了 80%以上。

经典案例

融 360(北京融世纪信息技术有限公司)成立于 2011 年，是"互联网+金融"的典型业态，主要业务为利用大数据、搜索等技术，让百家银行的金融产品可以直观地呈现在用户面前。

2015 年 5 月，融 360 推出"天机"大数据风控系统——通过大数据分析，系统会根据身份认证、还款意愿和还款能力三个大维度，给申请贷款的用户进行评分，依据分值来为合作机构提供放贷建议。针对特定细分市场，融 360 的目标是力争 5 万元以内的小额贷款最快 10 分钟审批、当天放款。除了贷款审批速度实现了突破，贷款获批率也得到了显著提升。同一类用户使用抵押物、收入流水证明等粗放式的传统风控方式，其贷款获批率在 15%左右；而使用大数据模型结合人工后，其获批率可以达到 30%以上。

融 360 的模式是"搜索+匹配+推荐"，有贷款需求的用户只需登录 360 网站，填写相关信息，包括贷款用途、贷款金额、贷款期限，然后点击搜索就可以快速查找到适合自己的信贷产品，并通过信贷产品间的横向比较，选择适合自己的金融机构申请贷款。

融 360 对用户免费，盈利模式主要有以下四种：一是向金融机构推荐贷款客户，并收取推荐费；二是撮合交易，在用户申请贷款的过程中，融 360 帮助用户完成整个贷款流程，贷款获批后向金融机构收取贷款额的一定比例作为返佣；三是金融机构投往该网站的广告费，需要依托流量产生，但广告收益并不是融360收入的重点；四是"一站式的服务费"——融360为金融机构提供风险管理，这个针对风险管理的服务费是融360盈利模式中占比越来越重的部分。

3. 保险类门户

保险类门户的核心定位分为两类：一类是聚焦于保险产品的垂直搜索平台，利用云计算等技术精准、快速地为客户提供产品信息，从而有效解决保险市场中的信息不对称问题，典型代表有富脑袋、大家保等；另一类保险类门户定位于在线金融超市，充当的是网络保险经纪人的角色，能够为客户提供简易保险产品的在线选购、保费计算、综合性保障方案等专业性服务，典型代表为大童网、慧择网等。

保险类门户为客户提供了一种全新的保险选购方式，并实现了保险业务流程的线上化，具体包括保险信息咨询、保险计划书设计、投保、核保、保费计算、缴费、续期缴费等。

在运营模式上，保险类门户对各家保险公司的产品信息进行汇总，并为客户和保险公司提供了交易平台。同时，为客户提供诸如综合性保障方案评估与设计等专业性服务，以确保在以服务营销为主的保险市场中，依靠更好的增值服务争取到更多的客户资源。

目前，虽然国内外保险类门户数目繁多，但按其业务模式划分，保险类门户主要以B2C模式、O2O模式以及兼具B2C和O2O的混合业态经营模式这三类模式为主。

保险类门户的盈利模式通常有以下三种：第一种是客户完成投保后所收取的手续费；第二种是依托保险类门户规模大、种类全、流量多等优势，通过广告联盟的方式收取广告费用；第三种是向保险机构或保险代理人提供客户信息和投保意向，从中收取佣金。

◆ 经典案例 ◆

大童网由中国保险监督管理委员会批准设立的全国性专业保险中介机构——北京大童保险经纪有限公司(简称"大童经纪")创立。大童经纪总部设在北京，综合经营人寿保险、财产保险中介服务业务，以及法律许可的其他金融产品销售服务业务。大童网依托大童经纪强大的信息技术和产品采购能力，拥有电子商务平台、电话服务平台、核心业务系统、核心财务系统等专业化、规范化、标准化的后援运营支持平台，能够提供近40家保险供应商的1000余种金融保险商品供客户选购，是中国大陆品种最全、规模最大的网上保险超市和保险交易平台，涵盖了健康、养老、医疗、子女教育、旅游出行、人身保障、投资理财等各个方面。

大童网是目前唯一一家兼具B2C和O2O模式的保险产品电子商务平台。

其B2C模式流程为：消费者通过保险计算器计算相关保费，点击"立即购买"进入信息栏，填写真实信息，在信息经过审核后，客户预览自动生成保险订单，确认投保信息是否准确，确认购买后，通过网银进行在线支付，支付成功后，保单生效，如图7-9所示。

计算保费 ▶ 填写信息 ▶ 预览订单 ▶ 在线支付 ▶ 保单生效

图7-9 大童网B2C模式流程

其O2O模式流程为：客户选择具体的保险产品，点击"立即预约"进入信息填写栏，填写客户的联系方式并预约下单，理财顾问收到相关信息后，会致电进行电话回访，帮助其进行投保需求分析，量身定制投保方案，最后客户签署保单，保险合同生效，如图7-10所示。

图7-10 大童网O2O模式流程

4. 理财类门户

理财类门户作为独立的第三方理财机构，可以客观地分析客户的理财需求，为其推荐相关理财产品，并提供综合性的理财规划服务。理财类门户与信贷类门户、保险类门户定位的差别只是聚焦的产品类别有所不同，其本质依然分为垂直搜索平台和在线金融超市两大类，并依托于"搜索+比价"的核心模式为客户提供货币基金、信托、私募股权基金(PE)等理财产品的投资理财服务。此外，部分理财类门户还搜集了大量的费率信息，以帮助客户降低日常开支。

在运营模式上，理财类门户并不参与交易，其角色为独立的第三方理财机构。理财类门户通过合作机构等供应渠道汇集了大量诸如信托、基金等各类理财产品，并对其进行深度分析，甄选出优质的理财产品以供客户搜索比价。

同时，通过分析客户当前的财务状况和理财需求，如资产状况、投资偏好以及财富目标等，理财类门户为用户制定财富管理策略，为之提供综合性的理财规划服务，向其推荐符合条件的理财产品，并规避投资风险。

现阶段，理财类门户的盈利模式较为单一，主要以广告费和推荐费为主。理财类门户通过带给理财产品供应商用户量和交易量来收取相应的推荐费，因此其盈利模式的关键在于流量。所以有效地提高转化率，将流量引导到供应商完成整个现金化过程，是理财类门户稳定收入来源的重要保证。

经典案例

北京格上理财顾问有限公司(简称格上理财)成立于2007年11月26日，提供阳光私募基金、券商集合理财产品、私募股权基金、固定收益产品等高端理财产品的投资顾问服务，致力于为高净值客户建立一个中立的专业理财服务平台。

在运营模式方面，格上理财为客户提供了优质的一站式服务。从众多理财产品中甄选出最具投资价值的理财产品，并通过优选产品专栏为客户推荐经过格上理财优选的理财产品。在交易完成后，格上理财还为客户作出追加以及赎回等动态调整建议，并向其传递最新投资情报。

此外，格上理财还通过"专业理财顾问一对一"、"财富学堂"等个性化的一对一服务，为客户讲授如何选择信托产品、购买信托产品的流程及如何签订信托合同等相关内容。

5. 综合类门户

综合类门户的本质与信贷类门户、保险类门户以及理财类门户并无太大差异，其核心定位依然是互联网金融领域的垂直搜索平台和在线金融超市。综合类门户与其他门户的不同之处在于所经营的产品种类,后三者均聚焦于某种单一金融产品,而综合类门户则汇聚着多种金融产品。

综合类门户本身不参与交易,而是引入多元化的金融产品和大量相关业务人员,为客户搭建选购各类金融产品及与相关业务人员联系对接的平台。

在运营模式上,综合类门户主要起到金融产品垂直搜索平台和在线金融超市的作用,业务模式仍然以 B2C 及 O2O 模式为主。

综合类门户的盈利模式可以划分为以下三种:第一种,综合类门户依托其流量价值,吸引在线广告的入驻,从而收取广告费用;第二种,综合类门户通过向金融机构推荐客户,从中收取相应的费用;第三种,综合类门户通过撮合交易,收取相应佣金。在客户购买金融产品的过程中,综合类门户可进行全程协助,待交易完成后向金融机构收取一定比例的费用作为佣金。

◆ 经典案例 ◆

91 金融超市成立于 2011 年 11 月,是一个在线金融产品导购和销售平台,通过电脑、手机 APP、400 电话等通道为金融消费者提供金融产品信息、比较购买推荐、消费决策依据以及直接购买等服务。

91 金融超市拥有丰富的金融产品,汇聚了众多的金融机构和优惠渠道。用户可以打开链接,使用 20 多种专用计算器,对金融机构和产品进行比较筛选。产品设计完全基于用户考虑,计算器不仅涵盖金融服务,甚至包括还房贷计划、个税计算器等。91 金融超市还增加了用户的社交体验,实现了跨屏使用:不仅可通过网站访问,还可以通过手机 APP 直接在手机上完成操作,也可以通过微博、微信等社交网络完成。

在运营模式方面:首先,91 金融超市直接和相关金融机构合作。通过这种合作方式,91 金融超市不仅可以获得相关金融机构的海量信息,还可以掌握每家金融机构在不同阶段的具体执行政策。其次是数据分析能力。每一个通过平台购买产品的客户,91 金融超市都会通过引导客户主动填写的方式获取超过数 10 项的相关数据,以便于进行数据分析,积累优质的客户资源。最后,91 金融超市凭借用户数据系统、金融产品数据系统及匹配系统的良好运营,获得较高的成交率。

和其他综合金融超市一样,91 金融超市不仅通过广告联盟的方式收取广告费,还通过向金融机构推荐客户以从中收取相应的费用。另外还通过撮合交易向相关金融机构收取相应的佣金。

7.3.3 互联网金融门户的发展趋势

从目前的态势来看,未来互联网金融门户的发展趋势主要有以下四点。

1. 门户发展渠道化

互联网金融门户依托大数据技术,通过垂直搜索的方式解决了交易过程中的信息不对称问题,不仅为客户提供快速而全面的行业信息、便捷而精准的金融产品推荐服务,同时还为金融机构提供智能化的金融产品销售服务,有效地降低了金融机构的交易成本。

因此，在互联网金融生态系统中，互联网金融门户将成为集资讯、在线销售以及相关增值服务于一体的金融产品销售渠道。通过结构化的垂直搜索方式，搭建一个产业联盟平台，聚集产业链上下游企业，这样互联网金融门户不仅为产业链增加了技术协助，还为供需双方实现信息交流、业务对接以及利益共赢提供了良好的平台。

2．产品类别多元化

对于垂直搜索平台而言，信息不对称是其致力于解决的首要问题，因此，平台上的产品覆盖面越广、产品数量越多，其上游企业的资源越分散、信息传递越充分，平台的价值也就越大。因此，以垂直搜索平台为核心定位的互联网金融门户未来必将呈现产品多元化的发展趋势。即门户将汇聚不同种类的金融产品，从单一金融产品的垂直搜索平台转化为汇聚不同种类金融产品的综合类垂直搜索平台，如信贷类垂直搜索平台可以开展 P2P 网贷、信用卡等搜索业务，而保险类垂直搜索门户将业务范围延伸到理财、中期信托、短期保险基金等，供用户搜索比价，从而深层次、多角度地挖掘和满足用户需求。

3．业务模式多样化

互联网金融门户的核心是客户。因此，通过不断创新满足客户对金融产品多元化需求的同时提升用户体验，将成为保障互联金融门户核心竞争力的关键。

在业务模式方面，互联网金融门户不会局限于当前的现有模式。随着大数据、云计算等互联网金融核心技术的不断发展深化，互联网金融门户将通过对客户搜索习惯和行为特征进行有效记录和智能分析，从而协助金融机构为客户量身设计金融产品，通过自主定制加强客户的自我成就感，提升用户体验，逐步形成互联网金融领域的创新模式。

4．营销方式移动化

随着移动通讯技术和手机终端设备的发展，越来越多的客户形成了用手机浏览和支付的消费习惯。通过从 PC 端到移动端的全方位布局，互联网金融门户将使其产品信息的传播更加及时、业务流程更加便捷，从而更好地聚拢客户资源，充分发挥其渠道优势。

7.4　大数据金融

通过对大数据进行挖掘和分析，金融机构能更贴近客户、了解客户需求，实现非标准化的精准服务，增加客户黏性，从而实现金融产品的创新。在大数据的驱动下，以互联网企业为代表的来自不同行业的企业

大数据金融

向传统金融业渗透，拥有大量用户行为数据的公司都在通过整合自己掌握的数据，力图侵入传统金融行业的势力范围并发起冲击。

7.4.1　大数据与大数据金融

1．大数据与大数据技术的定义

大数据(big data)指无法在一定时间范围内用常规软件工具进行捕捉、管理和处理的数据集合，是需要新处理模式才能具有更强的决策力、洞察发现力和流程优化能力的海量、高增长率和多样化的信息资产。

大数据技术是指从各种各样类型的数据中快速获得有价值信息的能力。目前，大规模并行处理(MPP)数据库、数据挖掘电网、分布式文件系统、分布式数据库、云计算平台、互联网和可扩展的存储系统都适用大数据技术。

现在大数据领域已经出现了非常多的新技术，这些新技术是强有力的工具。大数据一般有以下几种关键性技术：大数据采集、大数据预处理、大数据存储及管理、大数据分析及挖掘、大数据展现和应用(大数据检索、大数据可视化、大数据应用、大数据安全等)。

◆ 经典案例 ◆

在传媒领域，已经出现首部大数据制作的电视剧——《纸牌屋》。这部电视剧的制作方为 Netflix，它不仅是美国最大的商业视频网站，本身也是一个大数据运营商，它每天采集海量的用户数据，不仅包括人们喜欢看什么类型的视频、在哪看、用什么设备看等，还包括你何时快进、何时暂停、是否看完整个影片等。Netflix 还拥有全球最优秀的用户推荐系统，并在大数据竞赛网站 Kaggle 以百万美元悬赏能够提高其推荐准确率的算法。正是因为有了大数据分析这件武器，Netflix 才敢斥巨资推出《纸牌屋》，彻底颠覆影视发行业。《纸牌屋》是首个"胆敢"一次性播出整季剧集的在线电视剧，而不是像普通的电视剧那样逐集拍摄播放，根据观众意见进行剧情和演员阵容调整。因为有了强大的大数据分析支持，Netflix 已经完全可以预测受众和市场反应，将原版《纸牌屋》的粉丝和凯文·史派西与导演大卫·芬奇的粉丝整合到一起，而《纸牌屋》也是堪称史上首部"大数据制作"。

2. 大数据的特征

大数据一方面是指规模大到无法在一定时间内用常规软件对其内容进行抓取、管理和处理的数据集合，另一方面，也指海量数据的获取、存储、管理、分析、挖掘与运用的全新技术体系。

业界通常用 4 个 V 来概括大数据的特征。

(1) 数据体量巨大(Volume)。截至目前，人类生产的所有印刷材料的数据量是 200PB(1PB=210TB)，而据估算，历史上全人类说过的所有的话的数据量大约是 5EB(1EB=210PB)。当前，典型个人计算机硬盘的容量为 TB 量级，而一些大企业的数据量已经接近 EB 量级。

(2) 数据类型繁多(Variety)。这种类型的多样性也让数据被分为结构化数据和非结构化数据。相对于以往便于存储的以文本为主的结构化数据，非结构化数据越来越多，包括网络日志、音频、视频、图片、地理位置信息等，这些多类型的数据对数据的处理能力提出了更高的要求。

(3) 价值密度低(Value)。价值密度的高低与数据总量的大小成反比。以视频为例，一段一个小时的监控视频，有用数据可能仅有一二秒。如何通过强大的机器算法更迅速地完成数据的价值"提纯"成为大数据背景下亟待解决的难题。

(4) 处理速度快(Velocity)。这是大数据区别于传统数据挖掘的最显著特征。根据 IDC "数字宇宙"的报告，预计到 2020 年，全球数据使用量将达到 35.2ZB。在如此海量的数据面前，处理数据的效率就是企业的生命。

3. 大数据金融

大数据的应用影响了很多传统行业，包括金融行业。金融的本质为"资本融通"，简单来说，是金融市场资金由货币盈余方向货币赤字方的转移。大数据金融是依托于海量数据，通过互联网、云计算等信息化方式对其数据进行专业化的挖掘和分析，并与传统金融服务相结合，创新地开展相关资金融通工作。

大数据金融对资金融通的三个方面——货币盈余方、货币赤字方、资金融通方式进行了创新，扩大了能够纳入合格资金被融通方的单位范围，增加了资金融通的方式和场所。可以说，大数据金融是将金融置身于大数据平台之上，扩展了金融的外延，增加了金融的维度。

在过去的金融模式中，小微企业由于资金量、企业规模及天然的不稳定性，在金融市场中的资金链条中处于弱势地位，难以得到融资。阿里巴巴、京东等企业在它的生态圈内依托于同这些企业长期的合作关系，通过分析它的日常现金流量及订单情况来发放贷款。同传统金融相比，大数据金融有以下特点：第一，增加了合格被融资方的范围，将更多的小微企业纳入其中，使得更多的小微企业能够得到融资；第二，扩大了信用贷款在资金融通方式中的使用范围；第三，使资金融通更加快捷、灵活，因为通过大数据的分析、整理、归纳等，能快速进行贷款审查和批贷，同时借贷周期可以非常灵活，可做到按天计息。

从本质上来说，在大数据金融中，大数据是手段，并没有改变金融的内涵，只是整体上调整了金融中的融资方、被融资方的格局，金融仍然是核心，大数据的价值通过资金融通的实现而实现。

7.4.2　大数据金融的模式

根据企业处于大数据服务中的环节及产生价值的差异，可以将大数据金融分为平台金融和供应链金融两大模式。

1. 平台金融模式

平台金融模式主要是指平台企业对长期以来积累的大数据，通过互联网、云计算等信息化方式对其进行专业化的挖掘和分析，并与传统金融机构相结合，创新性地为平台服务企业开展相关资金融通工作的一种模式。

采用平台金融模式的企业平台上聚集了大大小小众多商户，企业凭借平台长期的交易数据积累，利用互联网技术向企业或个人提供快速便捷的金融服务。平台金融模式具有以下优势：

(1) 它建立在庞大的数据流量的基础之上，对申请金融服务的企业或个人的情况十分熟悉，相当于拥有一个详尽的征信系统数据库，能够很大程度上解决风险控制的问题，降低企业的坏账率。

(2) 依托于企业的交易系统，具有稳定、持续的客户源。

(3) 平台金融模式有效解决了信息不对称的问题，并在高效的 IT 系统之上，将贷款流程流水线化。信用贷款以小微企业贷款为主体，在评定申请人的资信状况、授信因素后，系统会自动核定授信额度。

平台金融模式的特点在于企业以交易数据为基础对客户的资金状况进行分析，贷款客户多为个人以及难以从银行得到贷款支持的小微企业，贷款无需抵押和担保，能够快速发放贷款，且多为短期贷款，这也使平台模式具有了寡头经济的特点。平台企业必须在前期进行长时间交易数据的积累，在交易数据的积累过程中完善交易设备和电子设备，以及进行数据分析所需的基础设施积累和人才积累。

2．供应链金融模式

供应链金融模式是供应链中的电商或行业龙头企业运用大数据的主导模式，是在海量交易数据基础上作为核心企业，以信息提供方的身份或以担保的方式，通过和银行等金融机构合作，对产业链条中的上下游企业进行融资的模式。供应链模式在供应链金融一节中已详细说明，不再赘述，本节只以京东为例，说明大数据在京东供应链金融中的运用。

在我国不同的电子商务平台中，大部分供应链企业的数据主要集中在销售和购买端，其原材料生产、研究、采购、制造以及物流等流程中并没有较好的数据覆盖，而京东供应链企业多达 4000 家，构建了由 6 大物流中心、近 1000 个配送点、300 个自提点组成的覆盖超过 1000 个区县的自建物流体系，所以在整个产业链中，具有很高的数据覆盖优势。

京东对整个产业链数据进行整合处理，京东供应链金融中的大数据处理分析如图 7-11 所示。

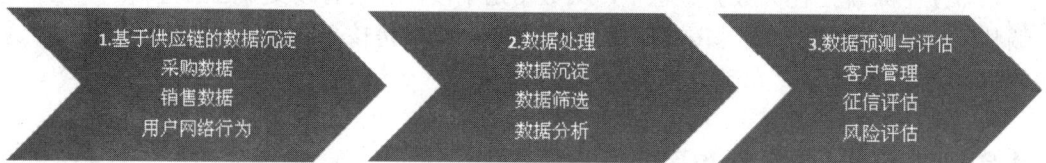

图 7-11   京东供应链金融中的大数据分析

京东将产业链的采购数据、销售数据、用户网络行为等进行数据沉淀，并对这些数据进行筛选、处理和分析，用于客户管理、征信评估以及风险评估方面，协助京东管理者进行投融资决策，提高决策效率。

京东的管理层表示，未来京东金融会覆盖更多的融资服务，在这个过程中产生的，如消费、物流、供应商财务以及金融状况等数据，可以通过大数据技术对之进行有效的分析，同时风险状况也能够实时监控。因此，京东可以在及时了解客户需求的前提下，为其供应链企业提供更好的融资服务，进而保证整个供应链的正常运转。

7.4.3　大数据金融的发展趋势

随着金融与大数据技术的深度融合，未来大数据金融的发展将呈现以下趋势。

1．电商金融化，实现信息流和金融流的融合

金融和电子商务两个领域相融合我们称之为电商金融化，它是电商企业在电子商务平台的长期发展中数据积累和信用记录运用的必然趋势，是商业信用对接银行信用的表现。电商以网购起家，通过数据、流量获得销售，再通过销售积累数据、流量，聚集黏性，数据的结构化和层次化明显，对信息流的反应敏锐。电商企业在掌握商品流、信息流的情况下，高效、低成本地获得资金流，从而建立自身完整的生态圈，对生态圈内的商户提供一条龙服务，提高商户黏性，提升竞争对手的进入壁垒，希望在激烈的竞争中拥有一席之地。

2. 金融机构积极搭建数据平台，强化用户体验

在电商跨界金融的冲击下，以银行为代表的金融机构也借道电商，凭借其积累的大数据优势，打响反击战。自 2012 年开始，多家银行(如建行、交行、工行等)都积极部署自己的电商平台，期待在留住老客户、扩展新客户的同时，使客户数据立体化，通过立体数据了解客户消费习惯，预测客户行为，进行差异化服务，并进行管理交易、信贷风险和合规方面的风险控制。

另一方面，数据管理和运用成为银行业面临的比数据收集更严峻和迫切的课题。各商业银行已经在此项上有所动作。中国民生银行建立了完备的企业数据服务，支持智能化的服务；交通银行则采用智能语音云产品对信用卡中心每天收集的海量语音数据进行分析处理，收集关于客户的身份、偏好、服务质量及市场动态等方面的信息等。

3. 形成针对各环节的专业化分工

大数据按照信息处理环节可以分为数据采集、数据清理、数据存储及管理、数据分析、数据显化、产业应用等六个环节。而在各个环节中，已经开始出现行业领军公司。

(1) 在数据采集环节，Google、CISCO 这些传统的 IT 公司早已经开始部署数据收集的工作。在中国，阿里、腾讯、百度等公司已经收集并存储大量的用户习惯及用户消费行为数据。在未来，会有更为专业的数据收集公司针对各行业的特定需求，专门设计行业数据收集系统。

(2) 在数据清理环节，当大量庞杂无序的数据收集上来之后，如何将有用的数据筛选出来，完成数据的清理工作并传递到下一环节，变得越来越重要。除了 Intel 等老牌 IT 企业外，Informatica、Teradata 等专业的数据处理公司呈现了更大的活力。在中国，华傲数据等类似厂商也开始不断涌现。

(3) 数据的存储和管理这两个细分环节之间的关系极为紧密。数据管理的方式决定了数据的存储格式，而数据如何存储又限制了数据分析的深度和广度。由于相关性极高，由一个厂商统筹设计这两个细分环节将会更加有效。从厂商占位角度来分析，IBM、Oracle 等老牌的数据存储提供商有明显的既有优势，他们在原有的存储业务之上进行相应的深度拓展，轻松占据了较大的市场份额。

(4) 在数据分析环节，传统的数据处理公司 SAS 及 SPSS 有明显的优势。然而，基于开源软件基础构架 Hadoop 的数据分析公司最近几年呈现爆发性增长。例如成立于 2008 年的 Cloudera 公司就帮助企业管理和分析基于开源 Hadoop 产品的数据。由于能为不同客户提供专业的定制化数据分析需求，Cloudera 拥有了大批的知名企业用户，如 Expedia、摩根大通等公司，仅仅五年，其市值就达到了 7 亿美元。

通过数据解读，数据层面的结果被还原为具体的行业问题。SAP、SAS 等数据分析公司在其已有的业务之上加入行业知识成为此环节竞争中的佼佼者。同时，wibidata 等专业的数据还原公司也开始蓬勃发展。

(5) 在数据显化环节，大数据真正开始帮助管理实践。通过对数据的分析和具象化，将大数据能够推导出的结论量化计算，同时应用到行业中去。这一环节需要行业专精人员，通过大数据给出的推论，结合行业的具体实践制定出真正能够改变行业现状的

计划。

(6) 在产业应用环节，数据是最重要的资产，而且随着数据产业的发展，将会变得更有价值，但封闭的数据环境会阻碍数据价值的实现，对企业应用和研究发现来讲也是如此，因此需要合理机制在保护数据安全的情况下开放数据，使数据得到充分利用。

在大数据时代，如果一家企业无法挤入数据的六个环节，将难以形成适合自己企业路径的大数据服务平台。以银行为例，银行之所以积极进入电商的圈子，本质上来说是在挤入数据采集这一环节。随着大数据服务平台的继续发展，可以预见，将会有数据处理六个环节的企业不断加入，竞争会愈演愈烈。

在大数据时代，如果一家企业无法挤入数据的六个环节，将难以形成适合自己企业路径的大数据服务平台。以银行为例，银行之所以积极进入电商的圈子，本质上来说是在挤入数据采集这一环节。随着大数据服务平台的继续发展，可以预见到，会有数据处理六个环节的企业不断加入，竞争会愈演愈烈。

7.5　区块链金融

在区块链技术的创新和应用探索中，金融是最主要的领域，现阶段主要的区块链应用探索和实践也都是围绕金融领域展开的。在金融领域中，区块链技术在数字货币、支付清算、智能合约、金融交易、物联网金融等多个方面都存在着广阔的应用前景。

7.5.1　区块链的内涵

区块链内涵

区块链(block chain)是一个分布式账簿，是通过去中心化和去信任的方式集体维护一个可靠数据库的技术方案。从数据角度来看，区块链是一种几乎不可能被更改的分布式数据库。这里的"分布式"不仅体现为数据的分布式存储，也体现为数据的分布式记录(即由系统参与者共同维护)。从技术角度来看，区块链并不是一种单一的技术，而是多种技术整合的结果。这些技术以新的结构组合在一起，形成了一种新的数据记录、存储和表达的方式。

区块链技术是比特币的底层技术，在早期并没有太多人注意到。但是当比特币在没有任何中心化机构运营和管理的情况下在多年里非常稳定地运行，并且没有出现过任何问题的时候，很多人才注意到它，并想到也许可以在许多领域应用这种技术，于是把比特币技术抽象提取出来，称之为区块链技术(或分布式账本技术)。因此从某个角度来讲，比特币可以看成是区块链的第一个应用，而区块链技术更类似于 TCP/IP 这样的底层技术。

1. 区块链的分类

区块链目前分为三类。

1) 公有区块链(PublicBlockChains)

公有区块链是指世界上任何个体或团体都可以发送交易，且交易能够获得该区块链的有效确认，任何人都可以参与其共识过程的区块链。公有区块链是最早的区块链，也是目前应用最广泛的区块链，各大比特币系列的虚拟数字商品均基于公有区块链，世界上有且仅有一条该币种对应的区块链。

2) 行业区块链(ConsortiumBlockChains)

行业区块链是由某个群体内部指定多个预选的节点为记账人，每个块的生成由所有的预选节点共同决定(预选节点参与共识过程)，其他接入节点可以参与交易，但不过问记账过程(本质上还是托管记账，只是变成分布式记账，预选节点的多少，如何决定每个块的记账者成为该区块链的主要风险点)，其他任何人可以通过该区块链开放的 API 进行限定查询的区块链。

3) 私有区块链(privateBlockChains)

私有区块链是指仅仅使用区块链的总账技术进行记账，可以是一个公司，也可以是个人，独享该区块链的写入权限，本链与其他的分布式存储方案没有太大区别的区块链。目前传统金融机构都想尝试私有区块链，而公有区块链的应用(例如比特币)已经工业化，私有区块链的应用产品还在摸索当中。

2．区块链的特征

区块链从某种意义上来讲是一个记账系统，是互联网世界中一种 P2P、去中心化、集体维护的可信任数据库。

区块链有以下特征：

(1) 分布式记账与数据存储。除非系统建立之初就人为设定，否则区块链中任一节点的权利和义务都相同，整个系统中所有具有维护功能的节点共同维护区块链中的数据。由于使用分布式核算和存储，区块链系统中理论上不存在中心化的硬件或管理机构。

(2) 信息透明性。区块链系统中的数据向系统所有用户开放，任何用户都可以通过具有查询功能的节点查询区块链中的数据，并可以依托区块链系统开发应用程序，整个系统的透明度高。考虑到数据保密需要，交易各方的私有信息会被加密，而系统本身也对登录用户范围设定了限制。

(3) 高度自治性。区块链以协商一致的规范和协议，自动、安全地交换数据，整个系统中的所有节点不需要人为干预。这种规范一致的协议既包括支持系统运行的数学算法，也包括完成交易的智能合约。

(4) 数据不可篡改。各区块内的数据经过哈希算法(哈希算法是将任意长度的二进制映射为较短的固定长度的二进制值，这个小的二进制值称为哈希值)计算生成哈希值后即被安全存储，除非同时控制超过 51%的系统算力，否则对区块链数据的修改是无效的。因此区块链的数据可靠性和系统的安全性很高。

7.5.2 区块链在金融领域的应用

由于区块链拥有去中心化、方便快捷、高安全性、记账速度快、成本低、互相监察验证和信息公开透明等优点，因此，区块链可以应用于以下多个金融领域。

1．供应链金融

在企业供应链中，可以利用区块链构建商品的仓储、交易、融资、销售闭环，改造区块为电子资产凭证(电子资产券)，实现企业运行信息和资产信息的精准匹配和全程管控，从而确保资产信息的绝对真实性和可验证性。

电子资产券在区块链条内可精准量化项目信息和资产信息，而对于供应链的采购、物流、生产、销售等环节，资产信息和项目运行信息均可通过预先设定的关系函数，兑换成电子资产券。其中，电子资产券和资产信息的换算函数在整个区块链条中始终保持不变。由于电子资产和凭证的使用及流通仅限于银行为供应链金融提供的封闭交易平台，其全流通过程均受到平台的监管。区块链技术确保该凭证无法擅自复制，也无法脱离平台在其他环境以任何方式交易或转让。

2. 互联网征信

目前，商业银行信贷业务的开展，无论是针对个人还是企业，最基础的考量是借款主体本身所具备的金融信用。各家银行将每个借款主体的还款情况上传至央行的征信中心，需要查询时，在客户授权的前提下，从央行征信中心下载参考。这其中存在信息不完整、数据不准确、使用效率低、使用成本高等问题。

在征信领域，区块链的优势在于依靠程序算法自动记录海量信息，并存储在区块链网络的每一台计算机上，信息透明、篡改难度高、使用成本低。各商业银行以加密的形式存储并共享在本机构的信用状况，客户申请贷款时不必再到央行申请查询征信(即去中心化)，贷款机构通过调取区块链的相应信息数据即可完成全部征信工作。

此外，区块链可以在去中心化系统中自发地产生信用，能够建立无中心机构信用背书的金融市场。这对第三方支付、资金托管等存在中介机构的商业模式来说是颠覆性的变革。在互联网金融领域，区块链特别适合应用于股权众筹、P2P 网络借贷和互联网保险等商业模式。

3. 数字货币

区块链技术最广泛、最成功地运用是以比特币为代表的数字货币。近年来数字货币发行很快，由于去中心化信用和频繁交易的特点，使其具有较高交易流程价值，并能够通过开发对冲性金融衍生品作为准超主权货币，保持相对稳定的价格。

数字货币建立了主权货币背书下的数字货币交易信用，交易量越大、交易越频繁，数字货币交易信用基础越牢固。一旦在全球范围实现了区块链信用体系，数字货币自然会成为类黄金的全球通用支付信用。

4. 支付清算

银行和证券业务是区块链的重要应用领域，传统交易需要经过中央结算机构、银行、证券公司和交易所等中心机构的多重协调，而利用区块链自动化智能合约和可编程的特点，能够极大地降低成本和提高效率，避免繁琐的中心化清算交割过程，实现方便、快捷的金融产品交易。同时，基于闪电网络的区块链即时确认的特点可使得银行实现比 SWIFT (银行结算系统)代码体系更为快捷、经济和安全的跨境转账。这也是目前 R3CEV 公司和纳斯达克等各大银行、证券商和金融机构相继投入区块链技术研发的重要原因。

5. 权益证明

区块链每个参与维护节点都能获得一份完整的数据记录，利用区块链可靠和集体维护的特点，可对权益的所有者确权。对于存储永久性记录的需求，区块链是理想解决方案，适用于土地所有权、股权交易等场景。其中股权证明是目前尝试应用最多的领域，股权所有者凭借私钥，可证明对该股权的所有权，股权转让时通过区块链系统转让给下家，产权明晰、记录明确，整个过程无须第三方参与。

6．数字票据

数字票据是结合区块链技术和票据属性、法规、市场开发出的一种全新的票据展现形式，与现有的电子票据体系的技术架构完全不同。数字票据既具备电子票据的所有功能和优点，又融合了区块链技术的优势，成为一种更安全、更智能、更便捷、更具前景的票据形态。

数字票据的核心优势主要体现在以下几方面：

(1) 实现票据价值传递的去中介化。在传统票据交易中，往往票据中介利用信息差进行撮合，借助区块链实现点对点交易后，票据中介将失去中介职能，需重新进行身份定位。

(2) 能有效防范票据市场风险。区块链由于具有不可篡改的时间性和全网公开的特性，一旦交易，将不会存在赖账现象，从而避免了纸票"一票多卖"、电票打款背书不同步的问题。

(3) 系统的搭建和数据存储不需要中心服务器，省去了系统中心化带来的风险。

(4) 规范市场秩序，降低监管成本。区块链数据前后相连构成的不可篡改的时间戳，使得监管的调阅成本大大降低，完全透明的数据管理体系提供了可信任的追溯途径，并且可以在链条中针对监管规则通过编程建立共用约束代码，实现监管政策的全覆盖和硬控制。

7.5.3　区块链的发展方向

从目前的态势来看，区块链在往以下的方向发展。

(1) 从底层技术的角度看区块链：作为互联网领域的底层技术，区块链有望促进数据记录、数据传播及数据存储管理方式的转型。区块链本身更像一种互联网底层的开源式协议，在不远的将来会触动甚至最后彻底取代现有互联网的底层基础协议。

(2) 从整个社会结构的角度看区块链：区块链技术有望融入法律和经济中，彻底颠覆原来的社会监管模式，其组织形态会随之发生改变，日益走向分布式自治的社会。

7.5.4　区块链应用面临的挑战

从实践进展来看，目前区块链技术在金融的应用大部分仍在构想和测试之中，距离在生活、生产中的广泛应用还有很长的路要走，而要获得监管部门和市场的认可也面临不少困难。它所面临的挑战有以下几种。

1．监管风险

区块链去中心和自治的特性淡化了国家、监管等概念，对现行体制带来了深刻冲击。而监管部门对这项新技术也缺乏充分的认识和预期，法律制定和监管可能会滞后，导致与运用区块链相关的经济活动缺乏必要的制度规范和法律保护，无形中增大了市场主体的风险。

2. 缺少应用场景

任何金融创新，互联网金融企业都要确保既能创造经济效益又符合监管要求，还要与传统基础设施衔接。特别是当部署一个基础系统时，耗费的时间成本和人力物力都非常大，在企业内部遇到的阻力也不小。

此外，技术发展也存在强烈的"路径依赖"特征。在现有的支付、清算、票据交易等区块链强替代性业务场景中，现有技术和业务模式将继续保持顽强的生命力，创新的尝试往往会导致无人埋单的局面。尤其对于转型中的银行，技术储备和高昂的 IT 研发成本代价很大，因此，需要用更敏锐的眼光审视区块链创新，跟踪技术前沿，尽可能避免走弯路。

3. 技术层面的诸多问题

比如网络安全问题，数字货币发展至今，丢失和失窃等安全事故时有发生，不仅暴露出其安全方面的弊端，也打击了市场主体进一步持有和使用的信心。又如区块容量问题，即在一些应用程序上，区块链还无法承载数百万用户的使用。此外，缺少可以被广泛信赖的区块链方案，较高的技术门槛和相当的专业知识也降低了市场主体对区块链应用的认知和接受程度。

7.6 新三板与互联网金融

自 2013 年以来，金融市场最火的两个词莫过于"互联网金融"和"新三板"。近年来各种互联网金融模式层出不穷，各大互联网企业纷纷布局互联网金融领域，甚至连没有任何关联的企业也希望分一杯羹。本节主要介绍新三板及新三板上的互联网金融公司。

7.6.1 新三板介绍

新三板市场原指中关村科技园区非上市股份有限公司进入代办股份系统进行转让试点，因为挂牌企业均为高科技企业而不同于原转让系统内的退市企业及原 STAQ、NET 系统挂牌公司，故形象地称为"新三板"。

目前，新三板不再局限于中关村科技园区非上市股份有限公司，也不局限于天津滨海、武汉东湖以及上海张江等试点地的非上市股份有限公司，而是全国性的非上市股份有限公司股权交易平台，主要针对的是中小微型企业。

新三板是我国多层次资本市场的重要组成部分，是中国证监会统一监管的全国性场外交易市场。2012 年 8 月，《非上市公众公司监管办法》出台，为新三板公司的公众性扫清了法律障碍，之后相继开放了北京中关村、天津滨海、上海张江、武汉东湖高新区进行试点。2013 年 2 月，全国中小企业股份转让系统作为经国务院批准设立的第三家证券交易所正式揭牌运营，标志着全国场外市场建设从试点走向规范。2013 年 6 月，国务院确定将新三板试点扩大至全国，体现了国家利用新三板扶持中小企业，鼓励创新、创业型中小企业融资发展的政策导向。新三板的发展历程如图 7-12 所示。

新三板与主板、创业板一起构成了中国多层次的资本市场，是中国多层次资本市场的重要组成部分。新三板的推出，不仅仅是支持高新技术产业的政策落实，或是三板市场的另一次扩容试验，其更重要的意义在于，它为建立全国统一监管下的场外交易市场进行了积极的探索，并已经积累了一定的经验。

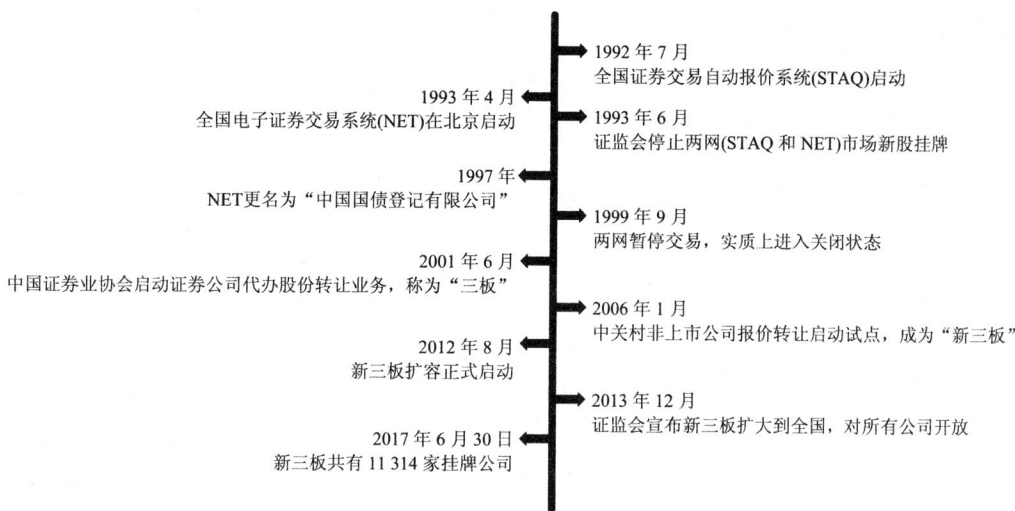

1992 年 7 月
全国证券交易自动报价系统(STAQ)启动

1993 年 4 月
全国电子证券交易系统(NET)在北京启动

1993 年 6 月
证监会停止两网(STAQ 和 NET)市场新股挂牌

1997 年
NET更名为"中国国债登记有限公司"

1999 年 9 月
两网暂停交易，实质上进入关闭状态

2001 年 6 月
中国证券业协会启动证券公司代办股份转让业务，称为"三板"

2006 年 1 月
中关村非上市公司报价转让启动试点，成为"新三板"

2012 年 8 月
新三板扩容正式启动

2013 年 12 月
证监会宣布新三板扩大到全国，对所有公司开放

2017 年 6 月 30 日
新三板共有 11 314 家挂牌公司

图 7-12　新三板的发展历程

7.6.2　新三板适合互联网金融公司的原因

互联网金融公司结合了"互联网+"和普惠金融的概念，使得此类公司在市场上具有极大的想象空间。新三板的市场定位是为创新型、创业型、成长型中小微企业提供服务场所，其在迎合互联网概念上可以说是首当其冲。下面分析一下新三板适合互联网金融公司的原因。

1．融资相对容易

目前，我国资本市场的构成主要有主板市场、中小板、创业板和新三板，不同市场对于拟上市企业的要求不同，如表 7-3 所示。

表 7-3　不同资本市场对上市企业的要求

市场	主板	中小板	创业板	新三板
经营时间	依法设立且合法存续 3 年以上的股份有限公司	依法设立且合法存续 3 年以上的股份有限公司	依法设立且持续经营 3 年以上的股份有限公司	依法设立且合法续存 2 年及以上的股份有限公司
股本要求	发行前不少于 3000 万股；上市股份公司股本总额不低于人民币 5000 万元；公众持股至少为 25%；如果发行时股份总数超过 4 亿股，发行比例可以降低，但不得低于 10%	发行前股本总额不少于人民币 3000 万元；发行后股本总额不少于人民币 5000 万元	发行后股本总额不少于 3000 万元	无限制

续表

市场	主板	中小板	创业板	新三板
财务要求	发行前 3 年的累计净利润超过 3000 万；发行前 3 年累计净经营性现金流超过 5000 万或累计营业收入超过 3 亿元；无形资产与净资产比例不超过 20%；过去 3 年的财务报告中无虚假记载	最近 3 个会计年度净利润均为正且累计超过人民币 3000 万元；最近 3 个会计年度经营活动产生的现金流量净额累计超过人民币 5000 万元；或者最近 3 个会计年度营业收入累计超过人民币 3 亿元；最近一期末无形资产占净资产的比例不高于 20%；最近一期末不存在未弥补亏损	最近两年连续盈利，净利润累计不少于 1000 万元；或者最近一年盈利，营业收入不少于 5000 万元。净利润以扣除非经常性损益前后孰低者为计算依据。最近 2 年营业收入增长率不低于 30%；发行前净资产不少于 2000 万元	具有稳定、持续经营的能力
业务经营	最近 3 年内主营业务没有发生重大变化	最近 3 年内主营业务没有发生重大变化	最近 2 年内主营业务没有发生重大变化，应当主要经营一种业务	主营的业务必须要突出
公司管理	最近 3 年内主营业务和董事、高级管理人员均没有发生重大变化，实际控制人没有发生变更	最近 3 年内主营业务和董事、高级管理人员均没有发生重大变化，实际控制人没有发生变更；发行人已经依法建立健全股东大会、董事会、监理会、独立董事会、董事会秘书制度、机关机构和人员能够依法履行职责	最近 2 年内主营业务和董事、高级管理人员均没有发生重大变化，实际控制人没有发生变更	公司治理机制健全，合法规范经营

从表 7-3 可以看出，与主板和创业板相比，新三板的准入门槛更低，没有利润限制门槛，申报流程短，融资比较灵活。在目前注册制尚未落地、主板和创业板上市需要排队等候的情况下，新三板可以比较快速地解决公司的融资问题，并且可以作为今后转板的通道。

2. 政府大力支持

2015 年召开的十二届全国人大三次会议上，李克强总理在政府工作报告中提出，"制订'互联网+'行动计划，推动移动互联网、云计算、大数据、物联网与现代制造业结合，促进电子商务、工业互联网和互联网金融健康发展，引导互联网企业拓展国际市场"。随着政府对于"互联网+"的大力支持，互联网金融迎来发展高潮。但目前，登录交易所市场对于互联网金融企业难度很大，而新三板作为一个完全符合"注册制"定义的市场，是尝试模仿 NASDAQ(纳斯达克)的，提供了完全市场化、规则高度自定义、无财务门槛的市场，为互联网金融企业提供了一个有效、低成本的融资渠道。

3. 评估方法灵活

从企业价值评估上看，新三板更加适合互联网金融公司。传统估值多从历史数据入手，通过分析其盈利能力、偿债能力、成长性等方面的指标，同时参照市场上现存企业定价来判断其公允价值。也就是说，传统估值的办法需要有量化指标并且需要参照物。而新三板的公司多为成立时间不久、产业模式和经营手段创新的公司，其本身的历史数据很少，并且其行业的稀缺性决定了难以在市场上找到可比同类企业。这就导致其估值方法加入了很多主观判断和"市场想象力"的因素。因此新三板企业价值评估可以打破传统方法，借鉴国际成熟市场的 PE 和 VC 思维，采用灵活的方法进行估值。这对互联网金融公司是有利的。

7.6.3　新三板中的互联网金融关联公司

在新三板中，与互联网金融相关的企业并不多。从目前业务来看，汇元科技、联讯证券、现在支付、中搜网络、艾融软件、九恒星、凌志软件这七家公司是新三板中为数不多除 P2P 和众筹业务的互联网金融的企业。这七家企业的业务内容主要集中在第三方支付、以游戏币为主的虚拟货币和互联网金融支持技术方面，企业所属产业链如表 7-4 所示。

表 7-4　七家企业所属产业链一览

公司	所属产业链
凌志软件	互联网金融平台方案提供商
九恒星	资金管理增值服务、第三方支付
艾融软件	互联网金融软件产品技术开发服务
中搜网络	虚拟货币、虚拟货币金融理财
现在支付	手机第三方支付
联讯证券	互联网券商、互联网理财产品销售
汇元科技	网上第三方支付、虚拟货币交易

其中，凌志软件、艾融软件、现在支付、联讯证券和汇元科技上市之前就是互联网金融企业，而中搜网络和九恒星是在原有业务上向互联网金融领域扩展业务的企业。

时下最火的 P2P 和众筹却在新三板不见踪迹。全国股转公司 2016 年 5 月发布施行《全国中小企业股份转让系统挂牌公司分层管理办法(试行)》时，特别强调小额贷款公司、融资担保公司、融资租赁公司、典当行、商业保理公司以及互联网金融等特殊行业挂牌公司，在相关监管政策明确前，暂不进入创新层。此举意味着包括 P2P 在内的互联网金融企业被排除在新三板创新层之外，但仍有少数 P2P 企业在此之前完成了新三板上市，也有个别企业在挂牌新三板后涉足 P2P 行业。据网贷第三方的不完全统计，涉足网络借贷行业的新三板挂牌公司共有 9 家(见表 7-5)，其中三家已经剥离互联网金融业务，两家已经退出新三板。这 9 家新三板公司上市年份集中在 2014 年、2015 年，这两年也是互联网金融迅猛发展而相关监管不严厉的时期。从 2016 年起，随着《网络借贷信息中介机构业务活动管理暂行办法》等相关规定和指引的发布，互联网金融受到重点监管，全国股转公司开始限制 P2P 企业的挂牌和相关业务重组。

表 7-5　涉足 P2P 的 9 家公司基本情况

证券简称	平台名称	状态
软智科技	金蛋理财	正常
万惠金科	PPmoney	正常
嘉银金科	你我贷	正常

证券简称	平台名称	状态
嘉网股份	安心贷	正常
中瀛鑫	恒富在线	已经剥离
慈爵士	乐金所	已经剥离
光影侠	团贷网	退市
九信资产	九信金融	退市
大富装饰	乐金锁	已经剥离

◆ 经典案例 ◆

现在(北京)支付股份有限公司(iPaynow,以下简称现在支付)成立于 2005 年,总部位于北京,是一家以移动支付为业务龙头,提供线上、线下、金融等多种支付服务,并致力于支付创新的高科技公司。现在支付于 2015 年初在新三板挂牌,成功登陆全国中小企业股份转让系统。

现在支付主要为移动电子商务提供"安全、快捷、方便"的移动支付解决方案。自 2011 年开展业务以来,先后与京东商城、携程网、小米手机、美团、糯米网、乐淘网、乐蜂、库巴、PPTV、尚品网、百合网、乐视网等数百家全国优质企业及互联网公司签订了移动支付解决方案,公司业务快速发展。

不同于支付宝、微信支付等第三方支付工具,现在支付服务是在这些支付工具之上提供聚合支付服务——将多种支付方式聚合,为商户提供统一支付入口和统一对账平台的解决方案。聚合支付将银联卡、外卡、扫码支付、分期付款、验券核销以及类似 Pay 的智能硬件支付,通过现在支付的核心支付系统,提供给有收款需求的客户。商户不必再逐一对接银行、银联或第三方支付公司:在前端,通过智能 POS 可以实现统一接入,全面打通;在后台管理上,来自不同的支付终端和渠道都汇总在一个管理后台,用户交易数据既可以并表呈现,也可以分户管理。同时,现在支付还支持包括移动支付、线下收单、互联网支付和跨境支付等多种支付场景。此外,公司也拓展经营线下服务,推出了自己线下聚合支付产品,如 M-Pos、手持验证、智能收银台,成功实现了线上线下的双线运营。

现在支付还致力于拓展相关金融服务。在互联网消费金融方面,聚合支付作为构建消费金融生态的重要流量入口,通过不同的消费场景,不断渗透到大众生活中,并不断丰富各垂直细分领域的服务。在供应链金融方面,聚合支付面向垂直行业的供应链融资,基于对线上、线下行业链条的交易信息数据进行风控与快速审核,联合第三方机构提供授信服务。在大数据服务方面,现在支付基于海量的支付数据、大数据沉淀和分析,得到人群画像,对消费者进行分级、运营及精细化服务,为商户制定相应的经营策略。

本 章 小 结

通过本章的学习,读者应当了解:

(1) 互联网消费金融是指银行、消费金融公司或互联网企业等市场主体出资成立的非存款性借贷公司,以互联网技术和信息通信技术为工具,以满足个人或家庭对除房屋和汽车之外的其他商品和服务消费需求为目的，向其出借资金并由其分期偿还的信用活动。

(2) 互联网金融的参与主体主要有消费者、金融机构、消费公司(电商平台)和行业监督监管部门。

(3) 按照互联网消费金融参与主体所掌握的消费场景资源及资金实力的不同，可以将互联网消费金融分为银行系模式、产业系模式、电商系模式和大学生消费分期平台模式。

(4) 供应链金融是指金融机构(如商业银行、互联网金融平台)对供应链内部的交易结构进行分析的基础上，引入核心企业、第三方企业(如物流公司)等新的风险控制变量，对供应链的不同节点提供封闭的授信及结算、理财等综合金融服务。

(5) 供应链金融主要有五种模式，分别是应付账款融资模式、动产质押融资模式、应收账款融资模式、非纯交易平台电商供应链金融模式和纯交易平台电商供应链金融模式，其中前三种是传统的金融模式，后两种是基于互联网的供应链金融创新模式。

(6) 互联网金融门户是指利用互联网提供金融产品、金融服务信息，汇聚、搜索、比较金融产品，并为金融产品销售提供第三方服务的平台。

(7) 根据服务内容及服务方式不同，互联网金融门户分为第三方资讯平台、垂直搜索平台以及在线金融超市三大类。根据汇集的金融产品、金融信息的种类不同，又可将其细分为 P2P 网贷类门户、信贷类门户、保险类门户、理财类门户及综合性门户。

(8) 大数据金融是依托于海量数据，通过互联网、云计算等信息化方式对其数据进行专业化的挖掘和分析，并与传统金融服务相结合，创新地开展相关资金融通工作。

(9) 区块链(block chain)是一个分布式账簿，是通过去中心化和去信任的方式集体维护一个可靠数据库的技术方案。

本 章 练 习

1．简答题

(1) 什么是互联网消费金融，它有哪些模式？

(2) 如何选择合适的供应链金融模式？

(3) 互联网金融门户主要盈利模式有哪些？

2．案例分析

农村金融是当前苏宁、阿里等巨头积极进攻的领域，尤其是苏宁向三四级市场的紧密布局，使得农村消费金融蓄势待发。此外，农分期、领鲜理财等平台都已经开始向农村消费金融领域进军，未来农村金融将会成为下一个新风口。

目前，农分期、领鲜理财等农村金融平台在消费领域做得努力还远远不够，对于农村消费金融平台而言，最难的在于农民消费习惯的培养，要使农民把消费金融当成一种常态，确实还需要一段漫长的过程。

此外，落后的网络也将成为农村消费金融向前迈进的一大障碍，目前虽然农村的网络覆盖率在不断提升，但是大部分农民都是过去的 60 后、70 后人群，他们当中的大多数人对于上网并不熟练，对于在互联网金融平台进行消费理财就更为陌生。因此，农村消费金融平台面向的是一个巨大的市场，同时也面临着巨大的挑战。

问题：

(1) 为什么说未来农村消费金融将会成为下一个新风口？

(2) 发展农村消费金融需要解决哪些问题？如何解决？

本章能力拓展

校园贷是 2016 年轰动校园及社会舆论的话题之一，起因是河南某高校的一名在校大学生，用自己身份及冒用同学的身份，从不同的校园贷金融平台获得无抵押信用贷款高达数十万元，后无力偿还跳楼自杀。此事件后，监管趋严成为业界共识。

2016 年 4 月，教育部与银监会联合发布了《关于加强校园不良网络借贷风险防范和教育引导工作的通知》，明确要求各高校建立校园不良网络借贷日常监测机制和实时预警机制，同时，建立校园不良网络借贷应对处置机制。

2016 年 8 月 24 日，银监会亦明确提出用"停、移、整、教、引"五字方针，整改校园贷问题。

2017 年 9 月 6 日，教育部举行新闻发布会，明确"取缔校园贷款业务，任何网络贷款机构都不允许向在校大学生发放贷款。"

校园贷暂时"销声匿迹"了一段时间。但近期，各类分期平台又开始"侵占"校园市场。多位业内人士认为，事实上，大学生分期平台是校园贷的一种"变身"。

调查显示，大学生分期平台可以分为消费分期平台和现金分期平台。这是由于他们分期的特点是不一样的，消费分期主要用于购物商品类，如分期乐、趣分期，而现金分期主要是钱。目前市场上消费分期占很大部分，京东等大公司也盯上了这个领域。今年 1 月份，京东金融推出了针对大学生群体的京东白条服务——校园白条。除了京东之外，阿里巴巴旗下的蚂蚁金服也提供了借贷消费的产品，用户在支付宝中可以开通"花呗"，获得信用额度，在淘宝平台上有"花呗"标识的商品即可用该项消费信贷来支付。

不久之前，河北保定某高校就有一个关于网络贷款平台诈骗情况的紧急通知，该通知称有自称"分期乐"、"爱学贷"等多个网络贷款平台的校园代理，在校园内张贴广告，声称只要借用学生证、身份证等个人信息购买苹果手机就可获得一笔一百或几百元的使用费。可贷款成功后，这个公司却联系不上了，目前已经有不少同学上当受骗。

由于相关监管部门对大学生消费分期平台缺乏具体规定，大学生消费分期平台存在缺乏准入门槛以及信息披露公开透明等问题，造成消费分期平台和其他校园贷一样存在各种"黑洞"。也正是如此，大学生在选择分期平台进行消费时，首先要了解平台背后的公司是否正规合法，然后查看公司之前是否存在过不良记录，以及查看用户的评价等。在分期购物时要充分了解商品的费用支出情况，定期还款，同时也要量力而行选择适合自己的商品，还要了解提前还款的要求和退款要求。

(1) 仔细调研校园中是否存在校园贷和大学消费分期平台，比较其区别。

(2) 你觉得大学生消费分期平台要健康发展，需要社会各界做哪些努力？你有什么具体建议？

第8章 互联网金融风险控制

本章目标

- 了解互联网金融风险的特点
- 掌握互联网金融的关键风险点
- 了解互联网金融领域的主要风险类别及成因
- 理解风险管理的概念及工具的应用
- 掌握大数据对于风险管理的意义
- 掌握风险防范的策略及风险度量模型

重点难点

重点：

1. 互联网金融风险的特点
2. 风险管理的概念
3. 风险管理的七种主要工具
4. 大数据对于风险管理的意义
5. 互联网金融法律风险的防范措施

难点：

1. 互联网金融风险的特点
2. 风险管理的七种主要工具
3. 互联网金融法律风险的防范措施
4. 风险防范的策略及风险度量

案例导入

2014年3月5日，第十二届全国人民代表大会第二次会议在北京人民大会堂开幕。李克强总理代表国务院向大会做政府工作报告，互联网金融首次被写入报告，李克强说："促进互联网金融健康发展，完善金融监管协调机制，密切监测跨境资本流动，守住不发生系统性和区域性金融风险的底线。"

2015年10月30日，由中国人民大学高礼研究院与融360联合主办的互联网金融风险控制全球峰会在京召开，峰会旨在探讨互联网金融的风险管理路径。此次峰会汇集了来自全球银行、小贷公司、互联网公司、征信机构、保险、P2P平台等普惠金融产业链上下游的顶尖首席风控官(CRO)，堪称是首次全球业内CRO的大聚会。

互联网时代，一切都"线上化"。人们在网上购物、娱乐、阅读、社交……当人们的行为都"在线化"以后，风险技术也对应移到线上。融360网络金融服务公司的CEO叶大清认为：目前网贷行业的症结归根结底在于核心风控能力不足，造成欺诈风险高，运营成本高。由此看来，互联网金融行业提高风险管理水平迫在眉睫。

互联网金融行业迎来新时代，而风险是一直绕不开的话题。作为互联网和金融的结合物，互联网金融同时具有二者属性。互联网金融不仅面临着传统金融所具有的风险，同时也面临着基于互联网技术而产生的特有风险。本节首先介绍风险的内涵及类别，在此基础上，讲述了风险管理基本知识，最后详细阐述了互联网金融风险的防范措施，以帮助读者正确认识互联网金融的风险及管理。

8.1 互联网金融风险分析

自 2016 年 12 月中央经济工作会议提出"把防控金融风险放到更加重要的位置"后，"防风险"便成了几大金融主管部门在 2017 年金融监管的共同关键词。

面对移动互联网、物联网、人工智能、大数据、工业 4.0、共享经济等宏观新趋势的冲击，以及大量用户交易带来的金融数据爆发式增长，金融业尤其是传统银行对于风险控制的难度呈几何倍数上升，一旦发生风险，可能导致全社会经济秩序的混乱。国务院办公厅于 2016 年下发了《互联网金融风险专项整治工作实施方案》，对互联网金融风险专项整治工作进行了全面地部署安排。

互联网金融的风险一方面来源于互联网自身的安全问题，另一方面也来源于金融业本身的风险，两者结合后将互联网金融的风险无限放大。因此，互联网金融的发展对风险管理提出了更高的要求。

8.1.1 认识金融风险

我们通常所说的金融风险是指有可能发生的损失，即损失发生的概率及损失金额的不确定性。这种风险在金融机构经营过程中客观存在，但是可以进行测量、评估及有效的管理。金融的风险和收益成正比，所以有些投资者偏向于高风险是为了获得更高的利润，而稳健型的投资者则更着重于安全性的考虑。关于投资者的风险偏好在 8.3 节有详细解释。

2016 年 10 月 13 日，国务院正式发布了《互联网金融风险专项整治工作实施方案》，同时中国人民银行等十几个部委发布了包括跨界金融业务、第三方支付、P2P 网贷、股权众筹、互联网保险等在内的多个细分领域的风险整治文件。《互联网金融风险专项整治工作实施方案》的公布，让专项整治工作更具有针对性和实操性，将进一步推动互联网金融行业良好秩序的建立，加速淘汰不规范的平台，推动整个行业健康发展。

8.1.2　互联网金融风险的特点

互联网的技术特性决定了互联网金融风险的特点，互联网金融风险主要有以下特点。

1. 扩散速度快

无论是互联网支付、网络借贷、消费金融还是众筹平台，都依托具有快速远程处理功能的高科技网络技术。相应地，互联网金融的网络技术也会加快支付、清算及金融风险的扩散速度。在传统的纸质支付交易结算过程中，对于偶然性差错或失误是具有相对充分的纠正时间的，而在互联网金融的网络环境中可以回旋的可能性极低，因为互联网或者移动互联网内流动的并不是现实货币资金，而是数字化信息。当互联网金融风险在短时间内突然爆发时再进行化解的困难巨大，风险的影响面也会迅速扩大，同时也提高了失误的补救成本。

2. 交叉传染的可能性增加

传统金融监管可以通过分业经营、设置市场屏障或特许经营等方式将金融风险隔离在相对独立的领域，而这些方式在互联网金融中几乎失效。随着金融业混业经营不断加深，不同金融市场之间与不同机构之间的业务关联性增强，金融风险跨行业、跨市场传染的可能性增大，因此，交叉性金融风险防控的重要性愈发突出。

3. 监管难度高

由于互联网金融中各项业务的交易和支付均在互联网或者移动互联网上完成，交易的虚拟化使金融业务失去了时间和地域限制，金融风险形式更加多样化，被监管者和监管者之间存在信息不对称，使得金融监管机构难以准确掌握金融机构资产负债的实际情况，从而不能采取切实有效的金融监管手段，增加了监管难度。

8.1.3　互联网金融的关键风险点

现阶段，互联网金融新模式层出不穷，但是这种创新业务模式能否持续，主要在于能否准确定位关键的风险点。

1. 关注群体的"个体性"

由于互联网的受众群体巨大，潜在客户群体更是不容小觑，借助互联网可以吸收更多客户，从而改变传统银行的获客方式。目前互联网金融的获客方式有两种模式：一种是实现批量的客户引入，即通过与社交网络、运营商或者其他平台合作，批量地获取具有某些共性的客户群体，基于该群体的共性进行数据分析，制定特定的客户准入风险政策，这种模式的优点是获客成本低、效率高，但由于是批量式获取客户，所以难以关注到客户的"个体性"；另一种方式是利用网络优势，获取不同区域、不同特性的客户。这两种方式的共同点是客户各自都存在自身的特性，很难研究出一套覆盖所有人特性的风险管理方式。因此，在开源获取客户的情况下，对客户进行甄选和归纳，关注群体的"个体性"是控制风险的关键。

2．着眼整体的风险管理措施

随着互联网对传统金融行业的影响越来越大，金融交易的过程变得更加简便、快捷，不同环节的边界越来越模糊，只对其中一个环节实行风险管理的模式已经不能达到控制风险的目的。因此，着眼整体的风险管理措施的制定就显得尤为重要。

虽然互联网金融借助技术可采取非现场的方式实现一部分风险识别与评估功能，但是线下的风险管理方式也并非完全没有作用。风险管理与客户管理的 O2O，即将互联网金融与传统现场风险管理方式相结合，这种线上与线下的结合将会为风险识别提供更加可靠的保障。

3．信息安全

随着互联网诞生和发展，各类信息安全问题也不断涌现，包括信息窃取、数据篡改、计算机病毒等各种形式的数据盗用与破坏。互联网金融依托于网络与移动技术，势必与信息安全、网络安全的问题相生相伴。

目前，互联网提供的服务已经发展到社交、购物、金融交易等众多领域，但是网络信息安全与网站信息加密的发展速度却滞后于业务创新的发展速度。

● 经典案例 ●

网易的用户数据库疑似泄露，影响数据总共数亿条，泄露信息包括用户名、MD5 密码、密码提示问题/答案(hash)、注册 IP、生日等。网易邮箱绑定的其他账户也受到波及，如 iPhone 用户的 Apple ID 等。

新闻显示，自 2015 年 10 月 17 日起已经有相当多的网易用户受到影响，Apple ID 被锁；微博、支付宝、百度云盘、游戏等账号被盗等不一而足。而对于数据泄露事件，网易邮箱团队却矢口否定，并通过微博发布官方声明，称邮箱被暴力破解"属于网络谣传"。孰真孰假，愈显扑朔迷离。

资料来源：新浪网

4．欺诈问题

与传统金融的业务模式相比，互联网金融平台可以提供便捷的产品申请渠道，使得客户节约了时间成本，同时可以平行比对其他同类产品，实现金融交易。但是这种低门槛与低成本，也为造假者提供了极大的便利，使得不法分子可以几乎无成本地进行多次虚假申请，或同时向多家金融企业进行金融交易申请，倘若风控措施失效，便可以套取大量资金。

这种欺诈风险体现在两个方面：一是资料造假，有了电脑技术与网络技术的帮助，资料的造假变得十分容易，非现场管理下的反欺诈手段如果单纯地沿用传统模式，将会很难识别造假资料；二是申请身份造假，由于缺乏面对面核实身份的过程，申请人可以通过盗取他人的身份信息与申请资料获取贷款。这些欺诈行为不仅冲击了金融机构风控体系，也间接侵害了第三方利益。

8.2 互联网金融风险的类别

互联网金融的风险与传统金融风险的类型是类似的，但也存在自身的特性。以传统银行领域为例，1988 年，巴塞尔银行监管委员会(Basel Committee on Bank Supervision)宣布的传统银行主要风险有信用风险、流动性风险、利率风险、市场风险、操作性风险、名誉风险以及法律风险。而互联网金融风险主要有操作性风险(Operational Risk)、技术风险(Technological Risk)、信用风险(Credit Risk)、法律风险(Legal Risk)、系统性风险(Systematic Risk)、市场风险(Market Risk)、流动性风险(Liquidity Risk)等几种类型。

8.2.1 互联网金融操作性风险

操作性风险是指由于不完善或失败的内部操作过程、人员缺陷、系统缺陷或外部事件而导致直接或间接损失的风险。随着信息技术的发展，操作性风险的频频发生及其产生的重大影响，使它受到广泛的关注。《巴塞尔新资本协议》将操作性风险放在了越来越重要的位置，对操作性风险的资本补偿做了明确的规定。由此可见，基于人的行为和程序技术所产生的操作性风险，是金融机构面临的重要威胁之一，也是互联网金融发展的重要隐患之一。

根据风险来源的不同，互联网金融的操作性风险可以分为以下几种。

1. 第三方风险

第三方风险主要分为服务提供商风险和互联网金融机构技术外包风险。

服务提供商简单来说就是为金融企业提供各种服务的企业，比如财务服务、人力资源服务等。

我国目前处于电子商务发展的初级阶段，服务提供商的水平参差不齐，系统保障投入不足，安全意识薄弱，缺少相应的安全技能培训，因此，服务提供商也是操作性风险的一大发源地。

互联网金融机构通过技术外包可以大大减少成本并获得专业的技术支持，提高对客户的服务水平。如果技术外包供应商无法提供预期的技术支持，或者管控不到位，引发风险的可能性就会大大增加，比如 IT 外包商可能盗用银行的名义开展业务、违反保密协议泄露客户信息等。

2. 内部操作性风险

内部操作性风险指的是因机构内部工作人员的失误所产生的可能发生损失的风险，比如内部工作人员在实操过程中可能出现操作失误，或者在软件升级后操作不当，又或者内部员工不遵守工作流程，或与外部合作从事金融诈骗等，都会给金融机构带来损失。

内部操作性风险的典型例子是 2005 年 12 月 8 日日本瑞穗证券公司发生的"乌龙指"事件，一位交易员将客户"以 61 万日元卖出 1 股 J-COM 公司股票"的指令，错误地输入为"以每股 1 日元卖出 61 万股 J-COM 公司股票"，此次误操作事件使瑞穗蒙受了惨重的损失。

另一方面，内部操作性风险也来源于粗放式管理模式带来的风险，比如组织保障、内部审计与管理、绩效考评机制等方面存在的诸多问题。

3. 客户操作性风险

互联网金融机构也会由于客户有意或无意地操作失误而遭受风险。如果金融机构未能规范客户相关的网络操作，客户可能会进行不正确的操作，此时如果缺乏有效的监督和控制措施，以取消客户的错误操作，客户的行为有可能会影响交易，从而造成损失。

操作性风险的特点是涉及面广、可控性小且关联性强。在不少互联网金融机构中，操作性风险导致的损失已经明显大于市场风险和信用风险。因此，国际金融界和监管组织开始致力于操作性风险管理技术、方法和组织框架的探索与构建，目前已取得了明显的进展。

8.2.2 互联网金融技术风险

互联网金融与传统互联网平台的技术性风险存在一定差异性。目前，国内互联网金融准入门槛低、技术安全保障缺失，因此，技术性风险在互联网金融领域的防范显得颇为重要。互联网金融中的技术风险主要体现在以下几个方面。

1. 软件故障

软件故障的类型很多。由于计算机系统中存在技术缺陷，或者是认证系统和互联网金融软件存在缺陷，使得客户无法登录、账户信息系统遭到损坏、客户个人信息被泄露、客户产生对互联网金融机构的不信任或不满导致的"逃逸行为"等都属于技术风险。例如，系统有明显的安全漏洞或者互联网金融软件没有有效的防火墙和防御系统，黑客或从银行系统中植入病毒，造成数据污染、系统混乱或损坏，从而造成技术性风险。

另外也有互联网金融平台因技术缺陷在某些特殊时刻无法及时应对短时间内突发的大规模交易的情况。由于巨量网上交易集中在一天甚至某个时点，数据量远超于日常基准数量，极易出现系统不稳定、服务器故障等问题。淘宝、天猫、聚划算、京东、当当等都是直接参与一日促销的主力电商，在过往几年的大促销活动中均不同程度地出现了页面崩溃、下单系统无法打开、银行支付系统拥堵等情况。

◆ 经典案例 ◆

2016 年 12 月 10 日，有媒体报道，称疑似京东 12G 数据遭泄露，涉及用户名、密码、邮箱、QQ 号、电话号码、身份证等信息。对此京东表示，经初步判断，该数据源于 2013 年 Struts 2 的安全漏洞问题。

Struts 是平时 Java EE 应用开发中最常用的开源 MVC 框架。从 Struts1 发布至今，Struts 2 已有 16 年的历史，Struts2 是 Struts 的下一代产品，同类的框架还有 Spring。

Struts2 官方历史上共爆出了 40 多个漏洞，绝大多数安全漏洞都是由于框架底层对用户输入没有做完整且有效的过滤与验证，导致攻击者直接把恶意的用户输入当成表达式执行，便于控制系统执行任意代码、任意命令，这类漏洞危害等级普遍较高。

按照京东的说明，其此次数据泄露事件就源于 2013 年 7 月爆发的一次高危漏洞。当时国内很多知名网站都受到此漏洞不同程度的影响。

2. 硬件故障

系统硬件故障是由于组成系统部件中的元件损坏、性能不良，或系统的器件物理失效、参数超过极限值等原因所产生的，包括元件失效后造成短路或者断路、由于电网波动使逻辑关系产生混乱、网络通信中断等。此外，软件与硬件、硬件与硬件或软件与软件之间的不兼容所造成损失的可能性也属于技术风险。

◆ **经典案例** ◆

2015 年 5 月 27 日，由于市政施工，杭州市萧山区某地光缆被挖断，进而导致支付宝一个主要机房受影响，随后全国部分用户约 2 小时无法使用支付宝。同月 28 日，中国最大的在线旅游网站携程也遭到不明攻击，导致网站和客户端无法登录。

以技术见长的互联网公司很少因为系统问题宕机，却多次由于硬件问题影响服务。就在支付宝出现问题的同时，网易公司也通过微博发出公告："由于杭州市萧山区某地光纤被挖断，造成目前少部分用户无法使用网易 LOFTER，技术人员正在抢修中。"在"互联网＋"热潮中，此类硬件故障风险应该引起高度重视。

3. 网络安全风险

网络安全风险主要是指未经授权的访问导致的风险，包括被黑客攻击的风险、内部人员非法侵入的风险、数据的安全隐患以及使用病毒蓄意破坏的风险，例如蠕虫、木马等病毒的入侵破坏、拒绝服务、端口扫描、攻击、篡改网页等。

黑客通过互联网金融机构的计算机系统可能删除和修改网络程序，盗取机构和客户信息，甚至可能直接非法转移资金。目前互联网金融市场上使用的系统或产品相同或相似，由于互联网金融风险又有易交叉传染的特性，一旦有机构出现问题，客户就有可能怀疑其他机构也会出现同样的问题，进而要求退出，因而造成客户流失。此外，如果有一些别有用心的竞争者散布谣言，或者伪造交易客户身份，以假冒的身份进行金融诈骗，都有可能会造成损失。

◆ **经典案例** ◆

2005 年 6 月 17 日，美国万事达信用卡国际公司宣布，一名黑客高手侵入了"信用卡第三方付款处理器"网络系统，可能造成包括万事达、Visa、American Express 和 Discover 在内各种信用卡高达 4000 多万用户的数据资料被窃，其中万事达信用卡用户高达 1390 万，Visa 信用卡的客户则高达 2200 万。这是美国最大的金融泄密事件之一。

2012 年，我国最大的程序员网站 CSDN 的 600 万个个人信息和邮箱密码被黑客公开，引发连锁泄密事件。2013 年，中国人寿 80 万名客户的个人保单信息被泄露。

这些事件都凸显出大数据时代互联网金融领域数据管理与安全保管面临着前所未有的挑战。

网络安全风险中首先需要强调的是数据安全风险。随着数据的爆炸式增长，海量数据集中存储，能够方便数据的分析、处理，但安全管理不当则易造成信息的泄露、丢失和损坏。互联网和信息技术日益发达，对信息的窃取已不再需要物理地、强制性地侵入系统，这对大数据的安全管理能力提出了更高的要求。

再者，互联网已成为国家的重要基础设施，现代社会各个领域对数据的依赖程度越来越高，互联网逐渐成为主导性数据传播方式，互联网的安全运行成为维系社会秩序的先决条件。比如，黑客攻击英国政府机构网站而导致该国信息泄露，以及美国"棱镜"斯诺登事件等案例，显示出国家信息安全的高度重要性。

互联网金融涉及国家金融体系的重要内容，大量的互联网金融数据既能反映一个国家的政治、经济等方面的状态，还可能被利用来直接影响公众的日常生活和民众意识。该系统一旦出现漏洞，国家金融经济体系将陷入瘫痪状态，国家安全也将因此受到损害。由此可见，我国互联网金融业作为一个新兴产业，海量数据关乎国家利益，应更加重视互联网金融的信息安全问题。

8.2.3　互联网金融信用风险

信用风险又称为违约风险，是指交易一方因种种原因不愿或无力履行合同条件的义务而构成违约，致使另一方遭受损失的可能性。

在互联网金融市场中，由于交易信息传递、支付结算等业务都依附于虚拟的网络世界进行，交易双方互不相见，交易者之间的身份确认、信用评价等方面有可能存在严重的信息不对称问题，因此，会导致信用风险在互联网金融市场更加难以控制。

我国的互联网金融起步晚，目前处于快速发展的初级阶段，大数据资源与大数据处理技术都没有跟上模式的创新，因而通过大数据解决信息不对称的问题目前效果甚微。因此，完善社会信用体系，依靠第三方力量对交易双方的信用给予准确评价，对于防范互联网金融信用风险具有巨大的现实意义。

最易爆发信用风险的平台当属 P2P 网贷平台。《P2P 网贷行业 2016 年 12 月月报》数据显示(如图 8-1 所示)，截至 2016 年末，P2P 借贷平台共有 4856 家，其中正常运营的约 1625 家，占比仅为 33%，环比下降 3.9%，其中问题平台历史累计涉及的投资人数约为 47.8 万人(不考虑去重情况)，占总投资人数的比例约为 4.5%，涉及贷款余额约为 265.8 亿元。

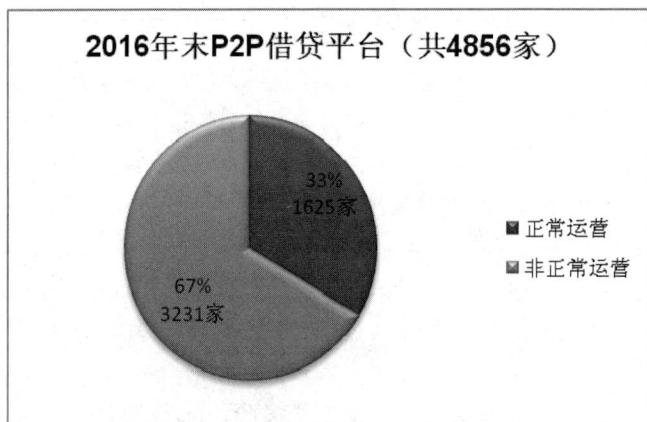

图 8-1　2016 年末 P2P 借贷平台运营情况

数据来源：网贷之家

根据来源不同，信用风险可以分为以下两类。

1．个人信用风险

个人信用风险是指借款者未能履行合同，无法按期偿还利息和本金，而给网贷平台及出借人经济利益带来损失的风险。例如 P2P 网络借贷平台，借款普遍没有或缺少足够的抵押物，当由于借款者自身的原因使借款无法如期偿还时，就形成了借款者的个人信用风险。逾期率数据可以直观地反映一个平台上借款人的信用水平。以拍拍贷平台为例，该平台的逾期率逐年递减，主要与平台对借款人的信用风险的防范措施和行业监管的成熟有关，如图 8-2 所示。

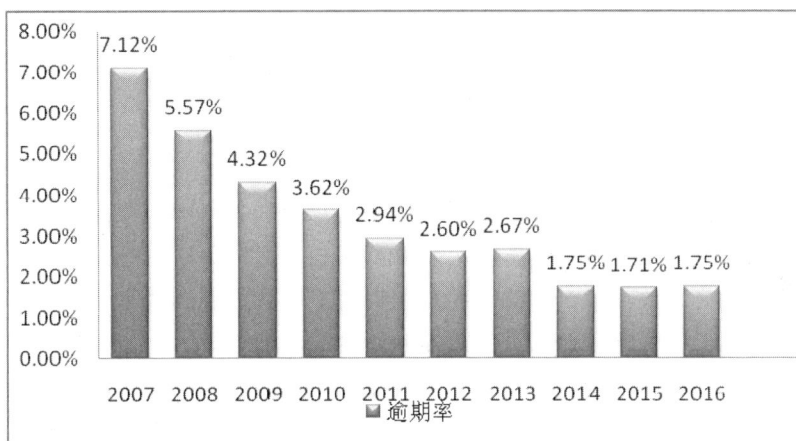

图 8-2　拍拍贷平台逾期率

数据来源：卡宝宝网

很多平台根据借款者提供的基本信息评出信用等级。一方面，此类信息极易造假，给信用评价提供错误依据，交易者也可能故意隐瞒信息，导致 P2P 网贷平台在选择客户时处于不利地位，而人民银行的个人征信系统并不对网络借贷平台开放，全国性的个人信用评价系统又尚未建立，借款者在其他平台上的信息无法实现共享；另一方面，P2P 网贷平台所获取的资料存在滞后性与片面性，不能构成大数据资源。另外，P2P 网络借贷的借款者多为低收入群体或是小型企业，有一部分借款人由于不能向银行借贷而转向网络借贷平台，所贷资金的实际用途难以确定，也增加了逾期还款发生的可能性。即使有些平台对借款提供担保，但如果发生较大规模的逾期，坏账规模大于其实际资产时，出借人的资金安全同样难以得到保障。

2．网络平台信用风险

网络平台信用风险来自平台对出借者的违约，网络借贷平台对借款提供担保，将借款以债权转让的方式出让给投资人，并承诺一定的收益率，这就形成了一种契约关系。如果平台无法履行承诺，导致投资人的利益受损，就形成了网络平台对出借人的违约，这就是网络平台的信用风险。

P2P 网络借贷自 2006 年进入我国，相应的监管措施却没有同步实施，缺乏有效的监管，加之市场准入门槛低，平台良莠不齐，给投资者的资金安全带来了不确定因素。

经典案例

"e 租宝"是金易融(北京)网络科技有限公司推出的一个 P2P 网络借贷平台，曾在央视新闻联播前的黄金时段打广告，融资规模 750 亿元。从 2014 年上线到 2015 年末平台出事，短短一年半时间，"e 租宝"已从小小的融资平台发展成为交易规模超 500 亿元的 P2P 龙头企业。通过对其运营方式进行分析，可以发现其最初只是为母公司钰诚集团开展融资租赁服务，而随着业务量的扩大，大量发行高利率的理财产品，吸引投资者达数百万，发展成为 P2P 网络借贷平台。而在光鲜的背后，母公司集团的高管们没有丰富的风险控制经验，并对筹集资金进行大肆挥霍，直接导致"e 租宝"资金链面临断裂。"e 租宝"于 2015 年 12 月因涉嫌违法经营被立案侦查。据财新网报道，"e 租宝"母公司钰诚集团及关联公司，银行账上的可用资金余额不足 10 亿元。

P2P 网络借贷平台信用风险的存在大体是由以下原因造成的。

(1) P2P 网络借贷行业的准入门槛低。P2P 网络借贷企业在市场准入方面没有严格要求，这使得一些借贷者无法清晰地对 P2P 网络借贷平台的资质进行判断，容易受到虚假广告的干扰，从而产生了巨大的风险。虽然 P2P 网络借贷平台每笔贷款的数额并不大，但由于其覆盖面广，参与人数较多，总的交易金额较大，这就需要借贷平台有较为雄厚的资金提供保障，但实际上，有些平台的资金实力十分有限。

(2) 第三方存管制度不健全。我国第三方支付机构托管 P2P 资金存在很多的问题，主要有第三方支付托管资格不明确、第三方支付公司自身存在风险等。

我国对 P2P 资金进行托管的金融机构主要为商业银行，其为 P2P 行业的规范发展作出了巨大的贡献。之前，第三方支付托管资格不明确，后来我国出台了 P2P 资金第三方托管的有关细则，要求商业银行配合 P2P 网贷平台进行整改。截至目前，仍有大部分 P2P 网络借贷平台未在商业银行进行存管。

(3) 个人征信体系建设不完善。P2P 网贷模式中，由于借贷双方主要通过线上实现交易，二者并不进行实质性接触，因而为降低信用风险，良好的信用评级机制就显得尤为重要。但是，目前我国征信制度建设尚不健全，因此判断依据不足，致使平台与金融消费者之间存在互不信任的现象，也导致风险频发。

(4) 信息披露的监管缺失。目前，互联网金融相关业务未被政府有关部门全面纳入监管：一方面，P2P 网络借贷平台信息披露不及时，交易记录未备案登记，一旦出现问题将严重损害投资者的权益；另一方面，由于 P2P 网络借贷业务每笔借款金额较小、数量较多，不容易被监管者重视。在目前 P2P 行业中，极少有平台对不良贷款率、坏账率进行披露，这对投资者和监管者都是不负责任的，也造成巨大的风险隐患。

8.2.4 互联网金融法律风险

法律风险也称为合规风险，是金融企业经营过程中违反法律法规和监管政策导致的风险。互联网金融企业的经营必须符合国家的相关法律法规，但在互联网金融发展初期，互联网金融处于"无准入门槛、无行业规则"的状态。我国有关金融法律法规的规制对象主要是传统金融领域，由于难以涵盖发展

法律风险

很快的互联网金融的众多方面，互联网金融企业极易游走于法律盲区和监管漏洞之间进行非法经营，甚至出现非法吸收公众存款、非法集资等现象，累积了不少风险。

◆经典案例◆

2014 年 7 月，深圳市罗湖区人民法院公布全国首例 P2P 网贷平台非法吸收公众存款罪判决书((2014)深罗法刑二初字第 147 号)，这是 P2P 网贷平台非法集资的第一案，具有重大意义。

2013 年 6 月 19 日，东方创投公司设立"东方创投"网络投资平台，向社会公众推广其 P2P 信贷投资模式，通过互联网、电话及投资人团体拉拢全国各地的投资人在"东方创投"网络投资平台上进行投资，投资的项目主要是房产、企业经营借款、应收款、信用贷款等，并承诺以 3%~4% 月息的高额回报。截至 2013 年 10 月 31 日，"东方创投"网络投资平台共吸收资金达人民币 126 736 562.39 元。

东方创投公司在 P2P 业务的实际操作中发现坏账超过 6% 无法按时收回，为及时返还投资人的利息，东方创投公司将投资人的投资款用于扩大公司规模、购买房产物业，以求实现增值利润反馈投资人。斥资 600 万元用于扩大企业规模，在美国成立了一家名为 ALC 的合资公司，同时在深圳成立了深圳市兆融财富、深圳市中环宇基金管理有限公司。另一方面，东方创投公司购买了房产铺面，总共花费 3800 万元，其中 2500 万元来自公司客户的投资款。后因提现缓慢而遭网络舆论攻击导致投资人挤兑，东方创投公司资金链随之断链，无法支付投资者的提现。

从防范金融风险的角度，法律层面的问题主要体现在三个方面：

(1) 无法可依。在整个金融立法方面，中国金融的立法步伐相对滞后，而且我国有关金融的法律法规主要针对的是传统金融领域，能够贴合互联网金融发展特性的法律法规仍然缺失，专业性的法律文件更是如此。比如，电子合同及电子签名的有效性确认、互联网金融市场的企业准入标准、运作方式的合法性、交易者的身份认证等方面，尚无详细明确的法律规范。

(2) 违法成本低。目前中国金融市场的参与者还未形成遵纪守法的观念，有一些参与者对于金融市场法律法规的态度并非严格贯彻实施，更有甚者去挑战法律法规的底线。

(3) 金融立法方面的法律层级比较低，大部分是金融监管部门颁布的规范性文件。从法律法规的层面来讲，金融市场的法律覆盖面十分有限。

8.2.5　互联网金融系统性风险

系统性风险是指所预计和控制的因素所造成的风险，通常表现为国家或地区性战争及骚乱、全球性或区域性的石油恐慌、国民经济严重衰退或不景气、国家出台不利于公司的宏观经济调控的法律法规、中央银行调整利率等。其特点是一个事件在一连串的由机构和市场构成的系统中引起一系列连续损失的可能性。比如，由于突发事件而导致一连串金融机构重大损失、破产以及金融市场价格的剧烈波动等恶性经济后果，甚至出现多米诺骨牌效应。系统性风险带来的影响具有普遍性，从这一意义上讲，系统性风险也称为不可分散风险或者宏观风险。

互联网金融系统性风险是指因为外部宏观环境的冲击，或是互联网金融系统内部脆弱性所引发的具有传染性、潜伏性，能够引发大范围或严重的金融不稳定，并且可能对实体经济产生严重冲击的风险。

互联网金融系统性风险的衡量和预防可以从横向和纵向两个维度来考虑。

1. 横向系统性风险

由于金融系统在运行中存在"合成谬误"问题，即当一个机构遭受冲击而抛售资产时能够有效抵御冲击，但当所有机构都集中抛售所持有的资产时，该种措施将无法取得抵御冲击的作用。当金融体系遇到外部冲击时，在"羊群效应"作用下，这种抛售就极其容易引发系统性风险。由于大型金融机构的个体风险有可能会带来很大的影响，更易引起系统性金融风险，因此在防范横向维度系统性风险方面，应注重加强对大型金融机构的监管。

2. 纵向系统性风险

在互联网金融体系中，由于纵向系统性风险大多源于金融机构的经济周期性，因此防控需要在微观方面审慎监管的同时，更应该重视加强宏观的审慎监管，注重逆周期金融监管，即在经济繁荣时期提高对金融机构净资本、拨备等方面的要求，而在经济萧条时期则适当降低净资本，通过逆周期金融监管，防范可能引发的系统性金融风险甚至是金融危机。

8.2.6 互联网金融领域的其他风险

除了前面提到的风险，互联网金融还有市场风险、流动性风险、声誉风险(Reputational Risk)等。下面加以简要介绍。

1. 市场风险

在传统的金融体系中，市场风险是指因为市场价格(包括利率、汇率、股票价格和商品价格等)的不利变动而使金融机构业务发生损失的风险。市场风险与金融市场本身的成熟度相关，市场越成熟，市场风险发生的概率越小。而互联网技术与金融领域相结合的互联网金融是一个新兴的、不成熟的金融市场，因此市场风险的发生概率较大，且一旦大规模发生，不仅会给投资者带来巨大的损失，也会给整个金融市场带来灾难性的后果。

市场风险中影响最广泛的一种是利率风险(Interest Rate Risk)。利率水平的变动会影响金融产品的定价。互联网金融产品定价的基本方法主要有基于现金贴现的估值方法、基于风险收益的定价方法、基于不存在无风险收益的无套利定价方法等。其中，使用现金流贴现的估值方法对互联网金融机构推出的产品进行收益率定价时，产品预期收益率是根据市场利率水平决定的。市场利率水平的变化通过这种方式影响着互联网金融产品的市场收益率，因此市场利率的波动造成互联网金融产品定价的变动而产生的损失即为利率风险。

正是因为目前互联网金融产品的收益率与市场利率具有较为明显的刚性关系，使得互联网金融机构在面对信用状况不佳的借款人时，可能因不能随意提高收益率来降低其信用风险而不得不拒绝对借款人的放款；在面对信用状况较好的投资人时，可能因收益率过低而失去投资人的投资。利率风险导致互联网金融企业的业务规模受到一定程度的限制。

2．流动性风险

在传统金融领域，流动性风险是指商业银行虽有清偿能力，但无法及时获得充足资金或无法以合理成本及时获得充足资金以应对资产增长或支付到期债务的风险，其终端表现为"挤兑"。由此，可以将互联网金融流动性风险定义为：互联网金融企业无法及时获得充足资金或无法以合理成本及时获得充足资金以应对资产增长或支付到期债务的风险，以及投资群体无法按预期期限和收益标准实现资金与资产转换的风险。其关键点是理财资金和债权资产的匹配在数量、时限上形成不合理错位，导致预期收入受到损失。

流动性风险是传统金融最典型、最具杀伤力的风险，互联网金融流动性风险则是传统流动性风险在互联网环境下的延伸和变种。在互联网金融的初级发展阶段，流动性风险尚未充分显现，但多方面情况显示，一些风险因素正在滋长。

━━━━━◆ 经典案例 ◆━━━━━

潍微贷是国内较早从事信用借贷业务的 P2P 网络借贷平台，由福润得资产管理有限公司开发和经营。借助当今的互联网渠道，为有资金需求和理财需求的个人或企业搭建一个新的网络借贷交易平台。潍微贷是山东省一家明星 P2P 企业，在 70 后创始人刘某经济陷入困顿之际，其背后是大量工薪阶层面临的血本无归的困境。

潍微贷诞生于 2013 年 11 月，潍坊晚报对当地首家也是唯一一家 P2P 网络借贷平台——潍微贷进行了报道。当时，P2P 网贷被作为一个新的商业模式备受推崇，数据显示：该公司在 20 天内完成 6 笔业务，贷款总额是 20 余万元，共 30 多位投资人出资。单纯从数据来看，平均每人出资额不到 1 万。这也意味着，投资方只是一些期望获得高额回报的工薪阶层，而不是土豪和富翁。也正是这个原因，当得知钱要不回来时，这些普通工薪阶层的心理反弹更加厉害，因为他们挣钱太难。

一位参与投资的工薪阶层提出：把钱存在银行利息太少，而且存钱时间长；购买银行理财项目，最高也只有 4% 左右的年息。但投资 P2P 网贷就不同了，借款人年息可以付到 18% 到 19%，投入少、时间短，这是其他理财项目没法比的。

这意味着，被潍微贷吸引到的投资人，实际上看重的是高额的回报率。这也是他们放弃银行存款而选择 P2P 网贷的原因。在高额利润的诱惑之下，他们似乎已经忘记了危险的到来。

中国已经出现了很多 P2P 巨头公司，比如宜人贷、陆金所、翼龙贷、人人贷，这些公司总是会特意强调自己的风控体系。

比如翼龙贷，把联想控股的品牌背书作为自己的核心亮点。联想控股的创始人柳传志是中国企业的标志性人物，很多人出于对柳传志和联想的信任，加深了对翼龙贷的信任程度。

潍微贷也有一些风控办法。比如，会对借款人的中国人民银行征信记录、近期银行流水情况、总资产及负债率等情况进行全面调查，达到审核标准后，再在平台上发布贷款需求和借款人能够承受的利率信息。此外，为了打消投资者的顾虑，潍微贷还提出了一些专门的做法。比如该公司创始人强调：一旦出现贷款收不回的情况，将进行债务转让，借款人的债务转至公司，公司向投资者偿还本金，然后再向借款人追账。

从 2015 年开始，网站创始人刘某发现，已经无力偿还投资人的钱了。于是，对于用户的提款需求，刘某的方法是打欠条。唯一能安慰这些投资人的是"欠条还没到日期"。在打欠条的同时，刘某会支付数额很小的金额给借款人，以安定借款人的情绪。最终，潍微贷资金链断裂。2015年下半年，危机爆发了。

因为涉及的投资人是以收入不高的工薪阶层为主，所以在当地产生了较大的震荡。

2015年7月18日发布的《关于促进互联网金融健康发展的指导意见》明确指出，当前我国互联网金融主要包括互联网支付、网络借贷、股权众筹融资、互联网基金销售、互联网保险、互联网信托和互联网消费金融等业态。其中，有的属于投融资性质，直接内含流动性风险；有的属于商贸服务性质，但因其管理资金流庞大，亦存在诱发流动性风险的潜能。

在互联网金融中，不同业态发生流动性风险的原因也有所不同：

1) 第三方支付

第三方支付平台发挥资金周转作用，有的兼具理财功能，与投资实施捆绑。沉淀资金可能在第三方支付中介处滞留两天至数周不等，如果缺乏有效的担保和监管，容易造成资金挪用。一旦资金链条断裂，将引发支付危机，触发流动性风险。

2) 网络借贷

网络借贷平台通常利用借贷资金进行资金运营，自有资本比率很低。在不受控制的情况下，随着资金规模不断扩大，网络借贷平台可能会挪用客户资金去投资高风险、高回报的项目。若出现呆账导致大量资金被困，则触发流动性风险。

3) 股权众筹

在股权众筹中，由于资金与资产不经资金池直接匹配，但融资需求整合度较高，投资在同一平台内的选择度大，对项目的合理匹配性更好。但短贷长借特点仍存在，期限不合理错配的可能性同样不能排除，也有诱发流动性风险的可能。

4) 互联网基金

互联网基金存在较大的流动性风险，具体来自以下几个方面：

(1) 首先是来自自身的流动性风险，随着互联网理财产品规模增加，资金体量膨胀，身负的流动性风险同步增大。

(2) 其次来自周期性的"挤兑"压力。互联网理财产品受客户结构和行为的影响，在节假日等重大赎回点上，遭遇短期大额赎回的可能性非常高。对基金公司而言，若赎回规模超出风险准备金或市场出现流动性危机，"挤兑"压力即刻凸现。

(3) 再次是来自传统金融的流动性风险。国内货币基金规模目前已超万亿元，但可投资品种少，超过90%的资金投资于银行间市场协议存款。当银行资产负债发生变化或市场资金状况发生波动，协议存款需求也将随之波动，导致利率起伏，互联网产品可能面临集中赎回压力。

此外，互联网保险、互联网信托和互联网消费金融等，由于涉及大额资金的积聚和流通，也存在一定的流动性隐患。

3. 声誉风险

声誉风险是指由于金融企业的经营、管理及其他行为或外部事件导致利益相关方对金融企业进行负面评价的风险。互联网金融自身的特点决定了互联网金融的技术问题、信用问题或者其他的风险问题一旦出现就会在互联网上迅速传播。这让互联网金融的声誉风险可以造成难以想象的损失，必须加以高度重视。

8.3　风险管理概述

传统金融领域已经成熟发展了几十年，风险管理的策略与创新一直都跟随金融的创新稳步推进。而互联网金融的发展相比之下十分迅猛，其风险管理的难度大大增强，如何建立、健全互联网时代下的金融风险管理策略，是当下互联网金融领域的重要课题。

首先，互联网金融的风险管理在很大程度上依赖于个人信用体系的建立和完善，个人信用体系即征信系统的建立直接影响着互联网金融业务是否能健康地发展。现阶段我国的征信系统尚不完善，这造成了信贷市场上信息不对称的问题，很多风险由此而来。其次，互联网金融的风险一般具有隐蔽性，且部分暂时还处于监管的灰色地带，因此互联网金融领域的每一个参与者都需要重视风险的控制与管理，除传统金融风险的控制手段之外，还需要运用先进的互联网技术手段进行风险管理，以做到防患于未然。

8.3.1　风险管理的概念、流程及策略

风险管理(Risk Management)是指企业或组织在一个肯定有风险的环境里把风险减至最低的管理过程。风险管理包括了对风险的量度、评估和应变策略。理想的风险管理是一连串排好优先次序的过程，使当中可以引致最大损失及最可能发生的事情被优先处理，而相对风险较低的事情则滞后处理。

1. 风险管理流程

不管是在传统金融领域还是互联网金融领域，风险管理的基本流程都如图 8-3 所示。

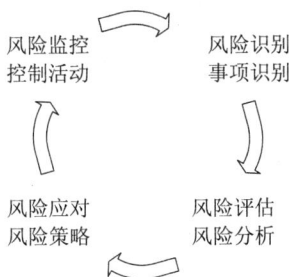

图 8-3　风险管理的基本流程

下面对基本流程的各步骤加以说明：

(1) 风险管理必须识别风险。风险识别是确定何种风险可能会对企业产生影响，最重要的是量化不确定性的程度和每个风险可能造成损失的程度。

(2) 对识别出的风险进行风险评估，评估的内容包括风险的类别、产生原因、影响的范畴以及风险带来损失的预估值。

(3) 根据风险的评估结果制定一套有针对性的风险应对策略。这是风险管理过程中最

重要的一个环节。风险管理主要运用七种工具，针对不同的风险评估运用适当的工具。

(4) 采用积极的措施来控制风险，通过降低其损失发生的概率、缩小其损失程度来达到控制目的。然后制定切实可行的应急方案，编制多个备选方案，最大限度地对企业所面临的风险做好充分的准备。当风险发生时，按照预先的方案实施，可将损失控制在最低限度。

2. 风险管理策略

风险管理的主要策略有风险承担(Risk Acceptance)、风险规避(Avoidance of Risk)、风险转移(Transfer of Risk)、风险控制(Risk Mitigation)、风险对冲、风险补偿、风险转换共七种。对于不同特征的风险，所采取的手段也是不尽相同。

《中央企业全面风险管理指引》指出，一般情况下，对战略、财务、运营和法律风险，可采取风险承担、风险规避、风险转移和风险控制等方法。根据风险事件的发生频率与影响程度，可以将集中风险管理手段划分为如图8-4所示的风险管理矩阵。

1) 风险承担

风险承担也称为风险保留、风险自留。风险承担是指企业对所面临的风险采取接受的态度，承担风险带来的后果。如果业务活动产生的预期利润远远大于其潜在风险，公司就保留特定项目或扩张所带来的某种程度的风险。对于发生频率低、严重性也很低的风险类型，可以考虑风险承担。风险承担的主要特征有：事后性、非重大性、被动性、内部资源。

对于辨识出的风险，企业也可能由于以下几种原因采用风险承担：缺乏能力进行主动管理，对这部分风险只能承担；没有其他备选方案；从成本效益考虑，这一方案是最适宜的方案。对未能辨识出的风险，企业只能采用风险承担。对于企业的重大风险，即影响到企业目标实现的风险，企业一般不应采用风险承担的方法。

2) 风险规避

风险规避是指企业回避、停止或退出蕴含某一风险的商业活动或商业环境，避免成为风险的所有者。对于极有可能发生的且发生后会带来较大损失的风险事件，企业通常采取规避策略，即不涉足相关业务。例如：退出某一市场以避免激烈竞争；拒绝与信用不好的交易对手进行交易；禁止各业务单位在金融市场进行投机等。尽管规避风险是管理企业潜在风险的一种简单方法，但这种策略也会导致潜在的收入损失。

3) 风险转移

风险转移是指企业通过合同将风险转移到第三方，企业对转移后的风险不再拥有所有权。转移风险不会降低该风险可能的严重程度，只是从一方转移到另一方。对于发生频率低、严重性较高的风险类型，金融机构难以对其进行有限的内部控制，或者内部控制的成本很高，一般会选择风险转移。风险转移有以下几种方式：

(1) 保险：保险合同规定保险公司为预定的损失支付补偿，作为交换，在合同开始时，投保人要向保险公司支付保险费。

(2) 非保险型的风险转移：将风险可能导致的财务风险损失负担转移给非保险机构，例如通过签署服务保证书等。

(3) 风险证券化：通过保险连接型证券(ILS)，这种证券的利息支付和本金偿还取决于某个风险事件的发生或严重程度。

4) 风险控制

风险控制是指通过控制风险事件发生的动因、环境、条件等，来达到减轻风险事件发生时的损失或降低风险事件发生的概率的目的。对于发生频率高、严重性较低的风险类型，一般可以采取风险控制的管理策略。

风险控制对象一般是可控风险，包括多数运营风险，如质量、安全和环境风险，以及法律风险中的合规性风险等。

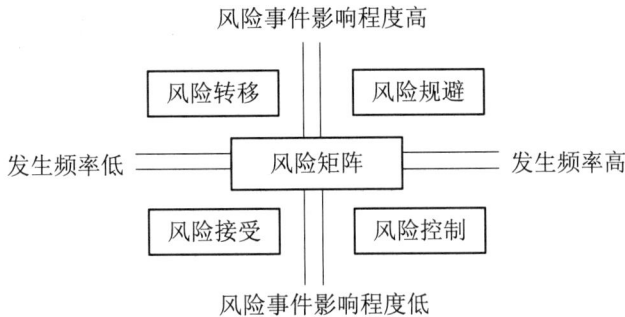

图 8-4　风险管理矩阵

对于能够通过保险、期货、对冲等金融手段进行理财的风险，可以采用风险转换、风险对冲和风险补偿等方法。

5）风险对冲

风险对冲是指采取各种手段，引入多个风险因素或承担多个风险，使得这些风险能够互相对冲，也就是使这些风险的影响互相抵消。常见的例子有资产组合使用、多种外币结算的使用和战略上的多种经营等。在金融资产管理中，对冲也包括使用衍生产品，如利用期货进行套期保值。

在企业的风险中，有些风险具有自然对冲的性质，应当加以利用，例如不同行业的经济周期风险对冲。风险对冲必须涉及风险组合，而不能是单一风险，对于单一风险，只能进行风险规避、风险控制。

6）风险补偿

风险补偿是指企业对风险可能造成的损失采取适当的措施来进行补偿。风险补偿表现在企业主动承担风险并采取措施以补偿可能的损失。风险补偿的主要特征有：事前性、重大性、主动性、内部及外部资源。

风险补偿的形式有财务补偿、人力补偿、物资补偿等。财务补偿是损失融资，包括企业自身的风险准备金或应急资本等。

7）风险转换

风险转换是指企业通过战略调整等手段将企业面临的风险转换成另一个风险。风险转换的手段包括战略调整和衍生产品等。

风险转换一般不会直接降低企业总的风险，其简单形式就是在减少某一风险的同时增加另一风险。例如，通过放松交易客户信用标准，增加了应收账款，但扩大了销售。企业可以通过风险转换在两个或多个风险之间进行调整，以达到最佳效果。

上述风险管理的工具并非完全独立使用，它们是相互关联的，可以变通选择。例如，风险承担与风险控制这两项手段就存在明显的相关性，对于希望得到控制但又无法完全避免的风险事件，只能采取风险接受的方式，在风险接受的过程中需要对风险控制进行有效预测，并通过有计划的自提保险，为承担风险留出空间。

8.3.2 风险偏好与风险容忍度

风险管理策略是对企业存在的经营风险进行整体管理的策略，它包括对风险的识别、风险的评估、风险的评级和应对计划、风险的监察等。风险管理策略是在风险战略的指导下去选择具体的风险管理方法，而风险管理战略基于两个核心内容——风险偏好(Risk Preference)与风险容忍度(Risk Tolerance)。

1. 风险偏好

风险偏好是指为了实现目标，企业或个体投资者在承担风险的种类、大小等方面的基本态度。风险是一种不确定性，投资体面对这种不确定性所表现出的态度、倾向便是其风险偏好的具体体现。根据风险偏好不同，投资体可分为保守型投资者、冒险性投资者和中立型投资者，这三种不同风险偏好的投资体的效用曲线如图8-5所示。

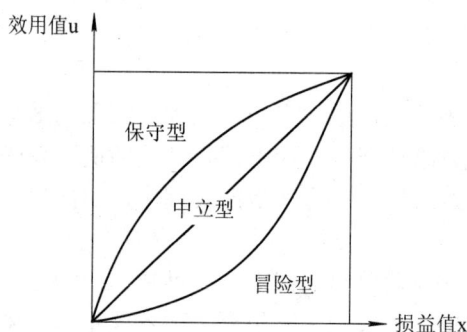

图 8-5　效用曲线的三种类型

(1) 保守型投资者。

保守型投资者选择资产的态度是：当预期收益率相同时，偏好于具有低风险的资产；而对于具有同样风险的资产，则钟情于具有高预期收益率的资产。

(2) 冒险性投资者。

冒险性投资者与保守型投资者恰恰相反，冒险性投资者通常主动追求风险，喜欢收益的动荡胜于喜欢收益的稳定。他们选择资产的原则是：当预期收益相同时，他们选择风险大的，因为这有可能会带来更大的效益。

(3) 中立型投资者。

中立型投资者通常既不回避风险，也不主动追求风险。他们选择资产的唯一标准是预期收益的大小，而不管风险状况如何。尽管不同的主体有着不同的风险偏好，但是作为一个整体，人类的风险偏好具有某些共性，这些共性决定了投资者在风险决策中某些共有的行为特征，而这些决策行为往往会导致决策偏差。因此，了解某些决策行为的心理基础，在投资活动中避免决策偏差，对于建立合适的风险管理策略是十分必要的。

2. 风险容忍度

风险容忍度是在风险偏好的指导下，对风险量化后确定的，企业所能承受的最大限度的可预见风险水平。明确的风险偏好和风险容忍度的界定，使得业务风险决策的过程保持相对稳健，而非盲目地选择风险管理策略。

要知道，风险是具有两面性的，在给企业带来损失的同时也意味着收益。而明确业务经营的风险偏好与风险容忍度，就相当于明确了风险与收益之间的关系，确保金融机构在风险容忍度的范围内取得期望的经营收益。

8.3.3　大数据对于风险管理的意义

随着计算机、互联网、移动终端技术的高速发展与普及，人类步入了信息大爆炸的时代。市场调研机构 IDC 预计，未来全球数据总量的年增长率将维持在 50%左右，到 2020年，将达到 40ZB。其中，我国数据量将达到 8.6ZB，占全球的 21%左右，网民规模及移动互联网流量呈现爆发式增长。

数据已经渗透到当今每一个行业的各个职能领域，成为重要的生产因素。人们逐渐意识到大数据的重要性，越来越多的企业开始将视角投向大数据，并试图从中挖掘价值。其中，金融业是大数据应用非常广泛的行业之一。

基于互联网的金融创新是离不开大数据支持的。一方面，大数据改变了金融格局，比如，大量的用户信息数据、交易数据、浏览历史数据、评论数据是电商进入信贷领域的基础，通过这些数据可以较快地衡量用户的经营和风险情况，这些催生了快速发展的互联网金融；另一方面，大数据推动了产品创新，比如，为追求提供简单快捷的金融服务，信用卡已经实现了实时申请，这是通过互联网和实时数据决策支持系统实现支付工具和消费市场的无缝连接的典型应用，颠覆了传统的信用卡办理流程，办卡时长有了质的飞跃。这得益于数据决策系统能够通过线上一站式服务快速地提供真实性决策、信用风险决策和额度决策等。

经典案例

百度云与中国民生银行积极达成合作，通过百度云在人工智能(AI)、大数据(Big Data)、云计算(Cloud Computing)——ABC 领域里强大的技术优势，为民生银行提供其信贷企业的风险管理和预警服务，首次实现云服务在股份制银行核心的贷后管理和信贷决策等领域的探索，并首次提出了大数据风险预警工具体系，旨在有效提高银行的风险防范能力。

百度作为全球最大的中文搜索引擎服务商，在 ABC 领域有雄厚的技术力量和海量的外部数据，可以说具有得天独厚的优势。

中国民生银行作为一个极度注重社会责任和技术创新的银行，此次与百度云的合作便是股份制银行首次将云服务使用到核心的贷后管理和信贷决策领域，无论从金融业本身还是云计算的发展来说，都具有划时代的意义。

早在 2016 年 9 月，百度便与国家开发银行信息科技局在 ABC 及互联网金融等领域展开了深度合作。该合作借助百度的人工智能技术解构非结构化数据，帮助国家开发银行信息科技局创建更具时效性和系统性的分析工具，结合国家开发银行的金融策略及经验，探索人工智能在传统银行领域的创新科技。

在此次合作中，百度云从对民生银行新增授信企业和在授信企业的风险管理出发，发挥百度云的大数据的收集、分析和计算建模能力优势，将海量非结构化数据进行处理，关联目标企业，并通过风险识别模型判断产生风险信号，通过百度云 BOS 服务和 API 对接银行内部业务流程，实现对银行授信企业具有前瞻性和全面性的风险监测，提升银行风险防控能力。后续还计划将扩展到信贷评审、项目评审乃至营销等多个领域。

风险定价和风险管理能力是金融业的核心竞争力，能否更好地建立业务评审策略并有效监测风险决定了未来金融机构的业务规模和利润空间。

在新形势下，传统风控方式将难以胜任，大量外部交易数据、监管数据、社会评价数据对银行业风控模型的建立来说显得尤为重要。

大数据于风险管理的意义可以总结为以下几点。

(1) 评估信用风险。

互联网金融在提供快捷服务的同时，也对风险评估提出了挑战。传统的风险计量主要采用申请信息、中国人民银行征信等信息开发信用评分模型及风险规则。而大数据背景下，风险计量技术将突破传统限制，融入大量的非传统数据，与传统数据相结合，更全面地评估贷款人的信用情况。

风险计量技术方面的新突破将会使其不再受制于 Logistic(逻辑)回归、决策树等统计方法，新型的模型技术将在实际业务中得到有效应用，从而实现全面、准确评估风险的目的。

(2) 建设征信体系。

传统的征信数据主要是以中国人民银行征信数据为代表，记录贷款客户的个人信息、工作信息、居住信息、贷款信息、查询信息等，是银行业衡量客户风险的重要依据。但随着大数据的兴起，金融从业者意识到客户的行为数据、电信运营商数据等拥有巨大价值，对风险评估的全面性意义重大。

目前，以互联网为基础的征信服务主要有两种：一种是进行真实性核查的征信服务，利用数据收集的优势，对数据进行简单的整合、统计与匹配，从而提供校验真实性的服务；另一种是在数据收集整理的基础上，拥有对数据强大的处理能力和业务背景，能够挖掘出数据的潜在价值，建立评估模型和策略，提供信用评分的服务。

━━━━━━━━━━━━━ ◆ 知识链接 ◆ ━━━━━━━━━━━━━

互联网消费金融征信数据来源可以分为场景内数据、平台自身数据和外部征信数据三部分。申请贷款时，用户需要提供部分申请信息，如工作信息、学历信息、收入信息等，除此之外合作的平台或场景方也可提供部分信息，如贷款申请时的行为信息等，这些数据我们称之为场景内数据。

如果贷款平台较大、较成熟，且有足够的数据积累，风险控制会较弱地依赖外部征信数据。但实际情况是，互联网金融平台普遍都比较小，场景内数据又有造假嫌疑，或出于用户体验的考虑，不会有太多，因此主要依赖外部征信数据。这也是现在第三方征信数据市场火爆的原因。除了八家准牌照外，还有大大小小的以咨询方式为主的数据公司近百家。这些互联网金融大数据公司按其业务内容可归为以下四类：反欺诈，如同盾、百融、猛犸；信用评估，如芝麻信用、鹏元征信、前海征信；数据查询，如启信宝、汇法网；数据开放平台，如数据宝、京东万象、聚合数据。

从实际风控业务来讲，当前还没有达到能够直接将人工智能(AI)或很复杂的数据挖掘算法直接应用到风控业务中来。受制于数据、正负样本、征信成本、产品体验等多方面原因，目前很复杂的模型或 AI 往往在实际业务中不能充分发挥其作用。

(3) 建立风险预警系统。

风险预警是指提前发现未来会爆发的风险，使得金融机构能够及时采取针对性措施以控制损失。大数据在风险预警方面具有得天独厚的优势。例如，电商平台拥有商铺每月的交易信息、用户评价、浏览历史、收藏信息等。商铺的还款能力源于经营，经营情况可由评价、浏览、收藏等信息综合评估。因此，在整个链条中，跟踪每一节点的异动，便可实现风险的提前预警，防止风险真正发生时的措手不及，以及由此造成的重大损失。

企业大数据风险预警体系是一个能区别于其他竞争对手的核心竞争力。在未来，大中小银行、券商、资产管理公司、担保公司、征信公司、互联网金融公司等涉及企业信贷或资产管理领域业务的各类金融机构均可享受到此项独特的服务。随着更多金融机构与大数据企业的深度合作，金融风险控制工作将得到可靠保障，为推动中国经济走向更稳健的未来奠定坚实的基础。

(4) 加强欺诈监测。

基于互联网的金融服务追求的是快捷、便利、高效，但在提高客户的满意度的同时，也增加了欺诈的可能性，信息不对称是欺诈的主要原因。当金融机构采用第三方信息验证、电话核实、反欺诈排查等手段以拥有了大量的外部数据之后，信息不对称的问题就可以得到有效控制，进而大幅降低欺诈的比例。当数据累计的维度和深度能够很好地整合时，就能提升对欺诈的防范能力。

8.4　互联网金融风险的防范措施

风险管理策略是在风险战略的指导下选择的具体的风险管理方法。风险管理策略既不同于风险管理战略的纲领性指导，也不同于具体的风险管理政策与规则条款，而是反映战略导向的风险管理工作的总体安排。风险管理策略是根据金融机构的风险战略导向、所处市场环境以及业务发展方向等实际情况制定的，可以是多个不冲突的管理策略。

在互联网金融的风险控制中，除了传统的金融风险防范措施外，还需要加上先进的互联网技术手段。针对每一种不同的风险，互联网金融机构应根据风险在互联网技术下的特点，分析其成因后采取有针对性的风险防范措施。下面从互联网金融风险的类型来阐述不同的防范措施。

8.4.1　互联网金融操作性风险的防范对策

根据操作性风险的来源不同，可以有针对性地采取以下几个防范操作性风险的对策。

1. 防范第三方操作性风险的对策

对于第三方操作性风险，金融机构应根据自身业务的特点，审慎选择服务供应商与技术外包商，从整体的角度来考虑完善风险防范措施，综合考虑每个参与要素的风险影响因素。比如商业银行，目前已经采取措施来解决客户端环境的复杂风险问题、在智能移动客户端上嵌入定制化的 IE 网银系统、与移动终端设备厂商合作来研制开发面向对公客户和高端客户的定制移动终端、开展资金安全性要求更高的业务品种等。

互联网金融企业应该加强与互联网企业、电信运营商及其他金融企业的交流合作，形成长期有效的合作机制。在管理模式上，应单独成立风险管理团队，监控大众化、传播快的新媒体舆论，及时发现风险并进行应急处理，避免损失进一步扩大。

2. 控制内部操作性风险的对策

在控制内部操作性风险的问题上，应当建立完善的互联网金融异常交易监控体系，及时识别并处理异常交易。根据交易的风险特征建立相应的风险交易模型，并以此为基础，建立风险交易监控平台。同时，建立异常交易识别规则和风险处置机制，对监控到的风险交易进行及时分析与处置。

3. 预防与控制客户操作性风险的对策

为预防与控制客户操作性风险，首先应该提高消费者的安全意识。金融机构、电信运营商、公安机关应该从不同角度加强对消费者安全意识的教育和培养；金融机构应完善对业务风险和常见欺诈行为的警示，完善事中和事后的风险防控机制；电信运营商应该完善通信号码买卖管理规范和对通信软件的安全管理规范；公安机关应及时将具有普遍意义的资金欺诈行为通过电视、报纸等媒体通告并教育消费者。

━━━━━━━●经典案例●━━━━━━━

支付宝作为移动支付工具已经被越来越多人当作"钱包"来使用，但用户对一些规则却并不完全了解。比如在购物时，有的是用户扫商家的二维码，有的则是商家扫用户的二维码，很多人对此"傻傻分不清"，这也让不法分子有了可乘之机。对此，支付宝于2017年2月14日晚间在官微宣布，将把"付款码"和"收款码"分离，提高用户资金的安全系数。

支付宝称："之前支付宝首页的付款码，既能向商户付款，也能从别人那里收钱。但我们发现，有不法分子开始利用此便利来骗钱。所以，从2017年2月20日起，付款码将专码专用，只用于线下付款。如果你需要向别人收款，点击首页顶部的'＋'，然后选择'我要收款'。"

蚂蚁金服的相关人士表示，这是为了强化付款码的产品定位，更好地服务用户的不同业务需求，更多的是让用户使用时更便捷和安全。

易观支付分析师王蓬博同样认为，支付宝的这一举动主要有两个方面的诉求：从产品功能来讲，专码专用区分度更高；从安全角度来讲，支付过程的变化可以有效防止诈骗行为。

据了解，此前曾有用户把"付款码"的截图发给他人，导致本应该"收账"却变成了"付账"，调整后的收付款码，将进一步遏制诈骗事件的发生。

在消费者信息防护及权益保护方面，电子商务及互联网企业、银行业、监管机构应该在各自领域加强对消费者权益的保护措施和制度规范建设：电子商务及互联网企业应该加大对客户信息防泄漏的防护体系建设；银行业应加强对电子银行业务风险的防控，在金融创新时把握好便捷性和安全性的平衡，研发出针对不同风险承受群体的金融产品；监管部门应加强在金融创新方面的消费者权益保护立法工作，尽快完善消费者损失索赔的法律规范，以切实减少客户的实际损失。

8.4.2　互联网金融技术风险的防范对策

2016 年 8 月 26 日，国家互联网金融安全技术专家委员会(简称国家互金安全专委会)正式成立。同年 12 月，国家互金安全专委会官网正式上线。与此同时国家互金安全专委会筹备国家互联网金融安全技术联盟，该联盟由国家互联网应急中心牵头成立，宗旨是"技术促进安全，技术规范发展"，拟与企业携手，充分发挥国家互联网应急中心的技术优势，共同推动互联网金融行业技术安全的发展。

2017 年 5 月 17 日，中国互联网金融协会在北京召开互联网金融网络与信息安全专业委员会成立暨第一次工作会议。该委员会发挥行业资源组织和专业能力优势，致力于贯彻维护金融安全和稳定要求。

互联网技术风险的管理策略主要针对两个方面：一方面是完善大数据存储的安全；另一方面是网络安全体系的建设。

1．完善大数据存储安全

在技术风险中，最重要的是确保信息安全，而确保信息安全的关键是数据的安全。目前，数据安全面临日益严峻的挑战，为保证数据安全，应做到以下几点。

1) 数据加密

在大数据安全服务的设计中，大数据可以按照数据安全存储的需要，被储存在数据集的任何存储空间，通过安全套接层加密，实现数据集的节点和应用程序之间移动保护大数据。在大数据的传输服务过程中，加密为数据流的上传与下载提供有效的保护，同时应用隐私保护和外包数据计算，屏蔽网络攻击。

2) 分离密钥和加密数据

使用加密把数据使用和数据保管分离开来，把密钥与要保护的数据隔离。同时，定义产生、存储、备份、恢复等密钥管理生命周期。

3) 使用过滤器

通过过滤器的监控，一旦发现数据离开用户的网络，就自动阻止数据的再次传输。

4) 数据备份

通过系统容灾、敏感信息集中管控和数据管理等产品，实现数据保护，确保大数据被损坏情况下的安全管控。

2．建设网络安全体系

网络安全体系的建设是防范互联网金融技术风险的核心，该体系包含策略体系、技术体系和组织体系三个子体系。

1) 策略体系

策略体系主要通过建立完整的信息安全策略体系，提高员工的安全意识和技术水平，完善各种安全策略和安全机制。利用多种安全技术措施和信息安全管理实现对网络的多层保护，防范信息安全事件的发生，减小网络受到攻击的可能性，提高对安全事件的反应处理能力。

2) 技术体系

技术体系的核心是构建一个主动、深层、立体防御的安全技术保障平台。通过综合采用世界领先的技术和产品，加强对风险的控制和管理，将保护对象分成网络基础设施、网络边界、终端计算环境以及支撑性基础设施等防御领域，形成预警、保护、检测、响应、恢复等安全环节，为用户提供全方位、多层次的保护。

3) 组织体系

组织体系主要包括安全组织和管理制度建设、安全管理人员的培训教育等。

据统计，大多数企业没有专职的安全团队，安全的职责很多时候由运维兼任。这导致他们无法第一时间发现安全隐患，也缺乏相应的技术能力来判断事件的严重性，难以进行及时且有效的决策。

而目前很多大型互联网公司都喜欢在开源框架的基础上根据业务情况研发自己的框架，自己定义安全模型。像阿里巴巴有一套通用的 WebX 框架(如图 8-6 所示)就是基于 Spring 的基础上进行了很多改进。

总结而言，在网络安全体系的建设中应做到：

(1) 合理设计网络体系结构，使用物理隔离装置将重要的系统与常规网络隔离。

(2) 合理配置防火墙。

(3) 完善制度管理，加强安全培训，提升员工的安全意识和知识水平。

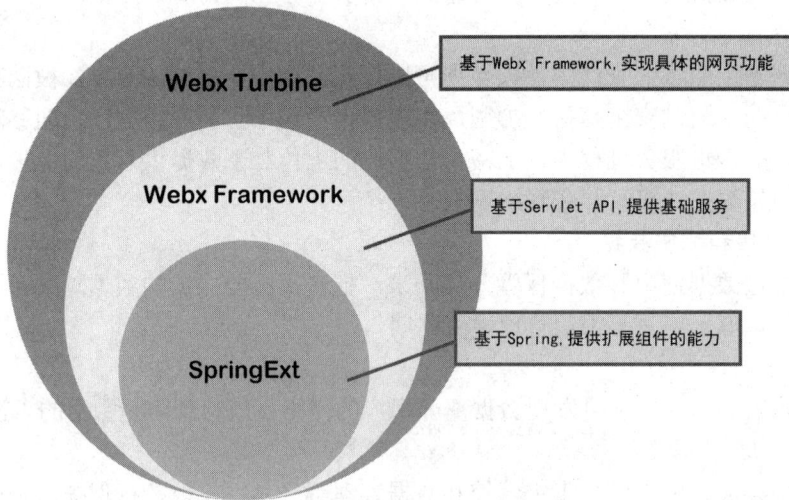

图 8-6　WebX 框架层析结构示意图

8.4.3　互联网金融信用风险的防范对策

信用风险的防范策略在国外的发展时间较长且比较成熟，对于我国的互联网金融企业具有很大的借鉴价值。通过比对国内外对个人信用风险的防范措施，并结合国外经验，我国互联网金融信用风险的防范对策可以总结为以下几点。

1. 完善信用评价体系

信用风险在互联网金融领域的集中爆发地就是 P2P 网络借贷平台。在 P2P 网络借贷平台上，借款人和出借人通常相互之间并不了解，良好的信用等级评价是出借人选择合适的借款人的重要参考。

在中国，由中国人民银行组织商业银行建立的"个人信用信息基础数据库"记录了全国的个人信用信息，是我国社会信用体系建设的基础，也是各大银行发放贷款的重要参考。

理论上，个人征信系统的架构如图 8-7 所示，信息在投资者、商业银行、人民银行、其他社会机构、征信机构与互联网金融公司之间传递，并最终在信贷征信数据中心集聚，经过身份认证中心的认证之后，征信数据可供行业所有参与者公开查询。但是，中国人民银行的征信系统对网络借贷平台并没有开放，各网贷平台只能根据借款者个人提供的数据自行做出信用等级划分。很多平台上的借款者的真正身份信息无法核实，获取的信息十分有限，使个人信用风险发生的可能性大大增加，因而实现央行征信系统与网络贷款平台的对接是具有重要意义的。

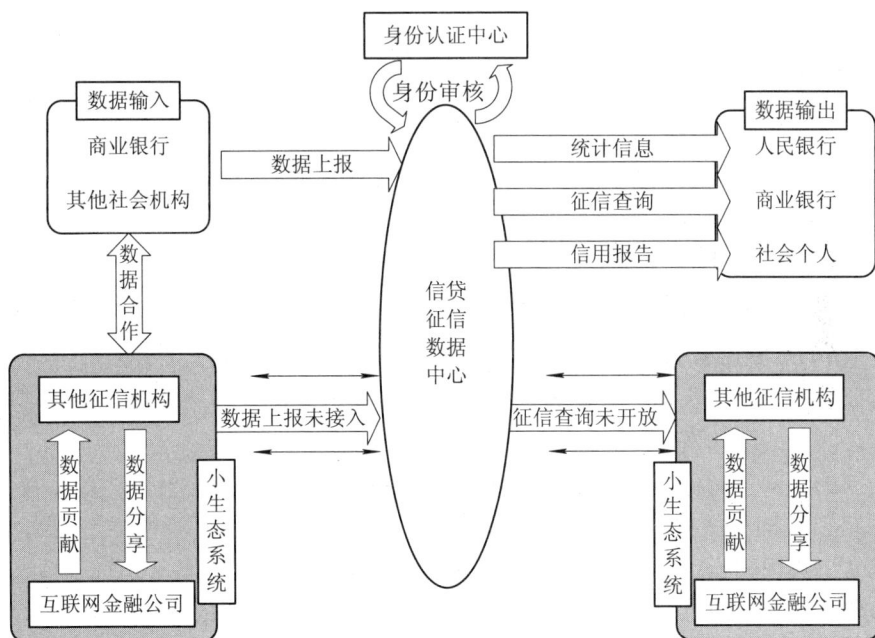

图 8-7　个人征信系统生态图

在国外，如 Zopa、Prosper 等网贷平台的个人信用评价都是由第三方机构完成。较为完善的信用评价体系也是发展较快的原因之一。

◆ 经典案例 ◆

Zopa(Zone of Possible Agreement)成立于 2005 年 3 月，全称为英国 Zopa 网上互助借贷公司，是互联网上第一家 P2P。Zopa 有 50 万会员，相互间出借了 1.35 亿英镑，利率完全由会员自主商定。Zopa 向借款人收取 100 镑的手续费，向出借人收取出借总金额 1% 的服务费。

Zopa 委托专业的信用等级评定机构 Equifax 对借款者的信用等级进行评价，根据不同的信用等级(A+、A、B 和 C)及借款期限共同决定借款利率水平。

而 Prosper 的借款人信用等级划分则是参考 FICO 提供的信用分数和借款者个人提交的信息。此外，Prosper 还要求借款者的亲戚朋友对借款者进行评价，以证明其能按期还款。信用评价体系的完善能有效降低个人信用风险发生的可能性。

2．建立多样化的风险分散机制

"风险分散"的理念在投资行为当中是贯穿始终的，在互联网金融当中，信用风险的分散也是一个必不可少的手段。诸如 Zopa 和 Kiva 等网站都提供了不同的、多样化的风险分散机制。

建立风险分散机制的优点有三个方面：一是贷款对象分散化，贷款不要过度集中在某一行业、某一企业或某一客户；二是贷款多样化，对贷款的种类、期限、形式等进行合理配置，实现多样化，将风险分散；三是资产多元化，拓展业务领域。

◆ 经典案例 ◆

Zopa 的风险分散是通过强制借款人按月还款来实现的。Zopa 借贷平台上的借款不仅按信用等级和期限的不同设定不同的利率水平，借款者还需按月偿还本金和利息，以降低个人逾期贷款的发生。

而 Kiva 平台则推出"批量出借人+小额贷款"的模式。即每一笔借款的出借人并非只有一人，而是由多人组成，每位出借人只需提供 25 美元，当借款人所需的资金募集齐之后，再由网站交由当地的小额金融机构，由他们代为负责贷款的支付与管理。在这种批量出借人的模式下，如果借款者发生逾期还款时，每位投资者的损失相对来说也是较小的。

3．严格的金融监管

金融监管是对平台信用风险防范的重要举措，合理的监管措施能够在一定程度上降低试错成本，防止危险的发生。

如美国的《消费者信用保护法》、《诚实借贷法》等法规将网络借贷纳入民间借贷的范畴，对网络借贷的相关内容进行了明确的规定，在谨慎宽松的环境中促进网络借贷的发展。而成立于英国的 Zopa 网站虽然没有专门的金融机构对其进行审批管理，但其通过在信息委员会注册来实现其身份的合法化，同时作为英国反欺诈协会的会员接受反欺诈协会的监督管理，这对于平台信用风险的发生起到了一定的防范作用。

我国 P2P 网络贷款行业由银监会监管，但法律法规并没有完善，因而需要及时出台网络借贷的相关法律法规，分清监管职责，加强督管力度，以防范平台信用风险的发生。

4．风险度量模型的应用

目前，国际上运用较多的风险度量模型有 KMV 公司的 KMV 模型、JP 摩根的风险信用度量术模型(Creditmetrics Model)、麦肯锡公司的公关模拟模型(Credit Portfolio View)和瑞士信贷银行的信用风险附加法模型(Creditrisk+)等。将这些模型进行适当的改进并运用大数据开发新的信用风险管理模型，对于加强我国的互联网金融信用风险的管理具有重大意义。

风险度量模型中最常见、应用最广泛的有 KMV 模型和 FICO 评分系统。

1) KMV 模型

KMV 模型是信用监控模型(Credit Monitor Model)，是 1997 年美国旧金山市 KMV 公司建立的用来估计借款企业违约概率的方法。该模型认为，贷款的信用风险是在既定负债的情况下由债务人的资产市场价值决定的，但资产的市场价值不能直接观测到，因此该模型将问题转换角度，从借款企业所有者的角度考虑贷款归还的问题。它假设当公司资产低于某个水平时，违约就会发生，在这个水平的公司的资产价值被定义为违约点 DP(Default Point)。在债务到期日，如果公司资产的市场价值高于公司债务值(违约点)，则公司股权价值为公司资产市场价值与债务值之间的差额；如果此时公司资产的市场价值低于公司债务值，则公司变卖所有资产用以偿还债务，股权价值变为零。

KMV 模型最适用于上市公司，根据其股票市场公开价的数据和信息来确定公司权益价值，再据此确定公司资产价值，进而评估其违约率。该模型是对传统信用风险度量方法的一次重要革命。

2) FICO 评分系统

美国作为信用卡的发源地，也是个人信用评估体系最发达的国家之一，美国的个人信用评分系统主要是 Fair Isaac Company 推出的，FICO 评分系统也因此得名。FICO 评分系统推出的个人信用评级法已经得到社会广泛接受。

FICO 评分系统所关注的主要因素有五类，分别是客户的信用偿还历史、信用账户数、使用信用的年限、正在使用的信用类型、新开立的信用账户。FICO 评分系统得出的信用分数范围在 300~850 分之间。分数越高，说明客户的信用风险越小。但是分数本身并不能说明一个客户是好还是坏，贷款方通常会将分数作为参考来进行贷款决策。每个贷款方都会有自己的贷款策略和标准，并且每种产品都会有自己的风险水平，从而决定了可以接受的信用分数水平。一般来说，如果借款人的信用评分达到 680 分以上，贷款方就会认为借款人的信用卓著，可以毫不迟疑地同意发放贷款；如果借款人的信用评分低于 620 分，贷款方或要求借款人增加担保，或干脆寻找各种理由拒绝贷款；如果借款人的信用评分介于 620~680 分之间，贷款方就要作进一步的调查核实，采用其他的信用分析工具作个案处理。

8.4.4　互联网金融法律风险的防范对策

互联网金融的法律风险是互联网金融发展过程中必然会面对的问题，尤其是互联网金融在我国发展的时间不长且发展较快的情况下，面临的法律风险就更为突出。互联网金融领域的法律风险需要从以下方面逐一进行法律风险的防范与控制。

1. 完善互联网金融相关的法律体系

一方面，应完善互联网金融法律法规中关于行为方面的法律制度。由于互联网金融与传统金融存在较大的差异，传统金融的法律体系对互联网金融有明显不适用之处，尤其是在监管理念上差异显著。因此，通过对互联网金融的法律法规进行完善，加强有关业务的行为规范，对促进互联网金融的健康发展有着至关重要的作用。

另一方面，应完善互联网金融的准入制度和监管规范。目前互联网金融的发展呈现出"无准入标准""无行业标准"的状态，这不仅不利于保护投资者，更不利于互联网金融行业的发展。因此，有必要严格规定经营者的准入标准和条件，并完善相关的监管规范，防控互联网金融的法律风险。

2. 规范互联网金融企业的内控系统

互联网金融企业防范法律风险的关键是规范企业本身的内控系统。而内控系统的建设主要分三个方面。

1) 设立专门的风险控制部门

风控技术是互联网金融企业生存的防火墙，也是推动互联网金融企业成长的关键。相对于互联网金融的创新，风险的发现时间往往滞后，因此，互联网金融企业应该设立专门的风险控制部门，利用大数据挖掘技术或借助第三方咨询服务等，建立风险评价系统，健全风险预警机制，实行实时监控和风险识别。

2) 规范新产品的设计

互联网金融产品是风险和收益的综合体，互联网交易的隐蔽性与匿名性增加了产品的风险性。因此，在设计新产品时，互联网金融企业除了要考虑产品的收益率，更要考虑资金流动的安全性，谨慎选择投资方向，在产品的收益和风险中找到平衡点，从源头上防范风险。

3) 建立和完善风险准备金提取制度

根据互联网金融企业的规模大小、产品性质、风险承受能力等情况，制定合适的风险准备金数额或风险准备金率，以此抵御流动性风险。例如，红岭创投于 2014 年 3 月正式启动风险准备金计划，初始准备金为 6000 万元，每月风险准备金数据都会在红岭创投网站公布，如图 8-8 所示。

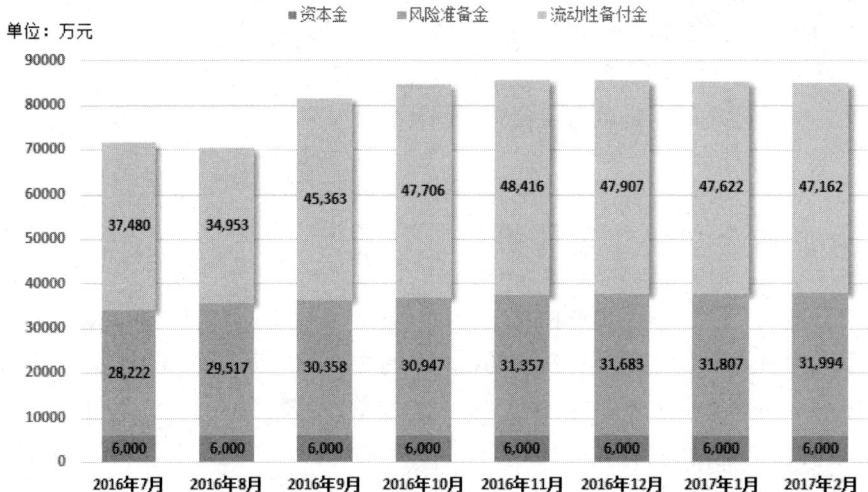

图 8-8　红岭创投风险准备金趋势图

数据来源：红岭创投官网

3．完善和健全互联网金融的资金第三方存管制度

为解决大量投资者资金沉淀在缺乏监管的平台账户上的问题，降低资金被挪用甚至卷款跑路的道德风险，需要建立实质意义上的互联网金融资金第三方存管制度。《关于促进互联网金融健康发展的指导意见》(银发【2015】211 号)第十四条提出：互联网金融应该实行客户资金第三方存管制度，对客户资金进行管理和监督，实现客户资金与从业机构自身资金分账管理，客户资金存管账户应接受审计并向客户公开审计结果。

4．构建互联网金融信息查询系统

为了减少互联网金融参与者的风险，也为了推进互联网金融行业的持续发展，有必要建立互联网金融行业的信息共享机制，对有关参与主体的经营情况、财务信息、信用状况、风险控制能力等资料在一定层面上予以公开分享，同时，搭建有效的面向互联网领域的征信平台，鼓励并支持相关信用机构对互联网金融领域开放，加强对相关信用产品和服务的创新与研发。目前，互联网金融企业需要加强自身与电商平台、第三方支付机构、有关互联网金融交易平台的对接工作，共享有关的信用信息，共同构建互联网金融信用信息平台。

5．加强对互联网金融消费者权益的保护

强制性信息披露机制和消费者保护机制是监管当局强化互联网金融监管最为急迫的任务之一。消费者信息保护对于消费者权益的保护具有重大意义，这不仅需要监管部门加强互联网金融风险法制体系建设，更需要加强执法操作，切实保护消费者的利益。

加强互联网金融风险法制体系建设包括：加大立法力度、完善现行法规、制定网络公平交易规则；加紧计算机犯罪、电子商务的安全性和电子交易的合法性的立法；明确电子凭证和数字签名的有效性，对各交易主体的权利义务进行明确的解析；对现行的不适合互联网金融的法律法规进行完善，适时地加大量刑力度；对交易主体的责任、保护消费者个人信息、保持电子交易凭证、识别数字签名等做出详细的规定，保证能够有序开展互联网金融业务。

关于互联网金融每个领域的相关法律法规会在本书的最后一章进行详细介绍。

8.4.5 互联网金融系统性风险的防范对策

2008 年金融危机爆发之后，我国提出了宏观审慎监管理念，各国对于系统性风险的识别和评估方法的探讨也逐渐深入。对于系统性风险的评估不仅基于资产负债表的数据，而且针对债券市场和股票市场上高频和时效性较强的数据，开发了一系列度量模型(如图8-9 所示)，度量系统性风险的视角逐渐放开，更多地考虑金融体系内部关联性和传染性度量。

系统性风险的防范总体来说就是要做到事前预防系统崩溃的发生，主要是通过风险监控、风险发生时尽量减轻其产生的不良影响与传播速度以及对系统崩溃的后果进行防范。

虽然我国暂时还没有爆发大规模的互联网金融系统性风险，但有学者认为我国互联网金融领域的系统性风险酝酿已久，存在的风险点不可忽视。应对我国互联网金融系统性风险的对策如下。

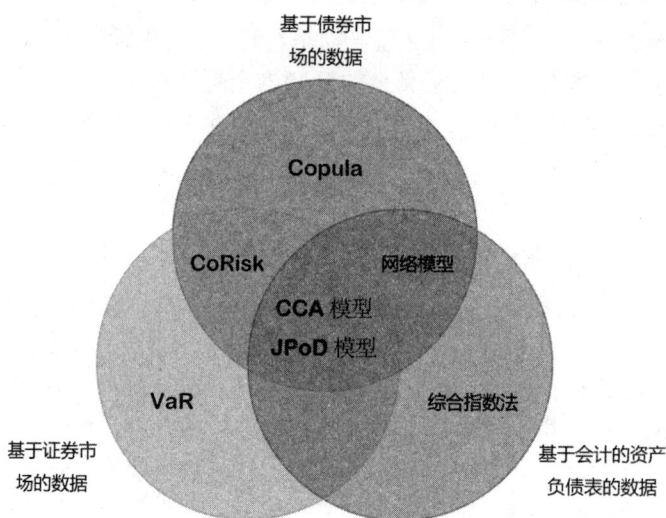

图 8-9　系统性风险的度量模型

1. 健全法律法规和制度

解决监管方面出现的问题的大前提是有法可依。相关的具体措施在前面已经进行了较为详细的阐述。要防范互联网金融系统性风险，必须以法律的形式对互联网金融进行定义，明确其发展方向和准入门槛，并约定各个参与主体的权利义务，防止出现扯皮现象。需要完善基础的立法，对涉及互联网金融监管的刑法、商业银行法和公司法等法律进行修改，加入互联网金融监管的明确规定。同时，应该制定互联网金融专门法律，对目前互联网金融主要表现形式的 P2P 网贷平台、第三方支付机构、股权众筹平台等的运作进行明确规定，使这些企业在完善的法律环境下发展。最终形成一套成熟的法律体系，加快制定互联网金融的国家标准，实现全行业的有序发展。

2. 从微观监管转变为宏观监管

互联网金融系统性风险具有明显的宏观性与传染性，传统的分业式以及分段式的监管模式过于关注金融体系的各个节点不具有系统性，应逐步转变为符合互联网金融经营模式的配套监管方式。宏观的监管采取自上而下的方式，重视从整体上把握风险，在监管互联网金融系统性风险上显然更加科学有效。政府相关部门应转变监管理念，通过宏观监管实时分析我国互联网金融领域可能出现的风险，及时采取有效应对措施防止风险的传染与蔓延。同时，也应该加强对重要平台、重要领域、重要企业的微观监管，防止具有重要影响的互联网金融企业出现风险事件而引发全行业的系统性风险。针对互联网金融线上、线下同步发展的态势，在对其进行监管时，必须考虑到线上、线下两个领域，区分不同的监管重点，实现有效监管。

3. 培养个人投资者良好的风险意识

对于投资人来说，自我保护意识应随着行业的发展而得到同步提高。在互联网金融飞速发展的时代，随着理财产品多样化和投资趋向去门槛化，投资人更应根据自身对风险的承受能力进行理性的财富管理。为规范由于监管缺位导致的网贷行业野蛮发展的现状，促进行业健康发展，更好地满足小微企业和个人投融资需求，监管部门于 2015 年研究起草的《网络借贷信息中介机构业务活动管理暂行办法(征求意见稿)》第十条第三款明确指出，"禁止向出借人提供担保或者承诺保本保息"；在第三条中更是直言投资人需遵循"责任自负，风险自担"的原则。

本 章 小 结

通过本章的学习，读者应当了解：

(1) 互联网金融风险的特点是：扩散速度快；交叉传染的可能性增加，监管难度高。

(2) 网络安全风险主要是指未经授权的访问导致的风险，包括被黑客攻击的风险、内部人员非法侵入的风险、数据的安全隐患以及使用病毒蓄意破坏的风险，例如蠕虫、木马等病毒的入侵破坏、拒绝服务、端口扫描、攻击、篡改网页等。

(3) 平台信用风险来自平台对出借者的违约。网络借贷平台对借款提供担保，将借款以债权转让的方式出让给投资人，并承诺一定的收益率，这就形成了一种契约关系。如果平台无法履行承诺，导致投资人的利益受损，就形成了网络平台对出借人的违约，这就是网络平台的信用风险。

(4) 风险管理的主要工具共有七种：风险承担、风险规避、风险转移、风险控制、风险对冲、风险补偿、风险转换。

(5) 互联网金融法律风险的防范对策有：完善互联网金融相关的法律体系；规范互联网金融企业的内控系统；完善和健全互联网金融的资金第三方存管制度；构建互联网金融信息查询系统；加强对互联网金融消费者权益的保护。

(6) KMV 模型是信用监控模型(Credit Monitor Model)，是 1997 年美国旧金山市 KMV 公司建立的用来估计借款企业违约概率的方法。

本 章 练 习

1. 简答题

(1) 什么是金融风险？互联网金融风险的特点是什么？

(2) 操作性风险的定义是什么？互联网金融操作风险的来源和主要形式是什么？

(3) 简述互联网金融系统性风险的防范对策。

2. 案例分析

随着网络技术和移动通信技术的普及，近年来我国互联网金融发展迅猛，新型机构不断涌现，市场规模持续扩大。互联网金融像是一把双刃剑，在给生活带来无可比拟的便捷与利益的同时，也带来了很多不能忽视的安全问题。

案例 1：支付宝转账信息被谷歌抓取。

2013 年 3 月 27 日，有网友在微博上曝出，使用谷歌搜索输入"site:shenghuo.alipay 转账付款"，即可以看到支付宝的各种转账信息，包括付款账户、收款账户、姓名、日期等。这一事件立即引发"隐私泄露"恐慌。

支付宝表示：不排除有极少量用户将自己的支付结果页面分享到公共区域，造成某些搜索引擎可抓取。支付宝已经主动将用户支付结果页面做部分信息隐藏，进一步帮助用户保护个人隐私信息。但对这一解释，不少用户表示仍然心存疑虑。

案例2：网贷之家遭遇黑客攻击。

2014 年 3 月，国内最大、最具影响力的 P2P 网络借贷行业门户网站网贷之家发布公告：自 2014 年 3 月 16 日起，网贷之家官网持续多日受到黑客的严重恶意攻击，持续 10 分钟的 30G 流量攻击，同时数万 IP 的 CC 攻击，短短几小时内 6 亿次的连续攻击。随后，有一位自称是黑客的网友找到网贷之家负责人，称有人花 6 位数的重金聘请其发起此次攻击，且宣称如未能达到预期效果，攻击还将继续进行。

有业内人士表示，以 P2P 为代表的互联网金融行业受到资本市场的关注，是引起黑客注意的原因之一。此外，由于 P2P 网贷行业的类金融属性，做的是"钱生钱"的生意，所以从一诞生就被黑客惦记上了。

从上述两个案例便可看出目前我国互联网金融存在着很大的安全问题和隐患。

问题：请结合案例简要分析我国互联网金融面临的风险类型与防范措施。

本章能力拓展

(1) 上网查找了解我国互联网金融风险的分类现状和应对政策。以小组为单位整理资料，制作演示文档汇报，选取一种类型的风险，结合案例分析其防范措施。

(2) 上网搜索相关案例，举例说明互联网金融操作性风险的来源，并简要说明操作性风险的防范对策。

第9章 互联网金融监管与法律法规

本章目标

- 掌握互联网金融的监督监管现状
- 了解互联网金融监督产生的背景
- 了解互联网金融监督的发展历程
- 掌握互联网金融的法律法规
- 了解欧美国家互联网金融相关法律法规

重点难点

重点：

1. 互联网金融监管的基本概念
2. 《关于促进互联网金融健康发展的指导意见》的三大部分
3. 网络借贷相关法律法规
4. 互联网基金销售的相关法律法规
5. 供应链金融相关法律法规
6. 美国 P2P 网络借贷相关法律法规

难点：

1. 网络借贷相关法律法规
2. 互联网基金销售的相关法律法规
3. 供应链金融相关法律法规
4. 美国 P2P 网络借贷相关法律法规

案(例)(导)(入)

　　伴随着"互联网+"时代的到来，传统行业与电子商务愈发紧密结合，互联网金融逐步走入人们的视野，P2P 网贷公司以其无需抵押、放贷快等特点迅速扩张。2017 年 7 月，网贷之家全国 P2P 网贷大数据表明：2017 年上半年全国 P2P 网贷平台成交量 3679.63 亿元，环比增长 4.65%，同比增长 65.39%，创出历史新高。随之而来的问题也逐步显露，有媒体披露，截至 2017 年上半年，全国累计已有 119 家 P2P 平台"跑路"，涉及资金共计 21 亿元左右。

　　目前，我国的互联网金融平台缺少有效的监督机制，相关法律不健全，平台自律性参差不齐，为投资者维权、公安机关破案带来了极大的难度。

　　2013 年 5 月 8 日，百度联合司法部共同发布"网民权益保障计划"，将涉嫌违规及有欺诈记录的企业下线，筛选 P2P 行业的合规企业。百度承诺网民，如在百度加 V 搜索结果中遭遇金融理财诈骗，百度将为受损网民提供赔偿。百度公司此举意在最大限度地降低网民遭受网络金融欺诈的风险，为网民使用百度搜索推广结果提供信息真实性、交易公平性的"双重保障"。这是国内首家对互联网金融实施先行保障的公司。"网民权益保障计划"对于缺乏监管的互联网金融行业来说具有积极的引导作用，是互联网金融监督领域重要的里程碑。

9.1　中国互联网金融的监管

　　中国人民银行、工业和信息化部、公安部、财政部、国家工商总局、国务院法制办、中国银行业监督管理委员会、中国证券监督管理委员会、中国保险监督管理委员会、国家互联网信息办公室于 2015 年 7 月 18 日联合印发的《关于促进互联网金融健康发展的指导意见》(银发〔2015〕221 号，以下简称《指导意见》)，对互联网金融的发展给予了肯定，也为其监管明确了指导方向。《指导意见》的发布也意味着互联网金融的监管正式步入了轨道。

　　随后，国务院办公厅于 2016 年 10 月 13 日印发《互联网金融风险专项整治工作实施方案》(下称《方案》)，按照中央有关部署，要求有关部门配合开展互联网金融专项整治，推动对民间融资借贷活动的规范和监管，最大限度地减少其对社会稳定的影响。

9.1.1　中国互联网金融的监管现状

　　从 2014 年到 2017 年，互联网金融连续四年被写入政府工作报告，由"促进健康发展"到"规范发展"，再到"高度警惕"风险，反映了监管态度从鼓励促进转变成规范和防范风险，代表着监管政策逐步落地、行业逐渐步入正轨。

　　对于迅速发展的中国互联网金融行业来说，监管已经成为这个新兴行业的重中之重。政府出台必要的政策措施，对于鼓励互联网金融的创新和发展、营造良好的政策环境、规范从业机构的经营活动及维护金融市场秩序具有重大意义。

　　2015 年出台的《指导意见》，标志着党中央、国务院对互联网金融行业健康发展的重视，也为互联网金融行业完善监管的政策措施提出了明确的要求。为贯彻落实党中央、国务院决策部署，鼓励和保护真正有价值的互联网金融创新，整治违法违规行为，切实防范风险，建立监管长效机制，促进互联网金融规范有序发展，2016 年制定了《方案》，其工作目标就是落实《指导意见》的要求。

2017 年 5 月，中国人民银行成立金融科技(FinTech)委员会，称今后将强化监管科技(RegTech)应用实践，积极利用大数据、人工智能、云计算等技术丰富金融监管手段，提升跨行业、跨市场交叉性金融风险的甄别、防范和化解能力。2017 年 6 月 5 日，国家互联网金融安全技术专家委员会(以下简称"国家互金专委会")正式启动"全国互联网金融阳光计划"。国家互金专委会依托于国家互联网金融风险分析技术平台(以下简称"技术平台")，从技术层面对互联网金融企业的透明性进行了长期跟踪与巡查。互联网金融数据统计监测体系的建立，是对互联网金融进行有力监管的基础，结合来自中国互联网金融协会的互联网金融登记披露服务平台，两者相辅相成，以达到更好地促进互联网金融企业透明化运营的目的。

网贷之家数据显示(见图 9-1)，从 2012 到 2015 年网贷平台成倍增长，而 2015 年《指导意见》出台后，互联网金融进入监管年，网贷平台数量明显下降。根据中国互联网金融协会的统计数据和调查研究，当前中国互联网金融的监管现状呈现出以下几个方面的特点：

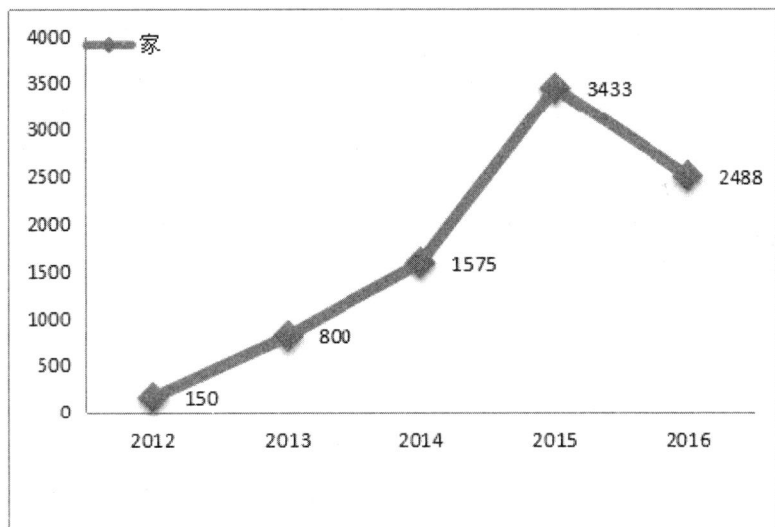

图 9-1　2012—2016 年 P2P 网贷行业运营平台数量

数据来源：网贷之家

(1) 从无监管规则的无序状态到有体系、有制度约束、存在有效监管的转换。在 2015 年 7 月 18 日之前，中国并没有专门针对互联网金融发展的法规，而随着《指导意见》的出台与风险专项整治工作的深入开展，互联网金融的整体风险水平在下降，互联网金融风险案件的发生频率得到了初步遏制，行业监管规则更加明确，行业发展环境不断净化。

(2) 监管日益分类和细化。具体来说，我国互联网金融平台的产品和服务范围有信贷类资产、综合理财、消费金融、融资租赁、供应链金融、股票配资等，平台业务模式加速分化，因此，相对应的监管模式也随着行业的创新而不断对应和细化。例如，《关于审理民间借贷案件若干问题的指导意见》、《关于小额贷款公司试点的指导意见》、《场外证券业务备案管理办法》、《规范互联网信息服务市场秩序若干规定》、《中华人民共和国电子签名法》等法律法规的落地，可看出政策监管方面越来越细化的趋势。

随着监管主体的到位、监管政策的逐步完善，以及互联网金融风险专项治理的不断深入，我国互联网金融行业将会进一步朝着健康稳定、竞争有序的规范化方向发展。监管部门目前面临的主要挑战就是在鼓励创新和规范管理之间寻求平衡，既要给予广阔的发展空间，又要根据金融发展的变化不断填补管理的空白，以保障整个行业的健康稳步发展。

当然，目前也存在监管没有覆盖到的地方。因互联网金融的业务涉及面较广，行业创新能力强，加之法律法规制定的延后性，使得这个领域的监管覆盖面不能及时达到业务创新的涉及范围，使一些企业的业务游走于监管的空白之地。

◆ 经典案例 ◆

2014 年 4 月 8 日，深圳一家较大型 P2P 网贷平台旺旺贷突然关闭，卷款 6000 万跑路，极为引人注目。有投资者表示，在投资前曾经查询过该公司资质，发现该平台具有真实有效的 ICP 备案、组织机构代码、税务登记证等资质，包括深圳工商局颁发的营业执照等，因此很多投资者认为该公司是一家具有一定规模的正规投资公司，所以将资金投入。

"工商牌照齐全，一时离奇消失"？然而事实并非如此。事发后经调查发现，旺旺贷公司与其担保方深圳纳百川的注册地址并不存在，是深圳市场监管局登记注册的非融资性担保公司，工商注册资本达到 1000 万。非融资性担保公司不能开展融资担保业务，但在旺旺贷网站却注明由其母公司纳百川提供本息担保。这一明显违规的行为因为其处于互联网上，与传统以地域划分的工商管理无法对接，导致逃脱了官方监管。

由此可见，如果相关监管方式缺失，投资者仅凭个人判断力，网贷平台仅靠自律，是无法保证投资者的合法权益的。

9.1.2 《关于促进互联网金融健康发展的指导意见》

2015 年 7 月 18 日对外发布的《关于促进互联网金融健康发展的指导意见》是由央行牵头会同有关部委起草、制定的互联网金融行业的"基本法"。

指导意见解析

规范发展互联网金融是国家加快实施创新驱动发展战略、促进经济结构转型升级的重要举措，对于提高我国金融服务的普惠性，促进大众创业、万众创新具有重要意义。本节将详细介绍《指导意见》的内容，并深入分析其中每一条规定的内涵。

《指导意见》按照"鼓励创新、防范风险、趋利避害、健康发展"的总体要求，提出了一系列鼓励创新、支持互联网金融稳步发展的政策措施，积极鼓励互联网金融平台、产品和服务创新，鼓励从业机构相互合作，拓宽从业机构融资渠道，坚持简政放权和落实、完善财税政策，推动信用基础设施建设和配套服务体系建设。

《指导意见》按照"依法监管、适度监管、分类监管、协同监管、创新监管"的原则，确立了互联网支付、网络借贷、股权众筹融资、互联网基金销售、互联网保险、互联网信托和互联网消费金融等互联网金融主要业态的监管职责分工，落实了监管责任，明确

了业务边界。

《指导意见》主要分为三大部分：第一部分肯定了互联网金融这一新兴的产业并表明支持态度；第二部分明确了互联网金融业态应该遵循的法律法规以及相应的监管部门；第三部分从宏观管理、行业管理、企业建设方面提出管理框架的规则。具体内容详述如下。

1. 鼓励创新，支持互联网金融稳步发展

《指导意见》第一部分明确了互联网金融的金融定位，对互联网金融的积极作用给予明确的肯定，并以非常明确的鼓励、支持态度，对互联网金融(互联网+金融)的创新融合、合作给予了多方面的具体支持，包括对互联网金融的融资支持(产业投资及上市融资)、管理支持、财税支持、信用基础建设支持、相关行业支持等。从表态和支持的方式来看，可谓不遗余力，寄托了对建立完善、良好金融生态环境和产业链的要求，并进而对互联网金融支持小微企业创业、创新、就业寄予厚望。

从第一部分反映的政策信息看，监管层延续了对互联网金融的支持态度，并对新生的互联网金融业态给予了宽松监管的明确态度，并呼吁相关管理部门、相关行业协同支持互联网金融机构。第一部分主要对以下几个方面提出了具体要求。

(1) 互联网金融企业需要努力创新，谋求更大发展。《指导意见》第一条与第二条指出："积极鼓励互联网金融平台、产品和服务创新，激发市场活力"，并且"鼓励从业机构相互合作，实现优势互补。支持各类金融机构与互联网企业开展合作，建立良好的互联网金融生态环境和产业链"。具体内容解读如下：

➢ 明确互联网金融的定位、肯定互联网金融的积极作用。互联网金融对现有金融业态产品、业务、组织和服务产生了深刻影响，客观上弥补了传统金融覆盖领域的不足，提高了金融服务质量和效率，促进了多层次金融体系的构建，肯定了互联网金融的积极作用。互联网金融通过弥补现有金融对小微企业覆盖面不足的情况，促进小微企业发展，并进一步在政府大力倡导的创新、就业、发展中发挥金融支持作用。

➢ 积极鼓励"互联网+"银行、证券、保险、基金、信托和消费金融等创新融合。建设创新型互联网平台，开展网络银行、网络证券、网络保险、网络基金销售、网络消费金融等业务；支持互联网企业实现"电子商务+金融"。

➢ 鼓励、支持各类金融机构与互联网企业开展合作，建立良好的互联网金融生态环境和产业链。支持鼓励传统金融机构为第三方支付机构和网络贷款平台等提供资金存管、支付清算等配套服务；支持"小微金融服务机构+互联网企业开展业务合作，实现商业模式创新；支持证券、基金、信托、消费金融、期货机构、保险+互联网企业开展合作，拓宽金融产品销售渠道，创新财富管理模式，提升互联网金融企业的风险抵御能力。

(2) 国家将对互联网金融的发展给予四个方面的支持——"拓宽从业机构融资渠道，改善融资环境；坚持简政放权，提供优质服务；落实和完善有关财税政策；推动信用基础设施建设，培育互联网金融配套服务体系。"具体内容解读如下：

➢ 支持互联网金融企业融资。《指导意见》指出要"支持互联网金融产业投资基金：推动创业投资机构、深化产业投资基金支持"，并且"支持互联网金融机构上市融资：鼓励符合条件的优质互联网金融机构在主板、创业板等境内资本市场上市融资"。

➢ 给予管理支持，坚持简政放权，提供优质服务。各金融监管部门要积极支持金融机

构开展互联网金融业务。按照规定对符合条件的互联网企业开展相关金融业务实施高效管理。例如，工商行政管理部门要支持互联网企业依法办理工商注册登记；电信主管部门对互联网金融业务涉及的电信业务进行监管；国家互联网信息管理部门负责对金融信息服务、互联网信息内容等业务进行监管等。另外，在简政放权、全力支持的基础上，又要实现有效监管，给予立法配套支持，如积极开展互联网金融立法研究，适时出台相关管理规章，营造有利于互联网金融发展的良好制度环境；加大对从业机构专利、商标等知识产权的保护力度等。

➢ 给予财税政策支持。《指导意见》规定了适用的优惠政策——"互联网金融企业满足中小企业特别是小微企业税收政策条件的，可按规定享受税收优惠政策"；完善了税收政策——"结合金融业营业税改征增值税改革，统筹完善互联网金融税收政策"；落实了税收扣除政策——"落实互联网金融机构新技术、新产品研发费用税前加计扣除政策"。

➢ 提供信用基础建设支持。推动信用基础设施建设，培育互联网金融配套服务体系。从多个方面加强互联网金融信用基础设施建设，如支持大数据存储、网络与信息安全维护等技术领域基础设施建设；鼓励从业机构依法建立信用信息共享平台；推动符合条件的相关从业机构接入金融信用信息基础数据库；允许有条件的从业机构依法申请征信业务许可；支持具备资质的信用中介组织开展互联网企业信用评级，增强市场信息透明度。

➢ 给予相关行业支持。鼓励会计、审计、法律、咨询等中介服务机构为互联网企业提供相关专业服务。

2．分类指导，明确互联网金融监管责任

《指导意见》第二部分指出："互联网金融本质仍属于金融，没有改变金融风险隐蔽性、传染性、广泛性和突发性的特点。加强互联网金融监管，是促进互联网金融健康发展的内在要求……互联网金融监管应遵循'依法监管、适度监管、分类监管、协同监管、创新监管'的原则……"《指导意见》的发布结束了互联网金融"野蛮发展"的阶段，不同类型的互联网金融机构，分别由中国人民银行、银监会、证监会、保监会等监管，详见表9-1所示。

表9-1 互联网金融应遵守的规定及监管部门

互联网金融业务	需遵守的规定内容(出自《指导意见》)	监管部门
互联网支付	银行业金融机构和第三方支付机构从事互联网支付，应遵守现行法律法规和监管规定。 第三方支付机构与其他机构开展合作的，应清晰界定各方的权利与义务关系，建立有效的风险隔离机制和客户权益保障机制	中国人民银行
网络借贷	在个体网络借贷平台上发生的直接借贷行为属于民间借贷范畴，受合同法、民法通则等法律法规以及最高人民法院相关司法解释规范。 个体网络借贷机构要明确信息中介性质，主要为借贷双方的直接借贷提供信息服务，不得提供增信服务，不得非法集资。 网络小额贷款应遵守现有小额贷款公司监管规定	银监会
股权众筹	股权众筹融资方应为小微企业，应通过股权众筹融资中介机构向投资人如实披露企业的商业模式、经营管理、财务、资金使用等关键信息，不得误导或欺诈投资者	证监会

互联网金融业务	需遵守的规定内容(出自《指导意见》)	监管部门
互联网基金销售	第三方支付机构在开展基金互联网销售支付服务过程中，应当遵守人民银行、证监会关于客户备付金及基金销售结算资金的相关监管要求。 第三方支付机构的客户备付金只能用于办理客户委托的支付业务，不得用于垫付基金和其他理财产品的资金赎回	证监会
互联网保险	保险公司通过互联网销售保险产品，不得进行不实陈述、片面或夸大宣传过往业绩、违规承诺收益或者承担损失等误导性描述	保监会
互联网信托和互联网消费金融	信托公司、消费金融公司通过互联网开展业务的，要严格遵循监管规定，加强风险管理，确保交易合法合规，并保守客户信息。 信托公司通过互联网进行产品销售及开展其他信托业务的，要遵守合格投资者等监管规定，审慎甄别客户身份和评估客户风险承受能力，不能将产品销售给予风险承受能力不相匹配的客户。 信托公司与消费金融公司要制定完善产品文件签署制度，保证交易过程合法合规，安全规范	银监会

➢ 互联网支付。互联网支付作为互联网金融最早的业态，目前发展较为成熟，《指导意见》进一步明确了互联网支付的定义。互联网支付业务既有支付服务的性质，也有与银行管理类似的金融安全的控制需要；与互联网金融平台和资金支付的隔离一样，互联网支付业务的管理必然也不仅仅是支付企业自身的业务问题，人民银行的监管也是必要的。

➢ 网络借贷。《指导意见》明确了网络借贷的两种分类：个体网络借贷(即 P2P 网络借贷)和网络小额贷款。个体网络借贷属于民间借贷，受合同法、民法通则等法律法规以及最高人民法院相关司法解释规范，性质上属于中介平台。网络小额贷款的性质是小额贷款公司，应遵守现有小额贷款公司监管规定。需要特别说明的是，小额贷款公司提供贷款的方式有所变化，但其性质并未发生变化，借助互联网发放贷款的方式并不能改变小额贷款公司融资方面的限制。

➢ 股权众筹。《指导意见》中明确了股权众筹融资的定义："通过互联网形式进行公开小额股权融资的活动。"这是以明确的形式对股权众筹融资基于法律的定位与支持，是金融管理体系的重大内容调整，这也是股权众筹的创新所在。《指导意见》充分肯定了股权众筹平台的价值，也给行业中不合法的股权众筹形式以一记重击。股权众筹的开放，对于建设多层次资本市场具有里程碑意义。当然，在现有的法律生态环境下，主板、中小板、创业板的管理仍然存在很多不完善的地方和不良现象，股权众筹打开的新市场如何监管需要更多的下文，有待在发展中规制。

➢ 互联网基金销售。对于互联网基金销售的监管，《指导意见》与之前发布的法律法规意见一致，明确要求基金销售机构履行风险提升和信息披露义务。

➢ 互联网保险。《指导意见》指出："保险公司开展互联网保险业务，应遵循安全性、保密性和稳定性原则，加强风险管理，完善内控系统，确保交易安全、信息安全和资金安全。"目前从事保险销售的互联网金融企业大多只有保险经纪或者保险代理的牌照，纯保险公司触网不多，容易出现行业乱象，因此保险公司应建立相应管理制度，建立必要的防火墙。

➢ 互联网信托和互联网消费金融。《指导意见》明确要求信托公司、消费金融公司保护客户信息。

3. 健全制度，规范互联网金融市场秩序

《指导意见》的第三部分有关互联网金融宏观管理的框架建设，要求健全互联网金融管理制度，规范互联网金融市场秩序。市场需要是互联网金融发展的原动力，但政府管理必然是在宏观调控和维护金融稳定的总体目标下规制。综合市场需要、宏观调控、保障消费者权益等因素、细化管理制度、营造互联网金融生态环境，是总框架的内容。

《指导意见》的第三部分主要对以下几个方面提出了具体要求。

(1) 对互联网金融行业加强管理："任何组织和个人开设网站从事互联网金融业务的，除应按规定履行相关金融监管程序外，还应依法向电信主管部门履行网站备案手续，否则不得开展互联网金融业务。"这表明工信部、网信办等也加入监管主体，互联网金融行业的监管更加严密。

(2) 明确客户资金第三方存管制度。《指导意见》指出："从业机构应当选择符合条件的银行业金融机构作为资金存管机构，对客户资金进行管理和监督，实现客户资金与从业机构自身资金分账管理。"第三方存管的规定提高了行业的准入门槛，对于打击自融、非法集资等一些不规范平台具有重大影响，可以有效地隔离挪用资金、避免跑路问题的发生，有利于保障投资者的资金安全。

(3) 加大对投资者、消费者的权益保护。

➢ 建立健全信息披露、风险提示的合格投资者制度。《指导意见》从两方面明确要求从业机构对投资者的权益进行保护；一方面是信息披露："从业机构应当对客户进行充分的信息披露，及时向投资者公布其经营活动和财务状况的相关信息，以便投资者充分了解从业机构运作状况，促使从业机构稳健经营和控制风险。"另一方面是风险提示："从业机构应当向各参与方详细说明交易模式、参与方的权利和义务，并进行充分的风险提示。要研究建立互联网金融的合格投资者制度，提升投资者保护水平。"

➢ 加大消费者权益保护。《指导意见》要求从消费者教育规划、发布维权提示、争议解决机制、细化完善互联网金融个人信息保护原则和操作流程等方面加强对消费者利益的保护。

(4) 互联网金融要加强行业的自身建设。加强行业自身建设主要围绕以下几点：

➢ 加强网络与信息安全建设。信息贩卖、个人信息泄露等非法交易个人信息的现象在互联网金融行业屡见不鲜，亟待治理。为此，《指导意见》要求："从业机构应当切实提升技术安全水平，妥善保管客户资料和交易信息，不得非法买卖、泄露客户个人信息。人民银行、银监会、证监会、保监会、工业和信息化部、公安部、国家互联网信息办公室分别负责对相关从业机构的网络与信息安全保障进行监管，并制定相关监管细则和技术安全标准。"

➢ 反洗钱和防范金融犯罪。由于行业的不透明，目前客户身份的识别、可疑交易的发现、资金流向的追踪和监控都处于盲区，未来行业将加强反洗钱的立法与监管。《指导意见》要求互联网金融从业机构采取有效措施识别客户身份，主动监测并报告可疑交易，并且配合公安机关和司法机关做好取证和执行工作。

➢ 加强互联网金融行业自律。互联网金融行业要充分发挥行业自律机制在规范从业机构市场行为和保护行业合法权益等方面的积极作用。《指导意见》指出: "人民银行会同有关部门, 组建中国互联网金融协会。协会要按业务类型, 制订经营管理规则和行业标准, 推动机构之间的业务交流和信息共享。"

9.2 欧美国家互联网金融的监管

互联网金融在欧美国家的发展已经基本成熟, 这些发达国家和地区不断加强与完善对互联网金融的监管, 通过补充与创新相匹配的法律法规, 使得原有的金融监管规则不断地适应互联网金融迅速发展的需求。各个国家与地区都对互联网金融的发展采取了鼓励创新与审慎监管相结合的态度。接下来详细介绍一下美、英两国对互联网金融的监管情况。

9.2.1 美国互联网金融的监管概况

美国互联网金融发展已有 20 多年的历史, 大致分为三个发展阶段。

第一个阶段是 20 世纪 90 年代的蓬勃发展时期, 随着互联网的产业化, 网络银行、网络证券、网络保险等互联网金融模式在美国率先出现并迅速发展。

第二个阶段是 21 世纪初至次贷危机爆发前的平稳发展期, 美国没有出现新的互联网金融模式, 传统金融机构的信息化和网络化成为主流。

第三个阶段是次贷危机以来的融合发展期, 传统金融依然处于主导地位, 而互联网金融企业也在不断地创新发展, 成为传统金融体系的有益补充。目前, 基于智能终端的新兴支付、脱离于传统金融业务的新型信用业务、虚拟货币等成为重要的发展领域。

美国互联网金融的监管采取一般性的监管原则, 既受一般性监管框架体系约束, 也接受行业自律管理。前者包括全国性监管机构和各类州立的监管机构, 其中全国性监管机构有美联储、美国货币监理署、财政部储蓄机构监管局、联邦存款保险公司、全国信贷联盟协会、联邦金融机构检查委员会等, 各自按业务性质实施功能监管; 后者主要是指一些银行集团、清算协会等自律性机构在行业标准、信息技术等领域实施的监督。整体来说, 美国在互联网金融领域采取的是相对宽松的监管政策, 在其发展过程中还是存在一些风险, 例如信息泄露问题、消费者保护问题、身份识别问题、技术系统失败问题等。

美国对各类互联网金融业务的监管情况大致如下。

1. 对 P2P 网络借贷的监管

2008 年次贷危机爆发后, 美国将 P2P 网络借贷纳入证券业监管, 需要 P2P 网贷公司在 SEC 注册备案, 强调其市场准入和信息披露。2016 年, 美国的 P2P 网贷行业发生了一系列事件, 因而对其监管是一大热点。2016 年 5 月 10 日, 美国财政部发布了 "网络借贷市场的机遇与挑战" 白皮书。政府部门选择此时发布白皮书, 说明了监管层想要帮助行业巩固信任度、规范透明度的决心。参与编写这份报告的机构包括消费者金融保护局(CFPB)、联邦存款保险公司(FDIC)、联邦贸易委员会(FTC)、美国货币监管署(OCC)、美国小企业管理局(SBA)、美国证券交易监督委员会(SEC), 甚至还有美国的央行系统——美联储。这份白皮书中的数据翔实、观点全面，对研究 P2P 网络借贷和互联网金融具有重要的参考价值。

3. 对第三方支付的监管

对于第三方支付平台，美国从联邦和州两个层面进行监管，联邦层面具体由联邦存款保险公司进行监管，各州监管部门则依据本州法律采取不同于联邦的监管措施。美国监管的重点放在交易的过程而非第三方支付主体本身，即所谓的功能性监管。美国将第三方支付视为一种货币性转移的新型方式，本质上是传统货币服务的延伸，因此，美国并没有通过专项立法对第三方支付机构进行监管，而是从货币服务业务的角度进行管理的。2012年，美国通过了《初创期企业推动法案》(*Jumpstart Our Business Startups Act*)即 JOBS 法案对众筹的监管。该法案解除了对众筹的法律限制，正式将众筹融资合法化，大力推动众筹的发展，有效缓解了小微企业的融资困境。随后，美国证券交易委员会于 2013 年 10 月23 日发布了关于众筹融资的指导规则，就众筹企业的年度可投资额、众筹企业的信息披露、众筹融资平台的行为规范等，做出了进一步详细的规定，力求在资本形成与投资者保护之间达成合理的平衡。

与美国相比，互联网金融在中国受到的关注远远超过其在美国受关注的程度。与市场主导型的美国金融体系相比，中国的金融结构呈现出银行主导的特征。

不论在哪个国家，要对互联网金融进行监管，都应该把信息技术监管和金融监管纳为一体，即用互联网的方式监管互联网，使用大数据、云计算等互联网特有的工具，由监管部门进行统合的监管，这样会有事半功倍的效果。美国华尔街使用人工智能、计算机交易的时间很久，计算机代替人工的交易长期以来困扰着美国的监管部门，但后来运用大数据、人工智能等互联网监管模式监管人工智能交易，取得了良好效果，我国应该借鉴这方面的经验。

9.2.2 英国互联网金融的监管概况

英国互联网金融的迅速发展离不开行业自律和相关法律法规的不断完善。早在 2011年 8 月，行业三巨头 Zopa、Rate Setter 和 Funding Circle 就自发成立了 P2P 网贷行业协会(即 P2PFA，Peer-to-Peer Finance Association)，主动要求英国政府监管该机构的运行并且为行业立法。英国 P2P 网贷和众筹行业监管机构与政策情况如表 9-2 所示。

表 9-2 英国 P2P 网贷和众筹行业的监管机构与政策情况

主体地位	英国政府		行业协会
时间	1973～2013	2014.4～至今	2011 年～至今
名称	公平交易监管局(OFT)	金融行为监管局(FCA)	P2P 网贷行业协会(P2PFA)
法律监管	《1974 年消费者信贷法》(*Consumer Credit Act 1974*)	《关于网络众筹和通过其他方式发行不易变现证券的监督规则》	8 项会员准则 10 项运营规则 详细的会员章程
行业相关	金融牌照准入监管	世界上第一部 P2P 行业相关的法律法规	协会会员必须遵守

资料来源：网贷之家

在英国，负责互联网金融业务的监管部门主要有金融行为监管局(FCA)、金融政策委员会(FPC)和审慎监管委员会(PRC)。

1. 金融行为监管局

为了不断完善互联网金融监管体系，英国政府决定自 2014 年起 4 月 1 日起由金融行为监管局接替公平交易监管局(OFT)，从消费者保护的角度对互联网金融理财进行监管。

FCA 对所有在其境内注册的金融服务机构进行严格监管，包括对 P2P 网络借贷等互联网金融行业的监管。为解除市场参与者对互联网金融可靠性的疑虑，相关监管机构对互联网金融进行了详细规定，比如要求互联网贷款平台要制定资金方案或者保险计划，以保护客户资金安全等。此外，FCA 与行业自律协会——P2P 网贷行业协会、众筹协会等组织密切合作，合力引导行业健康发展。英国早已成立了 P2P 网贷行业协会，协会章程对借款人的保护设立最低标准要求，对行业规范、良性竞争及消费者保护起到了很好的促进作用。

2. 金融政策委员会

2010 年英国央行宣布成立金融政策委员会，对互联网金融系统风险进行监管，FPC 针对金融体系中出现的风险、失衡等弱点及时诊断并消除，从而保护整体经济体系。

3. 审慎监管委员会

自 2017 年 3 月 1 日起，对金融机构、互联网理财业务进行监督的审慎监管局被审慎监管委员会(Prudential Regulation Committee，PRC)所取代。PRC 对互联网金融业务的监督与其运作的独立性并未发生改变。

2016 年 2 月，FCA 与支付系统监管部门(PSR)宣布了一系列推动英国金融服务领域市场竞争的计划，FCA 表示将通过其"创新工程"(Project Innovate)提供更多服务，旨在帮助初创企业通过监管程序。

除此之外，英国还成立了一个针对初创企业的新部门来帮助那些想要升级转变为银行的公司。之后，英国还会接受针对互联网金融企业的"监管沙箱"项目的议案，企业家们可以利用这一工具以及使用客户的"知情通知书"，在一个可监管的环境中实验他们的想法。

2017 年 7 月，FCA 表示正在考虑使用人工智能和机器学习工具来监管互联网行业的合规性。FCA 数据与信息业务部门主管 Nick Cook 称："监管机构和监管技术'仍处于学习状态'，不过他们正在通过公司的反馈意见来了解如何更好地发展监管科技，如何通过自动化、数字化的方式进行业务监管。"

监管科技是金融科技的一个子集产业。专家认为，它可以大幅降低监管的成本，目前预计全球节约成本总额将高达约 800 亿美元。当前的重点是为银行和其他金融服务机构完善监管报告程序，如增加自动化和数字化以了解客户识别(KYC)、反洗钱(AML)的规则和税务申报的规则。

英国互联网金融监管对我国来说具有很大的借鉴意义，主要有以下几点启示。

(1) 多部门合作共同监管。

英国互联网金融行业监管由 FCA、FPC、PRC 三个监督部门，从消费者保护的角度、金融机构互联网理财的角度、互联网金融系统风险的角度分工合作进行监督。从促进行业发展和现行起步阶段的中国金融互联网金融发展现状来看，多部门合作监管使得监管模式更加简单明了，职责划分清晰，同时能减轻企业的合规负担。

(2) 创新监管方式。

"监管沙箱"是促进金融创新的英国创新监管方式。2017 年由金融法律与金融监管研究基地撰写的《金融监管蓝皮书：中国金融监管报告 2017》指出，我国互联网金融行业尚未创建完善的互联网金融市场监督机制，建议引入使用"监管沙箱"。"监管沙箱"不仅是对金融创新的激励，更体现了监管理念的自我革新，能使我国的监管科技适应包括互联网金融在内的金融科技发展的需要，是一种在促进金融创新的同时又将风险控制在特定空间之内的监管创新机制。因此，从战略视角出发，我们还需加快基于"监管沙箱"的监管创新步伐。

(3) 不断加强行业自律。

在政府主导的监管下，不断加强的行业自律制度也是英国互联网管理的重要制度。现阶段，我国对互联网金融行业的监管主要以政府部门的行政监管为主，属于被动监管状态，在我国互联网金融快速发展时代背景下，这种监管模式已经满足不了实践的需求。面对行业快速发展，政府应建立健全的自律公约，制定相应奖惩措施，鼓励和引导互联网金融企业自律。

经典案例

2011 年 4 月 28 日，浙江阿里小贷诉淘宝商户郑某借款合同纠纷案，在杭州滨江区人民法院开庭，成为网络小贷第一案。虽然案件比较简单，但由于网络贷款的特殊性，有很多存在争议的点。例如，关于法院诉讼管辖权问题，传统意义借贷双方合同签订地比较明确，而网贷存在多个地点，如 IP 地址所在地、原被告所在地、标的物所在地等。另外，网络借贷电子数据收集与传统纸质数据也有很大差异。

这些争议点以及这类案件的不断冒出，显示出互联网金融行业隐藏着巨大的法律风险。通过这些案件，国家开始制定合理的法律文本，总结出有效的法律管理方式，帮助企业开发合法的产品，使互联网金融企业在合法的前提下稳步发展。

2004 年我国颁布了具有划时代意义的《电子签名法》，又陆续颁布了《信托法》、《保险法》、《基金法》等指向互联网金融不同类型的法律。2015 年又首次提出"互联网+"行动计划，从政策方面促进互联网金融发展。

9.3 中国互联网金融的法律法规

随着《指导意见》与一系列相关的监管政策、法律法规的出台，我国互联网金融的发展越来越规范化，这既体现了发挥市场作用、积极鼓励互联网金融创新的总体政策导向，也明确了维护市场竞争秩序、保护消费者权益、维护网络与信息安全等促进互联网金融健康发展的具体要求。

从 2010 年至今，与互联网金融有关的各项法律法规和监管政策有几十项之多。根据《指导意见》，目前我国合法的互联网金融业态包括 7 种，分别为：互联网支付、网络借贷、股权众筹融资、互联网基金销售、互联网保险、互联网信托和互联网消费金融。本节将具体解读近年来与中国互联网金融行业相关的法律法规。

9.3.1 中国互联网金融法律概况

近年来，互联网金融在我国取得了飞速发展，行业的野蛮生长突显了我国在相关领域法律体系建设的滞后性。直到 2015 年 7 月，中国人民银行等十部委联合发布了《关于促进互联网金融健康发展的指导意见》，才使得互联网金融行业有法可依。

与传统金融相比，互联网金融仍处于探索发展阶段，其受众群体与影响领域广，但是直接对应的法律法规缺失，需要遵循的规则散布在上百个法律、规章、司法解释或政策之中，缺少真正基于互联网基因孕育的金融法。

2017 年 6 月 26 日，在"中央全面深化改革领导小组"第三十六次会议上，习近平总书记对互联网金融的长远发展作出了重要指示，会议通过了包括《关于设立杭州互联网法院的方案》等一系列方案。设立杭州互联网法院是重大制度创新，为满足群众需求、探索涉网案件诉讼规则、完善审理机制、提升审判效能，为维护网络安全、化解涉网纠纷、促进互联网和经济社会深度融合等提供了司法保障。

杭州互联网法院目前可受理六类涉网案件，具体包括：网络购物合同纠纷，网络购物产品责任纠纷，网络服务合同纠纷，在互联网上签订、履行的金融借款合同纠纷，小额借款合同纠纷，网络著作权纠纷。互联网法院的主页如图 9-2 所示。

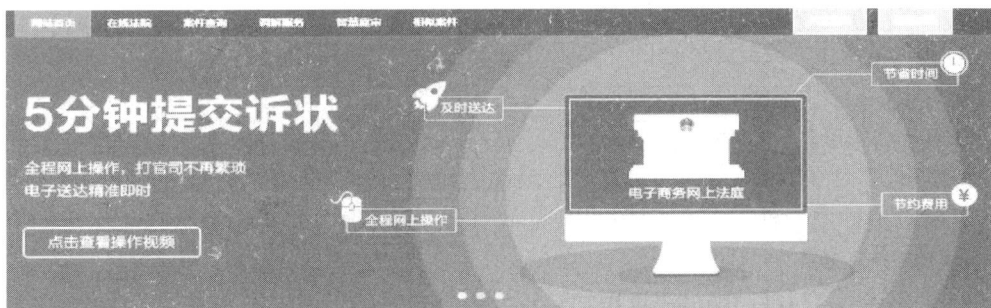

图 9-2 杭州互联网法院的主页

互联网法院的出现将改变网民的生活，降低网民的维权成本，实现足不出户就能维护自己的合法权利。

我国现有的法律基本上从以下几个角度对互联网企业进行约束：

(1) 以所颁发的许可证为准入门槛。此类的条文散见于《中华人民共和国证券法》、《非金融机构支付服务管理办法》、《证券投资基金销售机构通过第三方电子商务平台开展业务管理暂行规定》以及中国保监会 2015 年 7 月 22 日颁布的《互联网保险业务监管暂行办法》等法律法规中。

(2) 对不构成犯罪的非法交易进行行政处罚。此类的条文散见于《中华人民共和国合同法》、《非法金融机构和非法金融业务活动取缔办法》、中国人民银行下发至多家机构的《支付机构网络支付业务管理办法(征求意见稿)》、《非金融机构支付服务管理办法》、证监会发布的《私募股权众筹融资管理办法(征求意见稿)》、《互联网银行法》等法律法规中。

(3) 对构成犯罪的非法交易进行刑事处分。此类的条文散见于中国人民银行 2011 年 4 月发布的《关于取缔非法金融机构和非法金融业务活动中有关问题的通知》、《国务院办公厅关于依法惩处非法集资有关问题的通知》、《中华人民共和国刑法》、《最高人民法院关于审理非法集资刑事案件具体应用法律若干问题的解释》(2010 年)、《最高人民法院关于审理洗钱等刑事案件具体应用法律若干问题的解释》等法律法规中。

9.3.2 网络借贷的相关法律法规

根据《指导意见》的定义,网络借贷包括两种形式:一种是个体网络借贷(即 P2P 网络借贷);另一种是网络小额贷款。

1. P2P 网贷相关法律法规

当前与 P2P 网络借贷行业相关的法律法规有:

(1) 2010 年最高人民法院发布了《最高人民法院关于审理非法集资刑事案件具体应用法律若干问题的解释》,司法解释第一条就明确了非法集资行为的构成要件:未经有关部门依法批准或者借用合法经营的形式吸收资金;通过媒体、推介会、传单、手机短信等途径向社会公开宣传;承诺在一定期限内以货币、实物、股权等方式还本付息或者给付回报;向社会公众即社会不特定对象吸收资金。同时具备上述四个条件就构成非法集资。由于 P2P 网贷平台存在的主要法律风险在非法集资方面,因此 P2P 行业最需要了解的法律法规就是针对非法集资的条文。

在 2013 年 11 月 25 日举行的九部委处置非法集资部际联席会议上,央行对 P2P 网络借贷行业非法集资行为进行了清晰的界定,主要包括三类情况:资金池模式;不合格借款人导致的非法集资风险;庞氏骗局。

2014 年 3 月 31 日,最高人民法院、最高人民检察院、公安部联合下发《关于办理非法集资刑事案件适用法律若干问题的意见》,进一步明确了"社会公众"、"公开宣传"、"涉案财物的追缴"等问题。

2015 年 9 月 1 日,由最高人民法院颁发施行的《关于审理民间借贷案件适用法律若干问题的规定》很大程度上影响了 P2P 网贷行业。该规定共三十三个条文,对民间借贷的界定、民间借贷案件的受理与管辖、民间借贷合同的效力、互联网借贷平台的责任、民间借贷合同与买卖合同混合情形的认定等作出详细规定。

除上述法律法规之外,其他相关的法律法规还包括《关于审理非法集资刑事案件具体应用法律若干问题的解释》、《最高人民法院关于非法集资刑事案件性质认定问题的通知》、《关于办理非法集资刑事案件适用法律若干问题的意见》等。

(2) 2011 年 8 月 23 日,中国银监会发布了《关于人人贷有关风险提示的通知》(银监办发【2011】254 号)。该通知中,银监会将 P2P 网贷平台称为"人人贷信贷服务中介公司",指出这种业态具有大量潜在风险。银监会要求银监分局和各家银行采取措施,做好风险预警监测与防范工作。这是监管当局对这种业务模式的首次表态。

(3) 2016 年 8 月 24 日,由银监会等部委联合发布的《网络借贷信息中介机构业务活动管理暂行办法》成为 P2P 网贷行业的"基本法"。该办法从法律层面再次明确要求网络借贷信息中介机构应当实行自身资金与出借人和借款人的资金隔离管理,并选择符合条件的银行业金融机构作为出借人与借款人的资金存管机构。该《暂行办法》为加强对网络借贷信息中介机构业务活动的监督管理，促进网络借贷行业健康发展提供了有力的政策支持。

自该《暂行办法》出台后，全国各省市均已展开整改行动。2017 年 6 月 1 日，上海市金融办正式发布《上海市网络借贷信息中介机构业务管理实施办法》(征求意见稿)；全国 P2P 网贷平台数量占据前三位的北上广均已下发网贷平台整改具体实施办法，相关文件见表 9-3。其中，北京网贷监管实施细则侧重在平台整改及经营规范性上，对很多模糊概念做了详细说明；而广东和上海的监管实施细则除了整改和规范性要求外，还增加了备案登记管理的具体程序和材料要求。

表 9-3　北上广 P2P 网贷实施办法相关文件

省份	时间	文件
广东	2017 年 2 月	广东省《网络借贷信息中介机构业务活动管理暂行办法》实施细则(征求意见稿)
		广东省网络借贷信息中介机构备案登记管理实施细则(征求意见稿)
北京	2017 年 3 月	网络借贷信息中介机构事实认定及整改要求
上海	2017 年 6 月	上海市网络借贷信息中介机构业务管理实施办法(征求意见稿)

(4) 2017 年 2 月 23 日，银监会发布了《网络借贷资金存管业务指引》，明确了资金存管机构必须是一家商业银行，不能选择第三方支付机构，也不能多家银行同时存管。这项措施极大地提升了用户的资金安全，从物理意义上防止网贷机构非法触碰客户资金，从根上避免了网贷机构"跑路"的可能。

网络借贷行业的快速繁荣与风险频发的特性必然会加速监管政策的出台。近年来，随着 P2P 网贷监管细则的落地以及未来更多监管政策的出台，监管冲击可能是 P2P 网贷行业未来洗牌的重要因素。

2. 网络小额贷款相关法律法规

当前针对网络小额贷款行业出台的法律法规有：

(1) 2008 年 5 月 4 日，中国银监会和中国人民银行联合颁布了《关于小额贷款公司试点的指导意见》(银监发【2008】23 号)。该指导意见明确指出：设立小额贷款公司应向省级政府主管部门提出正式申请，经批准后，到当地工商行政管理部门办理注册登记手续并领取营业执照；凡是省级政府能明确一个主管部门(金融办或相关机构)负责对小额贷款公司的监督管理，并愿意承担小额贷款公司风险处置责任的，方可在本省(区、市)的县域范围内开展组建小额贷款公司试点。

(2) 2011 年 1 月 7 日，中国人民银行办公厅颁发了《关于小额贷款公司接入人民银行征信系统及相关管理工作的通知》(银办发【2011】1 号)。该通知对小额贷款公司接入央行征信系统及相关管理工作提出了如下几个方面的要求：小额贷款公司接入征信系统的组织管理、小额贷款公司接入征信系统的流程管理、小额贷款公司接入征信系统的模式、小额贷款公司接入征信系统后的业务管理。

(3) 2015 年 8 月 12 日，国务院法制办发布了《非存款类放贷组织条例(征求意见稿)》。意见稿提出，将对经营放贷业务实行许可制度，除经监督管理部门批准取得放贷许可的非存款类放贷组织外，任何组织和个人不得经营放贷业务。意见稿明确指出：获得许可的非存款类放贷组织应主要运用自有资金或发行债券等形式从事放贷业务，不得以任何形式吸收或变相吸收公众存款。

除上述法律法规之外，其他相关的法律法规还包括《关于小额贷款公司执行'金融企业财务规则'的通知》等。

9.3.3 互联网支付的相关法律法规

互联网支付是指通过计算机、手机等设备，依托互联网发起支付指令，转移货币资金的服务。在互联网支付行业的快速发展过程中，出于对市场份额的竞争与降低成本的需求，部分互联网支付企业开始绕过监管原则，在备付金、清结算、二清、套码、反洗钱等方面陆续暴露问题。为了加强对该行业的监管，从 2010 年至今，央行出台了多个与互联网支付领域相关的法律法规，具体如下：

(1) 2010 年 5 月，中国人民银行颁发了《非金融机构支付服务管理办法》(【2010】第 2 号)，这是我国目前监管第三方支付的主要法规依据。该办法给予了第三方支付企业明确的身份定位，并对开展第三方支付业务的企业颁发《支付业务许可证》，支付牌照的发放为第三方支付行业的繁荣发展奠定了坚实基础。

(2) 2010 年 12 月，中国人民银行颁发了《非金融机构支付服务管理办法实施细则》，它主要针对《非金融机构支付服务管理办法》中比较模糊的、需要细化和深化的规定进行了补充和进一步阐释。

(3) 2012 年 3 月 5 日，中国人民银行颁发了《支付机构反洗钱和反恐怖融资管理办法》。该办法明确了关于客户身份识别、客户身份资料和交易记录保存、可疑交易报告、反洗钱和反恐怖融资调查以及监督管理等环节详细规定的支付机构的责任。

(4) 2013 年 6 月，中国人民银行颁发了《支付机构客户备付金存管办法》，对互联网支付过程中客户备付金的使用、存放、划转等操作进行了法律规制。

(5) 2014 年 3 月，中国人民银行颁发了《中国人民银行关于手机支付业务发展的指导意见》、《支付机构网络支付业务管理办法》。其中明确提出："支付机构不得为付款人和实体特约商户的交易提供网络支付服务，不得基于客户的通信账户开展手机支付业务"，而且"个人支付账户单笔消费金额不得超过 5000 元，同一个人客户所有支付账户消费月累计金额不得超过 10000 元。超过限额的应通过客户的银行账户办理。个人支付账户余额只能用于转账和消费，不能提现"。

(6) 2014 年 3 月，中国人民银行颁发了《中国人民银行支付结算司关于暂停支付宝公司线下条码(二维码)支付等业务意见的函》。该函件中提到，需防范支付风险，相关支付指令验证方式的安全性尚存质疑。该函件认为，虚拟信用卡突破了现有信用卡业务模式，在落实客户身份方面未尽义务，并要求支付宝、财付通全面暂停线下条码(二维码)支付及虚拟信用卡相关业务，并要求支付宝、财付通将有关产品的详细介绍、管理制度、操作流程等情况上报。

(7) 2014 年 4 月，中国人民银行联合银监会颁发了《关于加强商业银行与第三方支付机构合作业务管理的通知》(银监发【2014】10 号)，旨在规范商业银行和第三方支付机构的合作。该通知要求：商业银行与第三方支付机构合作开展各项业务，对涉及的客户金融信息管理应严格遵循有关法律法规和监管制度的规定，严格遵照客户意愿和指令进行支付，不得违法违规泄露。并且，商业银行应对客户的技术风险承受能力进行评估，客户与第三方支付机构相关的账户关联、业务类型、交易限额等决策要求应与其技术风险承受能力相匹配。该文件的第六条称，商业银行应设立与客户技术风险承受能力相匹配的支付限额，包括单笔支付限额和日累计支付限额。

(8) 2016 年 3 月，中国人民银行联合国家发展与改革委员会颁发了《关于完善银行卡刷卡手续费定价机制的通知》，这标志着收单环节被纳入了制度性的规范。该通知意在降低商户经营成本、扩大消费，引导银行卡经营机构提升经营管理水平和服务质量，促进我国银行卡产业持续健康发展。

(9) 2016 年 10 月，中国人民银行会同 13 部委印发了《非银行支付机构风险专项整治工作实施方案》(银发〔2016〕112 号)。专项整治工作的重点内容包括两个方面：一方面是开展支付机构客户备付金风险和跨机构清算业务整治，包括加大对客户备付金问题的专项整治和整改监督力度，建立支付机构客户备付金集中存管制度；另一方面是开展无证经营支付业务整治，排查梳理无证机构名单及相关信息，整治一批典型无证机构，维护市场秩序。

如今支付行业由互联网支付逐渐转向移动支付，基于手机端的移动支付成为各方争夺的焦点，其中支付宝和微信支付占据 90%市场份额，其他第三方支付公司生存空间渺小。未来，央行可能会出台更多关于规范移动支付的法律法规。

整体而言，互联网支付行业虽然尚未整改完成，但合规整改已经不再是行业面临的最迫切问题了，相关法律法规的制定在不断完善。

9.3.4　股权众筹融资的相关法律法规

股权众筹融资主要是指通过互联网形式进行公开小额股权融资的活动。网络众筹平台大部分规模较小，资源上无法与巨头平台竞争，导致经营难以为继，从而倒闭、转型及出现其他问题(跑路、提现困难以及众筹板块下架等)的平台数量直线上升，且平台自融现象严重，普遍自律性较差。

当前与股权众筹融资业务相关的法律法规有：

(1) 2006 年 9 月，国务院办公厅发布了《关于严厉打击非法发行股票和非法经营证券业务有关问题的通知》(国办发【2006】99 号)。2013 年 9 月 16 日，中国证监会通报了淘宝网上部分公司涉嫌擅自发行股票的行为并予以叫停，叫停的依据就是该文件，该文件规定"严禁任何公司股东自行或委托他人以公开方式向社会公众转让股票"。至此，中国式"众筹"，即利用网络平台向社会公众发行股票的行为被首次界定为"非法证券活动"。

(2) 《最高人民检察院、公安部关于公安机关管辖的刑事案件立案追诉标准的规定(二)》第三十四条规定，未经国家有关主管部门批准，擅自发行股票或者公司、企业债券，涉嫌下列情形之一的，应予立案追诉：发行数额在五十万元以上的；虽未达到上述数额标准，但擅自发行致使三十人以上的投资者购买了股票或者公司、企业债券的；不能及时清偿或者清退的；其他后果严重或者有其他严重情节的。

股权众筹融资法律风险非常大，最可能涉及的犯罪是广义的非法集资罪中的擅自发行股份犯罪，其罪名是《刑法》第一百七十九条规定的擅自发行股票、公司、企业债券罪。

构成非法集资罪有两点：一是公开发行或转让股票；二是超过 200 人。超过 200 人而发行股票，根据《公司法》的规定是需要经过证监会批准的。

(3) 2014 年 6 月 30 日，中国证券监督管理委员会第 51 次主席办公会议审议通过《私募投资基金监督管理暂行办法》，意味着多年处于监管模糊地带的私募基金行业进入制度化监管阶段。

(4) 2014 年 12 月，中国证券业协会发布了《私募股权众筹融资管理办法(试行)(征求意见稿)》，给投资者设定了与私募风险程度相配套的高门槛，打破了股权众筹一直以来法律制度的空白状态，从股权众筹的性质、股权众筹平台的条件和权利义务、合格投资者条件、投资者保护、众筹平台的监管等多方面进行了初步的界定。

(5) 2015 年 8 月 3 日，证监会发布了《关于对通过互联网开展股权融资活动的机构进行专项检查的通知》，意图对当前股权众筹行业进行摸底排查，对监管细则的出台做前提调研。

(6) 2015 年 8 月 10 日，中国证券业协会发布了关于调整《场外证券市场业务备案管理办法》个别条款的通知，将"私募股权众筹"修改为"互联网非公开股权融资"，明确了官方对于股权众筹业态的界定。

9.3.5 互联网基金和保险、供应链金融与消费金融的相关法律法规

我国针对互联网基金销售、互联网保险、供应链金融、互联网消费金融也制定了相关法律法规。

1. 互联网基金销售的相关法律法规

互联网基金销售是指基金销售机构或者其他机构通过互联网合作销售基金等理财产品。针对该领域，我国出台了以下规范性文件。

(1) 2013 年，证监会制定了《证券投资基金销售机构通过第三方电子商务平台开展业务管理暂行规定》，明确规定了第三方电子商务平台和基金销售机构的备案要求、服务责任、信息展示、投资人权益保护、第三方电子商务平台经营者责任、账户管理、投资人资料及交易信息的安全保密、违规行为处罚等内容。此暂行规定的发布可以提升基金销售机构电子商务技术的应用水平，有利于基金销售机构加快向以客户为中心的投资顾问的战略转型，并为投资人带来更便捷高效的投资交易方式。

(2) 2014 年 6 月 30 日，中国证监会发布并实施了《私募投资基金监督管理暂行办法》，该办法对信息披露的内容、托管人复核义务、禁止性的行为等做了详细要求，并对基金募集期间、运行期间的信息披露做出具体规定，其中私募基金管理人有义务向投资人进行信息披露，信息要求具备真实、准确、完整性，并要在基金业协会指定的私募基金信息披露备份平台报送信息。

(3) 2015 年 12 月 18 日，中国证监会与中国人民银行联合发布《货币市场基金监督管理办法》，自 2016 年 2 月 1 日起施行。该办法主要围绕货币基金风险防范与创新发展展开，强调流动性管理能力，回归货币市场基金作为现金流动性管理工具的本源，同时鼓励货币市场基金的管理人在风险可控前提下进一步创新发展，为未来 5~10 年的货币市场基

金的发展提供了预期明确、监管有效的基础环境，有利于行业的健康持续发展，是具有里程碑意义的监管制度。

除上述法律法规之外，其他相关的法律法规还包括《证券投资基金法》、《证券投资基金信息披露管理办法》、《证券投资基金管理公司管理办法》、《开放式证券投资基金销售费用管理规定》、《证券投资基金销售适用性指导意见》、《证券投资基金销售管理办法》、《关于设立保险私募基金有关事项的通知》、《公开募集证券投资基金运作管理办法》等。

2．互联网保险的相关法律法规

互联网保险业务是指保险机构依托互联网和移动通信等技术，通过自营网络平台、第三方网络平台等订立保险合同、提供保险服务的业务。针对该领域，我国出台了以下规范性文件。

(1) 2012 年 5 月，中国保监会发布了《关于提示互联网保险业务风险的公告》(保监公告【2012】7 号)，对互联网保险业向广大投保人进行风险提示。该公告表示已在官方网站上披露了保险代理公司、保险经纪公司开展互联网保险业务的相关情况。该公告再次强调，除保险公司、保险代理公司、保险经纪公司以外，其他单位和个人不得擅自开展互联网保险业务，包括在互联网站上比较和推荐保险产品、为保险合同订立提供其他中介服务等。

(2) 2014 年 1 月，中国保监会发布了《加强网络保险监管工作方案》，明确了保监会下属各部门的监管工作分工，力求将互联网保险的风险消灭在萌芽之中。该方案主要以保护保险消费者合法权益为目的，以完善网络保险监管制度为保障，以防范和化解网络保险创新风险为目标，切实加强保险消费者风险教育工作，加大网络保险犯罪打击力度，着力构建加强网络保险监管工作的长效机制。

(3) 2015 年 7 月 22 日，中国保监会颁布了《互联网保险业务监管暂行办法》。该暂行办法首先对互联网保险进行了定义，且明确了中国保监会是其监管机构，并据此确立了互联网保险监管的几大方面，例如市场准入标准、经营区域限制、强化信息安全以及加强第三方网络平台的监管等。该暂行办法还提出：不能确保客户服务质量和风险管控的保险产品，保险机构应及时予以调整。此外，还提出互联网保险消费者应享有不低于其他业务渠道的投保和理赔等保险服务。

(4) 2017 年 6 月 19 日，中国保监会下发的《信用保证保险业务监管暂行办法(征求意见稿)》再次对保险公司网贷平台类业务进行规范，其中要求保险公司开展网贷平台相关保险业务，要与净资产、偿付能力等指标挂钩。目前，存在多家 P2P 网贷平台通过履约保证保险增信，部分网贷平台会在首页醒目位置借助保险增信，甚至有一些网贷平台明确提出，如果借款人逾期未还，保险公司不仅偿还本金，还会偿还利息。根据资料显示，该履约保证保险开展后，一旦借款人未按照借款合同约定履行还款义务，且拖欠任何一期欠款达到保险单约定的期限以上，对于借款人应偿还而未偿还的贷款本金及保险合同约定的相应利息，保险公司将根据保险合同约定的赔偿方式对出借人进行赔偿。

除上述法律法规之外，其他相关的法律法规还包括《中华人民共和国保险法》、《关于规范人身保险公司经营互联网保险有关问题的通知(征求意见稿)》、《关于加强保险公司筹建期治理机制有关问题的通知》、《互联网保险业务信息披露管理细则》、《中国保监会关于规范中短存续期人身保险产品有关事项的通知》等。

3. 供应链金融与互联网消费金融的相关法律法规

下面分析与供应链金融和互联网消费金融相关法律法规。

1) 供应链金融的相关法律法规

在现行的主要供应链金融业务模式中，对各个业务主体之间的法律关系进行规范的监管依据主要有《合同法》、《物权法》、《担保法》、《商业银行法》等法律法规；对业务操作中的具体细节进行规范的监管依据主要有《应收账款质押登记办法》、《动产抵押登记办法》、《动产抵押登记办法实施细则》、《道路货物运输及站场管理规定》、《仓储业管理办法(征求意见稿)》等法律法规。上述法律法规已经初步构建起了供应链金融业务的规范体系及监管依据，但由于供应链金融业务是商业银行新近开发的创新业务，相关监管规则仍需要监管部门通过司法解释、部门规章等形式予以明确。同时，供应链金融业务也是一个不断完善创新的业务，相关的监管依据、监管规则应与时俱进，进行相应的调整和完善。

2) 互联网消费金融的相关法律法规

随着收入提升，国民对于消费升级的诉求不断发酵，由此带来消费性贷款的持续走高，监管机构及政府推出多项政策助力消费金融的发展。

2009年，中国银监会发布《消费金融公司试点管理办法》，消费金融公司应运而生。

2013年11月14日，银监会颁布实施新的《消费金融公司试点管理办法》(2013年第2号令)，同时废止原《消费金融公司试点管理办法》(2009年第3号令)。新的管理办法明确："消费金融公司系指经银监会批准，在中华人民共和国境内设立的，不吸收公众存款，以小额、分散为原则，为中国境内居民个人提供以消费为目的贷款的非银行金融机构"。与原《消费金融公司试点管理办法》比较，新的《消费金融公司试点管理办法》的主要修订内容包括：① 增加了主要出资人类型，允许境内非金融企业作为主要出资人发起设立消费金融公司；② 降低了主要出资人最低持股比例要求，由50%降为30%；③ 进一步增强消费金融公司主要出资人的风险责任意识，鼓励消费金融公司主要出资人出具书面承诺，可在消费金融公司章程中约定，在消费金融公司出现支付困难时，给予流动性支持，当经营失败导致损失侵蚀资本时，及时补足资本金；④ 取消营业地域限制，改变只能在注册地所在行政区域内开展业务的规定，允许其在风险可控的基础上逐步开展异地业务；⑤ 增加了吸收股东存款业务，有利于进一步拓宽消费金融公司资金来源；⑥ 调整并增加部分审慎监管要求，如修改贷款额度上限、取消部分限制性要求、增加消费者保护条款等。

2015年6月10日，国务院总理李克强主持召开国务院常务会议，决定将消费金融公司试点扩至全国。会议指出：发展消费金融，重点服务中低收入人群，有利于释放消费潜力、促进消费升级。2016年政府工作报告中再次提及消费金融，为消费金融的发展带来新的机遇。

9.4 欧美国家互联网金融的相关法律法规

由于互联网金融在全球金融市场尚属新生事物，因此有关互联网金融的监管尚在探索中。美国、英国等发达国家和地区已经开始不断地加强和完善互联网金融领域的法律法规，在补充已有的监管法律法规的同时，根据互联网金融的创新不断出台新的法律法规政策，使得金融监管规则更加适应互联网金融迅速发展的需要。

现以英美两国作为典型来介绍一下欧美国家针对互联网金融制定的法律法规。

9.4.1　美国互联网金融的法律法规

在国际金融危机后，美国颁布的互联网金融监管的法律法规建立在各国微观审慎监管的基础上，加强了宏观的监管。美国近年来互联网金融业务监管的法律法规大致情况如下。

1．P2P 网络借贷领域的法律法规

在美国的 P2P 网络借贷模式中，银行也参与借贷过程。一系列传统的金融法律制度直接或者间接适用于 P2P 网贷行业，P2P 网贷平台因此受到十余项联邦和州的法律监管，要求披露信贷条款，禁止签订歧视、不公平或欺骗性的条款，保护消费者个人金融信息，采取反洗钱措施，满足电子化交易等。例如，《诚实借贷法》(*Truth Lending Act*)、《信贷机会均等法》(*Equal Credit Opportunity Act*)、《联邦贸易委员会法》(*Federal Trade Commission Act*)要求充分披露贷款信息，禁止不公平的贷款条款；《格雷姆·里奇·比利雷金融现代化法》、《银行保密法》要求金融机构执行反洗钱程序，同时禁止将消费者非公开个人信息透露给非关联的第三方；《电子资金转账法》、《全球和国家电子签名商务法》允许消费者利用电子平台转账，保证消费者电子记录和签名具有法律效力。

美国 P2P 网贷行业主要的监管机构、相关的法律法规及适用对象详见表 9-4。

表 9-4　美国 P2P 网贷行业主要监管机构及法律法规

监管主体	法律法规	适用对象
美国证券交易委员会(SEC)	1933 年证券法、1934 年证券交易法、1940 年投资顾问法	投资人、P2P 平台
联邦、各州地方政府	贷款类法律、消费者保护类法律、州地方法、破产法、税法、众筹规则	潜在借贷者、P2P 平台
联邦贸易委员会(FTC)	联邦贸易委员会法案	与 P2P 业务相关的消费者
联邦存款保险公司(FDIC)	联邦存款保险公司规章制度	借款人、与 P2P 平台的关联银行

资料来源：*Chapman and Cutler LLP*

2008 年次贷危机爆发后，美国证券交易委员会将 P2P 网贷平台发行的票据纳入《1933 年证券法案》中"证券"范畴，从而要求 P2P 网贷平台必须在 SEC 和各州证券监管部门进行双重注册。美国证券交易委员会要求：P2P 平台必须注册成为证券经纪商，在注册文件中载明平台的运营模式、经营现状、潜在风险、管理团队的薪酬、公司财务等信息，并提交每天的贷款列表，持续披露贷款细节和风险揭示。

2．众筹融资的法律法规

针对众筹融资美国相关部门出台了以下法律法规。

1) JOBS 法案

美国著名的"JOBS 法案"(Jumpstart Our Business Startups Act)，即《促进创业企业融资法案》，于 2012 年 4 月 5 日签署。这部法案包含 7 个部分：① 对新兴成长型公司重新开放美国资本市场；② 创业企业的资本筹集；③ 众筹；④ 小型企业集资；⑤ 私人公司的灵活性与成长；⑥ 资本扩张；⑦ 法律修订宣传。

2012 年 10 月，JOBS 法案第一部分(Title I)生效，主要内容是放宽对年收入总额不足 10 亿美元的"新兴成长企业"的信息披露管制。2013 年 9 月 23 日，JOBS 法案第二部分 (Title II)实施细则正式生效，主要内容是解除了 1980 年以来非公开发行不得进行公众宣传的禁令。JOBS 法案第三部分(Title III，众筹)因为涉及方兴未艾的互联网融资新形式——股权众筹而备受关注，但这部分法案的修改直到 2013 年 8 月，美国证券交易委员会(SEC)才提出了第一份法案修改意见稿，10 月发布了实施众筹监管细则的咨询稿，但这一咨询稿引起较大争议，导致迟迟无法落地，经历两年的讨论之后，2015 年 10 月 30 日，修改后的 JOBS 法案第三部分终于投票通过，该法案承认了众筹可以作为企业直接融资的方式。美国成为第一个真正改变相关监管法案而让公民自由参与众筹融资的国家。2015 年 6 月，JOBS 法案第四部分(Title IV)A+条例正式生效，主要内容是对证券发行活动进行了分级，并且放宽了投资者限制和募资公司的信息披露要求。

JOBS 法案通过"增长期公司"(Emerging growth company，简称 EGC 公司)的"融资便利通道"(On ramp)设计、报告公司信息披露义务部分豁免、增设"公众募资平台"(crowded funding)等自由化措施为美国资本市场松绑。本次修法将导致现行美国《证券法》、《证券交易法》及相关规则(Rule)进行修订，具体内容如下：

(1) "增长期公司"的融资便利化措施。

"增长期公司"是指在过去一个财年里总收入低于 10 亿美元并在首次 IPO 后市值低于 7 亿美元的新上市公司。上述发行人享受一系列的发行和合规便利，包括：① 降低了在 IPO 发行注册中披露历史财务数据的要求，即只要披露两年经审计的财务报告(而不是通常的三年)；② 可将财务报告先秘密提供给美国证券与交易委员会(以下简称"SEC")评审，因为事先沟通可减少后续的等待期或重新申请而导致的巨额费用，SEC 职员会以安慰函的形式对申请人进行指导，而安慰函在法律性质上并不构成"法效文件"；③ 允许该公司或其代表与机构投资者先行沟通，了解市场认购需求，可预估发行总量和价格；④ 允许交易商或经纪人在注册文件生效之前发布涉及该次发行的研究报告，这种行为不构成美国证券法上的"提前销售"；⑤ 发行后关于经营层的薪酬计划(含"金降落伞计划")可不经股东会投票表决，也可按照"小规模公众公司"的方式披露三个(而不是五个)主要经营管理人员的薪酬计划，这样灵活处理是考虑到有风险投资参与的企业或知识产权入股的企业在激励措施上的独特性；⑥ 财务和审计方面不要求其审计方证明其满足《萨班斯法案》404(b)关于内部控制的要求，公众公司财务监察委员会所要求的提供审计服务的会计师事务所强制轮换和审计人员讨论、分析等规定不适用于"增长期公司"。这样的规定主要着眼于给这些新上市企业一定的缓冲空间，防止一上市就被严苛的规章制约而花费甚巨。

(2) 私募发行可采用公开方式进行。

该法案规定，只要发行人或卖方采取合理的步骤证明投资者或机构投资者合格，就可以依据 Regulation D 或 Rule 144A 享受注册豁免而可以采取向投资者公开劝诱或广告的形式兜售证券。

(3) Regulation A 规定的小额发行人注册豁免标准放宽。

法案要求 SEC 修改 Regulation A，即对小额发行有条件豁免制度进行修改或者采取新的制度，将 12 个月内依据联邦法豁免注册非限制债券、权益和可转债的募资总数从 500 万提高到 5000 万。当然，与公众募资平台不同，这个融资豁免注册系统的发行依然适用州"蓝天法"，除非证券只出售非合格投资者，或在全国的证券交易系统发行或出售。

(4) 公众募资平台便利私人公司筹资。

JOBS 法案规定：只要经由 SEC 注册的经纪人充当中介，私人公司可以不用到 SEC 注册就可以从众多的小投资者处筹集少量资本。该私人公司可以在 12 个月内通过发行受限证券(例如转让限制)的形式筹资不超过 100 万美元。每个投资者的可投资数根据其年收入和净资产水平从 2000 到 10 万美元不等。作为防止欺诈的手段，发行人和中介机构必须满足一过性和持续性的要求。除此之外，发行人、经营层和董事对购买证券者承担责任，如果涉及任何实质性虚假陈述或遗漏，投资者可要求赔偿损失或要求全额退款。

(5) 私人公司股东数上限的改革。

在本次修改法案之前，私人公司一旦在册的股东人数达到 500 人并且资产规模到了 1000 万美元就必须到 SEC 注册登记。修改后的 JOBS 法案将私人公司的股东人数提高到 2000 人，只要非合格投资者不超过 499 人即可。值得一提的是，这个人数上限不包括根据员工补偿计划而获得股票者。而对银行或银行控股公司适用的 2000 人股东人数标准中没有合格投资者占比的要求。

从立法的政策含义来看，美国希望通过此类"去注册化"(De-registrated)的改革，吸引更多的海外公司到美国上市。因为这种政策使小企业融资和交易更加便利，会鼓励更多的风险投资者投资初创期企业，这可以给美国经济带来更大的活力，特别是改善政府最关注的失业率指标。

2) 众筹新规

在美国众筹新规出台之前，中国与美国都出台了一系列有关众筹的政策法规，图 9-3 展示了中美两国政策出台时间对比。

其中，美国众筹新规在 2015 年 10 月投票通过 JOBS 法案第三部分(Title Ⅲ)，对旧版本的更新主要体现以下几个方面：

(1) 募资公司与投资人方面：募资公司在 12 个月内，通过众筹方式发行证券的募资总额最多不超过 100 万美元。如果个人投资者的年收入或净值少于 10 万美元，则可以投资 2000 美元，或年收入或净值较小者的 5%；如果个人投资者的年收入或净值都不少于 10 万美元，则可以投资其年收入或净值较小者的 10%；12 个月内，通过所有众筹方式卖给单一个人投资者的证券总金额不得超过 10 万美元。

(2) 募资公司需要披露的信息包括：证券的公开发行价格或是定价方法、目标发行额、达到目标发行额的截止时间，以及募资公司是否接受投资额超过目标发行额。

募资公司在 12 个月内发行和销售证券的金额的公司财务报表，以及公司的纳税申报信息，财务报表需要由独立公共会计师评审，或是由独立审计师审计。符合众筹条款的首次发行证券金额在 50 万～100 万美元之间的公司可以提供评审过的财务报表而不是审计过的财务报表(财务报表已被审计过的除外)。之前是首次发行 50 万～100 万美元的也要提供审计过的财务报表。

(3) 还要披露主要管理人员的信息以及占股 20%以上的大股东的信息(之前为姓名)。

(4) 符合众筹豁免规则的公司还需要填写 SEC 提供的年度财务报表,并将之提供给投资人。

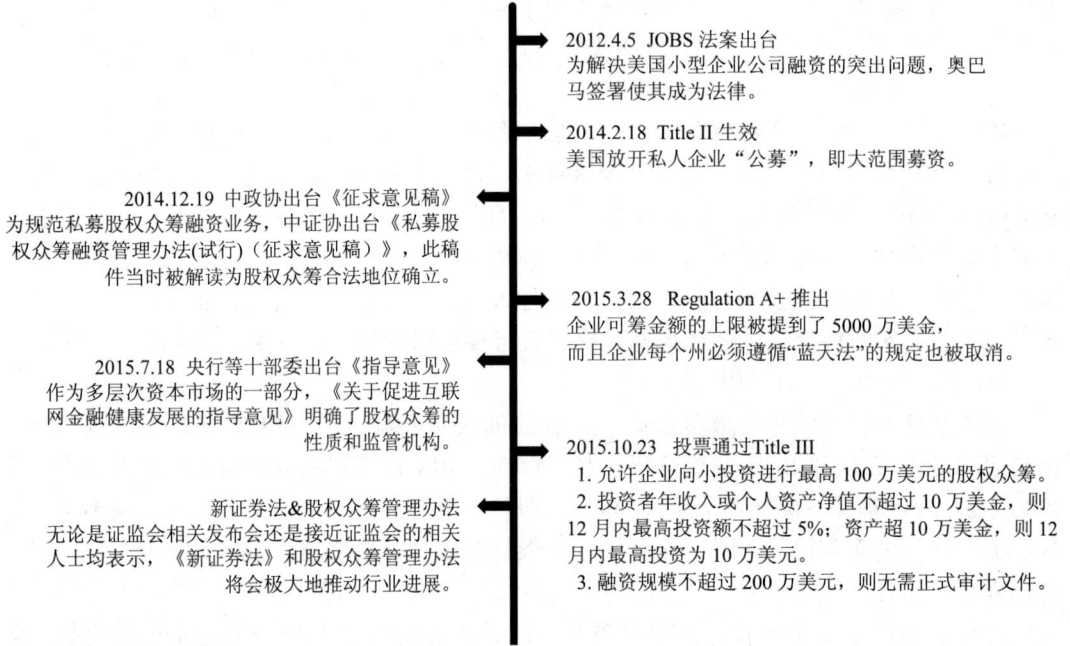

图 9-3　关于中美众筹政策出台时间对比

3) 众筹平台需要遵守的规则

集资门户(Funding Portal)需要通过 SEC 注册成为新型集资门户(new Form Funding Portal),并且成为国家证券协会的成员。符合要求的募资公司一次只能在一个众筹平台上发行证券。

众筹平台需要遵守的规则包括:

(1) 提供给投资者一些教育材料,这些材料需要解释在平台上投资的流程,发行的证券类型,一些募资公司必须提供给投资者的信息以及转让限制和投资限制等。

(2) 采取措施减少欺诈风险,包括确保募资公司符合众筹条款,以及确保公司具有相关方法对证券拥有者进行准确记载。

(3) 在证券发行期间以及在证券销售的最少 21 天前,募资公司需要在平台上进行公开披露。

(4) 在平台上提供沟通渠道,允许对证券发行进行讨论。

(5) 向投资者披露中介平台收取的费用。

(6) 投资者开立账户后才能接受来自投资者的投资承诺。

(7) 确保投资者遵守投资限制。

(8) 当投资者作出投资承诺时和在确认完成交易时(或之前),对其进行提示。

(9) 遵守资金存放和转移的要求,遵守发行完成、发行取消和发行再确认的要求。

此外，条款还禁止众筹平台参与以下活动：

(1) 允许有潜在欺诈风险或可能影响投资者保护原则的公司接入平台。

(2) 与平台上发行或销售证券的公司存在经济利益(收取中介费的行为除外)，具体依情况而定。

9.4.2　英国互联网金融的法律法规

2013 年 10 月 24 日，为保护金融消费者权益、推动众筹行业有效竞争，英国金融行为监管局发布了《关于众筹平台和其他相似活动的规范行为征求意见报告》，征求意见报告共得到了 98 条反馈意见，FCA 对反馈的相关意见进行了采纳，并正式出台了《关于网络众筹和通过其他方式发行不易变现证券的监管规则》(以下简称《众筹监管规则》)，该规则于 2014 年 4 月 1 日开始实施。

《众筹监管规则》认为需要纳入监管的众筹分为两类，即 P2P 网络借贷型众筹(Crowd funding bas don loan)和股权投资型众筹(Crowd funding based on investment)，并对两者制定了不同的监管标准，从事以上两类业务的公司需要取得 FCA 的授权；对于捐赠类众筹(Donation-based crowdfunding)、预付或产品类众筹(Pre-payment or rewards-based crowdfunding)不在监管范围内，无需 FCA 授权。

该规则中，FCA 首次将 P2P 网络借贷型众筹纳入监管，并界定其适用对象为"运营或计划运营 P2P(即个人对个人)借贷平台与 P2B(即个人对企业)借贷平台的企业，通过其平台消费者可以以借贷协议方式进行投资"。FCA 指出，对于 P2P 网络借贷型众筹，与通常所使用的"P2P 借贷"一词有区别：① P2P 网络借贷型众筹不仅包括 P2P 借贷，还包括 P2B 借贷以及两种模式的混合；② P2P 网络借贷型众筹的统称更加直接表现出这个模式属于众筹体系一部分。在实践中仍可以使用"P2P 借贷"一词作为描述贷款协议安排的简称，同时，符合 P2P 借贷商业模式的企业在业务中两个词都可以选择使用。

《众筹监管规则》对于 P2P 网络借贷做出了相关的具体要求，主要内容涉及以下几点：

(1) 最低资本要求。

《众筹监管规则》规定用静态最低资本和动态最低资本孰高法确定最低资本。静态最低资本在 2017 年 4 月 1 日前为 2 万英镑，在 2017 年 4 月 1 日后为 5 万英镑。动态最低资本是指 P2P 网络借贷企业要根据平台借贷资产总规模的情况，采取差额累计制，达到最低资本限额的要求，具体标准见表 9-5。

表 9-5　动态资本标准明细　　　　　　　单位：英镑

平台规模	资本金比例
0～5000 万	0.20%
5000 万～2.5 亿	0.15%
2.5 亿～5 亿	0.10%
大于 5 亿	0.05%

(2) 客户资金保护。

网络借贷平台如果破产，应当继续对已存续的借贷合同继续管理，对贷款管理作出合理安排。

(3) 争议解决及补偿。

如果网络借贷平台没有二级转让市场，投资者可以有 14 天的冷静期，14 天内可以取消投资而不受到任何限制或承担任何违约责任。投资者在向公司投诉无法解决的情况下，可以通过金融申诉专员(FOS)投诉解决纠纷。需要注意的是，虽然众筹公司取得 FCA 授权，但投资者并不被纳入金融服务补偿计划(FSCS)范围，不能享受类似存款保险(放心保)的保障。

(4) 信息披露方面。

网络借贷平台必须用通俗易懂的语言告知消费者其从事的业务，在与存款利率做对比说明时，必须要公平、清晰、无误导，在平台上的任何投资建议被视为金融销售行为，需要同时遵守金融销售的相关规定。

网络借贷平台要定期向 FCA 报告相关审慎数据、客户资金情况、客户投诉情况、上一季度贷款信息等。

FCA 颁布的《众筹监管规则》受到了英国业界的普遍认可，为行业的发展奠定了坚实的基础，P2P 网络借贷企业必须重视保护消费者的权益，否则将不被英国投资者接受。

作为先行者，欧美国家的监管政策有很多我国学习借鉴的地方，如设立注册制度，明确注册应达到的资金、技术、管理人员、内控制度等方面的要求；引导行业规范经营，促进行业健康发展，奠定行业管理的基础；建立完善的信息披露机制，开放征信系统等。

本 章 小 结

通过本章的学习，读者应当了解：

(1) 2015 年 7 月 18 日对外发布的《关于促进互联网金融健康发展的指导意见》是由央行会同有关部委牵头、起草、制定的互联网金融行业的"基本法"。

(2) 《关于促进互联网金融健康发展的指导意见》主要分为三大部分：第一部分肯定了互联网金融这一新兴的产业并给予支持态度；第二部分明确了互联网金融业态应该遵循的法律法规以及相应的监管部门；第三部分从宏观管理、行业管理、企业建设方面提出管理框架的规则。

(3) 我国合法的互联网金融业态包括 7 种：分别为互联网支付、网络借贷、股权众筹融资、互联网基金、互联网保险、互联网信托和互联网消费金融。

(4) 杭州互联网法院目前审理六类涉网案件，具体包括：网络购物合同纠纷，网络购物产品责任纠纷，网络服务合同纠纷，在互联网上签订、履行的金融借款合同纠纷，小额借款合同纠纷，网络著作权纠纷。

(5) 我国现有的法律基本上从三个角度对互联网金融企业进行约束：一是以所颁发的许可证为准入门槛；二是对不构成犯罪的非法交易进行行政处罚；三是对构成犯罪的非法交易进行刑事处分。

本 章 练 习

1. 简答题

(1) 中国互联网金融的监管现状呈现的特点有哪些？

(2) 列举中国《关于促进互联网金融健康发展的指导意见》的三大部分。

(3) 简述中国网络借贷的相关法律法规。

2. 案例分析

2010 年至今的几年时间内，出台的与互联网金融有关的各项法律法规和各项监管政策有几十项之多。随着 2015 年《关于促进互联网金融健康发展的指导意见》与一系列相关的监管政策、法律法规的出台，我国互联网金融的发展越来越规范化。根据《指导意见》，目前我国合法的互联网金融业态包括 7 种，分别为：互联网支付、网络借贷、股权众筹融资、互联网基金、互联网保险、互联网信托和互联网消费金融。

2013 年 4 月 2 日，上线仅一个月的众贷网宣布破产，成为史上最短命的 P2P 网贷公司。众贷网注册资金 1000 万元，定位为中小微企业融资平台，同时也自称是 P2P 网贷金融服务平台，提供多种贷款中介服务。据第三方网贷平台统计，众贷网运营期间共计融资交易近 400 万元。该众贷网公司法人代表卢儒化曾对媒体表示，众贷破产是栽在一个项目上，由于缺乏行业经验，审核工作没有做到位，未能及时发现一个 300 万元左右的融资项目的抵押房产已经同时抵押给多个人，到众贷网这里已经是第三次抵押了。

问题：结合上述案例及网上资料谈一谈互联网金融监管的必要性，并对规范互联网金融健康发展提出你的建议。

本章能力拓展

(1) 请梳理我国互联网金融法律法规的立法进程。通过网络搜索，查找我国互联网金融在法律方面面临的问题。以小组为单位整理资料，制作演示文档汇报我国互联网金融某一领域的立法进程、现有法律法规及面临问题。

(2) 讨论我国互联网金融法律法规及相关典型案例。上网查找相关资料，了解我国互联网金融相关案例，并根据自己的兴趣选取一个互联网金融法律案件进行分析，并用演示文档的形式进行班级交流。

参考文献

[1] 罗明雄，唐颖，刘勇. 互联网金融. 北京：中国财政经济出版社，2013.

[2] 谢平，邹传伟，刘海二. 互联网金融手册. 北京：中国人民大学出版社，2015.

[3] 帅青红，李忠俊，彭岚，等. 互联网金融. 大连：东北财经大学出版社，2016.

[4] 赵永新，陈晓华. 互联网金融概论. 北京：人民邮电出版社，2016.

[5] 冯科，宋敏. 互联网金融理论与实务. 北京：清华大学出版社，2016.

[6] 许伟，王明明. 互联网金融概论. 北京：中国人民大学出版社，2016.

[7] 罗党论. 互联网金融. 北京：北京大学出版社，2016.

[8] 郭福春，陶再平. 互联网金融. 北京：中国金融出版社，2015.

[9] 谢平，邹传伟. 互联网金融模式研究. 金融研究，2012.

[10] 宋华. 供应链金融. 北京：中国人民大学出版社，2015.

[11] 汤星. 互联网金融和传统金融不是零和博弈. 人民邮电出版社，2014.

[12] 韩壮飞. 互联网金融发展研究. 郑州：河南大学，2013.

[13] 谢平，陈超，陈晓文. 中国P2P网络借贷：市场与模式. 北京：中国金融出版社，2015.

[14] 易观智库. 中国第三方支付市场专题研究报告，2016.

[15] 陈展. 中国供应链金融发展研究. 郑州：河南大学，2013.

[16] 何流. 基于电子商务的供应链研究. 武汉：湖北工业大学，2010.

[17] 刘飞宇. 互联网金融法律风险防范与监管. 北京：中国人民大学出版社，2016.

[18] 陈红梅. 互联网信贷风险与大数据. 杭州：浙江理工大学，2014.

[19] 罗杨. 我国P2P网络借贷的风险管理体系的构建. 北京：清华大学出版社，2014.

[20] 吴卫明. 互联网金融知识读本. 北京：中国人民大学出版社，2015.

参考网站资源：

[1] 中国人民银行网站(http://www.pbc.gov.cn)

[2] 中国银行业监督管理委员会网站(http://www.cbrc.gov.cn)

[3] 中国证券监督管理委员会网站(http://www.csrc.gov.cn)

[4] 中国保险监督管理委员会网站(http://www.circ.gov.cn)

[5] 中国银联网站(http://cn.unionpay.com)

[6] 网贷之家(http://www.wdzj.com)

[7] 未央网(http://www.weiyangx.com)

[8] 百度百科(https://baike.baidu.com)

[9] 移动支付网(http://www.mpaypass.com.cn)

[10] 网贷天眼(https://www.p2peye.com)

[11] 盈灿咨询(www.yingcanzixun.com)

[12] 蚂蚁金服(www.antfin.com)

[13] 京东金融(http://jr.jd.com)